安徽调查年鉴

ANHUI SURVEY YEARBOOK

2016

国家统计局安徽调查总队 编

全国百佳图书出版单位
APGTIME 时代出版
时代出版传媒股份有限公司
安徽人民出版社

编辑委员会

Editorial Board

编 辑 说 明

一、《安徽调查年鉴2016》由国家统计局安徽调查总队独立编辑出版，是一部全面反映安徽省农村社会经济、城市社会经济、企业发展情况的资料性年刊。本书收录了全省和市、县（区）2015年经济和社会发展各有关方面的调查统计数据，以及全国和各省（市、区）重要历史年份主要统计调查数据。

二、本年鉴统计调查数据分为五个篇章，即：1.综合；2.农业调查；3.人民生活；4.价格调查；5.专项调查。为方便读者理解和使用有关数据，各篇章前设有《简要说明》，对本篇章的主要内容、资料来源、统计范围、统计方法以及历史变动情况予以简要概述，篇末附有《主要统计指标解读》，介绍了统计指标的含义、统计范围和统计方法。

三、资料中所使用的度量衡单位均采用国际统一标准计量单位。

四、本年鉴部分数据合计数或相对数，由于单位取舍不同产生的计算误差未作机械调整。

五、本书凡带有续表的资料，有关注解均列在最后一张续表的下方。

六、本书符号使用说明："…"表示该数据不足本表最小计量单位数；"空格"表示该项无统计数据；"#"表示其中的主要项；"*"或"①"表示本表下有注解。

Editor’ s Notes

Ⅰ. *Anhui Survey Yearbook 2016* is an annual statistical publication, which reflects comprehensively the rural and urban economic and social development of Anhui. It covers data for 2015 and key statistical and survey datat in recent years and some historically important years at provincial, city and county level and the local levels of province, atutonomous region and municipality derectly under the Central Government.

Ⅱ. The yearbook contains five chapters: 1. General Survey; 2. Agriculture Survey; 3. People’ s Living Conditions; 4. Price Survey; 5. Special Survey. To facilitate readers, the Brief Introduction at the beginning of each chapter provides a summary of the main contents of the chapter, data sources, statistical scope, statistical methods and historical changes. At the end of each chapter, Explanatory Notes on Main Statistical Indicators are included.

Ⅲ. The units of measurement used in this yearbook are internationally standard measurement units.

Ⅳ. Statistical discrepancies on totals and relative figures due to rounding are not adjusted in this yearbook.

Ⅴ. All tables with continued ones, the footnotes are at the bottom of the last continued table.

Ⅵ. Notations used in the yearbook: “…” indicates that the figure is not large enough to be measured with the smallest unit in the table; “blank space” indicates that data are unknown, or are not available; “#” indicates a major breakdown of the total; and “*” or “①” indicates footnotes at the end of the table.

把握新常态 迈上安徽调查事业发展新征程

——骆飞总队长在2016年安徽调查工作会议上的报告

（2016年1月26日）

同志们：

这次会议的主要任务是，深入学习贯彻党的十八大、十八届三中四中五中全会精神，贯彻落实中央经济工作会议、全国统计工作会议部署，总结2015年安徽调查工作，部署2016年重点任务。

一、2015年主要工作

2015年，安徽调查队系统以习近平总书记系列重要讲话精神为指导，围绕国家统计局深化改革的部署和省委、省政府的要求，牢记使命、责任和担当，一手抓“三严三实”专题教育，一手抓调查工作改革发展，坚持两手抓两促进，各项工作取得了长足发展。

（一）“三严三实”专题教育激发了新干劲

按照中央和国家统计局党组的部署，在总队党组领导下，系统上下认真开展“三严三实”专题教育活动。及时印发活动方案，制定活动路线图，明确活动目标，分解各阶段任务，开展了扎扎实实的专题学习研讨，召开专题教育汇报会和座谈会，深入查摆问题，认真剖析原因，严肃开展整改，高质量召开了各级党组（队委会）的专题民主生活会和组织生活会，总队党组的专题教育民主生活会，得到国家统计局指导组的高度肯定。切实贯彻“边学边查边改”的总体要求，针对学习、座谈、研讨中查找出来的各类 “不严不实”问题，认真梳理，找出根源，列出清单，立行立改。完善工作制度，出台了加强挂职干部管理工作办法和异地挂（任）职交流干部交通费管理办法，制定了进一步规范公务接待和基层调研的管理办法，加大对现行制度执行情况的检查力度，多次开展机关工作纪律检查，对违纪人员进行严肃处理，对相关责任人进行问责。总队机关各处室、各市县队也结合工作实际，广泛征求意见，认真梳理并及时进行整改。全系统“三严三实”专题教育活动，取得明显成效，工作作风有效转变，巩固了群众路线教育成果，强化了党的领导力和凝聚力，进一步激发了全系统干部职工创业谋事的激情。

（二）调查方法制度改革增添了新动力

2015年，我们圆满完成新增调查任务，持续创新调查方法和手段，为安徽调查事业不断发展增添强劲动力。

一是劳动力试调查圆满完成。争取省政府办公厅发文支持，建立起一把手负总责的工作机制，落实了地方经费保障。2015年7月份启动试调查后，直报率、验收率连续6个月达到100%，位居全国前列。国家统计局副局长张为民来皖调研劳动力调查工作时，给予充分肯定。

二是农民工输入地调查提前完成。农民工输入地调查2015年正式实施，我们联合省人社厅、省统计局发文推动此项调查，深入一线现场指导，严把质量关。经过共同努力，该项调查任务提前完成，得到国家统计局住户办的表扬。

三是积极运用对地调查成果。在全省及大县主要粮食作物播种面积调查、夏粮早稻秋粮预实产调查、棉花播种面积和预实产调查工作中，将对户调查成功地转换到对地调查上，实现了新老样本点数据顺利衔接。圆满完成了“三农普”遥感测量试点工作，取得了宝贵经验。

四是进一步扩大联网直报范围。新开展的劳动力调查和农民工输入地调查，使用手持移动终端，现场录入，直接上报；农价调查顺利启动了联网直报双轨运行；畜牧业万头猪场（厂）联网直报准备工作顺利完成；规下工业国家样本点实现联网直报。大数据应用研究继续推进，消费价格调查网络采价范围进一步扩大，完成了国家局8个基本分类的网上采价试点工作。

五是新设立小微企业跟踪调查态势良好。联合省工商局加大对“失联”单位的查找力度，强化数据审核，数据质量不断提高，数据查询率不断降低。建立新设立小微企业跟踪调查省级联席会议通报制度，实现了与省工商局、省统计局的信息共享共建。詹夏来副省长对此项调查予以高度称赞，批示表扬。

六是完成建筑业小微企业抽样调查和小微企业非金融资产投资调查任务。为完善建筑业与投资统计调查制度，国家局2015年在调查队系统实施这两项调查任务，总队高度重视，认真组织培训，积极协调处室和基层队，圆满完成了首次调查。

（三）基层基础建设树立了新标杆

数据质量是调查事业的永恒主题，双基工作是提高数据质量的有力保障。

一是强化了依法统计。完善了领导带头学法制度，积极开展“江淮普法行”“送法到基层”和《统计法》颁布纪念日宣传活动，精选人才充实了法治人才库，对16个市县队的统计普法工作进行督导检查，法制宣传教育实现横向铺展和纵向深化的双重推进。加强统计执法，向采购经理人调查样本轮换企业发送了《统计法律事务告知书》，严格履行统计执法检查程序，对22家调查企业进行了统计执法检查，有力地支持了一线调查工作。

二是完善了数据采集评估体系。细化各专业《调查业务规范化操作规程》，建立《劳动力调查电话核查制度》。结合《国家统计质量保证框架》和国家统计调查制度要求，以《数据质量控制和评估办法》为主题，修订了14个专业的质量控制和评估办法。

三是修订了考核规则。2015年，农业、畜牧业、生价、服务业和专项等处室修订完善了工作考评办法，强化了督查制度。根据国家统计局出台的《各专业业务工作考核实施办法》，不少专业增添了新的考核内容，做到统计调查生产关系与生产力相匹配。

四是优化了调查网络。居民收支、农产品中间消耗、畜禽监测、农价、采购经理和规下服务业等调查专业开展了样本轮换。全国首家以省政府办公厅名义下发《关于做好住户调查样本轮换工作的通知》，调整更新国家样本2800余户，分市县扩充样本2000户，国家样本替换成功率超过全国平均水平，轮换结果获国家局一次验证通过，出台《安徽住户调查样本管理暂行办法》，保证换宅率、换户率控制在较低水平。联合省统计局、省农委下发文件推动畜禽监测调查样本调整，成立了领导

小组，开展了摸底调查，圆满完成了调整工作。工价调查增补182家样本企业，固定资产投资价格调查调整样本100个，房价调查样本也得到优化，维护更新了农产量对地调查样本点和地块名录库，调查网络得到优化。

五是调整了价格调查权数。工价调查新基期调查样本和权数、房地产价格调查新基期权数已经确定。消费价格调查基期轮换工作圆满完成，各调查点新增规格品采价运行顺利，权数测算评估工作受到国家统计局表扬与推广，牵头召开了全国部分省份和华东地区的权数评估会议。

六是做好了PMI发布准备工作。加强与国家局的沟通交流，借助国家联网直报平台上报省级样本，在指导下进行PMI数据汇总分析。根据三经普调查资料，调整替换老样本并增扩制造业样本200余家，增强了对全省代表性。

（四）多维资政服务走出了新路子

我们紧紧围绕认识新常态、适应新常态、引领新常态，不断创新服务方式，努力拓宽服务领域，扎实开展咨询服务工作。

一是加大课题研究和分析工作力度。2015年，全系统围绕促进实体经济持续健康发展、产业结构调整升级等九大热点，每月重点选取4～6篇专题对市县队进行约稿，提高约稿质量和分析精准度，向省主要领导提供PMI指数月度专报，詹夏来副省长连续三次做出批示，“十三五”城乡居民收入展望专题报告等也得到詹省长批示。编印上报《安徽调查》96篇、《调查信息专报》19篇，截至11月底，8篇获省领导重要批示，被省“两办”采用234篇次，国家统计局网站采用18篇。在省委、省政府和有关部门组织的“十三五”规划、地方党政领导考核、省政府工作报告、全省扶贫工作等十多项决策咨询讨论中建言献策，为打造“三个强省”，建设美好安徽，提供统计调查服务。

二是加大了统计调查宣传力度。策划了“月度劳动力调查”“统计调查进校园”等针对性强的系列宣传报道。优化了“两微”平台栏目，实现了集群式、协同化宣传。编印了建队十周年画册，展示了系统十年改革发展的总体风貌和主要成就。创建了通讯员网络，深度讲述“安徽统计调查故事”。

三是加大了政务公开信息公开的力度。2015年初，制定了政务公开要点，责任分解任务，开展专门培训，优化了社会公众网页。政府信息公开平台全年累计公开各类信息200多条，满足了社会公众对统计调查部门的咨询需求。

（五）系统综合管理取得了新进展

完成了同城市队和区队的整合。认真落实国家统计局指导意见，深入基层，广泛听取群众声音，科学制定整合方案，于2015年3月基本完成了对宿州、池州、宣城3个市队及其驻地县级调查队的整合。着力加强队伍建设。始终坚持正确的用人导向，按照党管干部的原则和《党政领导干部选拔任用工作条例》规定，做好干部选拔工作。2015年以来，我们选拔了总队机关9名处级干部，市队11名处级干部，县队20名科级干部，领导干部的年龄结构和知识结构得到改善。认真落实县级调查队职务职级并行制度，为34名符合晋升条件的同志晋升了职级。拓宽青年干部培养渠道。除了从总队下派的4名干部和从市县队上挂的4名干部之外，还首次从市队选派了5名年轻干部到县队挂职交流锻炼，创新性地建立了专业青年带头人制度，按照调查分析、住户、农业、价格、企业调查类5个类别，选聘了39名带头人，发挥示范带动作用。

完成总队机关公务用车改革，加强了保留车辆的管理。正式实施财会业务“市管县”工作，研究制定了实施细则，在市队设立了具备上岗资格的专职会计，对全部县队开展了第三方经济责任审计，存在问题已经基本得到纠正。

（六）党风廉政建设开拓了新局面

我们围绕中心，突出重点，强化监督，坚持党要管党从严治队，着力做好党风廉政建设各项工作，为调查工作提供政治保障。

一是切实压实“两个责任”。我们继续落实党风廉政建设主体责任和监督责任的实施意见，按照明确的市县队领导班子、队级干部，总队机关正、副处长职责范围，进行常态监督、常态推进，严格执行“两个责任”落实机制、报告机制和考核机制，召开了全系统党风廉政建设工作会议，签订了党风廉政建设承诺书，总队领导班子成员向党组纪检组报告了主体责任落实情况，召开了市队党组纪检组长履职汇报会、全系统正风肃纪从严治队警示教育会，一系列举措明确了任务，传导了压力，压实了责任。国家统计局党组纪检组组长高建华来皖调研时，对我们强化党风廉政建设的举措给予了充分肯定。

二是强化纪检监察工作职能。积极落实中纪委及国家统计局党组“转职能、转方式、转作风”的要求，聚焦主业，强化执纪监督。实施党风廉政建设“市管县”，印发了《市级调查队负责辖区内县队党风廉政建设工作的实施办法》，明确了市队党组纪检组对辖区内县队党风廉政建设工作负有监督职责，赋予了市队综合运用各类措施做好预警工作的权限，建立了责任追究制度。总队不定期对市县调查队党风廉政建设工作情况进行检查，并将之作为年度考核的重要内容。另外，着力加强对年度考核、公务员招考、干部选拔、招标采购等领域的监督检查。

三是认真开展巡查督查。2015年对11个市县调查队进行了巡查，针对整改落实情况，进行了抽查。历时5年，对全系统实现了巡查全覆盖，进一步压实了“两个责任”，端正了作风，严肃了纪律，推进了系统的党风廉政建设。

过去一年里，我们的各项常规调查业务稳步推进，圆满完成了居民收支、主要行业生产价格等国家制度规定的调查任务，贫困人口、第二轮退耕还林、畜禽等统计监测任务顺利实施，专项调查依规开展。接受了一体化改革后国家统计局首次专项检查，台账建设、样本维护、数据评估等方面的成绩和亮点，得到国家统计局住户办好评。统计文化建设蓬勃发展，开展了机关“优秀共产党员”和第二届“安徽调查队系统十大杰出青年”评选活动，成功举办了“庆祝建队十周年暨第三届乒乓球羽毛球比赛”等各类文体活动，完成了各类定向扶贫工作，机关效能建设获得表彰。机关服务、政务管理、教育培训、财务管理、网络安全、老干部工作和机关党建等工作都取得了新的成效。

同志们！2015年，不仅是“十二五”规划胜利收官的一年，也是调查队系统管理体制改革后的第十年。回首过去十年，我们栉风沐雨、砥砺前行、务实进取、开拓创新，收获了累累硕果。

这十年，我们坚持质量兴队，全面夯实基层基础工作。10年来，我们始终把全面夯实基层基础工作，切实保证源头数据质量作为首要任务，严格执行国家统计局制定的调查方法制度和调查工作规范，宣传贯彻统计法律法规，调查工作者和调查对象的统计法律意识显著增强，制定了基层基础工作规范，依法开展统计调查，建立了较为完善的数据质量检查与评估体系，开展基层基础工作考核评比，表彰优秀辅助调查员和记账户，为确保调查数据质量奠定了坚实的基础。

这十年，我们坚持改革创新，全面提升调查能力。在国家局的指导下，我们坚持改革创新，调

查技术不断改进，调查手段日益更新，调查内容不断增加，调查范围不断拓展。实施了住户一体化改革，新增了劳动力调查、输入地和输出地农民工监测、采购经理、城镇低收入居民基本生活费用价格调查等 9 项任务。调查数据生产方式从纸质表为载体的统计调查 1.0，跃升到“超级汇总、互联网 +”为载体的 2.0，运用遥感监测技术 + 农产量对地调查，推广使用手持移动终端采集器，扩面运行联网直报系统。为加快调查数据的采集、报送、汇总和分析，大力推进现代信息技术运用，建成了内部和外部两套网络系统，省市县三级实现网络连接。

这十年，我们坚持服务为先，客观反映社情民意。充分发挥全系统快速、灵活、高效的“轻骑兵”优势，为党政决策和社会各界提供了大量系统全面、科学准确的调查服务产品。创办了《安徽调查》《安徽调查专报》《调查信息》等刊物，编发《安徽调查季度资料》《安徽调查年鉴》，形成网站、微博、微信等一体化全媒体宣传服务格局。10 年来，编发各类调查研究报告 1000 多篇，组织开展课题研究 328 项，编辑出版课题研究报告集 5 部，300 多万字。省领导批示达 70 余次，连续 5 年以上获省委、省政府系统信息报送“先进单位”，打造了安徽调查服务高端品牌形象。

这十年，我们坚持以人为本，切实加强队伍建设。市级、县级调查队全部单独建队、单建党组（队委会）、单设纪检组，深化改革整合了 3 个市、区队，建成了完整高效的调查体系，独立调查，直接上报，排除了各种干扰，成为安徽调查事业发展的奠基礼。10 年来，始终把干部队伍建设作为一项重要工作放在心上，抓在手上，采取上挂下派、异地交流、在岗培训、鼓励学习等多种措施，努力建设一支胜任调查工作，符合时代要求的统计调查队伍。连续 8 年招录 225 人，目前全系统共有在职在编职工 543 人，较建队之初增长近 40%，人员力量不断加强，队伍建设得到完善，职工综合素质全面提升。

这十年，我们坚持创先争优，大幅提升社会影响力。总队机关建设工作优势突出，连续 10 年获得省直机关效能建设“先进单位”称号，省政风行风民主评议位居前茅，成功创建“省级文明单位”和“省直机关文明单位”，业务工作、后勤保障等在国家统计局考核评比中荣获多类奖项，树立了争先创优、融入地方和文明诚信的良好形象，大幅度提升了总队的社会影响力，一大批市县队也获得市县“文明单位”荣誉。10 年来，国家统计局领导先后多次来总队调研指导工作，原局长马建堂连续 7 次批示安徽调查工作，充分体现了国家统计局对安徽调查事业的重视和关心。省委、省政府领导主动听取总队工作汇报或作出批示，充分肯定我们的工作，并给予我们有力的支持。

过去的十年，我们凝心聚力谋发展，风雨兼程，我们一心一意搞建设，跃马扬鞭。回首十年，我们感慨万分，我们深感自豪。这些成绩的取得，既是国家统计局党组坚强领导的结果，也是各级党委政府鼎力相助和社会各界关心支持的结果，更是全系统上下奋力当先、顽强拼搏的结果。在此，我代表总队党组，向你们，并通过你们向辛勤工作在调查工作岗位上的一线同志们，表示衷心的感谢并致以崇高的敬意！

二、2016 年重点工作

2015 年 12 月召开的全国统计工作会议，提出加快建立覆盖全面、调查准确、核算科学、运作高效的现代统计体系，这是在贯彻落实“四个全面”战略布局，深入推进“创新、协调、绿色、开放、共享”五大发展理念的关键期，经济发展进入新常态的背景下提出来的统计发展战略。加快构建“一个体系”，积极适应“两个大势”，推动“三个转变”，努力实现“四个提升”，都是以建立现代统计体系为目标的工作思路，是新常态下统计改革创新的主线。如今，安徽调查事业站在了新的历史起点上，我们必须认清当前形势，着眼未来发展，继承和发扬十年来调查队改革和发展的成功经验，紧紧围绕建立现代统计体系的总目标，积极应对，主动作为，不断推进安徽调查事业再攀高峰。

2016 年是全面建成小康社会决胜阶段的开局之年，也是建立现代统计体系的关键之年。安徽调查工作的总体思路是：深入学习贯彻党的十八大、十八届三中四中五中全会、中央经济工作会议和全国统计工作会议、全省经济工作会议精神，以习近平总书记系列重要讲话精神为指导，围绕建立现代统计体系这个总目标，全面贯彻落实全国统计工作会议部署，进一步深化改革，加大信息化建设力度，着力夯实基层基础，提供优质“精准服务”，为全面建成小康社会，建设创新型“三个强省”和美好安徽提供统计调查保障。

（一）抓住关键环节，完成安徽省第三次全国农业普查遥感测量

农作物播种面积遥感测量任务是“三农普”的先手棋，国家统计局明确要求，在普查办的协调下，由调查队负责组织实施，这是今年安徽调查工作的重点之一。各级调查队要以高度的责任感、使命感和“三严三实”精神，把遥感测量工作责任扛起来，调查队队长要切实履行好第一责任人的职责，切实加强对普查遥感测量工作的领导，保持与各级农普办的协调沟通，认真做好遥感测量实施工作。建立健全遥感测量质量控制规章制度，落实工作岗位责任制，广泛开展宣传，营造支持配合普查遥感测量的良好氛围。要以国家农普遥感测量技术方案为基础，认真总结试点经验，制定安徽农作物播种面积遥感测量方案和外业调查实施细则。总队要指导市县队和相关粮食产量大县统计局做好地方经费测算，科学调配国家下拨办公设备和电子测算工具，落实人力、财力、物力保障。要认真做好遥感数据处理外包和第三方监理公司的招标，明确数据处理工作要求、质量标准、测算结果验收等，确保遥感测量数据质量。要切实做好培训工作，通过室内培训、野外实训，重点做好普查法规、遥感方案、操作细则的培训，组织市队业务人员参加无人机飞行培训，有条件的市队要派人员参加无人机驾驶执照考试。扎实做好外业调查阶段和内业处理阶段的各项工作，要层层跟踪控制、层层审核把关每一个环节、每一个岗位的工作质量，确保遥感测量外业数据科学完整，内业数据精准可靠。要组织第三方对遥感测量结果进行审核、评价、验收，确保安徽遥感测量任务取得圆满成功。

（二）积极开拓进取，深入推进调查方法改革

改革发展是建立现代统计体系的必由之路。各专业要积极关注方法制度改革顶层设计的战略部署，认真总结实际工作经验，努力探索适合基层工作情况的调查方法和组织模式，改进和完善实施细则，提升调查数据质量。一要切实抓好劳动力调查。劳动力调查作为 2016 年全国统计工作“改进四项调查”任务之一，各级调查队一定要高度重视，严格落实一把手负总责，分管领导亲自抓的工作机制。各队要加强调查员队伍管理，确保调查人员相对稳定，强化业务培训，努力提升调查人员整体素质。结合试调查的经验，制定切实可行的数据评估办法，严守劳动力调查的“五条红线”，确保数出有据，切实反映我省劳动力就业失业形势，做好调查失业率数据发布的准备工作。二要继续完善一体化住户调查。一体化住户调查也是国家局强调的调查任务，各队一把手要把责任担当起来，强化调查基础工作，全面执行调查方案和业务管理制度，建立各类调查台账。加强对调查户的记账辅导，按国家要求提高调查补贴标准，提升调查对象的配合度，确保每笔收支源自住户记账。强化数据质量管理，严格数据逐级审核，通过电话查询、入户访问、专项检查等方式加强对数据质量监管，

并将监管结果纳入年度考核中。市级调查队要对市辖区的国家样本直接调查，落实对县级居民收支调查的培训、指导和管理，履行对县级调查数据的质量核查及初评初审职责，严守调查底线，严禁弄虚作假。将采取业务约谈、函询、通报批评、一票否决等措施，消除数据质量隐患，严肃查处发生重大数据质量事故的责任单位和责任人。积极顺应移动终端管理平台和一体化数据采集系统建设的大势，按照国家统计局的部署，做好住户网上记账系统的承接工作。三要以高度的政治责任感完成好脱贫情况核查。恪守县级以上调查人员参与现场核查的“红线”，拒绝干扰，不讲情面，保证核查结果真实准确。四要抓好万头猪场（厂）联网直报的启动。一方面采取上门入场直接培训方法，另一方面采用适用法治手段，保证较高的上报率。五要认真做好新的房价信息管理系统完善维护工作，积极探索利用网签、网络等各种渠道的二手住宅价格数据，开展统计方法研究。

（三）坚持质量为先，切实提升常规调查水平

必须始终坚定不移地强化业务建设，不断提高数据质量，组织实施好农产品产量、住户、消费价格、生产价格、投资价格、房地产价格、农产品价格、农产品中间消耗、规下工业、规下服务业、限下商业、新设立小微企业和采购经理等各项常规调查工作，继续加大力度，做好畜禽、输出地输入地农民工、贫困、退耕还林（草）等监测调查工作，做好样本调整后畜禽监测基础数据衔接。

工价、消费价格专业要做好 2016 年新一轮价格调查开局工作，适应新权数、新目录、新样本及新程序变化，不仅要核准基础数据，采准新基期价格，而且要进行深入分析评估，合理解释变动原因，对结构性变动影响把握得准，分析得透。调整规下服务业、限下商业、农产品生产价格调查样本，固定资产投资价格调查要纳入新开工项目以提高代表性。要做好网购用户专项调查、建筑业小微企业抽样调查、小微企业投资专项调查，推进规下工业联网直报工作等，总之，各项常规调查任务都必须切实抓紧抓好。在部分行政区划调整过程中，要做好工作对接，保证调查工作和调查数据的无缝衔接。

严格执行各专业《数据质量控制和评估办法》和《调查业务规范化操作规程》，制定劳动力调查和输入地农民工监测专业的规范化操作规程，做到调查范围扩大到哪里，质量控制体系建设就延伸到哪里，对调查工作和源头数据质量进行全程控制。在多维比较评估数据的基础上，利用信息技术审核数据，住户、企业等调查要直接查询到样本点，提高审核查询速度。

（四）适应形势需要，提升统计调查服务能力

按照积极适应“两个大势”的要求，转变服务理念，提供“精准服务”，提高服务能力，提升服务水平。

——要独立客观反映经济变化情况。充分利用调查数据，真实反映经济变化的特点趋势、结构状况，加强对新产业、新业态、新商业模式发展状况的调研，省委、省政府推进结构性改革，实施“4105”行动计划也是我们的调研重点。要精心开发系列统计调查资料，反映“十二五”社会经济发展成果。探索数据管理共享平台建设，整合分专业的数据资源。做好《安徽调查》《调查信息专报》《季度调查资料》和《安徽调查年鉴》等常规资料编辑，提高编辑质量，提高针对性、时效性，提高领导决策的参阅率和批示率。做好发布宣传工作，发挥好政务微博、微信等新媒体在统计宣传和数据发布中的作用，不断提升安徽调查宣传的渗透能力。

——要科学预测预判预警经济发展趋势。深入分析 PPI、PMI 等宏观经济先行指标数据变动情况，

利用指数平滑、时间序列分析等方法，前沿预测预判预警期，敢于预测，大胆判断；民生监测数据、小微经济体调查数据，要通过对比分析、回归分析、建立计量经济分析模型等多重分析工具，实现定性分析和定量分析相结合，提高见微知著能力，做到情况描述全面客观，问题剖析准确无误，大势判断依据充分。

——要深度分析提供有效的对策建议。分析报告的价值体现，不仅需要有客观科学的理论分析，也更需要有含金量较高的政策建议。发挥调查分析类专业带头人作用，组织参与总队重大课题、专题研究和经济形势分析交流，建立考核考评动态管理机制。要通过密切跟踪政策、加强实地调研、召开专家学者和企业家座谈会等形式，及时了解党中央、国务院以及省委、省政府重大政策措施的进展和落地情况，以及执行过程中出现的新情况新问题，充分利用预测预判预警成果，提出有针对性的对策建议，当好提供高水准政策建议的“智库”。

（五）加大信息化建设力度，提升科技保障水平

运用互联网、云计算、大数据进行数据生产，必须要有信息化作为支撑，总队决定：加强领导，统一规划，加大投入，全面推进，力争信息化建设上取得三个突破性进展。

——系统基础信息网络建设要取得突破性进展。总队将集中力量实施全系统信息网络主干网建设工程；各市县队要把广域网建设作为一把手工程，全力配合，积极落实，确保国家调查队系统信息网络，覆盖到每个市县队。总队到市队主干网带宽要不低于 4 兆的标准、到县队主干网带宽要不低于 2 兆的标准，满足联网直报、视频会议、集中式 OA 系统等工作需要。抓紧进行办公室用房调整和改造，备齐冗余，保证基础信息网络建设空间，逐步部署满足广域网建设、三农普遥感测量数据处理、信息安全、网站管理需要的各类设备及辅助设施。要强化信息化人才培养，大力提升计算机软件开发编程、网络管理及数据处理等方面的能力。

——集中式 OA 办公系统建设要取得突破性进展。国家统计局 OA 系统硬件采购计划已由财政部通过。要按照统一部署开展我省 OA 系统建设，认真做好公文处理流程设计，嵌入督查督办、资产管理、会务管理等模块，搭建协同办公平台。做好平台的测试，组织好不同层次、不同应用需求的培训辅导。强力推广应用，领导干部带头，多用键盘鼠标，全系统普遍推广，克服纸笔依赖，合理确定过渡期，限期并轨实施。要制定 OA 系统使用维护管理办法，形成 OA 运行的机制流程，实现政务管理数字化、效能化。

——数据管理共享平台建设要取得突破性进展。为切实加强数据的管理与发布，快速、完整、高效地满足政府和社会利用统计调查数据的需求，要整合分专业的数据资源，搭建统一的数据资料存储管理共享平台。各专业、各市县队要密切配合，特别是总队各专业，月季年报数据在国家核定后，按照总队要求及时将数据统一归档入库管理，确保数据安全、规范地使用与发布。

提升全系统信息化建设层次的同时，信息安全的风险点也大为增加。要按照规定，切实做好物防、技防、人防，提升全系统信息安全管理和防护能力，开展信息安全等级保护工作，杜绝发生信息安全事故和泄密事故。

（六）坚持依法治统，保障调查工作开展

2016 年是统计“七五”普法开局之年，各级调查队主要负责同志要高度重视统计普法宣传教育工作，及时建立普法组织机构。依据全国统计“七五”普法规划，结合实际，编制安徽调查队系统

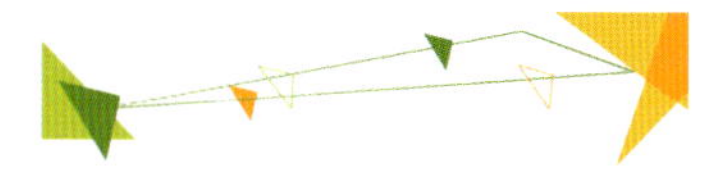

统计“七五”普法规划，市县队要结合本地情况，及时制定本单位的统计“七五”普法规划，认真组织实施。利用“12 · 4”国家宪法日、“12 · 8”《统计法》颁布纪念日等重要时点，开展有针对性的主题宣传活动，对社会公众加强统计法治宣传。借助调查队系统网站，政务微博、微信，打造网络普法平台，拓展普法渠道。要积极推动使用《统计法律事务告知书》《统计报表催报通知》和《统计检查查询书》等统计法律文书，把统计法律法规挺在前面。切实履行好统计法赋予的监督检查职责，积极构建总队法规制度处和市县队执法人员组成的执法体系，充实人员力量，巩固合肥、宣城、宿州三个调查队统计执法检查联系点工作，适当扩大联系面，推进全省调查队系统统计执法检查。进一步完善13个专业的基层基础工作和数据质量检查方案，持续开展全系统大检查工作。

（七）着力统筹兼顾，从严从实推进系统建设管理

一是抓住班子建设的关键。以《党政领导干部选拔任用工作条例》为抓手，进一步改进和完善干部考察方法，全面落实信念坚定、为民服务、勤政务实、敢于担当、清正廉洁的“好干部”标准，加强市县队领导班子建设。结合省编机构及人员情况核查，加强与有关部门沟通协调，尽快理顺地方队和省编的管理关系，推进地方队和省编人员管理工作改革。二是上紧系统管理的发条。严格按照中央和国家统计局党组关于从严管理干部有关要求，加强对异地任职干部的管理和评价，认真落实领导干部个人重大事项报告制度和节假日领导干部外出报告制度，政务、人事、财务、监察等要强化协作，形成干部监督的合力。完善系统财会业务“市管县”模式，主要加强市队专职会计的培训，完善财会市管县实施细则，进一步推进调查员、记账户补贴的打卡发放。指导市县队公车改革工作，强化与地方政府和部门的沟通协调，出台公务用车管理办法，加强保留车辆管理。三是继续加大干部培训的力度。以全面提高系统干部素质为目标，紧紧围绕统计调查中心工作，进一步创新培训机制，整合培训资源，优化培训内容，强化培训效果，不断提高全体干部政治理论素质、业务水平和统计调查能力。四是进一步加强青年干部的培养。继续抓好优秀年轻干部在社会主义核心价值观、政治品德、职业道德等方面的培养。加强省市县联系和沟通，提高市队优秀青年干部锻炼的科学性、系统性。做好2016年度公务员招考工作，为基层调查队补充新生力量，强化新招公务员培养教育的前瞻性，提高服务稳定率。

三、严格落实从严治党责任，持续推进作风建设

党的十八大以来，以习近平同志为总书记的党中央坚持党要管党、从严治党。全系统要以高度的思想自觉和行动自觉，把全面从严治党的各项要求真正落到实处，持续深入推进作风建设。

一要严格落实从严治党责任。要切实履行统一领导、直接主抓、全面落实的主体责任，将全面从严治党工作纳入调查工作总体布局，列入领导班子、领导干部管理。按照“9545”主体责任、分管责任和监督责任体系，进一步深耕细作管好“责任田”，严格执行好党风廉政建设落实制度、报告制度和考核制度。要全面理解监督执纪 “四种形态”的内在要求——咬耳扯袖、红脸出汗是常态，轻处分和组织处理是大多数，这体现了从严治党的严肃态度，来不得半点马虎。进一步完善市管县党风廉政建设的工作机制，在队伍的管理中充分发挥作用。要切实做好今年的专项巡查工作，重点是第一轮巡查整改落实情况的检查，结合党风廉政建设、人事管理、财务监管等工作加大抽查力度，对措施落实不到位、管理工作存在问题的，要突出问责，问责一个疼一阵，警醒一片管长远。要坚持“一案双查”，对漠视党的政治纪律和政治规矩、组织纪律，“四风”问题突出，发生顶风违纪问题的队，

既追究主体责任、监督责任，又严肃追究分管责任，坚决进行查处，进行通报。各队要定期听取纪检监察工作汇报，及时解决监督执纪问责工作中遇到的困难和问题，支持纪检监察部门依纪依法履行职责。

二要坚持思想建党和制度治党紧密结合。坚持把思想建设摆在党的建设的首要位置，把制度治党贯穿全过程。市县队党组（队委会）主要负责同志要抓好党建这个主业，深刻领会习近平总书记系列重要讲话精神，不断加深对党章党规、党的路线方针政策的学习，坚决筑牢马克思主义世界观、人生观和价值观。特别是要加强《中国共产党廉洁自律准则》和《中国共产党纪律处分条例》的学习实践，关键要做到“学思行”。“学”就是学习法规文本，领会其中深意；“思”就是将工作实际与《准则》《条例》“对表”，明确下一步的工作思路；“行”就是要严格按照《准则》《条例》办事“走针”，切实遵守“四个必须”“八条规范”和“六大纪律”，保证行为办事“分秒不差”。认真落实基层党支部“三会一课”，实行“三会一课”纪实报告制度，严格落实和督促党员领导干部参加双重组织生活会，完善党员评议、党性分析和民主评议等制度。积极稳妥推进党员发展工作，探索形式多样的党组织活动方式，增强党组织活动的吸引力和凝聚力。

三要严肃党内政治生活。要按照新修订的《党组工作规则》规范党组工作和决策行为。坚持好民主集中制这个根本工作制度，坚持集体领导与个人分工负责相结合。要用好批评和自我批评这个武器，班子成员之间要开展经常性交流交心，不断增强党组的向心力、凝聚力和战斗力。开好民主生活会，扯袖咬耳，及时提醒，把组织生活制度落到实处。

四要持续深入防止“四风”反弹。目前，安徽调查队系统转变作风到了“塑性成形”的节骨眼上，防止“四风”反弹任务艰巨，如果保持警惕，不降标准，我们就会少走弯路，跑准方向，这是对干部的关心和爱护。要把违反中央八项规定的行为列入重点，加强对厉行节约、减少“文山会海”、公务接待、公车使用等规定执行情况的监督检查，对顶风违纪者进行问责，并对其进行纪律处分。要继续巩固“三严三实”专题教育成果，紧盯作风领域出现的新变化新问题，防止出现“四风”问题反弹回潮。

同志们！实现新发展任务艰巨，创造新业绩使命光荣。2016 年是“十三五”规划的开局之年，是建立现代统计体系的关键之年，让我们用更加开阔的视野，更加务实的作风，更加坚定的步伐，开好头，起好步，砥砺奋进，奋力迈上安徽调查事业发展新征程！

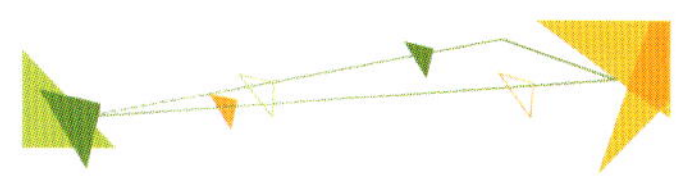

2015 年 1 月，安徽总队召开全省调查工作会议

2015 年 9 月，安徽总队召开“三严三实”专题教育座谈会

2015 年 3 月，国家统计局纪检组长高建华（右二）来皖调研党风廉政建设工作

2015 年 3 月，国家统计局纪检组长高建华（左一）在桐城调研党风廉政建设工作

2015年7月，国家统计局张为民副局长（中）来安徽督导“三严三实”专题教育工作

2015年7月，国家统计局张为民副局长（右二）赴淮南指导劳动力现场调查

2015 年 2 月，总队长骆飞（中）赴裕安区新安镇马河村开展慰问活动

2015 年 10 月，副总队长方正亚（右三）赴六安调研扶贫工作

2015 年 5 月，副总队长张鹏（中）赴淮南市创迪科技有限公司调研

2015 年 8 月，纪检组长牟为民（中）赴庐江、肥西指导巡查工作

2015 年 4 月，副总队长邓德平（右三）赴滁州等地调研指导工作

2015 年 8 月，巡视员陈冬青（右二）赴淮南调研指导住户调查工作

2015 年 4 月，副巡视员苏维亚（右三）赴阜南等 4 县调研小麦和畜牧业生产形势

2015 年 4 月，安徽总队参加第八届省直机关万佛湖踏青环湖健身走活动

2015 年 5 月，安徽总队隆重表彰系统第二届“十大杰出青年”

2015 年 7 月，安徽总队在省直机关乒乓球比赛中再获佳绩

2015年9月，总队组织参观安徽军民抗战史实展和安徽好人馆

2015年9月，安徽总队“统计开放日”进校园活动中，骆飞总队长向合肥学院领导赠送统计资料

2015 年 9 月，安徽总队开展“统计开放日”进校园活动

2015 年 10 月，安徽总队组织干部赴省党风廉政教育基地接受教育

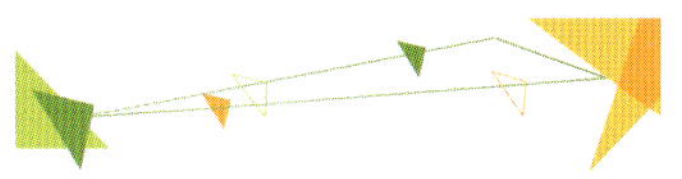

2015 年 10 月，安徽调查系统第三届乒乓球羽毛球比赛开幕式

2015 年 10 月，安徽总队成功举办系统第三届乒乓球羽毛球比赛

2015 年 5 月，合肥调查队开展廉政警示教育活动

2015 年 5 月，合肥调查队在飞虹菜市场开展采价督查

2015 年 6 月，淮北调查队组织全体党员参加文明创建志愿活动

2015 年 12 月，淮北调查队利用“12 · 4”法制宣传日开展统计法制宣传活动

2015 年 3 月，亳州调查队领导与业务科签订党风廉政责任书

2015 年 7 月，亳州调查队领导到农贸市场采价点进行慰问走访

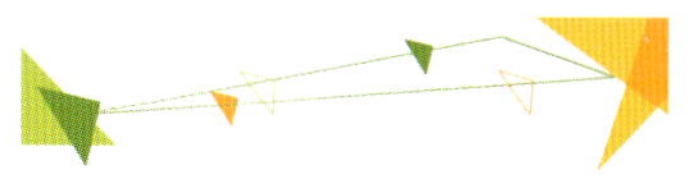

2015 年 6 月，宿州市副市长杨俊龙（右五）视察小麦测产调查工作

2015 年 3 月，宿州调查队消费价格科工作人员现场采价

2015 年 3 月，蚌埠调查队下乡检查住户记账质量

2015 年 5 月，蚌埠调查队调查员到农村居民家庭进行专项调查

2015 年 3 月，阜阳调查队深入颍上县陈桥镇李庄村开展整村脱贫情况调研

2015 年 11 月，阜阳调查队领导在调查点进行数据质量核查

2015 年 4 月，淮南调查队党员赴小岗村学习沈浩精神

2015 年 8 月，淮南调查队领导调研畜牧业生产形势

2015 年 10 月，滁州调查队开展万桥社区劳动力现场调查

2015 年 11 月，滁州调查队在花园街社区开展统计法制宣传

2015 年 6 月，六安局队联合在皋城广场开展普法宣传

2015 年 9 月，六安调查队干部职工参加抗战 70 周年参观活动

2015 年 6 月，马鞍山调查队在博望区丹阳社区访问记账户

2015 年 12 月，马鞍山调查队与市统计局、花山区统计局联合开展《统计法》宣传活动

2015 年 5 月，芜湖调查队专业人员访户指导记账

2015 年 10 月，芜湖调查队工作人员开展随访调查

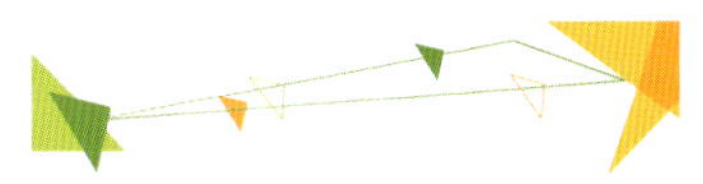

2015 年 7 月，宣城调查队领导看望慰问绩溪县长安镇贫困户

2015 年 12 月，宣城调查队志愿者开展法制宣传活动

2015 年 4 月，铜陵调查队认真做好居民收支调查记账户的访户工作

2015 年 11 月，铜陵调查队组织开展统计执法检查暨“双基”工作检查

2015 年 5 月，池州调查队专业人员深入田间进行水稻实割实测

2015 年 6 月，池州调查队职工进行法律法规知识测试

2015 年 5 月，安庆调查队干部职工在潜山县野寨中学爱国主义教育基地学习

2015 年 12 月，安庆调查队联合市统计局在市政务中心开展《统计法》宣传活动

2015 年 4 月，黄山调查队开展数据质量检查和农民务工情况调研

2015 年 11 月，黄山调查队到屯溪区硕客调研企业电子商务情况

2015 年 5 月，合肥调查队领导来肥西视察指导农村贫困人口监测工作

2015 年 11 月，肥西调查队创新利用测产圈开展水稻实割实测工作

2015 年 1 月，庐江调查队走访住户调查记账户

2015 年 7 月，庐江调查队业务人员冒着大雨进行早稻实割实测

2015 年 5 月，合肥调查队领导在巢湖调研贫困户脱贫核查工作

2015 年 9 月，巢湖调查队全体干部学习“三严三实”专题教育图片展

2015 年 4 月，濉溪调查队领导检查城乡住户一体化工作

2015 年 11 月，濉溪调查队工作人员向住户记账员面对面宣讲统计法律法规知识

2015 年 3 月，蒙城调查队领导在辛集乡查看小麦苗情

2015 年 6 月，国家统计局农村司黄秉信副司长（右二）来蒙城调研小麦生产情况

2015 年 3 月，利辛调查队开展住户一体化检查

2015 年 5 月，利辛调查队进行农产量实地调研

2015 年 3 月，灵璧调查队入户开展劳动力现场调查工作

2015 年 5 月，灵璧调查队深入田间开展夏粮预产工作

2015 年 2 月，颍上调查队对辅助调查员进行业务指导

2015 年 9 月，颍上调查队领导在秋粮调查样本地块查看农作物生长情况

2015 年 6 月，临泉调查队开展小麦实割实测

2015 年 12 月，临泉调查队开展《统计法》宣传活动

2015年5月，太和调查队在肖口镇王寨村样本区地块查看小麦生长情况

2015年7月，太和调查队深入农户进行劳动力调查

2015 年 11 月，阜南调查队在苗集镇前进村了解精准脱贫情况

2015 年 12 月，阜南调查队在公桥乡罗郢村了解光伏脱贫实施情况

2015 年 9 月，全椒调查队工作人员对一季中稻进行结构测产

2015 年 12 月，全椒调查队开展《统计法》宣传活动

2015 年 9 月，凤阳调查队举办辅调员岗位培训

2015 年 10 月，凤阳调查队参加廉政教育活动

2015 年 2 月，寿县调查队开展住户一体化培训工作

2015 年 3 月，寿县调查队工作人员走访调查户

2015 年 6 月，金寨调查队开展苗情监测调研

2015 年 7 月，金寨调查队开展革命老区教育活动

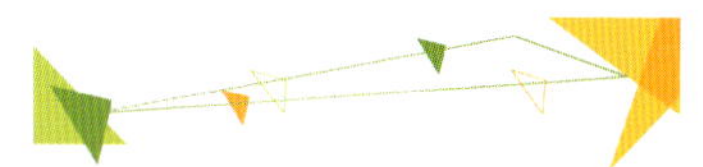

2015 年 6 月，舒城调查队开展小麦实割实测工作

2015 年 8 月，舒城调查队工作人员下乡检查劳动力调查工作

2015 年 9 月，当涂调查队领导指导水稻实割实测工作

2015 年 11 月，当涂调查队开展劳动力调查

2015 年 5 月，无为调查队在蜀山镇凤凰山村进行小麦实割实测

2015 年 8 月，无为调查队在福渡镇公路村进行棉花预产调查

2015 年 7 月，枞阳调查队进行水稻实割实测

2015 年 8 月，枞阳调查队开展劳动力入户调查

2015 年 4 月，桐城调查队开展住户调查

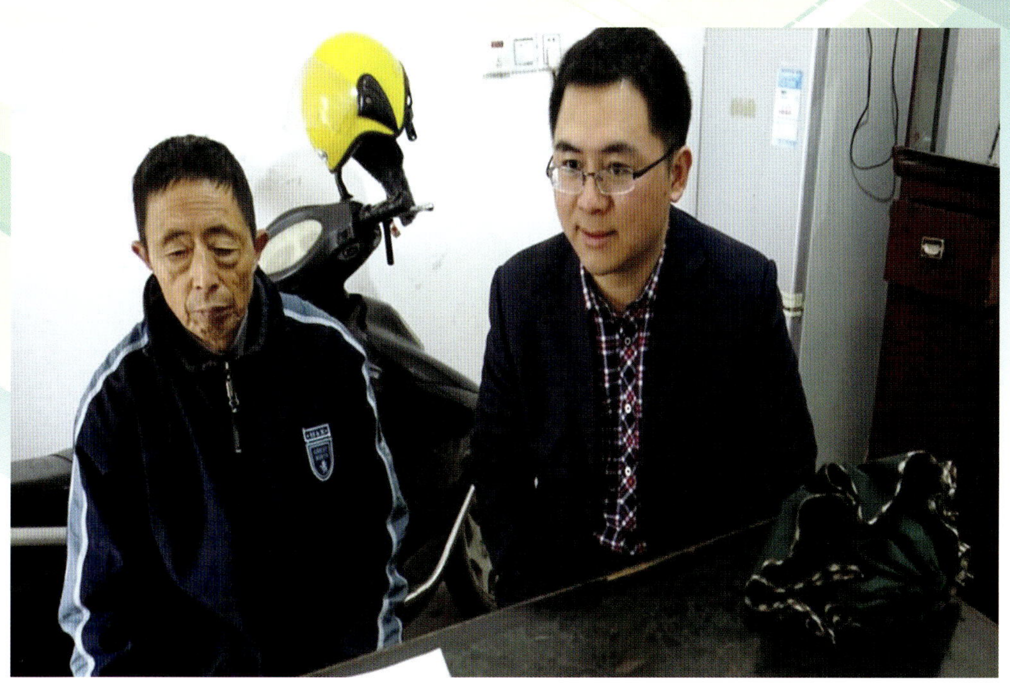

2015 年 12 月，桐城调查队领导向访户宣传《统计法》

2015 年 7 月，歙县调查队深入基层调查点了解第一手调查资料

2015 年 7 月，歙县调查队专业人员查看住户记账账本

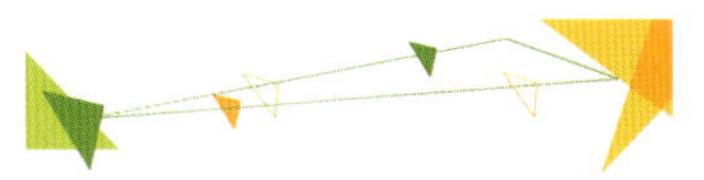

2015 年 9 月，祁门调查队专业人员与闪里镇农产量调查员进行水稻样本的脱粒

2015 年 12 月，祁门调查队与县统计局联合开展《统计法》宣传活动

2015 年安徽调查工作大事记

一 月

1 日　安徽总队扩充的庐江、阜南、金寨 3 个新一轮基期消费价格农村调查点正式开展工作。至此，安徽省农村消费价格调查点增至 5 个，有效增强了消费价格网点的代表性。

1 日　根据《安徽调查队系统网络与信息安全信息通报暂行办法》，安徽调查队系统正式建立实施网络与信息安全信息通报机制。

8 日　安徽总队召开党组民主生活会征求意见座谈会，听取对总队党的群众路线教育实践活动整改落实情况和深化作风建设，以及对领导班子和班子成员的意见建议。总队党组书记、总队长骆飞主持会议，党组成员方正亚、牟为民、邓德平出席会议，干部代表参加了座谈会。

8 日　安徽总队参加了国家统计局视频会议系统联调测试工作，调试过程中与国家统计局进行了高清视频通话，对视频和音频效果、会议模式、双流等视频会议功能进行测试，各项技术指标均符合要求，标志着安徽总队视频会议室改造工作顺利完成。

10 日　安徽省委常委、常务副省长詹夏来在安徽总队报送的《国家统计局安徽调查总队 2014 年工作总结和 2015 年工作打算》上作出重要批示："2014 年，安徽调查总队以开展教育实践活动为契机，解放思想、改革创新、转变作风、扎实工作，各项统计调查任务圆满完成，基层基础工作进一步夯实，服务型调查统计建设稳步推进，队伍建设得到加强，为全省经济社会持续健康发展作出了重要贡献。希望在新的一年里再接再厉，再创佳绩！"

14 日—16 日　安徽总队召开 2015 年全省调查工作会议，传达贯彻全国经济工作会议、全国统计工作会议精神，总结回顾 2014 年工作，部署 2015 年重点任务。会上，总队党组书记、总队长骆飞作了题为《锐意进取　开拓创新　为经济发展新常态提供统计调查保障》的工作报告。

15 日　安徽总队在全省调查工作会议上举行了 2015 年度党风廉政建设承诺书签署仪式。48 个市、县调查队，17 个总队机关处室的主要

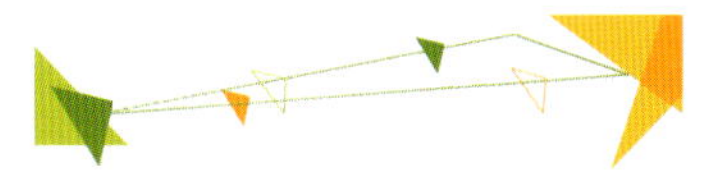

负责人，就认真贯彻落实党风廉政建设主体责任，完成好党风廉政建设各项工作，向总队党组作出庄严承诺。总队党组书记、总队长骆飞主持签署仪式。

23日　安徽总队党组围绕“严格党内生活、严守党的纪律、深化作风建设”主题，召开2014年度党组民主生活会，总队党组书记、总队长骆飞主持会议，国家统计局督导组孟庆欣一行到会指导。

26日　就全省政务公开政务服务社会公众满意度调查工作，安徽总队副总队长方正亚与省政务公开办公室、省政府政务服务中心主任郑训练等一行开展会谈。郑训练主任对总队科学严谨地组织调查给予充分肯定，对总队给予的大力支持表示衷心感谢。双方均表示要认真总结经验，进一步加强合作。

是月　安徽总队被安徽省精神文明建设指导委员会授予“第十届安徽省文明单位”称号。

是月　安徽总队综合档案工作被安徽省档案局在《关于2014年度省直及中央驻皖单位档案工作年检优秀单位的通报》（皖档办〔2014〕150号）文件中通报表扬，总队被确定为档案年检优秀单位。

二　月

2日　安徽总队召开2014年度处室主要负责人年度考核述职述廉及处室预备“优秀”人选述职会议。总队党组书记、总队长骆飞主持会议，总队其他领导出席会议，各处室主要负责人和处室预备“优秀”人选参加会议。

4日　安徽总队党组中心组召开会议，学习十八届中纪委五次全会精神，研究部署贯彻落实工作，通报总队党组2014年度民主生活会情况。总队党组书记、总队长骆飞主持会议。总队党组成员、纪检组长牟为民对学习贯彻十八届中纪委五次全会精神、加强安徽调查队系统党风廉政建设提出要求。

5日　安徽总队党组书记、总队长骆飞，副巡视员苏维亚，深入总队定点帮扶村裕安区新安镇马河村开展调研及送温暖慰问活动。

13日　安徽总队党组书记、总队长骆飞召开专题会议，听取总队有关部门关于加快青年干部培养工作的汇报，人教处、综合处、机关党委主要负责人做专题发言。会上，人教处从建立后备干部队伍、设立“专业带头人”、加大干部交流力度等方面提出贯彻意见。综合处就设立“首席分析师”拿出了具体方案。机关党委汇报了“第二届全省十大杰出青年”的评选和表彰工作计划。

13日　安徽总队牵头召开新设立小微企业跟踪调查工作联席会议。联席会议总召集人、安徽总队总队长骆飞主持会议，联席会议成员省统计局副局长高亳洲、省工商行政管理局副局长吴良斯和安徽总队副总队长张鹏出席会议。会议通报了近期工作开展情况和2014年四季度调查结果，明确了2015年新设立小微企业跟踪调查工作重点。

是月　安徽省直属机关计划生育协会下发了《关于2014年度省直机关计划生育工作先进集体和先进个人的通报》，安徽总队韩溪同志荣获“2014年度省直机关计划生育工作先进个人”。

是月　省政府办公厅印发《省直机要文件交换站关于表彰2014年度先进个人的通报》，安徽总队张雪莲因工作成效显著，被评为“安徽省省直机要文件交换站2014年度先进个人”。

三　月

7日—8日　安徽调查队系统公务员招录面试工作圆满完成。今年系统计划招录公务员39名，实际参加面试考生113名。

9日　安徽总队印发《安徽调查队系统青年优秀专业带头人评选及考核管理暂行办法》，对专业带头人的评选范围、原则、条件、程序、职责与权利以及考核和管理等作了明确规定。这是全国调查队系统首次出台该类制度。

9日—12日　安徽总队先后召开市县调查队和总队机关客户端安全管理系统培训会，部署培训统计系统安全客户端软件安装和上网实名注册工作。

16日—17日　安徽总队在宣城召开2015年全省调查队系统党风廉政建设工作会议。会议学习贯彻了全国统计系统党风廉政建设工作视频会议和国家统计局落实主体责任专题培训班精神；具体部署了全省调查队系统党风廉政建设工作；讨论交流了党风廉政建设工作体会。会议由总队党组成员、纪检组长牟为民主持召开，党组书记、总队长骆飞做重要讲话，国家统计局监察局监察一室主任黄秉成参加会议，并作了“主动适应新常态，主动改变旧习惯”专题讲座。

19日—21日　国家统计局党组成员、纪检组长高建华莅临安徽总队就党风廉政建设“两个责任”落实工作进行调研指导。高建华组长先后到总队机关、安庆市队、桐城市队、铜陵市队，看望慰问干部职工，了解基层调查队建设情况，针对党风廉政建设工作开展情况举行了座谈。

是月　安徽总队积极贯彻落实全国建筑业小微企业抽样调查工作会议精神，完成建筑业小微企业抽样调查一季度上报工作，这是安徽建筑业小微企业调查的首次季报。

是月　安徽总队开展2015年全国“两会”期间网络与信息安全信息通报工作，信息安全通报完成100%。

是月　省委组织部和省直工委反馈2013、2014年度省直机关党建工作考核结果，安徽总队被评为优秀等次。

四　月

3日　安徽总队召开总队常务会议，传达学习了全国劳动力调查工作会议精神，专题研究部署劳动力调查工作，调查的前期准备工作有序展开。

9日　安徽总队召开党组中心组扩大会议，认真学习贯彻国家统计局关于深入开展践行“三严三实”活动扎实开展从严治队意见和马建堂局长关于调查系统落实党风廉政建设主体责任重要讲话的精神，传达违反作风建设十个案例通报精神。总队践行“三严三实”活动扎实推进从严治队工作，领导小组组长、党组书记、总队长骆飞主持学习会，总队其他领导和机关各处室主要负责人参加学习会。

五　月

4日　安徽总队召开安徽调查队系统深入开展践行“三严三实”活动，扎实推进从严治队动员大会，打响“三严三实”活动发令枪。

4日　安徽总队在合肥召开会议，隆重纪念“五四”运动96周年，庆祝“五四”青年节，表彰安徽调查队系统第二届“十大杰出青年”和“十大优秀青年”。

5日　安徽总队召开全省劳动力调查工作会议，贯彻落实国家统计局劳动力调查工作会议和培训会议精神，全面布置全省劳动力调查工作，吹响安徽劳动力调查工作集结号，正式启动全省劳动力调查工作。

8日　安徽总队和省统计局联合下文转发《国家统计局关于开展2015年万头猪场（户）联网直报试点工作的通知》，部署2015年全省万头猪场（户）联网直报试点工作。

25日—28日　国家统计局城市调查司司长程学斌来安徽省调研价格调查统计和城市文明创建工作。总队党组书记、总队长骆飞，党组成员、副总队长方正亚及有关处室负责同志分别陪同调研。

六　月

1日上午　省委常委、常务副省长詹夏来听取安徽总队关于劳动力调查工作的专题汇报。

詹夏来充分肯定总队各项准备工作的同时，表示将全力支持，要求省政府办公厅做好协调工作，并发文对调查工作的组织领导、宣传动员、支持配合、工作保障、严明纪律等提出明确要求。

2日—4日　国家统计局农村司副司长黄秉信一行来安徽省怀远、蒙城、太和等地调研夏粮生产形势。总队党组书记、总队长骆飞会见了调研组一行，并就安徽夏粮生产形势进行交流。黄秉信听取了安徽总队关于夏粮调查工作的汇报，对安徽农业调查工作给予了充分肯定，指出在新形势下要继续加强产粮大县调查工作，以先进遥感技术为依托，把农业调查抓实夯牢。

6日—9日　国家统计局财务司严华副处长一行3人，来安徽省就国库支付相关工作进行专题调研。调研组听取了部分单位关于预算执行进度、部门决算、政府采购、公务卡使用以及经费保障等情况的汇报，并开展了座谈。

11日—12日　安徽总队召开全省工价权数调查部署暨培训会议，正式全面启动工价基期轮换工作。

16日　安徽总队邀请省发改委、住建厅等9部门就新常态下建筑业运行情况进行座谈，就当前安徽省建筑业领域现状、问题进行梳理、剖析，畅谈新常态下建筑业发展趋势、农民工、“营改增”等问题。

19日　安徽总队召开党组会议，总队领导根据党风廉政建设主体责任内容，结合分管的工作和所联系的市县队工作，向党组报告了党风廉政建设主体责任落实情况。总队党组书记、总队长骆飞主持了会议，总队其他领导参加了会议。

24日　安徽总队党组中心组召开专题教育第一专题学习研讨会议，围绕“严以修身，加强党性修养，坚定理想信念，把牢思想和行动的‘总开关’”开展专题研讨。

26日　安徽总队机关党委在省直机关工委纪念建党94周年暨述职评议表彰大会上，作为省直机关先进基层党组织受到表彰，总队机关党委专职副书记许善军被评为省直机关优秀党务工作者。

29日　安徽总队机关党支部换届工作圆满完成，召开新任党支部书记会议。

是月　国家统计局服务业司专项处处长赵庆河一行来皖采购经理调查样本企业调研。

七月

1日　安徽总队机关召开“纪念建党94周年暨表彰大会”，隆重纪念中国共产党成立94周年，表彰总队机关优秀共产党员。总队领导、机关全体党员、预备党员参加了大会。

8 日　安徽总队联合省统计局、省农委转发《开展全国主要畜禽监测调查样本调整工作的通知》，共同部署在全省范围内开展主要畜禽监测抽样调查样本调整的工作。

9 日　安徽调查队系统市级调查队纪检组长履职汇报会在合肥召开，总队党组成员、纪检组长牟为民主持履职汇报会，总队党组书记、总队长骆飞到会并做重要讲话。针对纪检监察工作要求，会议要求各纪检组长处理好三个关系：一是纪检监察工作与统计调查业务的关系，二是严格要求、严格管理、严格查处与信任干部、保护干部、激励干部的关系，三是监督他人与正人正己的关系。

10 日　作为对安徽总队开展全省劳动力调查工作的支持，安徽省人民政府办公厅印发《关于做好月度劳动力调查工作的通知》，进行工作部署，提出工作要求。

10 日　全国月度劳动力调查入户登记首日，安徽总队党组书记、总队长骆飞一行赴滁州、全椒检查指导劳动力现场调查工作。

10 日　省直机关 2015 年乒乓球锦标赛开赛，来自 61 家省直机关、中央驻皖单位的数百名选手参加了紧张激烈的角逐。安徽总队代表队周为获得 45 岁以上男子组单打第五名，王小红获得女子组单打第五名的好成绩。

17 日　安徽总队组织开展以“铭记历史、缅怀先烈、珍爱和平、开辟未来”为主题的党史教育日活动，组织机关党员干部职工参观渡江战役纪念馆和安徽名人馆。

27 日　安徽总队召开全系统统计法治工作会议，研究部署近期需要着力抓好的七个方面重点工作。总队党组书记、总队长骆飞出席会议并做重要讲话，党组成员、副总队长张鹏主持会议。

29 日　安徽总队党组中心组先后两次召开专题教育第一专题学习研讨会议，围绕“严以修身，加强党性修养，坚定理想信念，把牢思想和行动的‘总开关’”这一主题开展专题研讨。总队党组书记、总队长骆飞主持会议，党组中心组成员参加了会议。

31 日　安徽总队专门召开农民工市民化进程监测专题研讨会议，积极部署农民工市民化动态监测工作。

是月　国家统计局党组副书记、副局长张为民一行来安徽调研劳动力调查工作开展情况并督导安徽总队“三严三实”专题教育。

八　月

4 日　安徽总队召集新设立小微企业和个体经营户跟踪调查工作第二次联席会议。会议通报了第一次联席会议工作安排的落实情况，

2015 年二季度跟踪调查结果，并对今后一阶段的跟踪调查工作进行了部署。总队副总队长张鹏主持会议，省统计局副局长高亳洲，省工商行政管理局副局长吴良斯出席。

6 日　根据省直妇工委文件批复，王新、王小红、郭玲玲等 3 位同志增选为安徽总队机关妇委会委员，王新担任机关妇委会主任，童晓莉任妇委会副主任，韩溪任妇委会组织委员，王小红任妇委会权益保障委员，郭玲玲同志任妇委会宣传委员。

是月　安徽调查队系统各市县队高度重视“三严三实”专题教育，精心组织，扎实推进集中学习、专题研讨、党课辅导等“规定动作”，确保专题教育抓实抓好抓出成效。

是月　安徽总队在 2014 年度省直机关效能建设考核中被确定为先进单位。这是安徽调查总队自成立以来连续 9 年获此荣誉。

是月　根据《国务院关于开展第三次全国农业普查的通知》精神和第三次全国农业普查遥感测量试点布置会的要求，安徽总队积极部署第三次农业普查面积遥感测量工作。

是月　安徽总队根据国家统计局有关权数调查测算工作安排和要求，牵头召开华东片区流通消费价格权数评估会，对片区内各省流通消费价格调查 4 套权数初步测算结果进行全面评估。

九　月

9 日　安徽总队举办新录用工作人员初任培训班。总队党组书记、总队长骆飞亲自出席开班式，并作动员讲话。

16 日　安徽总队组织干部职工参观“皖江洪流 —— 安徽军民抗战史实展”，及安徽好人馆。总队党组成员、纪检组长牟为民前往参观。

21 日　安徽总队党组书记、总队长骆飞深入总队定点帮扶单位六安市新安镇马河村，调研精准扶贫工作。

23 日　安徽省人民政府办公厅印发《关于做好住户调查样本轮换工作的通知》，全力支持全省居民收支调查样本轮换工作，并提出明确要求。

23 日　安徽总队与合肥调查队联合在合肥学院隆重举办了以“统计服务民生”为主题的第六届“中国统计开放日”系列活动。活动紧扣主题，形式注重多样，积极宣传展示了统计调查工作，取得了实实在在的效果，有力地提升了“安徽调查”品牌形象。

24 日—25 日　安徽总队召开“三严三实”专题教育工作座谈会，深入学习贯彻习近平总书记系列重要讲话精神，特别是关于“三严三实”专题教育的重要指示精神，全面回顾前一阶段专题教育开展情况，总结经验，解决问题，并部署下一阶段专题教育工作。

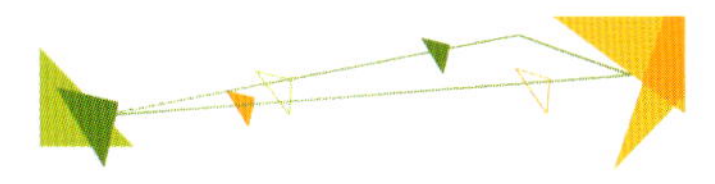

是月　安徽总队收到国家统计局城市司感谢信，感谢安徽总队对基期轮换工作的大力支持，以及消价处邓泓同志在新基期价格调查数据处理培训会上的认真授课。

是月　安徽总队收到西藏总队感谢信，感谢总队消价处童晓莉在藏期间，对新基期CPI权数测算和评估工作给予的大力支持和辛勤付出。

是月　安徽总队收到内蒙古总队感谢信，感谢总队农业处盛玉强在蒙期间，对遥感测量数据的整理、录入、审核工作给予的大力支持和辛勤付出。

十　月

10日　安徽省纪委和安徽总队联合发出《关于认真做好2015年全省党风廉政建设和国有企业反腐倡廉民意调查工作的通知》文件，开展全省党风廉政建设和国有企业反腐倡廉民意调查。

15日　安徽总队组织处级以上干部到省纪委“清风苑”廉政教育基地接受“三严三实”正面典型教育、“正风肃纪”警示教育。总队党组书记、总队长骆飞，党组成员、副总队长张鹏，党组成员、纪检组长牟为民，党组成员、副总队长邓德平，以及处级干部共47余人参加活动。

19日　总队机关举行处级党员干部“三严三实”专题研讨会，深入学习贯彻习近平总书记重要指示精神，学习贯彻全国统计系统“三严三实”专题教育培训班讲话精神，以学习践行“三严三实”为主题深入开展研讨。总队党组书记、总队长骆飞出席会议并作动员讲话，总队党组成员、纪检组长牟为民主持会议。

19日　安徽总队联合省主流媒体深入滁州市月度劳动力调查现场，开展“统计基层行”活动。采访客观、真实、全面地展示了劳动力调查原始数据采集、上报的全过程，进一步展现了透明统计，增进了社会公众对安徽调查的了解和认知，提升了统计调查公信力，增强了统计服务民生效果。

22日　安徽总队巡视员陈冬青带领联合巡查组，赴合肥市开展党风廉政建设和国有企业反腐倡廉民意调查督导，省纪委和省国资委有关同志参加。

24日—25日　安徽调查队系统“庆祝建队十周年暨第三届乒乓球羽毛球比赛”在桐城市举行。比赛活动充分展示了安徽调查队系统干部职工积极进取、奋发向上的精神风貌，体现了调查队伍团结协作、顽强拼搏的良好作风，推动了安徽调查队系统全民健身运动深入开展。

十 一 月

4日　安徽总队召开党组扩大会议，深入学习党的十八届五中全会精神，部署安排贯彻落实工作。总队党组书记、总队长骆飞主持会议，对总队学习贯彻工作进行安排部署。总队领导及有关处室主要负责人出席会议。

5日　安徽总队党组印发《中共国家统计局安徽调查总队党组工作规则》，规范总队党组工作。

7日　安徽省委常委、常务副省长詹夏来在安徽总队撰写的《工商登记制度改革后安徽新注册的营业单位发展状况分析》上进行批示："这项工作抓得好！望形成长效机制，并不断完善。"

18日　安徽总队党组书记、总队长骆飞主持召开党组中心组会议，开展"三严三实"专题教育"严于律己"主题学习研讨，重点学习贯彻《中国共产党廉洁自律准则》和《中国共产党纪律处分条例》等有关文件精神。总队党组中心组成员参加了学习。

20日　安徽总队党组召开扩大会议，及时学习贯彻国家统计局召开的统计系统从严治党严肃执纪警示教育视频会议精神。党组书记、总队长骆飞主持会议，总队领导、各处室主要负责同志参加了会议。

23日　安徽总队召开正风肃纪、从严治队警示教育会议。会上，观看了国家统计局召开的从严治党严肃执纪警示教育视频会议录像，总队党组书记、总队长骆飞作了《正风肃纪　从严治队》的重要讲话。总队办公室就公车改革有关问题作出说明。会议由总队党组成员、纪检组组长牟为民主持，市县调查队主要负责人、市队纪检组组长、总队办公室、人事处、财务处、机关党委主要负责人、监察室全体人员参加会议。

29日　安徽省委常委、常务副省长詹夏来在安徽总队撰写的《"十二五"安徽农村居民收入变动情况及"十三五"展望》和《安徽城镇居民收入变动特点及"十三五"展望》两篇分析报告上批示："调查总队这两个分析报告很深入，建议很有针对性，请发改委在制定'十三五'规划纲要中参考"。

是月　安徽总队认真贯彻国家投资统计改革试点方案，迅速部署小微企业固定资产投资统计新任务，确保全过程质量控制小微企业投资数据生产线。

是月　安徽总队召开全省流通消费价格权数评估会，邀请高校专家、相关部门、总队相关处室、基层消价业务骨干人员等与对新一轮基期流通消费价格调查4套权数进行综合评估。

十二月

14日上午　安徽总队召开总队机关干部代表座谈会，征求总队党组和领导班子成员在践行"三严三实"方面存在的问题。总队党组书记、总队长骆飞，党组成员、纪检组长牟为民出席

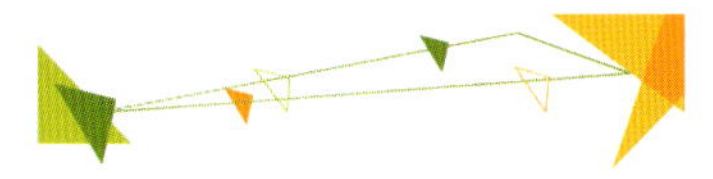

会议，总队机关党委专职副书记许善军，15名机关干部代表参加了座谈。

16日　安徽总队召开部分市县调查队新任职干部任职暨廉政集体谈话会。总队党组书记、总队长骆飞出席会议并作任前谈话，党组成员、纪检组长牟为民针对党风廉政建设方面提出要求。

28日　安徽总队党组紧紧围绕“三严三实”主题召开专题民主生活会。党组及班子成员联系实际，深入查摆问题，深刻剖析原因，认真开展批评与自我批评，提出努力方向和整改措施。党组书记、总队长骆飞主持会议，总队其他领导参加会议，办公室、法规制度处、人事教育处、财务管理处、纪检监察室、机关党委等综合部门主要负责人列席会议。国家统计局总工程师宋跃征、政策法规司副巡视员宋德家到会指导。

29日　安徽总队召开党组扩大会议，传达全国统计工作会议精神，重点学习了李克强总理和张高丽副总理的重要批示精神以及国家统计局领导在全国统计工作会议上的工作报告和总结讲话。总队党组书记、总队长骆飞就贯彻落实国务院领导的重要批示精神和全国统计工作会议精神提出具体要求。

2015 年总队工作获奖情况

工作内容	奖 次	授予单位
综合统计工作	优秀等次	国家统计局
贸易外经统计工作	良好等次	国家统计局
城市统计调查工作	优秀等次	国家统计局
服务业统计工作	优秀等次	国家统计局
网络信息报送工作	良好等次	国家统计局
统计设计管理工作	良好等次	国家统计局
工业统计工作	良好等次	国家统计局
农村统计调查工作	优秀等次	国家统计局
人口和就业统计工作	优秀等次	国家统计局
统计教育培训工作	优秀等次	国家统计局
财会工作	良好等次	国家统计局
建设领域统计工作	优秀等次	国家统计局
纪检监察审计工作	良好等次	国家统计局
第十届安徽省文明单位	文明单位	安徽省文明委
政务公开工作	先进单位	安徽省政务公开工作领导小组

主要年份全省粮食产量及增幅

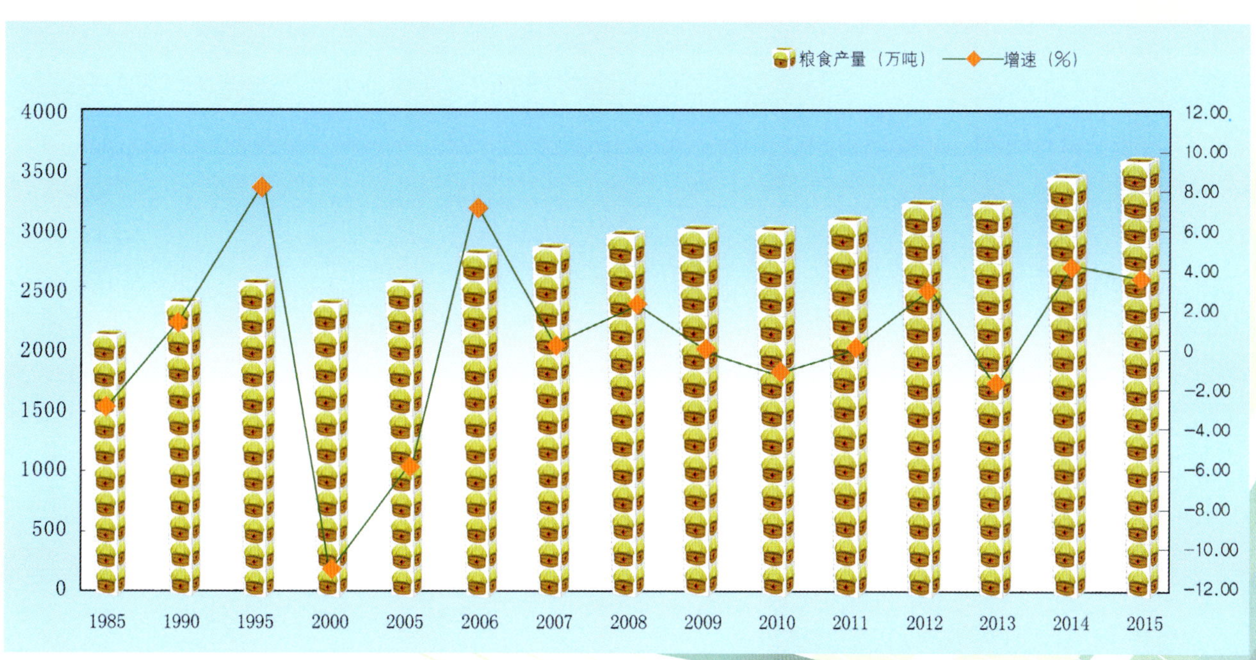

主要年份全省棉花产量及增幅

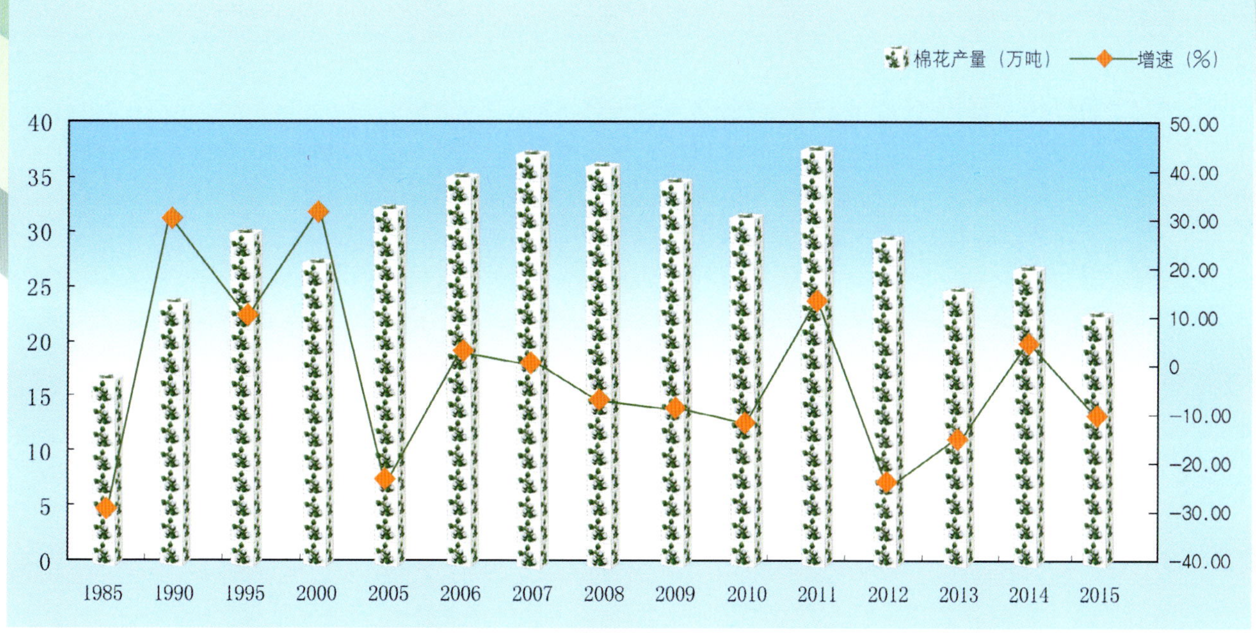

主要年份全省油料产量及增幅

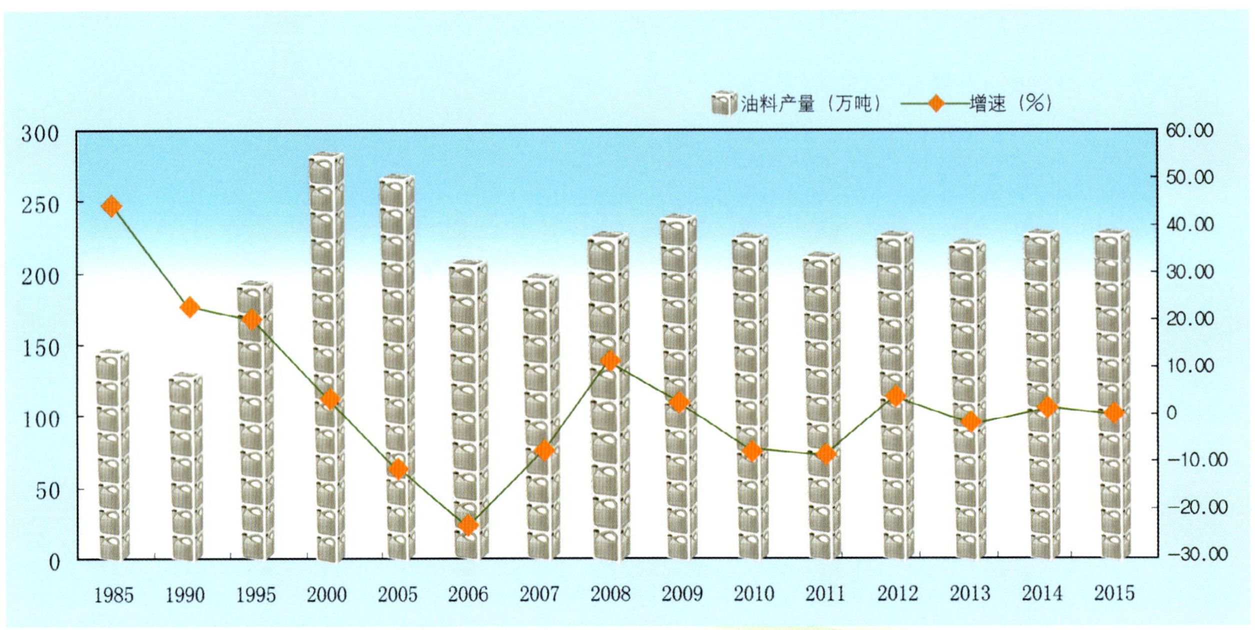

2005—2015 全省猪肉棉花产量及增幅

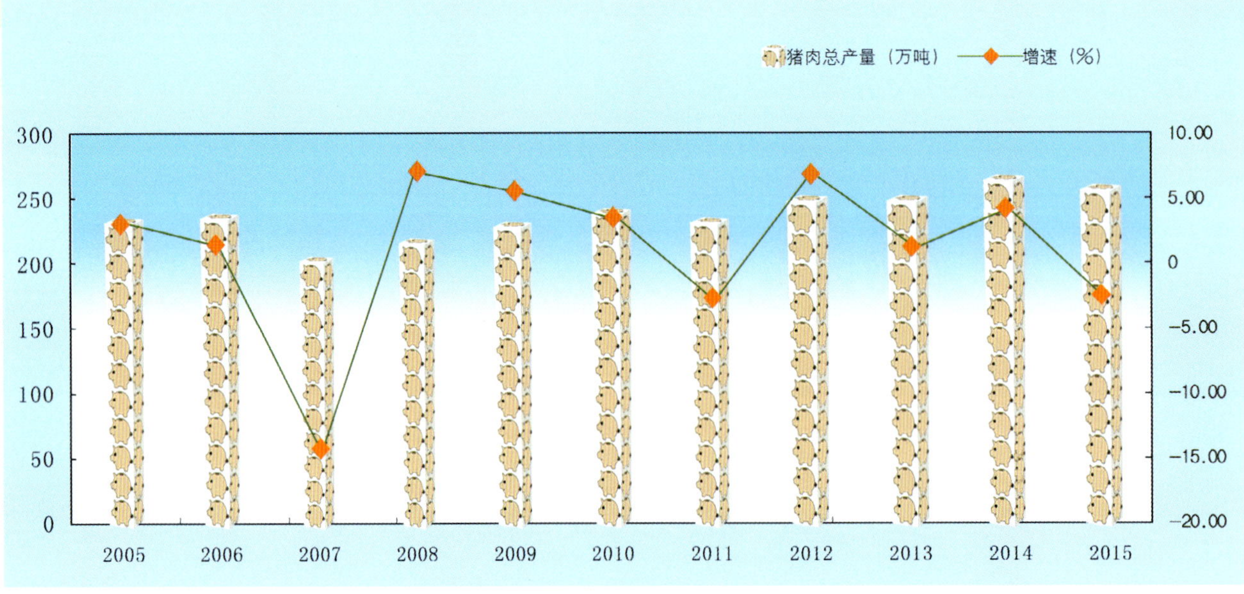

2015年安徽城镇居民人均可支配收入构成（%）

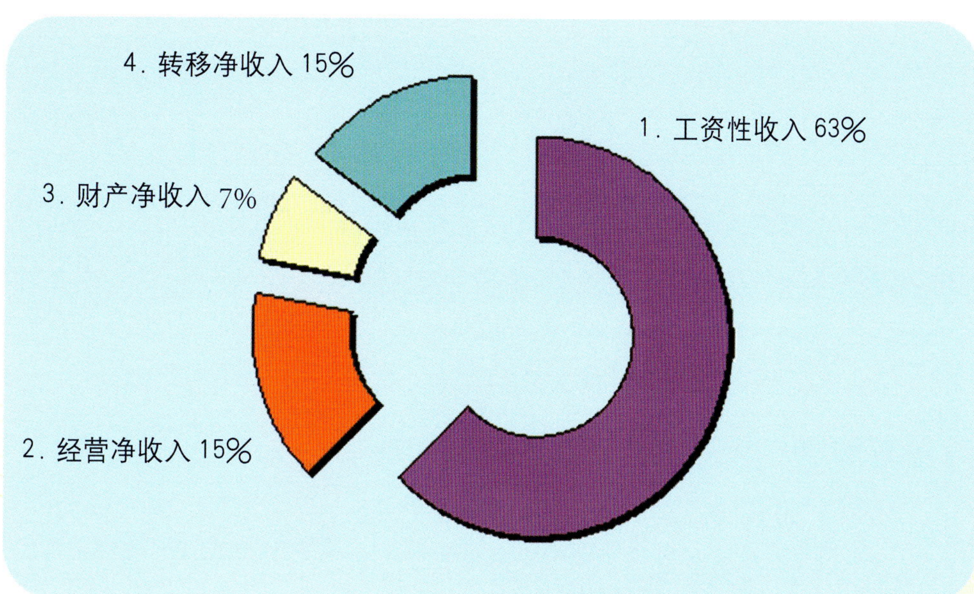

2015年安徽农村居民人均可支配收入构成（%）

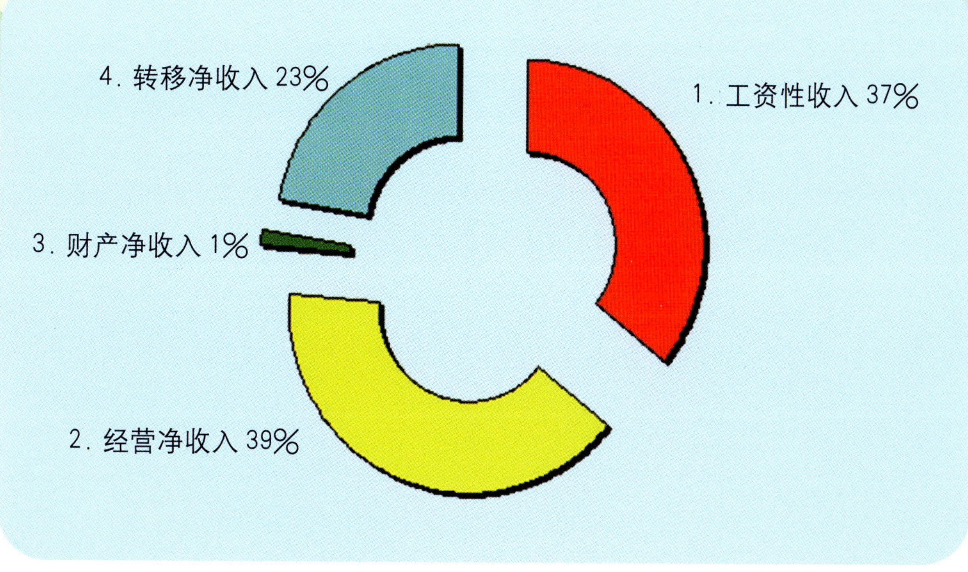

2015 年安徽省及各市城镇居民人均可支配收入分项情况（单位：元）

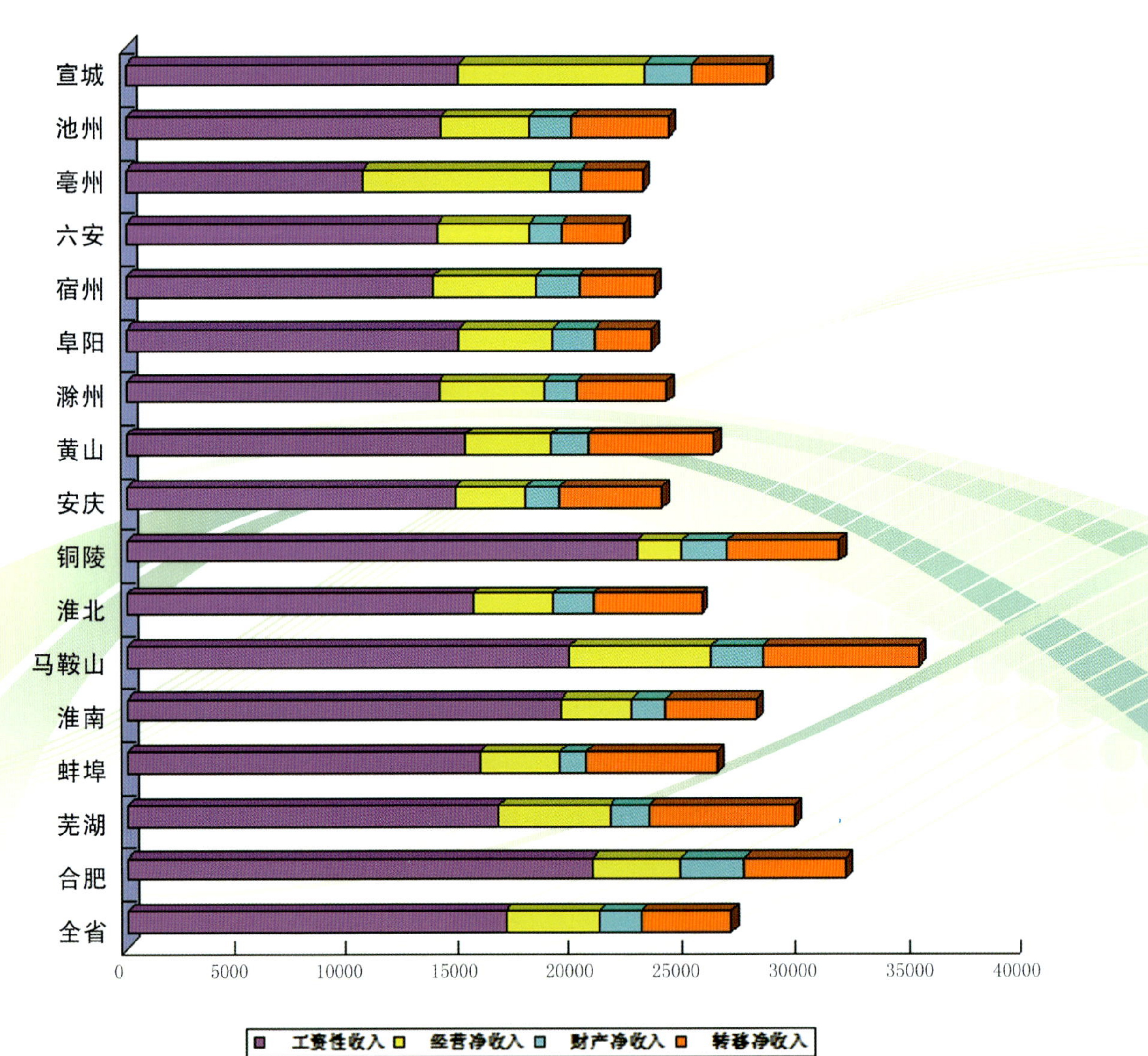

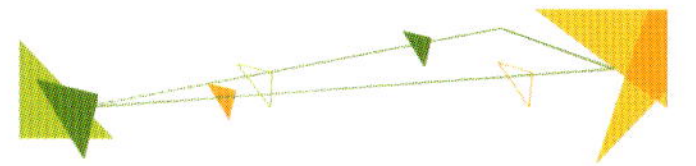

2015年按收入等级分的城镇居民家庭人均收支情况（元）

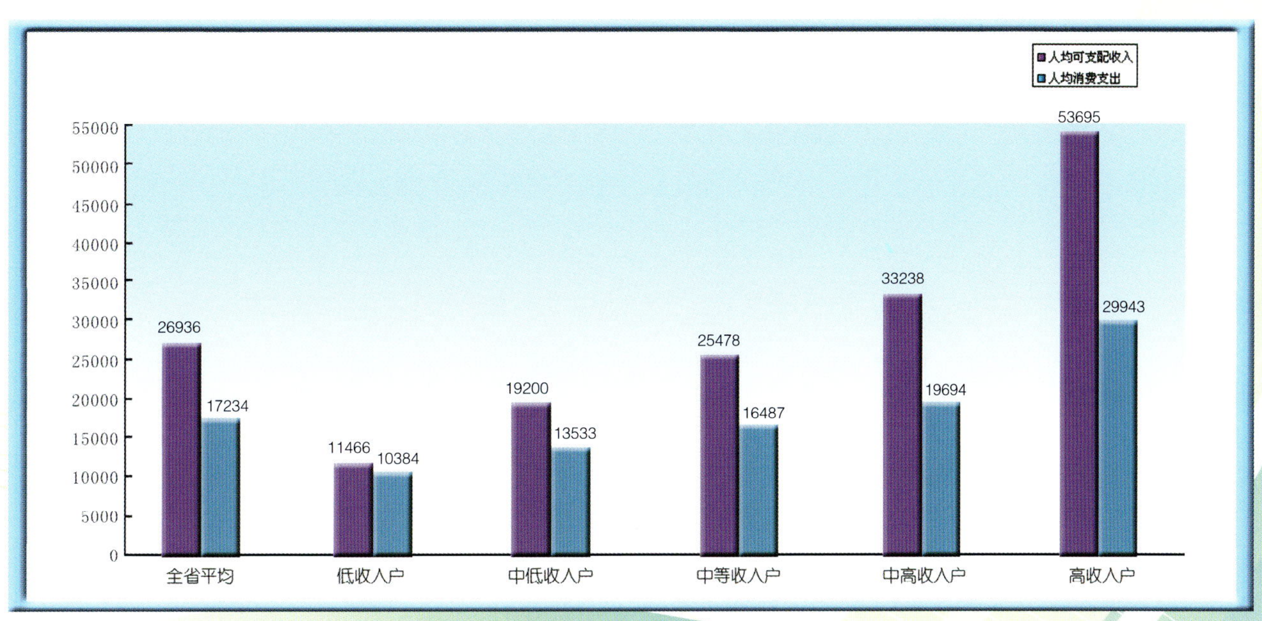

2015年按收入等级分的农村居民家庭人均收支情况（元）

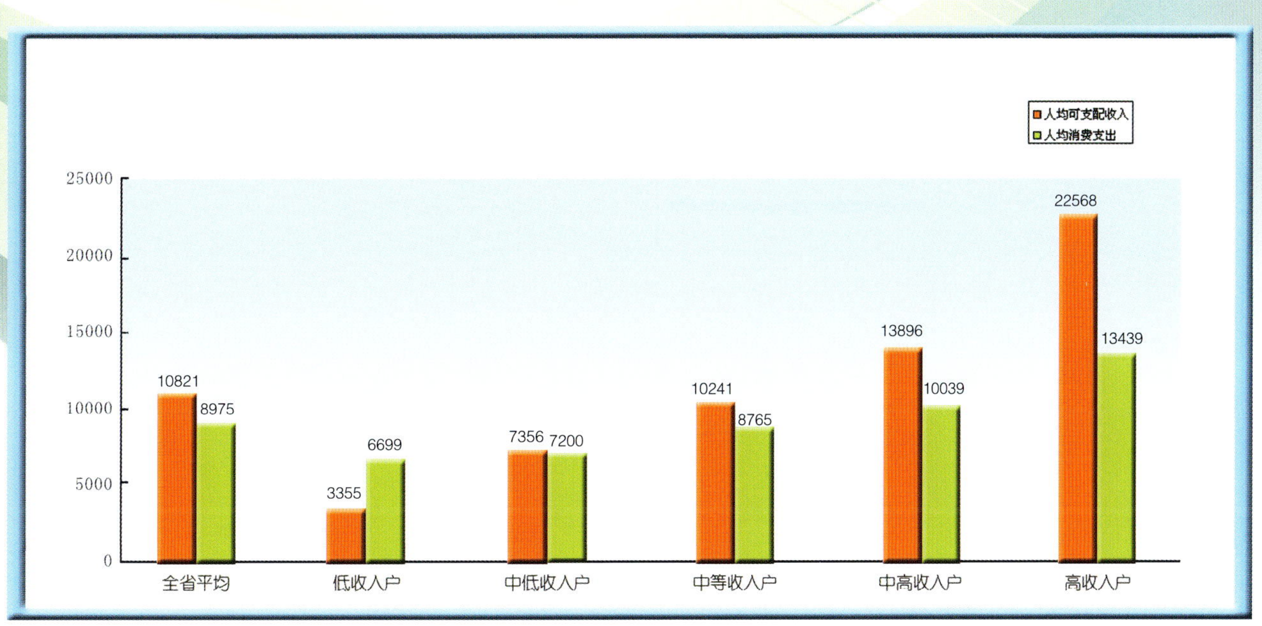

2015年全国各省城镇居民人均可支配收入（元）

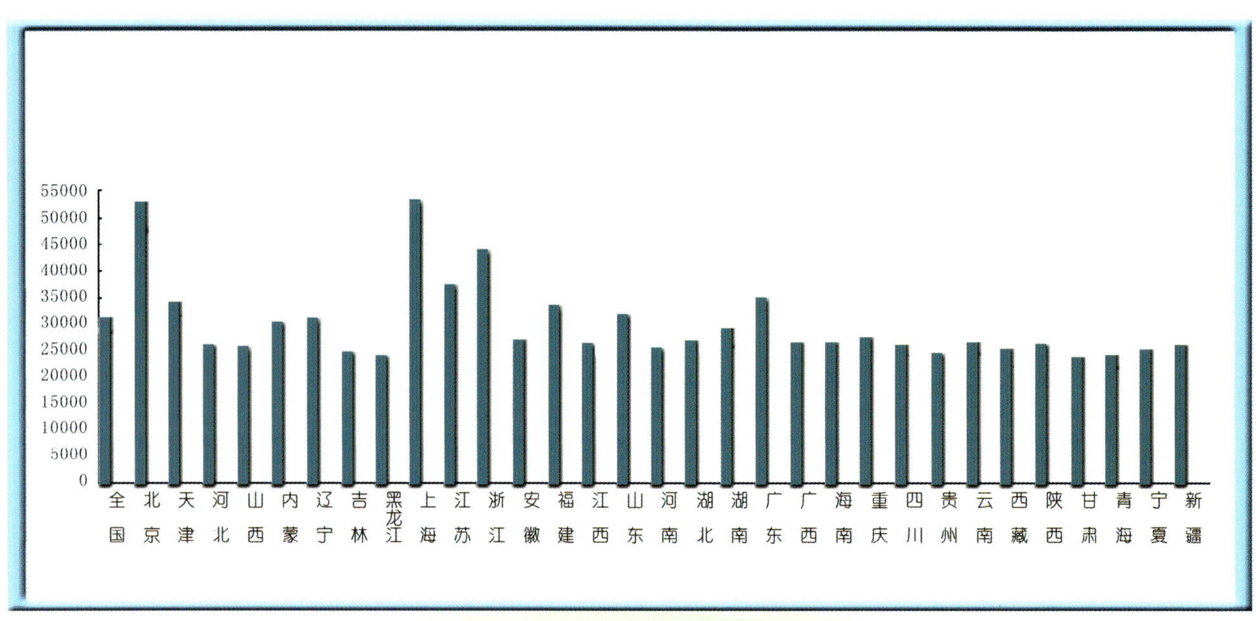

2015年全国各省农村居民人均可支配收入（元）

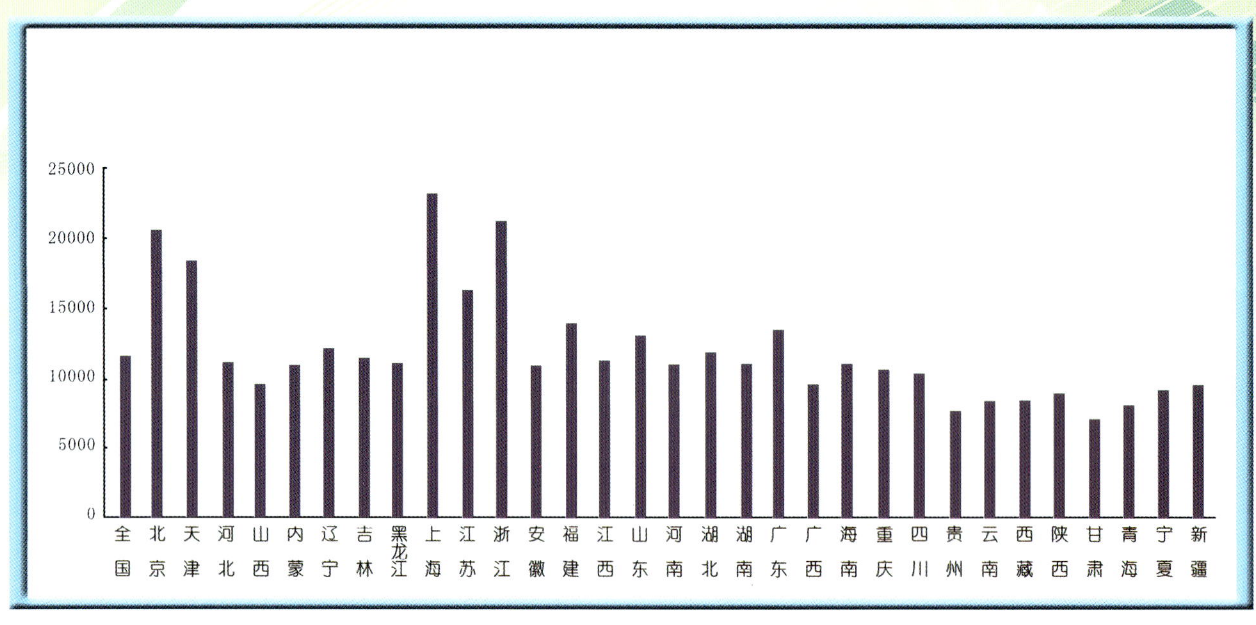

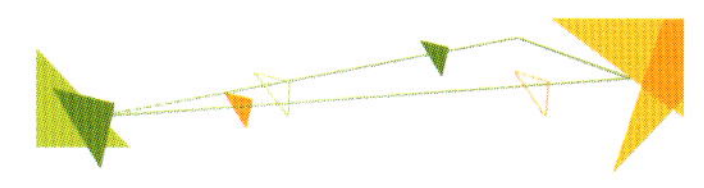

2015 年安徽城镇居民消费性支出构成（%）

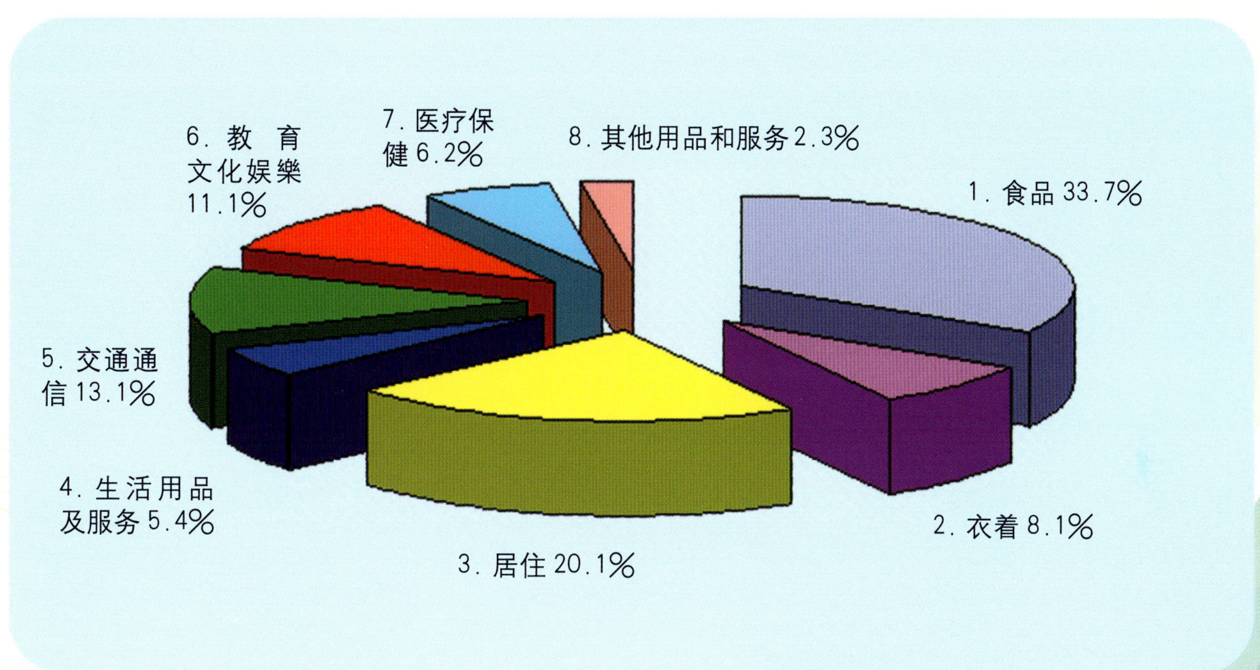

2015 年安徽农村居民消费性支出构成（%）

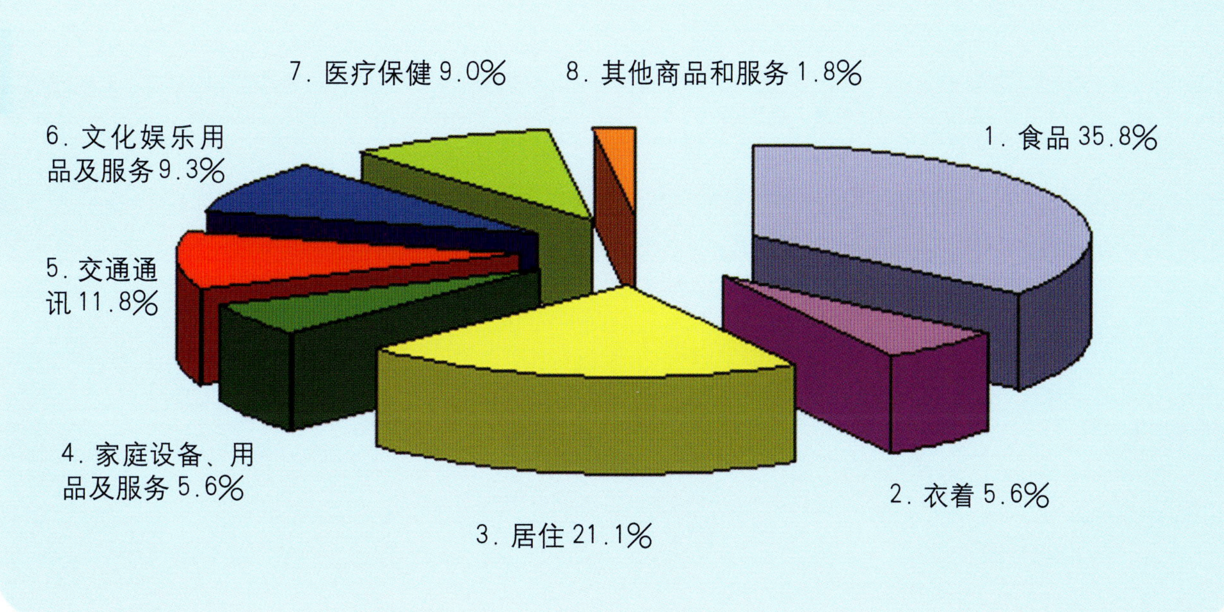

城镇居民恩格尔系数（%）

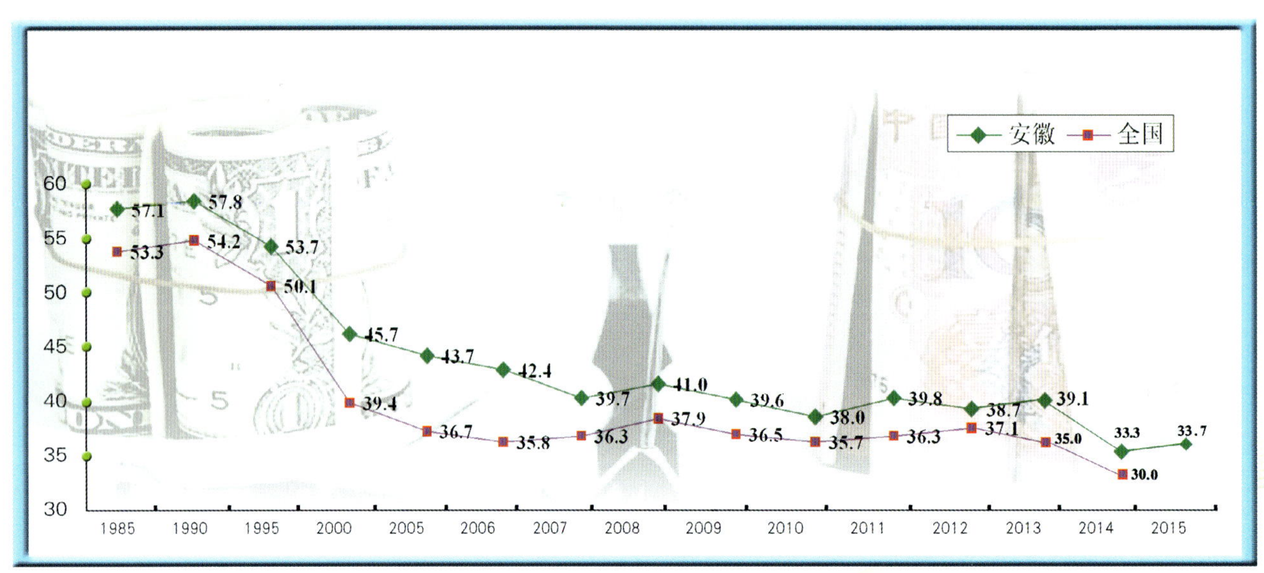

农村居民恩格尔系数（%）

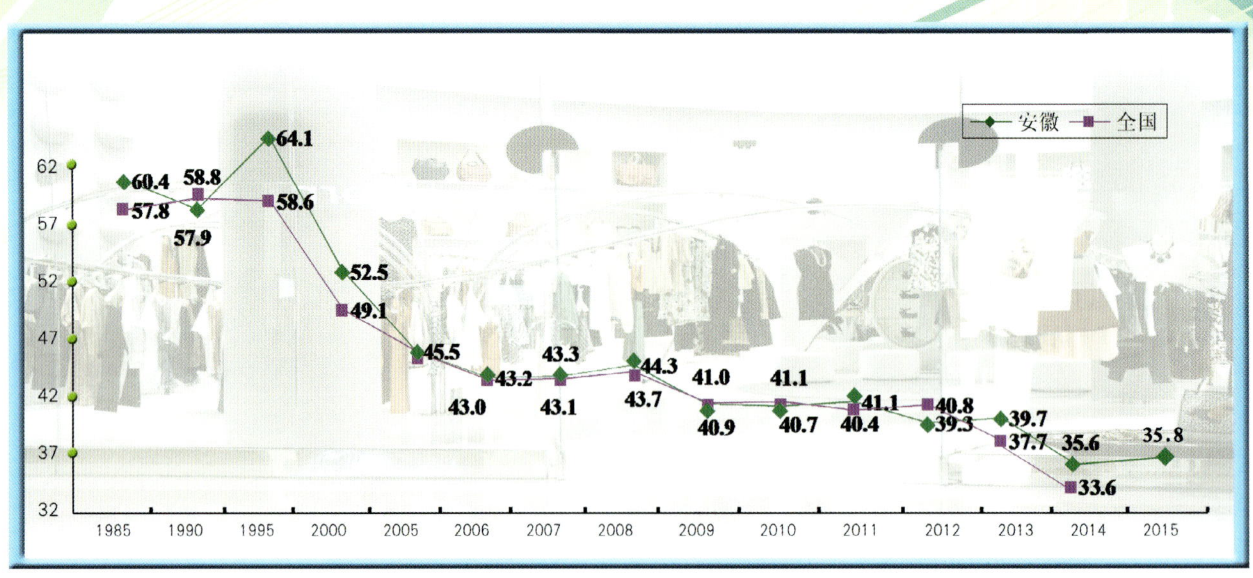

居民消费价格指数（上年 =100）

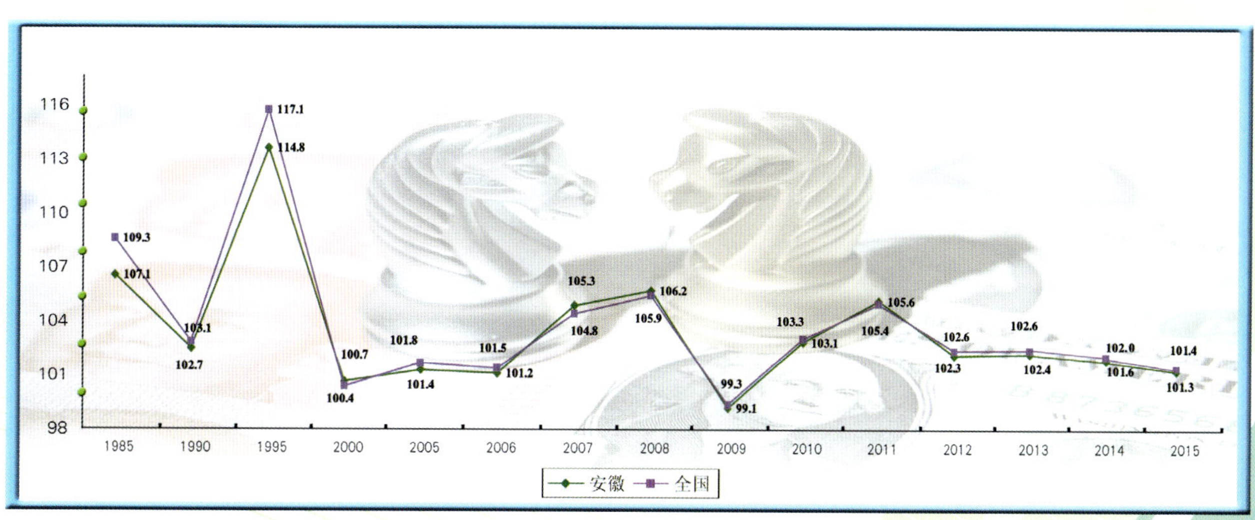

城市居民消费价格指数（上年 =100）

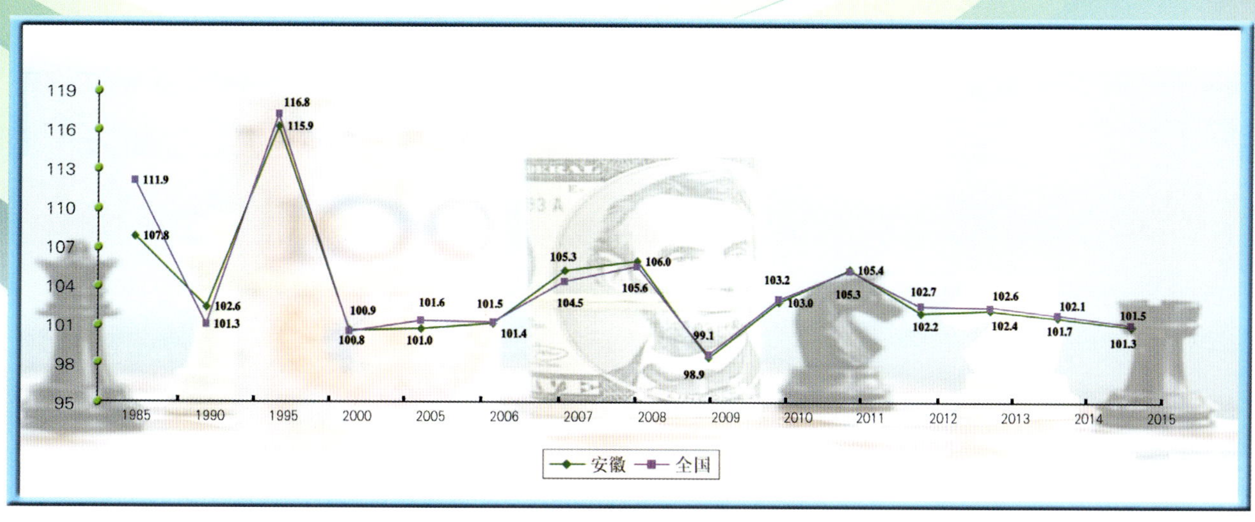

农村居民消费价格指数（上年 =100）

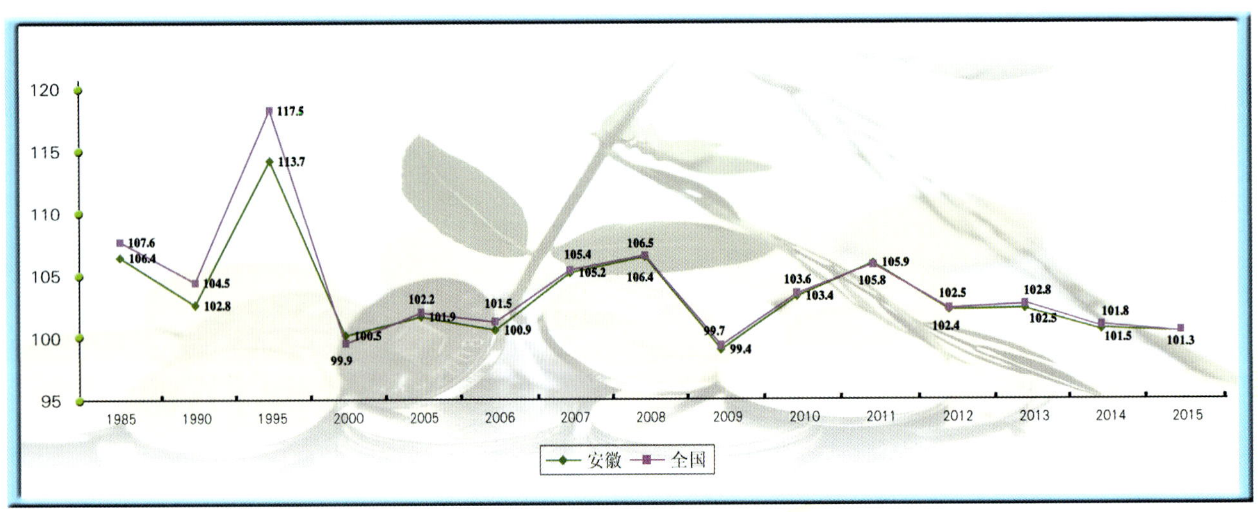

商品零售价格指数（上年 =100）

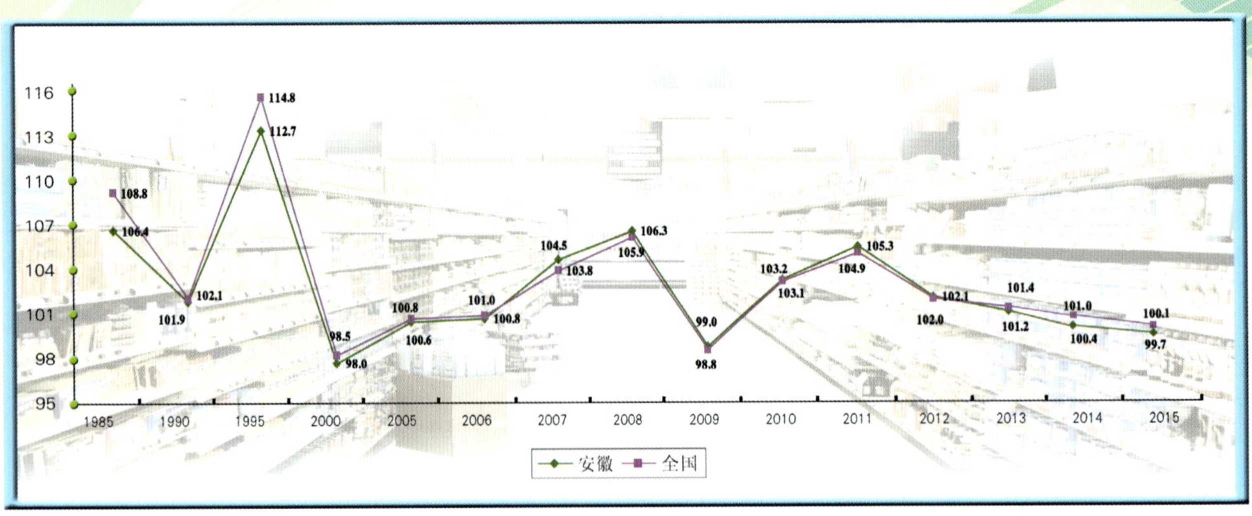

农业生产资料价格指数（上年 =100）

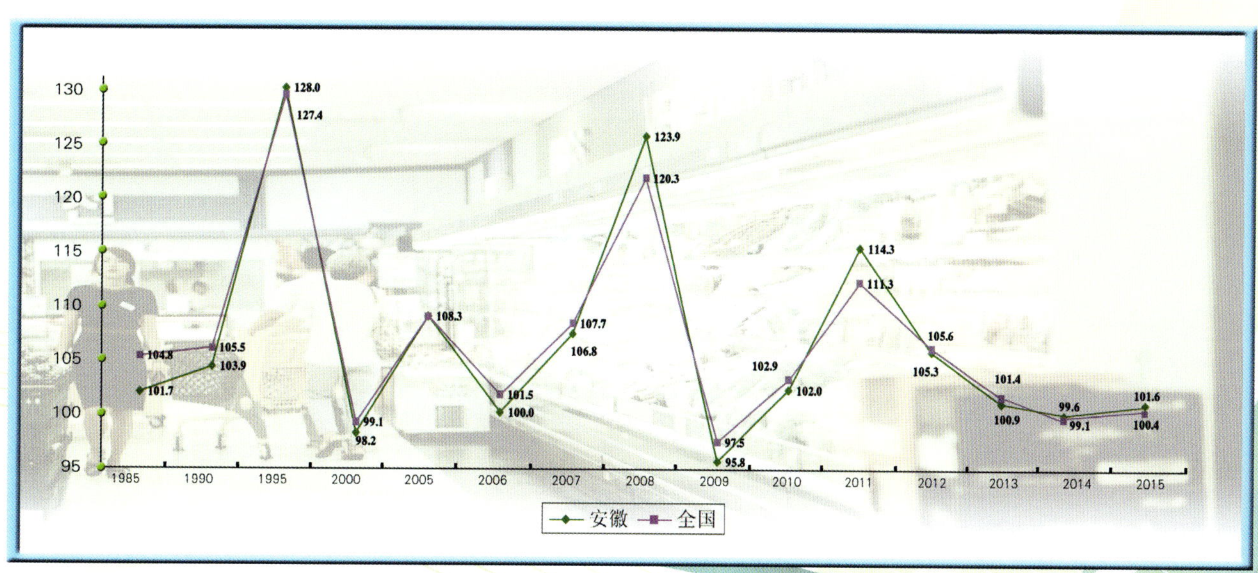

工业生产者出厂价格指数（上年 =100）

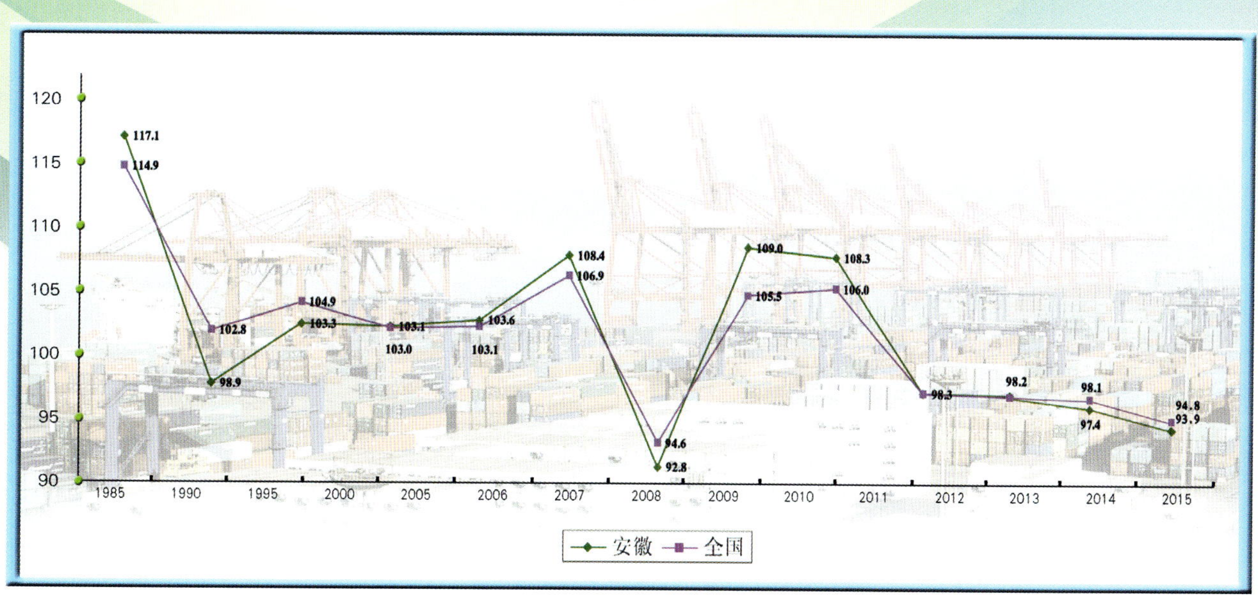

工业生产者购进价格指数（上年 =100）

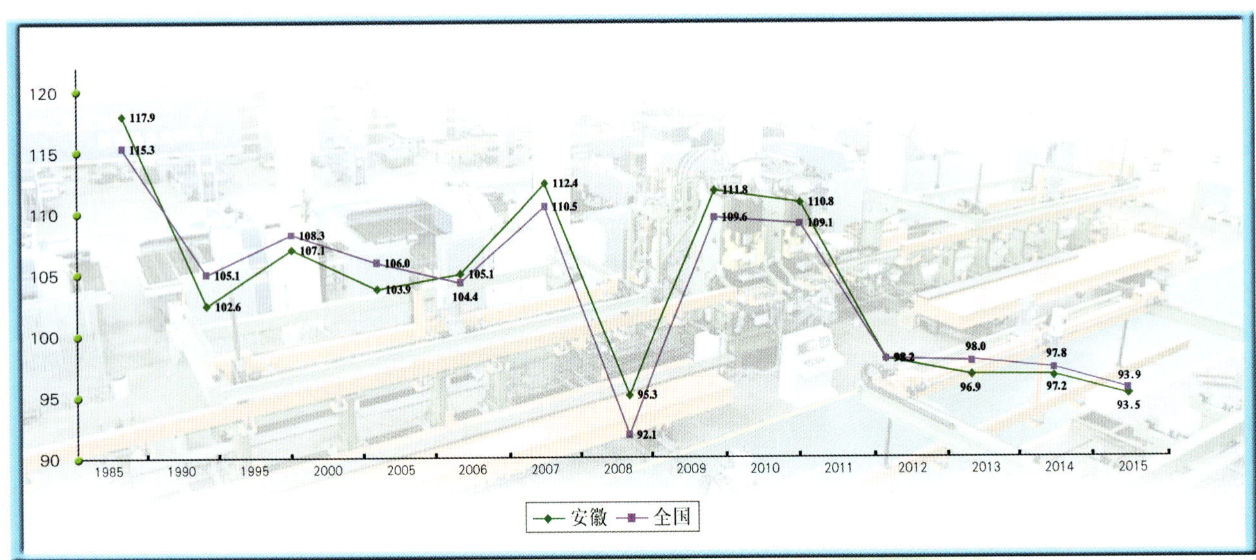

固定资产投资价格指数（上年 =100）

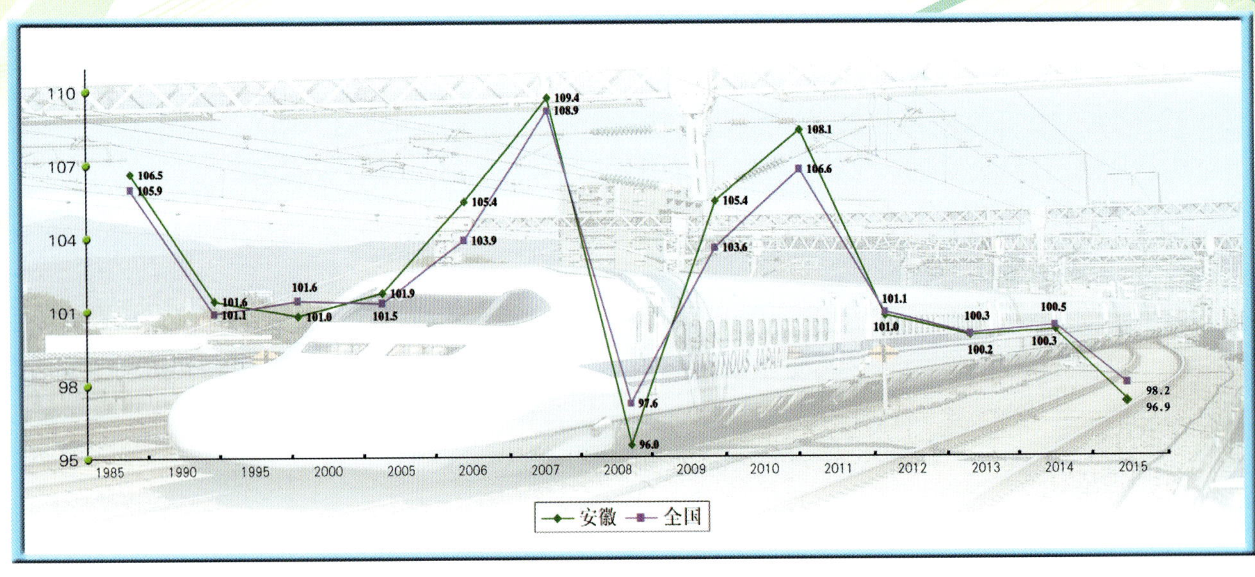

目　　录

Contents

一、综　合

Chapter 1　General Survey

文字部分:(Articles)

1. 2015 年安徽主要调查指标运行情况分析

Analysis on the Operation of Main Indicators Surveyed of Anhui in 2015 ………………………… 003

2. 2015 年安徽全年粮食产量突破 700 亿斤

The Grain Production of Anhui Broke 70 billion Jin in 2015 ……………………………………… 007

3. 2015 年安徽畜牧业生产创佳绩

Animal Husbandry of Anhui Had Good Achievements in 2015 ………………………………… 010

4. 2015 年安徽城镇居民收入稳定增长

The Income of Urban Residents of Anhui Grew Stably in 2015 ………………………………… 013

5. 2015 年安徽农民收入状况及增长趋势分析

Analysis on the Income and Growth Trend of Rural Residents of Anhui in 2015 ……………… 016

6. 2015 年安徽农民工就业情况分析

Analysis on Monitor Situation of Migrant Workers of Anhui in 2015 …………………………… 020

7. 2015 年安徽居民消费价格涨幅创 6 年新低

The Consumer Price Index of Anhui Household in at a Six-year Low in 2015 ………………… 025

8. 经济下行压力不断加大　工业品价格持续走低

——“十二五”期间安徽 PPI 走势分析

The Industrial Products Price of Anhuiwas Running at a Comparatively Low Level

——Analysis on the Industrial Products Price of Anhui During the “12th Five-Year”

Period ……………………………………………………………………………………………… 029

9. 2015 年安徽农价指数低位回落

The Producers Price for Farm Products of Anhui was Low Down in 2015 ………………………… 036

10. 宏观经济增速放缓　投资价格降幅扩大

——2015 年安徽固定资产投资价格走势分析

Macro Economic Growth was Slow and Drop of Price of Investment in Fixed Assets Increased

——Analysis on Price of Investment in Fixed Assets of Anhui in 2015 ………………………… 041

11. 2015 年安徽规下服务业经营状况向好

Service Enterprises Below Designated Size of Anhui Developed Better in 2015 ……………… 044

表格部分:(Tables)

1-1　规模以下服务业抽样调查推算结果

Main Indicators of Service Enterprises Below Designated Size ………………………………… 047

1-2　部分调查指标总量

Main Aggregate Indicators of Sample Survey ……………………………………………………… 048

主要统计指标解读

Explanatory Notes on Main Statistical Indicators …………………………………………… 050

二、农业调查

Chapter 2　Agriculture Survey

2-1　历年农业生产情况

Output of Agriculture in Main Years ……………………………………………………………… 053

2-2　农作物播种面积

Total Sown Areas of Farm Crops ………………………………………………………………… 055

2-3　农作物种植结构

Planting Structure of Farm Crops ………………………………………………………………… 057

2-4　主要农作物总产量

Output of Main Crops by Type …………………………………………………………………… 059

2-5　主要农作物单位面积产量

Yield per Unit Area of Main Crops by Type ……………………………………………………… 061

2-6　主要农作物播种面积比上年增长情况

Rate of Increase over Preceding Year of Total Sown Areas of Main Crops …………………… 063

2-7 主要农作物产量比上年增长情况

Rate of Increase over Preceding Year of Output of Main Crops ……………………………… 065

2-8 主要农作物单位面积产量比上年增减情况

Rate of Increase over Preceding Year of Yield per Unit Area of Maim Crops ………………… 067

2-9 60 个产量大县主要粮食作物播种面积(2015)

Sown Areas of Main Grain Crops in 60 Large Counties(2015) ………………………………… 069

2-10 60 个产量大县主要粮食作物产量(2015)

Output of Grain Crops in 60 Large Counties(2015) ……………………………………………… 071

2-11 小麦中间消耗

Mid-consumption of Wheat ………………………………………………………………………… 073

2-12 中单晚及双晚稻中间消耗

Mid-consumption of Sigle-cropping Late and Double-cropping Late Rice ………………… 074

2-13 玉米中间消耗

Mid-consumption of Corn ………………………………………………………………………… 075

2-14 油菜籽中间消耗

Mid-consumption of Rapeseeds …………………………………………………………………… 076

2-15 棉花中间消耗

Mid-consumption of Cotton ………………………………………………………………………… 077

2-16 主要畜禽生产情况

Number of Main Livestock and Poultry ………………………………………………………… 078

2-17 生猪调出大县年末生猪存栏

Number of Hogs in Stock of Large Hog-Contributed Counties at Year-end ……………… 079

2-18 生猪调出大县能繁殖母猪年末存栏

Number of Sows in Stock of Large Hog-Contributed Counties at Year-end ……………… 080

2-19 生猪调出大县生猪出栏

Number of Slaughtered Hogs in Large Hog-Contributed Counties ………………………… 081

2-20 生猪调出大县猪肉产量

Output of Pork in Large Hog-Contributed Counties ……………………………………………… 082

2-21 历年全国粮食作物播种面积

Sown Area of Grain Crops of China in Main Years ……………………………………………… 083

2-22 历年全国粮食作物总产量

Total Output of Grain Crops of China in Main Years …… 084

2-23 全国及分省(区、市)粮食作物播种面积

Sown Area of Grain Crops by Provinces and Regions …… 085

2-24 全国及分省(区、市)粮食作物总产量

Total Output of Grain Crops by Provinces and Regions …… 086

2-25 全国及分省(区、市)小麦播种面积

Sown Area of Wheat by Provinces and Regions …… 087

2-26 全国及分省(区、市)小麦产量

Output of Wheat by Provinces and Regions …… 088

2-27 全国及分省(区、市)稻谷播种面积

Sown Area of Rice by Provinces and Regions …… 089

2-28 全国及分省(区、市)稻谷产量

Output of Rice by Provinces and Regions …… 090

2-29 全国及分省(区、市)玉米播种面积

Sown Area of Corn by Provinces and Regions …… 091

2-30 全国及分省(区、市)玉米产量

Output of Corn by Provinces and Regions …… 092

2-31 全国及分省(区、市)粮食作物单位面积产量

Output of Grain Crops per Hectare by Provinces and Regions …… 093

2-32 全国及分省(区、市)小麦单位面积产量

Output of Wheat per Hectare by Provinces and Regions …… 094

2-33 全国及分省(区、市)稻谷单位面积产量

Output of Rice per Hectare by Provinces and Regions …… 095

2-34 全国及分省(区、市)玉米单位面积产量

Output of Corn per Hectare by Provinces and Regions …… 096

2-35 全国及分省(区、市)棉花产量

Output of Cotton by Provinces and Regions …… 097

2-36 全国及分省(区、市)油菜籽产量

Output of Rapeseeds by Provinces and Regions …… 098

主要统计指标解读

Explanatory Notes on Main Statistical Indicators ………………………… 099

三、人民生活

Chapter 3 People's Living Conditions

3-1 居民家庭基本情况

Basic Conditions of Households ………………………… 103

3-2 居民家庭人均收入情况

Annual Income per Capita of Households ………………………… 104

3-3 居民家庭人均支出情况

Annual Expenditure per Capita of Households ………………………… 110

3-4 居民家庭人均主要食品消费量(含自产自用)

Per Capita Main Food Consumption of Households ………………………… 112

3-5 居民家庭第一产业经营收支

Income and Expenditure per Capita of Primary Industry ………………………… 114

3-6 居民家庭每百户耐用消费品拥有量

Ownership of Major Durable Consumer Goods per 100 Households ………………………… 115

3-7 居民家庭居住情况

Living Conditions of Households ………………………… 116

3-8 分城乡居民家庭生活基本情况

Basic Conditions of Urban and Rural Households ………………………… 120

3-9 城镇常住居民调查户基本情况

Basic Conditions of Urban Households Surveyed ………………………… 121

3-10 城镇常住居民家庭基本情况

Basic Conditions of Urban Resident Households ………………………… 123

3-11 城镇常住居民家庭人均收入情况

Annual Income per Capita of Urban Resident Households ………………………… 124

3-12 城镇常住居民家庭人均支出情况

Annual Expenditure per Capita of Urban Resident Households ………………………… 131

3-13 按收入等级分的城镇居民家庭人均收支情况(2015)

Income and Expenditures per Capita of Urban Households Grouped by Income

Brackete(2015) …… 134
3-14 各市城镇常住居民家庭人均收支情况(2015)
Per Capita Income and Expenditure of Urban Residents by City(2015) …… 136
3-15 各市城镇常住居民家庭平均每百户耐用消费品拥有量及信息化情况(2015)
Ownership of Major Durable Consumer Goods and Informatization per 100 Urban Households by City(2015) …… 138
3-16 城镇居民家庭平均每百户耐用消费品拥有量及信息化情况
Ownership of Major Durable Consumer Goods and Informatization per 100 Urban Households …… 140
3-17 城镇常住居民家庭人均主要食品消费量(2015)
Per Capita Main Food Consumption of Households(2015) …… 141
3-18 城镇居民家庭居住情况(2015)
Living Conditions of Urban Households(2015) …… 143
3-19 各县城镇常住居民人均可支配收入
Per Capita Disposable Income of Urban Households by County …… 147
3-20 农村常住居民调查户基本情况(2015)
Basic Conditions of Rural Households Surveyed(2015) …… 152
3-21 农村居民家庭基本情况(2015)
Basic Conditions of Rural Households(2015) …… 154
3-22 农村常住居民家庭人均收入情况(2015)
Annual Income per Capita of Rural Households(2015) …… 156
3-23 农村居民家庭居住情况
Living Conditions of Rural Households …… 163
3-24 农村常住居民家庭人均支出情况(2015)
Annual Expenditure per Capita of Rural Households(2015) …… 167
3-25 农村居民家庭人均现金支出(2015)
Per Capita Cash Expenditure and Composition of Rural Households(2015) …… 170
3-26 农村居民家庭每百户耐用消费品拥有量及信息化情况(2015)
Ownership of Major Durable Consumer Goods and Informatization per 100 Rural Households(2015) …… 171
3-27 按收入等级分的农村居民家庭人均收入情况(2015)

Per Capita Income of Rural Households by Five Equal Parts of Income(2015) ············ 172

3-28 农村居民家庭户均生产性固定资产原值(2015)

Initial Value of Productive Fixed Assets in Rural Households(2015) ························ 174

3-29 农村居民家庭人均主要食品消费量(2015)

Per Capita Main Food Consumption of Rural Households(2015) ····························· 175

3-30 农村居民家庭年人均出售主要农副产品情况(2015)

Annual Selling of Farm and Sideline Products of Rural Households per Capita(2015)······ 177

3-31 农村居民家庭主要生活用品购买量(2015)

Annual Purchases of Articles for Daily Use of Rural Households per Capita(2015) ········· 178

3-32 农村居民家庭固定资产投资情况(2015)

Fixed Assets Investment of Rural Households(2015) ·· 179

3-33 各市农村常住居民人均可支配收入和消费支出(2015)

Per Capita Disposable Income and Consumption Expenditures of Rural Residents by City(2015) ··· 180

3-34 各县农村常住居民人均可支配收入(2015)

Per Capita Disposable Income of Rural Residents by County(2015) ························ 181

3-35 全国及分省(区、市)城镇居民人均可支配收入(2015)

Per Capita Disposable Income of Urban Residents by Provinces and Regions (2015) ·· 186

3-36 全国及分省(区、市)农村居民人均可支配收入(2015)

Per Capita Annual Disposible Income of Rural Residents by Provinces and Regions(2015) ·· 187

主要统计指标解读

Explanatory Notes on Main Statistical Indicators ·· 188

四、价格调查

Chapter 4 **Price Survey**

4-1 各种价格总指数

Price Indicese ·· 191

4-2 各种价格定基指数

Fixed-base Price Indices ·· 192

4-3 居民消费价格分类指数(2015)

Consumer Price Indices by Category(2015) …… 193

4-4 分月居民消费价格指数(2015)

Consumer Price Indices by Month(2015) …… 196

4-5 各调查市县居民消费价格总指数(1984—2015)

Consumer Price Indeices in Major Urban (1984—2015) …… 202

4-6 各市居民消费价格分类指数(2015)

Consumer Price Indices by Category in Major cities(2015) …… 204

4-7 商品零售价格分类指数(2015)

Retail Price Indices by Category(2015) …… 214

4-8 各市商品零售价格总指数(1984—2015)

Overall Retail Price Index in Major Cities(1984—2015) …… 216

4-9 各市商品零售价格分类指数(2015)

Retail Price Indices by Category in Major Cities(2015) …… 218

4-10 农业生产资料价格分类指数

Price Indices by Category of Agricultural Means of Production …… 226

4-11 各调查市县农业生产资料分类指数(2015)

Price Indices by Category of Agricultural Means of Production by Cities Surveyed (2015) …… 227

4-12 分月农业生产资料价格指数(2015)

Price Indices of Agricultural Means of Production by Month(2015) …… 228

4-13 工业生产者出厂价格分类指数(1993—2015)

Producer Price Indices for Industrial Products by Category(1993—2015) …… 230

4-14 分月工业生产者出厂价格指数(2015)

Producer Price Indices for Industrial Products by Month(2015) …… 231

4-15 分行业工业生产者出厂价格指数(2015)

Producer Price Indices for Industrial Products by Industry(2015) …… 232

4-16 工业生产者购进价格指数

Purchasing Price Indices for Industrial Producers …… 244

4-17 分月工业生产者购进价格指数(2015)

Purchasing Price Indices for Industrial Producer by Month(2015) …… 246

4-18 分月工业生产者购进价格环比指数(2015)

Purchasing Price Indices for Industrial Producer Comparing with Last Month(2015) …… 246

4-19 合肥市住宅销售价格指数(2015)

Price Indices for Real Estate of Hefei(2015) …… 248

4-20 蚌埠市住宅销售价格指数(2015)

Price Indices for Real Estate of Bengbu(2015) …… 250

4-21 安庆市住宅销售价格指数(2015)

Price Indices for Real Estate of Anqing(2015) …… 252

4-22 固定资产投资价格指数(2015)

Price Indices of Investment in Fixed Assets(2015) …… 254

4-23 历年固定资产投资价格指数

Price Indices of Investment in Fixed Assets …… 254

4-24 农产品生产价格指数

Producers Price Indices for Farm Products …… 255

4-25 分季农产品生产者价格指数(2015)

Quarterly Producers' Price Indices for Farm Products(2015) …… 256

4-26 分月农村集贸市场农副产品价格(2015)

Monthly Prices of Agricultural Products of Rural Market Fairs(2015) …… 258

4-27 全国及分省(区、市)居民消费价格指数

Consumer Price Indices by Provinces and Regions …… 260

4-28 全国及分省(区、市)商品零售价格指数

Retail Price Indices by Provinces and Regions …… 261

4-29 36个大中城市居民消费价格指数

Consumer Price Indices of 36 Large-and-medium Size Cities …… 262

4-30 36个大中城市商品零售价格指数

Retail Price Indices of 36 Large-and-medium Sized Cities …… 263

4-31 全国及分省(区、市)工业生产者出厂价格指数

Producer Price Indices for Industrial Products by Provinces and Regions …… 264

4-32 全国及分省(区、市)工业生产者购进价格指数

Indices of Purchasing Prices by Provinces and Regions …… 265

4-33 全国及分省(区、市)固定资产投资价格分类指数(2015)

Price Indices of Investment in Fixed Assets by Provinces and Regions(2015) …………… 266

4-34 全国及分省(区、市)固定资产投资价格指数(2011—2015)

Price Indices of Investment in Fixed Assets by Provinces and Regions(2011—2015) …… 267

主要统计指标解读

Explanatory Notes on Main Statistical Indicators …………………………………………………… 268

五、专项调查

Chapter 5 Special Survey

5-1 农民工监测情况(2015)

Monitor Situation of Migrant Workers(2015) ………………………………………………………… 273

5-2 安徽省减贫人口情况表(2015)

Reduction of Poverty Population(2015) …………………………………………………………… 290

主要统计指标解读

Explanatory Notes on Main Statistical Indicators …………………………………………………… 293

综　合

GENERAL SURVEY

简 要 说 明

一、本篇资料包括文字和数据，主要反映全省主要调查指标运行情况，包括主要农产品产量、城乡居民生活、物价水平及规模以下服务业业发展情况等。

二、规模以下服务业抽样调查根据国家统计局《规模以下服务业抽样调查统计报表制度》，由安徽调查总队组织实施，2015 年全省调查 2377 家样本企业。

本版责任编辑：周雯雯　陆露露

2015年安徽主要调查指标运行情况分析

2015年，宏观经济稳中趋缓，国内外经济环境复杂多变，安徽省委省政府积极实施“调结构、转方式、促升级”行动计划，主要调查指标运行较好。粮食产量再上台阶，规模以下工业企业生产经营状况较好，城乡居民收入较快增长，物价水平低位运行。

一、主要调查指标运行情况

(一)全年粮食再获丰收

2015年安徽粮食喜获丰收，总产量突破700亿斤，又上新台阶。全年粮食总产量707.6亿斤，比上年增长3.6%；播种面积9949.4万亩，与上年基本持平；综合平均单产355.6公斤/亩，比上年增长3.5%。分季看，夏粮连续十二年丰收，总产量282.9亿斤，较上年增长1.1%；播种面积3719.1万亩，较上年增长0.2%；平均单产380.4公斤/亩，较上年增长0.9%。其中，小麦总产量282.2亿斤，较上年增长1.3%；播种面积3685.5万亩，较上年增长0.9%；平均单产382.9公斤/亩，较上年增长0.3%。秋粮总产量402.8亿斤，比上年增长6.7%。其中，中单晚稻总产量247.0亿斤，比上年增长8.6%；双季晚稻总产量23.1亿斤，比上年下降10.6%；玉米总产量99.3亿斤，比上年增长6.6%；大豆总产量25.4亿斤，比上年增长10.3%。秋粮播种面积5945.3万亩，比上年增长0.9%。其中，中单晚稻播种面积2742.1万亩，比上年增长4.3%；双季晚稻播种面积325.4万亩，比上年下降9.1%；玉米播种面积1322.2万亩，比上年增长3.4%；大豆播种面积1231.4万亩，比上年下降3.6%。秋粮综合平均亩产338.8公斤，比上年增长5.8%。其中，中单晚稻平均亩产450.3公斤，比上年增长4.1%；双季晚稻平均亩产354.4公斤，比上年下降1.7%；玉米平均亩产375.3公斤，比上年增长3.1%；大豆平均亩产103.0公斤，比上年增长14.4%。

(二)畜牧业生产形势向好

2015年安徽主要畜产品产量583.1万吨，同比增长3.5%，较“十一五”末的2010年增长13.3%，其中肉类产量增长11.3%，禽蛋产量增长13.2%，牛奶产量增长49.4%。

1. 生猪存出栏小幅下降。全年生猪出栏2979.2万头，同比下降3.6%；猪肉产量259.1万吨，同比下降2.2%。四季度末生猪存栏1539.4万头，同比下降2.9%，其中能繁殖母猪存栏135.3万头，同比下降4.2%。

2. 牛肉产量降幅较大。全年牛出栏112.5万头，同比下降9.9%；牛肉产量16.2万吨，同比下降9.5%。四季度末牛存栏164.6万头，同比增长7.8%。

3. 羊存出栏小幅增长。全年羊出栏1133.5万只，同比增长5.4%；羊肉产量16.6万吨，同比增长7.0%。四季度末羊存栏

688.3万只,同比增长7.1%。

4. 家禽生产平稳。全年家禽出栏75286万只,同比增长5.1%;禽肉产量126万吨,同比增长9.9%。四季度末家禽存栏23860万只,同比下降1.9%。

(三)规模以下工业企业平稳发展

据全省16个市2489家规模以下工业企业抽样调查结果显示,2015年安徽规模以下工业平稳发展,工业增加值增长7.5%,同比下降1.1个百分点。

1. 企业规模扩张较快。调查的小微工业企业年末户均资产503.0万元,同比增长13.5%。其中固定资产净值210万元,同比增长9.7%。期末从业人员46993人,同比增长5.8%。

2. 企业经营状况较好。调查的小微工业企业2015年实现主营业务收入95.1亿元,同比增长16.1%;利润总额7.9亿元,同比增长15.1%;产值利润率8.4%,同比增长0.2个百分点;万元产值电力消耗274千瓦时,同比减少14千瓦时。37个行业中,18个行业主营业务收入增速超过平均水平。经营状况较好的行业主要是橡胶塑料制造业、家具制造业、计算机通讯电子设备制造业、木竹藤棕草加工业、食品加工业、汽车制造业、医药制造业、造纸业等,利润增速较好的行业主要是水生产供应业、燃气生产供应业、计算机通讯电子设备制造业、电及热生产供应业、橡胶塑料制造业、木竹藤棕草加工业、专用设备制造业、纺织业等,有色金属压延加工业扭亏为盈。

3. 贷款难有所改善。2015年1~4季度调查企业中,分别有42.1%、36.0%、34.7%、32.8%的企业需要融资。有融资需求的企业中,四个季度分别有6.7%、8.8%、8.3%、8.8%企业贷到全部所需款项,同比增加1.0、2.9、2.9、3.7个百分点;63.0%、57.6%、61.4%、56.2%企业没有贷到款项,同比减少3.4、4.0、1.6、6.0个百分点。四季度问卷调查问及目前企业流动资金情况时,65.8%企业表示资金正常,2.0%资金宽裕,7.8%资金很紧张,正常和宽裕企业占比同比增加9.9个百分点,很紧张企业同比增加2.4个百分点。

4. 招工难缓解,政策惠及面扩大。调查显示,四季度有招工需求的641家企业中,没有招到工人占17.9%,同比下降14.3个百分点,环比下降2.1个百分点;招工难的企业同比、环比分别下降2.9和2.3个百分点。23.1%企业享受了"减半征收企业所得税"政策,同比提高13.1个百分点;2.8%企业得到过"国家中小企业发展基金"支持,同比增加0.4个百分点。

(四)城乡居民收入较快增长

2015年,安徽城乡常住居民人均可支配收入分别为26936元和10821元,同比名义增长分别为8.4%和9.1%,均高出全国平均水平0.2个百分点;扣除价格因素,分别实际增长7.0%和7.7%。尽管收入增幅逐年收窄,但增速在全国仍分列12位和13位,在中部地区均列4位。城乡居民收入比为2.49∶1,低于全国平均水平2.73∶1。

(五)物价低位运行

1. 居民消费价格水平创六年新低。2015年,受经济增速趋缓、油价下跌及工业生产者价格持续下跌等影响,安徽居民消费价格总水平上涨1.3%,创2010年以来新低,比上年低0.3个百分点,城市和农村CPI均上涨

1.3%。八大类商品与服务价格与上年相比,涨跌结构有所变化。其中,医疗保健和个人用品价格上涨4.1%,食品价格上涨2.3%,烟酒类价格上涨1.9%,衣着价格上涨1.4%,娱乐教育文化用品及服务价格上涨1.4%,家庭设备用品及维修服务价格上涨0.7%,居住类价格下降0.4%,交通和通信价格下降1.9%;烟酒类由跌转涨,居住类由涨变跌。较全国平均水平低0.1个百分点,在全国与河南、重庆并列第20位,在中部六省与河南并列第四位,分别低于江西、湖北、湖南0.2、0.2、0.1个百分点,高于山西0.7个百分点。

2. 工业生产者价格连续四年下跌。2015年安徽工业生产者出厂价格累计下降6.1%,已连续四年下跌。其中,生产资料价格累计下降8.3%,生活资料价格累计上涨0.2%。九大类原材料购进价格累计下降6.5%。其中,燃料动力类价格下降10.6%,黑色金属材料类价格均下降11.8%,有色金属材料及电线类价格下降9.4%,化工原料类价格下降6.0%,木材及纸浆类价格下降0.3%,建筑材料及非金属类价格下降1.3%,其他工业原材料及半成品类价格下降2.6%,农副产品类价格下降3.3%,纺织原料类价格下降3.1%。按照指数高低排列,在全国居18位,在中部地区居第4位。

二、当前安徽省经济发展中存在的问题

(一)农业人口老龄化,丰产不丰收

由于农业比较效益较低,农村青壮年劳动力绝大部分已转移到非农产业,从事农业生产主要劳动力很多超过60岁,农业人口已严重老龄化。此外,2015年安徽粮食继续丰产,但价格下降,农民收入降低,丰产不丰收,部分种粮大户因缺少仓储和烘干设备,成熟稻谷无法按时收割而造成损失。

(二)畜产品价格波动大,影响畜牧业稳定发展

2015年安徽畜产品价格波动较大,其中猪羊出栏价格波动剧烈。生猪大县监测数据显示,3月和9月生猪出栏价格为全年最低价和最高价,分别为11.9元/公斤、17.5元/公斤,差价为5.6元/公斤,波动幅度47%。下半年羊肉价格大幅下跌,三季度羊平均出栏价格同比下降44.2%,四季度价格有所回升,跌幅收窄,仍同比下降31%。畜产品价格周期性大起大落,影响养殖户生产经营连续性和稳定性。

(三)小微工业企业面临的困难

一是用工成本上升。2015年,调查企业从业人员年人均工资28737元,同比增长增长5.5%。问卷调查结果显示,59.8%企业反映劳动力成本上升快是当前面临的最突出问题。部分企业反映,虽然上调最低工资标准,但员工心理预期也会水涨船高,为留住员工只得将薪酬不断上调。二是市场需求不足。2015年4季度问卷调查结果显示,企业面临的突出问题中,反映市场需求不足占42.7%,由3季度第3位上升到第2位,同比增加15.4个百分点,环比增加5.6个百分点。4季度29.3%调查企业订单低于上年同期水平;经营者对2016年1季度生产预期也不乐观,8.5%企业认为1季度生产增速将加快,同比减少3.2个百分点,环比减少5.6个百分点;25.3%企业认为生产增速将有所放缓,同比增加6.5个百分点,环比增加5.3个百分点。

(四)居民收入增速放缓

“十二五”期间,安徽城乡居民收入增速

逐渐放缓，五年城镇居民收入增速来分别为17.8%、13.0%、9.9%、9.0%和8.4%，农村居民收入增速分别为17.9%、14.9%、13.1%、12.0%和9.1%，趋势与全国一致，但均高于全国同期平均水平，与经济总量增速趋势一致，收官之年城乡居民收入增速没有完成年度预期目标。

2015年是“十二五”收官之年，安徽经济形势稳中向好，还需进一步加大“三农”投入，大力发展现代农业；促进畜禽养殖规模化、标准化，保持市场平稳运行，全面落实畜禽养殖业各项政策措施；进一步减轻小微企业税赋，积极营造“大众创业、万众创新”的良好环境；完善社会保障体系，增加居民收入，保障中低收入居民生活水平稳步提高。

撰稿：毛方友

2015 年安徽全年粮食产量突破 700 亿斤

2015 年安徽全年粮食喜获丰收，总产量突破 700 亿斤，又上新台阶。据国家统计局公布的数据显示，安徽全年粮食总产量 707.6 亿斤，比上年增长 3.6%。播种面积 9949.4 万亩，与上年基本持平。综合平均单产 355.6 公斤/亩，比上年增长 3.5%。

一、分季粮食生产情况

（一）夏粮总产十二连丰。2015 年安徽夏粮连续十二年获得丰收，总产量 282.9 亿斤，较上年增长 1.1%；播种面积 3719.1 万亩，较上年增长 0.2%；平均单产 380.4 公斤/亩，较上年增长 0.9%。其中，小麦总产量 282.2 亿斤，较上年增长 1.3%；播种面积 3685.5 万亩，较上年增长 0.9%；平均单产 382.9 公斤/亩，较上年增长 0.3%。

（二）粮食生产结构继续改善。2015 年安徽早稻单产 383.2 公斤/亩，较上年增加 1.0%；播种面积 284.9 万亩，比上年下降 15.7%；总产量 21.8 亿斤，比上年下降 14.9%，早稻生产呈现“单产略增，面积、总产量双减”的局面。虽然早稻总产量减少，但因其占全年粮食产量的比重较小，不影响全年粮食产量的增长趋势。

早稻播种面积大幅下降，压双改单的趋势继续。一是早稻种植比较效益低、“双抢”劳动强度大，很多农户改双季稻为单季稻。二是土地流转后，种粮大户很少选择种植早稻，并影响周边农户的种植选择。

（三）秋粮生产“三增”。2015 年，秋粮总产量 402.8 亿斤，比上年增长 6.7%。其中，中单晚稻总产量 247.0 亿斤，比上年增长 8.6%；双季晚稻总产量 23.1 亿斤，比上年下降 10.6%；玉米总产量 99.3 亿斤，比上年增长 6.6%；大豆总产量 25.4 亿斤，比上年增长 10.3%。秋粮播种面积 5945.3 万亩，比上年增长 0.9%。其中，中单晚稻播种面积 2742.1 万亩，比上年增长 4.3%；双季晚稻播种面积 325.4 万亩，比上年下降 9.1%；玉米播种面积 1322.2 万亩，比上年增长 3.4%；大豆播种面积 1231.4 万亩，比上年下降 3.6%。秋粮综合平均亩产 338.8 公斤，比上年增长 5.8%。其中，中单晚稻平均亩产 450.3 公斤，比上年增长 4.1%；双季晚稻平均亩产 354.4 公斤，比上年下降 1.7%；玉米平均亩产 375.3 公斤，比上年增长 3.1%；大豆平均亩产 103.0 公斤，比上年增长 14.4%。

二、粮食增产因素分析

综合分析全年粮食数据，2015 年安徽粮食产量的增长点是单产的提高，这也是近年来粮食连年丰收的主要原因。

（一）全年总体气候适宜，灾害较轻。2015 年全年粮食生产期间，总体气候良好，光温水时空分布较为合理，能够满足作物生长需要。夏粮生产期间，天气前好后差，播种至拔节期天气良好，温度适宜、晴雨适时，有利夏粮的播种、生长；孕穗至成熟期天气略有波折，春霜冻害、雨水偏多，对小麦生长产生一些不利影响，但总体天气利大于弊，夏粮产量较上年有所增长。早稻生产期间，主产区降水充沛、温度偏高、阳光较为充足，天气总体风调雨顺，早稻长势良好，有利于早稻产量形成；部分地区虽然也遭遇了“倒春寒”、低温阴雨等不利天气，但灾害性天气较少，危害时间短、程度轻，加之各地积极防洪排涝，对全省产量影响有限。秋粮生产期间，虽然苗期雨水偏多，部分地区水田被淹，但通过积极抗洪排涝和及时补种，灾情影响得到控制；作物拔节后天气好转、气温升高、田管到位，有效促进了苗情转化，产量形成关键期的天气适宜，利于作物扬花授粉灌浆及干物质沉淀积累，秋粮作物产量有较大幅度增长。

（二）高产作物面积继续增加。近十年，安徽不断加大对粮食生产的扶持力度，推广农业生产科技成果，高产作物面积持续增加。2015 年安徽小麦、玉米、中单晚稻面积增加了 189.3 万亩，因高产作物面积扩大增加的粮食产量 15.4 亿斤，对全年粮食产量增长的贡献率为 63.1%。

（三）农业科技继续发挥支撑作用。2015 年，安徽各地继续推广应用优良品种及小麦一播全苗、水稻工厂化育秧、玉米控释肥、测土配方等先进生产技术，建立高产创建园区发挥区域辐射效应，提高机械化率及物联网技术推进农业现代化。农业科技的推广与应用，有利于促进粮食综合单产水平的提高，2015 年安徽粮食综合平均单产提高 12.1 公斤/亩。因综合平均单产提高增产粮食约 24.0 亿斤，对粮食增产的贡献率为 98.3%。

（四）防灾减灾措施得力。2015 年安徽部分地区遭遇低温、洪涝等气象灾害及小麦赤霉病等病虫害影响，由于多部门联动合作，加强气象灾害监测预警及小麦“一喷三防”等病虫害统防统治，防灾减灾措施得力，有效减轻了灾害损失。

三、存在的问题

（一）农业人口“老龄化”。由于农业比较效益较低，农村青壮年劳动力绝大部分已经转移到非农产业，安徽现在从事农业生产的主要劳动力很多都超过 60 岁，农业人口已经严重“老龄化”。年轻人中愿意种田、懂得种田的比例很小。

（二）农民丰“产”不丰“收”。国内外粮价倒挂，在连续多年的粮食丰收的形势下，对国有粮库的仓储形成巨大压力，随着国际粮价的持续走低，粮食加工企业为控制成本，更倾向选择进口粮食，国内粮食销售困难。2015 年安徽粮食继续丰产，但价格下降，农民收入降低，出现丰“产”不丰“收”的情况，部分种粮大户因缺少仓储和烘干设备，致使成熟的稻谷无法按时收割，造成损失。长此以往农民种粮积极性将会受挫。

四、相关建议

（一）继续深化土地流转，推动粮食种植适度规模。通过土地流转，进一步打破传统的小农耕作模式，使粮食种植集中连片，采用大型现代化农业机械，降低对劳动力的依赖程度，提高劳动生产率和产出率，使粮食种植户获得规模效益。

（二）仓储、水利等基础设施仍需进一步建设。当前安徽各地农业基础设施仍较为薄弱，需要政府加大投入改善灌溉条件、兴建排水设施，扶持种粮大户增加晾晒场地、提高仓储能力，以便更好地应对自然条件及市场变化。

（三）强化绿色增产观念，提高国内粮食的市场竞争力。政府应进一步加强宣传与政策扶持，强化粮食绿色增产的观念，通过优化粮食品种、提高粮食品质、建立优质粮食品牌，拓宽粮食销售渠道，提高国内粮食的市场竞争力。

撰稿：杨潇潇

2015 年安徽畜牧业生产创佳绩

2015 年安徽各级畜牧主管部门紧紧围绕“十二五”畜牧业发展规划，积极调整优化畜牧产业结构，推进畜牧业标准化、规模化健康养殖，强化重大动物疫病防控和畜产品质量安全监管，采取多种措施克服各种困难，主要畜产品产量 583.1 万吨，超额完成全年畜牧业发展目标，实现“十二五”圆满收关。

一、全年畜牧业发展情况

根据国家统计局核定数据，2015 年安徽主要畜产品产量 583.1 万吨，同比增长 3.5%，较“十一五”末的 2010 年增长 13.3%，其中肉类产量增长 11.3%，禽蛋产量增长 13.2%，牛奶产量增长 49.4%。

（一）生猪生产有所下降。全年生猪出栏 2979.2 万头，同比下降 3.6%；猪肉产量 259.1 万吨，同比下降 2.2%。四季度末生猪存栏 1539.4 万头，同比下降 2.9%，其中能繁殖母猪存栏 135.3 万头，同比下降 4.2%。

（二）牛肉产量大幅下降，存栏量止跌回升。全年牛出栏 112.5 万头，同比下降 9.9%；牛肉产量 16.2 万吨，同比下降 9.5%。三季度以来，牛存栏量呈现出止跌回升态势，四季度末牛存栏 164.6 万头，同比增长 7.8%。

（三）羊养殖快速发展。全年羊出栏 1133.5 万只，同比增长 5.4%；羊肉产量 16.6 万吨，同比增长 7%。四季度末羊存栏 688.3 万只，同比增长 7.1%。

（四）家禽养殖平稳。今年以来全省未发生较大疫情，家禽养殖平稳发展，全年家禽出栏 75286 万只，同比增长 5.1%；禽肉产量 126 万吨，同比增长 9.9%。四季度末家禽存栏 23860 万只，同比下降 1.9%。

（五）牛奶生产快速增长。四季度牛奶产量 30.6 万吨，同比增长 9.9%。

二、畜牧业生产效益情况

（一）生猪价格冲高回落，养殖效益可观。2015 年生猪价格低开高走，3 月开始上涨，9 月至年内高点 18.2 元/公斤后回落，当前价格为 16.4 元/公斤，连续三月回落。春节临近，猪肉消费有望增加，生猪价格有望小幅回升。由于饲料价格大幅度下跌，生猪养殖效益依然乐观。如阜阳市自繁自养一头 105 公斤生猪平均需投入饲料 300 公斤，折款 840 元；疫苗、消毒、保健、人工费 200 元；另外，一头能繁母猪年需饲料、疫苗、消毒、保健等 3000 元，按年产 20 头仔猪计算，每头出栏生猪均摊母猪费用 150 元。目前，生猪出栏价 16.2 元/公斤，则每头生猪利润为 511 元，利润虽较 8 月份生猪价格高位时下降 14.8%，但依然可观。

（二）牛羊肉价格回落，养殖效益下降。四季度牛平均出栏价格 21.8 元/公斤，同比下降 23.4%；羊平均出栏价格为 20.7 元/公斤,同比下降31%。牛羊肉价格下跌的主要原因是市场供给增加,需求相对不足。牛羊养殖利润持续下降,如阜阳市当前购入一头架子牛需10000元左右,育肥一年后按现在行情可售13100元,扣除饲料等费用,每头牛利润为1890元左右,利润同比下降30%。羊采取自繁自养模式,平均利润在200元左右,而采取购入羊羔育肥模式,则基本微利经营。

(三)肉禽利润下降,蛋禽利润稳定。今年以来,家禽产品价格一直低位徘徊,较去年明显下降。四季度肉禽出栏价格10.68元/公斤,同比下降11.81%,而蛋禽价格相对坚挺,价格小幅回升。主要原因是由于市场消费量饱和,而商品鸡和鸡蛋的供应量没有减少,市场供大于求。当前肉禽养殖户除合同养殖户外,基本没有利润甚至亏损,而蛋禽养殖户由于禽蛋价格跌幅较小,玉米价格大跌,饲料成本下降影响,养殖利润略降。如宣城市,市场上肉鸡、鸡蛋出栏价分别为7.2元/公斤、8元/公斤,而成本分别为7.6元/公斤、7元/公斤左右。合同鸡属于代养性质,收购价格固定,鸡苗、饲料均由企业提供,养殖利润基本保持稳定。

三、畜牧业生产需要关注的问题

(一)畜禽产品价格波动剧烈,调控效果不佳。今年以来畜产品价格波动明显,其中猪羊出栏价格波动剧烈。生猪大县监测数据显示,3月和9月生猪出栏价格分别为全年最低价和最高价,分别为11.9元/公斤、17.5元/公斤,差价为5.6元/公斤,波动幅度47%。2015年羊肉价格大幅下跌,三季度羊平均出栏价格17.8元/公斤,同比下降44.2%,四季度价格有所回升,跌幅收窄,依然同比下降31%。畜产品价格周期性大起大落加剧,养殖户适应性调整和政府部门的调控政策都很难与市场合拍,某些刺激政策不奏效甚至适得其反,调控效果不佳。

(二)畜产品消费市场逐步饱和,科学发展势在必行。"十二五"期间安徽畜牧业较快发展,同时进口畜产品大量充斥市场,畜产品供大于求的局面逐步显现。为避免畜产品价格大幅波动,损害养殖者利益,引导养殖户科学养殖、保持合理养殖规模、改变畜牧业发展模式已势在必行。

(三)畜产品生产营销环节损益不匹配。大部分养殖户通过屠宰公司、猪贩等将畜产品销售给消费者,当价格低迷时,中间商往往顺势压低收购价格,养殖户亏损加剧;当行情好转,市场价格较高时,养殖户因没有销售渠道,仍获利不多。由此造成生产经营风险与利益不匹配,既影响养殖户生产信心,也间接导致价格波动加剧。养殖建议政府有关部门引导监督经销商集中收购,协助制定合理价格,保证生产者合理利益。

(四)畜牧业污染问题日趋严重。近年来,我省畜牧业已经取得长足发展,但由于养殖场布局不合理,建设选址不科学,防疫消毒和污水处理设施不健全等因素带来的环境污染问题日趋严重。对养殖户进行环境保护法律法规宣传教育,加强执法监管力度,推广粪污无害化处理等新技术已迫在眉睫。

四、安徽畜牧产业发展建议

(一)加强金融扶持,解决融资难题。多数养殖户反映,2015年面临的最大困难是资金问题,特别是生猪养殖户。由于前三年生猪市场低迷,养殖户损失严重,今年生猪价格大幅上涨,但部分养殖户由于资金缺乏,难以扩大生产。希望政府部门加大规模养殖户资金扶持力度,适度贴息;引导金融机构加大投放养殖贷款,利用担保、期货、贷款贴息、政策性保险等方式,帮助解决资金短缺难题,适度延长贷款周期。

(二)加大市场检查力度,整顿市场秩序。6月底至7月初,“僵尸肉”的报道沸沸扬扬,影响了市场正常秩序,加大市场检查力度,对出现的非法销售现象进行打击,加大违法成本,维护市场正常秩序。

(三)进一步完善监测预警系统。建立更加完善的监测预警系统和相关制度,及时向社会公布权威的监测预警数据。这样既可以引导养殖户合理开展生产,避免生产的大起大落和供求失衡局面的出现。也可为国家出台各项政策、措施提供有价值的参考。

(四)转变畜牧业发展思路,提高畜产品质量。要转变过于注重绝对数量和增长速度的发展定位。以往为了满足人民群众对畜禽产品的需要,在生产中过于注重发展速度,强调绝对数量增加,在具体品种上也过于注重猪、禽生产发展。而目前畜禽产品已经极大丰富,在今后生产规划上,要注重优化养殖品种,提高畜产品质量,满足人民群众健康生活品质需求。另外要发展绿色特色养殖,天然养殖、绿色健康畜牧业将是今后发展的一个重要方向。

撰稿:汪思源

2015年安徽城镇居民收入稳定增长

据抽样调查资料显示,2015年安徽城镇居民人均可支配收入为26936元,同比增长8.4%,扣除价格因素实际增长7.0%,高出全国平均水平0.4个百分点。2015年,省委、省政府积极落实国家各项工资政策,提高在职职工、离退休人员的工资收入水平和城镇居民低保收入标准。面对经济新常态,全省上下紧紧围绕改革和创新主线,经济社会发展稳中有进,城镇居民收入稳定增长。

一、城镇居民收入增长特点及原因

2015年,从全年城镇居民收入构成来看,工资性收入、财产性收入和转移性收入与上年同期相比增速降低,经营净收入增速高于上年同期(见表1)。

表1 安徽城镇居民收入变动情况表

指 标	2014年			2015年		
	绝对值(元)	比重(%)	较上年同期(±%)	绝对值(元)	比重(%)	较上年同期(±%)
人均可支配收入	24839	—	9.0	26936	—	8.4
其中:1. 工资性收入	15515	62.5	10.0	16929	62.8	9.1
2. 经营净收入	3882	15.6	3.5	4172	15.5	7.5
3. 财产性收入	1788	7.2	6.5	1882	7.0	5.3
4. 转移性收入	3654	14.7	12.3	3953	14.7	8.2

(一)工资性收入稳定增长。2015年安徽城镇居民工资性收入稳定增长,全年城镇居民人均工资性收入16929元,同比增长9.1%。在城镇居民可支配收入中,工资性收入占62.8%,比上年提高了0.3个百分点,仍为全省城镇居民收入主要来源。工资性收入稳定增长的主要原因:一是我省面对经济新常态,紧紧围绕改革主线,及时出台工资改革、车改等实施方案;同时,围绕自主创新主题,继续推动“大众创业、万众创新”,带动全省经济全面稳健发展,城镇居民就业形势较为稳定。二是我省各地积极落实各项工资新政策,各地先后提高各项补贴标准。

(二)经营净收入增加较多,增速加快。2015年安徽城镇居民人均经营净收入4172元,同比增加291元,增长7.5%,增幅较去年同期提高了4个百分点。2015年以来,我省积极鼓励非公有制经济发展,放宽私营、个体企业准入条件,进一步改善营商和创业环境,有效地调动了下岗失业人员和高校毕业生自主创业的积极性,全省个体、私营企业经营状况逐步趋好,经营收入稳定增长。

(三)财产性收入增速下滑。2015 年安徽城镇居民人均财产性收入 1882 元,同比增加 94.2 元,增长 5.3%,较上年同期下降了 1.2 个百分点。城镇居民财产性收入下滑的主要原因是:我省城镇居民出租房屋收入和专利版权等资产收入同比减少较多。据调查,2015 年安徽城镇居民人均出租房屋收入较上年人均减少 26.6 元,同比下降 6.4%;专利版权等资产收入较上年人均减少 32.6 元,同比下降九成。

(四)转移性收入增速下滑。2015 年安徽城镇居民人均转移性收入为 3953 元,同比增加 299 元,增长 8.2%,较上年同期下降了 4.1 个百分点。从转移性收入构成看,分项收入呈现“四增四降一平”格局。养老金或离退休金收入、家庭外出从业人员寄回带回收入、赡养收入、从政府和组织得到实物及服务收入四项收入较上年同期均有不同程度的增加。其中,养老金或离退休金收入增加最多,人均同比增加 485 元。社会救济和补助收入、政策性生活补贴收入、报销医疗费收入、其他经常转移收入与上年同期相比呈不同程度减少,其中,其他经常转移收入减少最多,人均同比减少 153 元。其他政策性补贴收入人均为 20.5 元,同比持平。

(五)收入增速高于全国,绝对数居中部六省第 3 位。2015 年,安徽城镇居民人均可支配收入名义增速比全国高 0.2 个百分点,居全国第 11 位,扣除价格因素实际增速比全国平均水平高 0.4 个百分点。从中部六省看,安徽城镇常住居民人均可支配收入居第 3 位,增幅居第 4 位。

二、影响城镇居民收入快速增长的制约因素

从城镇居民收入变化情况来看,2015 年城镇居民人均可支配收入稳定增长,但增长后劲仍显不足。

(一)工资性收入增长后劲不足。2015 年安徽城镇居民工资性收入增长主要原因是多地分别提高津补贴、养老金和最低生活保障标准及提高了城镇机关事业单位工作人员工资和离退休人员离退休金。后期若没有国家和地方政府的有关增资政策,城镇居民工资性收入增长难以继续较快增长。

(二)经营性净收入和财产性收入占比小,城镇居民收入增长点少。2015 年安徽城镇居民财产性收入和经营净收入占可支配收入分别为 7.0% 和 15.5%,两者对我省城镇居民可支配收入增长贡献率只有 18.3%。如何大幅提高我省城镇居民经营性收入和财产性收入,拓展收入增长点,是一个亟待解决的问题。

三、几点建议

(一)确保工资性收入稳定增长。近年来,我省城镇居民收入中工资性收入所占比重越来越大,是城镇居民增收的关键因素。目前,安徽经济形势逐步趋稳,应抓住改革和创新的有利时机,落实优化收入分配的有关政策,在条件许可的情况下,积极出台调整工薪政策,建立与经济发展、价格走势相关联的工资调整机制。利用安徽地处临近长三角的区位优势,主动引导经济结构和产业结构调整的顺利进行,努力打造皖江经济带,承接产业转移,提高城镇居民就业率。紧紧围绕自主创新主题,加速发展高科技型企业,提高产品附加值,带动全省经济全面发展和城镇居民增收。

（二）优化创业环境，积极扶持小微型企业发展。小微企业是城镇居民就业的主要载体，在稳定城镇居民就业方面起着重要的作用。小微企业中有很多是科技型企业，对我省工业企业技术升级和科技创新都起着积极的推动作用，应在融资、税收等方面给予大力扶持，以促使我省城镇居民经营性收入能够持续快速地增长。当前，我省正在大力推进“调结构、转方式、促升级”，各地要在简政放权、融资支持、税收优惠等方面采取切实有效措施，优化创业环境，支持小微型企业的发展，营造“大众创业、万众创新”的氛围。

（三）逐步加大财政转移支付力度。随着经济发展，城镇居民贫富差距仍处高位，应对低收入家庭加大财政转移支付力度。对弱势群体逐步提高救助标准，对贫困家庭给予定点帮助和精准扶贫，对失业群体给予教育及培训支持，增加就业机会。同时，应增加廉租房、教育和医疗等公共品的投入，保障低收入家庭生活水平能够稳定地提高。

撰稿：李　燚

2015 年安徽农民收入状况及增长趋势分析

2015 年，农村发展的外部环境、内在条件发生了深刻变化，农民增收越来越受到社会经济发展和全球一体化的深刻影响，面对世界经济低迷和国内经济深层次矛盾凸显的严峻挑战，安徽抓住机遇，实现了安徽农民增收新突破。

一、2015 年安徽农民收入增长特点

2015 年安徽农民收入首破万元大关，农村常住居民人均可支配收入 10821 元，比上年增长 9.1%，高出全国平均水平 0.3 个百分点。

（一）城乡收入差距进一步缩小

2015 年，安徽农民收入增长连续第六年快于城镇居民收入增长，城乡居民收入差距不断缩小。2015 年安徽城乡居民收入倍差 2.49，为新世纪以来最小值，比 2005 年缩小 0.40，城乡居民收入相对差距缩小趋势明显。但城乡收入绝对差距继续扩大的趋势并未改变，2015 年安徽城乡居民人均可支配收入相差 16115 元，比上年 14922 元扩大 1193 元。

（二）农村居民收入与全国差距缩小

近年来，安徽农民收入增长快于全国平均增长水平，与全国平均水平差距越来越小。2015 年安徽农村居民人均可支配收入相当于全国平均水平的 94.7%，比上年提高 0.2 个百分点，比 2010 年提高 2.6 个百分点。安徽农村居民收入与全国平均水平相对差距显著缩小的同时，绝对差距不断扩大的趋势得到有效遏制，2010 年安徽农村居民人均可支配收入与全国平均水平绝对差距 496 元，2015 年为 601 元，5 年仅扩大 105 元。

安徽农村居民收入与全国平均水平的差距主要来源于工资性收入和家庭经营二、三产业收入。在 2015 年安徽农村居民人均可支配收入与全国的差距中，工资性收入差距 617 元，占差距总量的 102.7%；家庭经营净收入差距 289 元，占差距总量的 48.1%；财产净收入差距 90 元，占 14.9%；安徽农村居民人均转移净收入 2461 元，比全国高 395 元。

（三）劳动报酬是农民收入增长主要来源

工资性收入对安徽农民增收起主要作用，转移净收入和经营净收入均对农民收入增长做出较大贡献，但安徽农民财产性净收入对农民增收作用很小。2015 年安徽农村常住居民人均可支配收入比上年增加 904 元，其中，工资性收入增加 428 元，占农村常住居民人均可支配收入的 47.4%；经营净收入增加 229 元，占 25.3%；财产净收入增加 13 元，占 1.3%；转移净收入增加 235 元，占 26.0%。

在安徽农村常住居民人均可支配收入中，工资性收入 3983 元，同比增长 12.0%，拉动农村常住居民人均可支配收入增长 4.3%；经营净收入 4214 元，同比增长 5.7%，拉动可支配收入增长 2.3%；财产净收入 162 元，同

比增长8.5%，拉动可支配收入增长0.1%；转移净收入2461元，同比增长10.5%，拉动可支配收入增长2.4%。

（四）农民收入结构优化

安徽农民收入在保持较快增长的同时，收入结构不断优化，农民经营收入比重不断下降，非经营收入占比不断提高。2011年安徽农村常住居民人均家庭经营净收入2927元，2015年达4214元，年均增长9.5%，占可支配收入比重却由43.0%下降到38.9%，下降4.1个百分点；工资性收入由2011年2376元增加到2015年的3983元，占可支配收入比重由2011年34.9%上升到36.8%，提高1.9个百分点；财产净收入由2011年的94元增加到2015年的162元，占比由1.4%1.4提高到1.5%；转移净收入由2011年的1414元提高到2015年的2461元，占比由20.8%提高到22.7%，提高1.9个百分点。

二、农民增收利弊因素分析

经济发展进入新常态后，影响农民收入的外部环境和内生机制发生了重大变化，农民收入越来越受到宏观经济环境和国际市场环境的影响。

（一）安徽农民收入实现较快增长的主要原因

1. 经济发展奠定了农民增收基础

经济增长和农民增收是良性互动的关系。经济保持较快增长是安徽农民收入增长的重要基础。

2015年安徽生产总值按可比价计算，比上年增长8.7%，增幅比全国高1.8个百分点；固定资产投资增长12.7%，比全国高2.7个百分点；社会消费品零售总额增长12%，比全国高1.3个百分点；外贸出口增长5.2%，明显好于全国；粮食生产实现“十二连丰”。

2. 庞大的农民工群体为安徽农民增收做出较大贡献

一是农民工工资水平提高。外出农民工工资是农村家庭的重要收入来源，农民工工资收入继续平稳增长为农民增收提供了强力支撑。农民工监测调查数据显示，2015年我省外出农民工月平均收入达3535元，比上年增加378元，增长12%。

二是安徽农民工规模较大。庞大的农民工群体收入水平提高对农民的增收作用比较明显。外地从业的农民工直接将收入寄带回家乡、回乡创业等，本地从业农民工从事非农产业增收比从事农业增收显著。2015年我省农民工总量达1858.8万人，比上年增加8.6万人，安徽农民工总量占全国的1/15；其中外出农民工1371.4万人，比上年增加51.1万人，安徽外出农民工占全国的1/12。

3. 家庭经营是农民增收的稳定器

家庭经营收入在安徽农民收入中占比大，家庭经营形势好坏对安徽农民增收影响比较大。2015年安徽农民农业生产稳定，二、三产业经营较好，实现了农民家庭经营稳定增收。安徽粮食产量再创新高，蔬菜、瓜果产量稳定增长，畜牧业生产总体稳定。但是农产品价格总体上呈回落态势，农民再现增产“不增收”。

家庭二、三产业经营状况良好，增收效应比较明显。随着更多的有资金和技术优势的农民因地制宜从事非农产业生产经营，这部分收入在农民收入中占据越来越重要的地位，为安徽农民提供更多的增收渠道。2015年安徽农村常住居民人均家庭二、三产业经营净收入1207元，比上年增长9.1%。

4. 民生工程助推农民增收

随着中央各项支农惠农政策的大力度实施，粮食、良种、养殖等各项补贴的及时兑现，最低生活保障费的发放、新型农村养老保险的推广，以及农村社会保障体系逐步完善，离退休金、养老金标准的提高，切实减轻农民负担，有效促进农民增收。2015 年，安徽农村常住居民人均转移净收入 2461 元，与上年相比增加 235 元，增长 10.5%。

（二）不利因素分析

1. 宏观经济环境制约着农民收入快速增长

在经济弱复苏且有反复的情况下，一些传统产品产能过剩，包括农产品在内的大宗商品价格普遍下跌，部分企业生存和发展困难，必然影响到农村劳动力转移和就业以及家庭经营，影响农民增收。2010—2015 年安徽生产总值按照不变价格计算分别增长 14.6%、13.5%、12.1%、10.4%、9.2% 和 8.7%，经济增长呈不断走低态势，与之相对应，农民收入增幅从 2010 年实际增长 17.3% 回落到 2015 年的实际增长 7.7%。未来农民收入增长与经济趋势联动的趋势不会改变，受经济下行压力影响，农民收入增长将维持在中等速度水平上。

2. 农民家庭非农经营总体规模小

从传统上作为收入主要来源的家庭经营收入构成看，安徽农民农业收入比重偏大，二、三产业收入比重较小，农民收入对农业的依赖性较强，农业增收困难，二、三产业对农民增收难以显现出较大的作用。

在 2015 年安徽农村居民家庭经营净收入中，第一产业占 71.4%，二、三产业收入仅占 28.6%。安徽粮食产量已经实现"十二连丰"，在农业科学技术水平没有突破的情况下，粮食产量增长空间有限。同时，在我国主要农产品价格已经高于国际市场价格，生产成本不断提升，农业增收非常困难。

2015 年安徽农村常住居民人均家庭经营二、三产业净收入人均 1207 元，比全国人均 1350 元少 143 元，不到浙江省的三分之一。尽管安徽农民家庭经营二、三产业收入增速不低，但对农民增收的贡献却很小。

3. 农民财产增收微乎其微

财产净收入是农民的四大收入来源之一，它是农村住户或成员将金融资产、住房等非金融资产和自然资源交由其他机构单位、住户或个人支配获得的回报并扣除相关费用后的净收入。财产收入包括利息、红利、储蓄性保险收益、转让承包土地经营权租金收入、出租房屋收入等。2015 年安徽农村常住居民人均财产净收入仅 162 元，占农村常住居民人均可支配收入的 1.5%，比全国平均水平少 90 元，相当于全国平均水平的 64.3%；与浙江人均 608 元相比少 446 元，仅相当于浙江人均水平的 26.6%。安徽农村常住居民人均增收 904 元，各种财产增收仅 13 元，占农民增收总量的 1.4%，对农村常住居民人均可支配收入增长仅贡献 0.1 百分点。

三、2016 年安徽农民增收形势展望和政策建议

2016 年农民增收环境更加复杂，增收难度将更加困难。受宏观经济下行压力影响，企业经营成本上升，效益下降，职工增资压力加大，同时企业转方式调结构促转型，对农村劳动力需求将下降，影响农民工就业和工资水平提高，处在"两板"夹击中的我国农产品供给侧改革压力凸显，依靠传统农业增产增收难度大,加之相关政策性转移支付补贴标准和范围基本成型,难以持续推动农民增收。如果没有新增收措施出台,农民收入增速将延续缓慢下行走势。

2016年是“十三五”开局之年,要保持农民收入较快增长需要综合施策,多方共同发力。一要靠发展,保持经济增长活力,增加就业渠道和提高工资标准。二要创新增收引擎补“短板”。安徽农民收入的“短板”是二、三产业收入水平低和财产收入水平低。补“短板”需要新思路,要激发城乡各种经济成分活力,引导民众全员参与创新创业,在企业和家庭中让“创意”与资本结合成为经济增长的“燃料”和动力,成为城乡居民收入增加引擎。三要创新业态抓住二、三产业增收新机遇。休闲养生、民宿产业、电子商务等新业态、新产业吸纳就业能力强,政府要对创新业态、创新岗位支持引导,抓住新业态为经济发展和城乡居民增收带来的新机遇。四要全产业链发展农业,发挥农业增收优势。要拓展农业广度和深度,把农业打造成全产业链的“第六产业”。提升传统一产农业内部运行质量和效率;在重视农产品品质和档次的基础上,发展精深加工,实现农业在第二产业上价值大幅提升;要把农业从一产延伸到二、三产业,致力于创新把农业延伸到体验休闲、养生养老等领域。五要多种措施并举,让农民获得多元化的财产收入。通过农民宅基地和房屋使用权的抵押,使农民的房屋等财产“变现”。要让有金融资产剩余的农民、特别是一部分先富裕起来的农民和农民工学会利用城市金融市场获取相应的资本收入。加快土地流转使农民获得切实可靠的财产性收入。

撰稿:孟昭杰

2015年安徽农民工就业情况分析

国家统计局安徽调查总队农民工监测调查结果显示，2015年，我国劳动力市场继续保持活跃态势，全省农民工外出就业形势总体乐观，就业收入较快增长。

一、全省农民工规模

2015年，安徽农民工总数1858.8万人，比上年增加8.6万人，增长0.5%。其中，外出就业农民工1371.4万人，比上年增加51.1万人，增长3.9%；本地农民工487.4万人，比上年减少42.4万人，减少8%。2010—2014年，安徽农民工总数增速均保持在3%左右，但2015年仅为0.5%，主要原因是去年就业压力较大，外出找工作越来越难。

表1　近三年安徽农民工规模　　单位:万人

指　标	2013年	2014年	2015年
农民工总数	1782.9	1850.2	1858.8
1. 外出农民工	1287.6	1320.3	1371.4
(1)住户中外出农民工	857.4	859.4	823.4
(2)举家外出农民工	430.2	460.9	548.0
2. 本地农民工	495.4	529.9	487.4

二、农民工基本特征

(一)男性多于女性。全部农民工中，男性占67%，女性占33%。

(二)中老年农民工比重上升。50岁以上农民工所占比例比上年提高0.9个百分点，19岁以下及30到40岁农民工所占比例分别下降1.4和2.4个百分点。

表2　近三年安徽农民工年龄构成　　单位:%

年　龄	2013年	2014年	2015年
16~19岁	3.7	2.7	2.3
20~29岁	30.8	29.5	30.7
30~40岁	27.2	26.5	24.8
41~50岁	26.4	27.1	27.0
50岁以上	11.8	14.3	15.2

(三)农民工文化程度有所提高。大专以上农民工所占比例比上年提高1.2个百分点，初中及以下农民工所占比例比上年下降

了0.4个百分点。

表3　近三年安徽农民工文化程度构成　单位：%

指　标	2013年	2014年	2015年
未上过学	2.0	1.8	1.9
小学	16.7	16.7	15.7
初中	67.3	65.5	65.9
高中	10.1	10.8	10.0
大专及以上	3.9	5.2	6.4

三、农民工流向分布

（一）中西部地区务工农民工增长较快，总量较少。全省有29万人在西部地区务工，比上年增加9.7万人，增长50%；34.3万人在中部地区（不包含安徽省）务工，比上年增加7.8万人，增长29%；921.8万人在东部地区务工，比上年减少7.7万人，下降0.8%。

（二）江浙沪地区仍是安徽农民工主要务工地。2015年在江浙沪三省市务工经商的安徽农民工有779.7万，比上年减少8万人，占全部农民工41.9%，占外出农民工56.9%。从近年调查数据看，在江浙沪务工农民工占外出农民工比例逐年减少。

（三）近半数安徽农民工在本省务工。在本省务工有871.8万人，占全部农民工总数46.9%，比上年减少2.2万人，下降0.3%。其中本地农民工487.4万人，比上年减少42.5万人，下降8%；在省内流动的有384.4万人，比上年增加40.3万人，增长11.7%。

表4　近三年安徽农民工就业地区分布及构成

指　标	2013年		2014年		2015年	
	农民工人数（万人）	占比（%）	农民工人数（万人）	占比（%）	农民工人数（万人）	占比（%）
全部农民工	1782.9	100.0	1850.2	100.0	1858.8	100.0
本地农民工	495.4	27.8	529.9	28.6	487.4	26.2
外出农民工	1287.6	72.2	1320.3	71.4	1371.4	73.8
1. 去往本省	344.6	19.3	344.1	18.6	384.4	20.7
2. 去往省外	943.0	52.9	976.2	52.8	987.0	53.1
（1）东部地区	890.2	49.9	929.5	50.2	921.8	49.6
上海	177.0	9.9	174.3	9.4	192.3	10.3
江苏	244.5	13.7	267.3	14.4	263.9	14.2
浙江	336.9	18.9	346.2	18.7	323.5	17.4
江浙沪合计	758.4	42.5	787.8	42.6	779.7	41.9
东部其他省市	131.8	7.4	141.7	7.7	142.1	7.6
（2）中部地区	31.1	1.7	26.5	1.4	34.3	1.8
（3）西部地区	20.2	1.1	19.3	1.0	29.0	1.6
（4）港澳台及国外	1.5	0.1	1.0	0.1	1.9	0.1

四、农民工就业行业分析

2015年安徽农民工在第二产业中从业的比重为55.4%，比上年下降1.8个百分点，比前年下降2.4个百分点；在第三产业中占

44.2%,比上年提高2个百分点,比前年提高2.4个百分点。其中,批发和零售业所占比例与前两年相比保持稳定,交通运输、仓储和邮政业所占比例比明显提高;住宿和餐饮业所占比例则略降,居民服务、修理和其他服务业所占比例基本稳定。

表5 近三年安徽农民工就业行业分布

单位:%

指 标	2013年	2014年	2015年
第一产业	0.4	0.5	0.4
第二产业	57.8	57.2	55.4
其中:制造业	27.6	28.2	27.0
建筑业	27.2	26.2	25.3
第三产业	41.8	42.2	44.2
其中:批发和零售业	12.6	12.8	12.7
交通运输、仓储和邮政业	5.5	5.7	6.5
住宿和餐饮业	7.0	7.2	6.9
居民服务、修理和其他服务业	10.2	9.5	10.4

五、农民工就业收入继续增长

(一)农民工收入逐年增长,但2015年增速下降。2014—2015年外出农民工及本地务工收入增长较快。其中2014年外出农民工收入增长14.7%,是近年来农民工收入增速最高的一年。但2015年外出农民工收入增速回落到9.6%,这与我国经济进入新常态有较高的相关性。

(二)外出务工或经商收入比本地高。从2014—2015年农民工收入数据看,外出务工或自营收入明显高于本地务工或自营,且差距有拉大的趋势。其中2014年外出务工比本地务工年收入高9883.5元,外出自营比本地自营年收入高16014.6元;2015年差距则增加到11210元和16444元。

表6 2014—2015年安徽农民工人均收入及增速

指 标	2014年		2015年	
	全年收入(元)	比上年增长(%)	全年收入(元)	比上年增长(%)
本地非农自营	27356.4	3.9	30813.1	12.6
本地非农务工	23088.6	13.2	24941.3	8.0
外出务工	32972.1	14.7	36151.1	9.6
外出自营	43371.0	28.6	47257.1	9.0

六、外出农民工消费和居住情况

(一)生活消费持续增加,居住支出增加明显。2015年外出农民工人均生活性消费支出10835.8元,比上年增加654.1元,增长

6.4%。其中,月均居住支出468.1元,比上年增加70元,增长17.6%,远高于消费总支出增速。

表7 2014—2015年安徽外出农民工生活消费及居住支出

指 标	2014年		2015年	
	支出额(元)	增速(%)	支出额(元)	增速(%)
全年生活消费支出	10181.6	6.3	10835.8	6.4
月均居住支出	398.1	17.5	468.1	17.6

(二)从雇主或单位得到住房补贴的农民工减少。2015年安徽外出农民工中,从雇主或单位得到免费住宿的农民工占比32.4%,比上年下降2个百分点;从雇主或单位得到住房补贴的农民工占比8.2%,比上年下降0.3个百分点;不提供住宿也没有住房补贴占比44.5%,比上年提高3.5个百分点。

七、农民工权益保障情况不容乐观

(一)劳动强度略有下降。2015年安徽外出农民工年从业时间平均为9.2个月,月从业时间平均为25.5天,日从业时间平均为9小时,较上年变化不大。日平均从业时间下降0.1小时,每天工作12小时以上的比重明显下降。

表8 近三年安徽外出农民工从业时间和劳动强度

指 标	2013年	2014年	2015年
全年外出从业时间(月)	9.1	9.2	9.2
平均每月平均工作的天数	25.3	25.3	25.5
每月工作26天以上的比重(%)	35.6	35.9	35.8
平均每天工作的小时数	9.1	9.1	9.0
每天工作8小时的比重(%)	46.3	44.3	43.7
每天工作10~12小时的比重(%)	32.1	34.7	33.2
每天工作12小时及以上的比重(%)	6.8	6.2	5.6

(二)签订劳动合同比例不高。2015年外出农民工中与雇主或单位签订劳动合同占33.3%,与上年基本一致。

表9 近三年安徽外出农民工签订劳动合同情况

单位:%

指 标	2013年	2014年	2015年
无固定期限劳动合同工	12.9	13.8	12.8
一年及以上劳动合同工	18.7	17.7	15.7
一年以下劳动合同工	2.2	1.8	2.4
没有劳动合同	50.6	50.5	54.2
自营	13.0	13.8	14.0
其他	2.6	2.3	0.9

(三)外出农民工工资被拖欠情况有所反弹。2015 年工资被雇主拖欠的外出农民工占比 0.48%,比上年显著增加。平均每人被拖欠金额 5433 元,较上年明显下降。

表 10　近三年安徽外出农民工工资被拖欠情况

指　标	2013 年	2014 年	2015 年
被拖欠工资农民工所占比重(%)	0.55	0.14	0.48
平均每个农民工被拖欠工资金额(元)	15919.0	13049.1	5433.0

(四)缴纳“五险一金”的比例略有提高。2015 年安徽农民工“五险一金”参保率略有提高。其中,养老保险 10.4%,工伤保险 21.6%,医疗保险 11.1%,失业保险 6.5%,生育保险 4.7%,住房公积金 4.2%。分别比上年提高 0.2、0.6、0、0.6、0、0.6 个百分点。外出农民工在养老保险、失业保险和生育保险方面的参保率低于本地农民工。

表 11　2014—2015 年单位或雇主为农民工缴纳“五险一金”的比例　单位:%

指　标	养老保险	工伤保险	医疗保险	失业保险	生育保险	住房公积金
2015 年合计	10.4	21.6	11.1	6.5	4.7	4.2
其中:外出农民工	9.8	22.6	11.5	6.0	4.7	4.4
本地农民工	11.9	19.0	10.1	7.6	4.8	3.7
2014 年合计	10.2	21.0	11.1	5.9	4.1	4.2

撰稿:王　方

2015年安徽居民消费价格涨幅创6年新低

2015年，受经济稳中趋缓，国内油价连续下跌，工业生产者出厂价格持续负增长等影响，安徽居民消费价格总水平上涨1.3%，创2010年以来的新低，比2014年低0.3个百分点，较全国平均水平低0.1个百分点。2015年城市和农村CPI均上涨1.3%。

一、2015年安徽居民消费价格运行情况及主要特点

（一）涨幅为2010年以来最低，全年走势平稳。安徽CPI新一轮上涨从2010年开始，2011年上涨5.6%，之后逐年走低，2012、2013年进入“2”时代，2014年进入“1”时代，上涨1.6%，2015年仅上涨1.3%，创6年来新低。其中，消费品、服务项目价格分别上涨1.0%和2.1%。

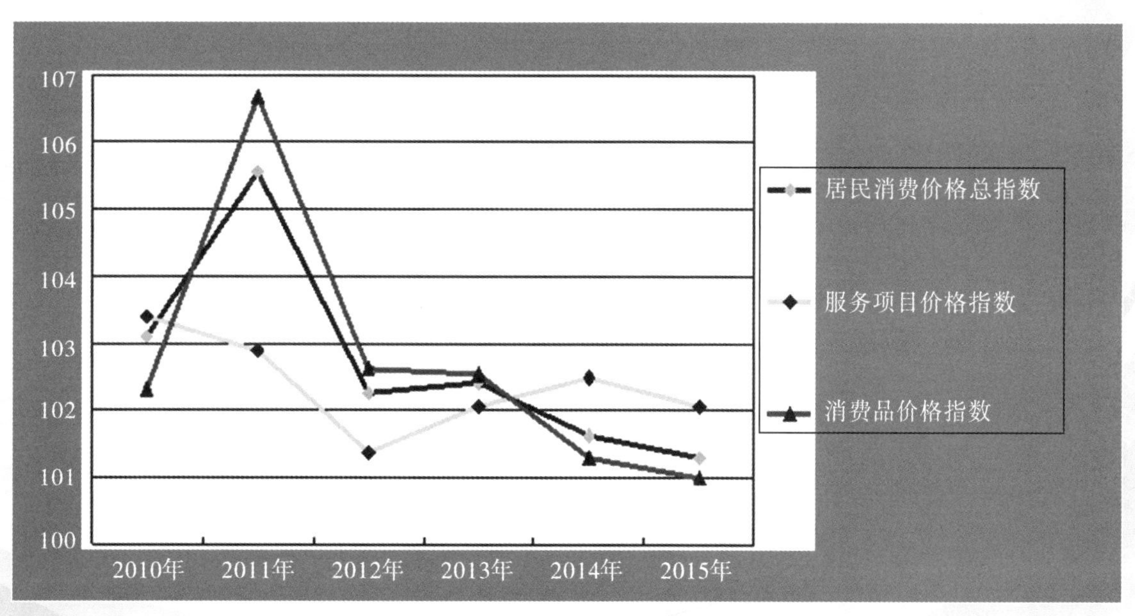

图1　2010年—2015年安徽CPI、消费品和服务项目指数

从月度涨幅看（见图2），2015年安徽CPI各月环比最高是2月份因为春节因素上涨1.3%，3月份下降0.5%，其余各月在-0.4%~0.6%之间波动，波动幅度不超过2个百分点。从同比看，最高是8月份，因猪肉价格快速拉升总指数上涨1.9%；最低是1月份，因春节错月因素上涨0.4%，为全年最低。总体看，2015年安徽CPI各月环比、同比均变动幅度较小，走势平稳。

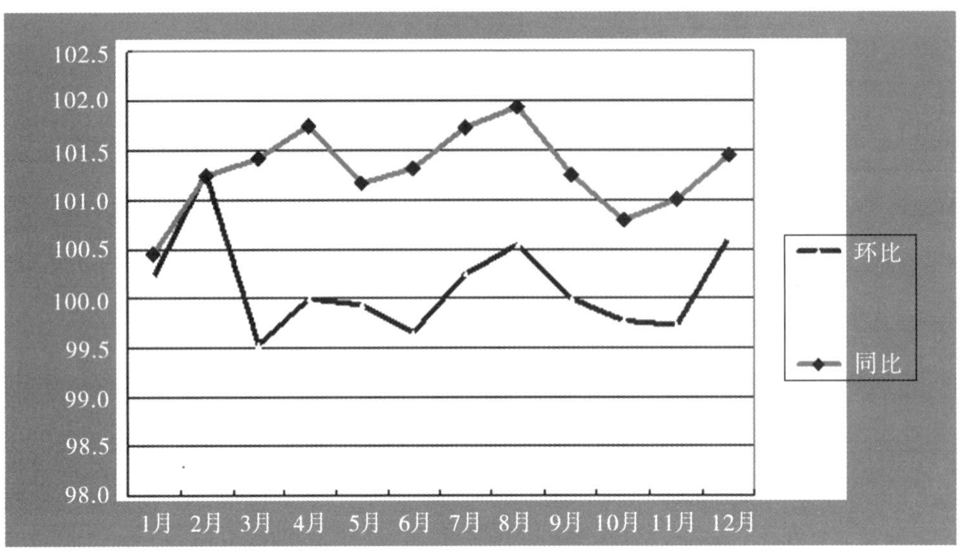

图 2 2015 年 1 月—2015 年 12 月安徽各月 CPI 同比、环比指数

（二）八大类商品和服务价格六涨两跌，涨跌结构有所变化。2015 年安徽 CPI 的八大类商品与服务价格与上年相比涨跌结构有所变化。其中，医疗保健和个人用品价格上涨 4.1%，食品价格上涨 2.3%，烟酒类价格上涨 1.9%，衣着价格上涨 1.4%，娱乐教育文化用品及服务价格上涨 1.4%，家庭设备用品及维修服务价格上涨 0.7%，居住类价格下降 0.4%，交通和通信价格下降 1.9%。与去年同期相比，烟酒类由跌变涨，居住类由涨变跌。

（三）食品类价格涨幅创 6 年来新低，但仍是拉动指数上涨的主要原因。食品类价格 2.3%的涨幅创 2010 年以来新低，比最高点 2011 年下降 9.9 个百分点，比去年涨幅低 0.2 个百分点。16 个分类有 12 个上涨，4 个下跌。其中，蛋类和鲜瓜果价格的大幅下降是食品价格涨幅回落的主要因素。2015 年蛋和鲜瓜果价格分别下降 10.4%和 6.6%，比 2014 年分别回落 25.4 和 30.3 个百分点。粮食价格上涨 2.2%，比 2014 年低 0.5 个百分点，为 2006 年以来最低涨幅。粮价稳定的原因主要是国际粮价创出五年新低，国内粮食连年丰收增产，库存率居高不下。2015 年安徽粮食生产价格同比下跌 1.7%，是我省粮食价格自 2006 年开始连续 9 年上涨后的首次下跌。与 2014 年比涨幅小幅回落的还有干豆及豆制品、茶及饮料、糕点饼干面包、液体乳及乳制品、在外用膳食品。

2015 年上涨明显的是猪肉和鲜菜，共影响总指数近 0.7 个百分点，影响程度达 54%。猪肉价格上涨 10.7%，实现了同比指数由降到升的反转，比 2014 年高 18.4 个百分点。猪肉价格从 5 月份开始上涨，5—8 月环比分别上涨 3.3%、5.1%、11.8%、7.8%，创 2011 年 6 月份以来新高，9—12 月涨幅有所回落。鲜菜价格上涨 11.4%，比食品平均涨幅高出 9.1 个百分点，影响 CPI 总指数上涨 0.39 个百分点。2015 年鲜菜价格涨幅较高的主要原因一是 2014 年基期价格较低，鲜菜价格同比在 2012、2013 年连续上涨 14.9%、8.9%后，在 2014 年同比下降 3.6%。二是 2015 年反常天气较多，1 月全省普降大雪，4 月遭遇倒春寒，7、8 月全省在连日多雨后又经历一个多月的高温天，影响了蔬菜的生长和运输，助推蔬菜价格走高。

总体来看，虽然食品类价格涨幅创新低，但对总指数的影响达六成，影响 CPI 上涨 0.79 个百分点，仍是拉动 2015 年 CPI 上涨的首要因素。

（四）居住类价格涨幅五年来首次由正转负。2015 年安徽居住价格下降 0.4%，比上年回落 2.4 个百分点。受房价上涨乏力的影响，房屋购买和租房市场需求减弱，住房和租金价格上涨趋势减缓，建材装修市场不景气。建材及装修材料价格下降 1.0 个百分点，比上年同期回落 2.1 个百分点。住房租金上涨 2.4%，比上年同期回落 1.3 个百分点。自有住房价格上涨 0.7%，比上年同期回落 2.0 个百分点。由于国际国内油价不断下降，液化石油气价格大幅下降 18.2%，带动水、电、燃料价格下降 3.0%。

（五）服务项目价格涨势不改。随着对服务需求的增加，人工成本持续上涨，服务项目价格自 2010 年以来一直上涨，2015 年上涨 2.1%，推动 CPI 上涨约 0.58 个百分点，对 CPI 贡献率由上年的 43%上涨到 45%。所调查的 58 个服务项目，有 42 个项目价格上涨，9 个持平，7 个下跌。主要原因一是医疗改革的实施，安徽医疗保健服务价格大幅上涨。其中挂号诊疗费、注射费、手术费、床位费、理疗费和其他医疗保健服务费价格分别上涨 75.1%、43.6%、17.2%、6.4%、14% 和 23.3%，共拉动 CPI 上涨 0.24 个百分点，对服务项目价格的影响达到 42%。二是受人工成本增加影响，其他各类服务项目价格不同程度上涨。其中家庭服务价格上涨 10.5%，理发价格上涨 7.1%，清洗价格上涨 6.3%，洗浴价格上涨 5.5%，缝纫价格上涨 3.9%，车辆修理服务费上涨 3.9%，房屋维护修理费用上涨 4.8%。三是政府调价影响，其中出租汽车价格上涨 2.4%，学前教育价格上涨 4.7%，中等教育价格上涨 1.3%，高等教育价格上涨 3.9%，公房房租价格上涨 7.7%。

（六）安徽工业消费品价格 2010 年以来首次为负。工业消费品价格涨幅从 2011 年开始逐年下降，至 2014 年各年分别上涨 2.4%、1.7%、0.7%、0.2%，2015 年首次转负，下降 0.2%，影响总指数比上年回落约 0.2 个百分点。工业消费品中下降最多的是汽油、柴油，分别下降 18.6%、20.2%，比去年分别回落 17.9、16.8 个百分点。其余下跌明显的有家庭设备、交通工具、个人饰品、通信工具、文娱用耐用消费品、液化石油气等。工业消费品价格转负的原因一是工业生产者出厂价格指数（PPI）的持续性下降，对 CPI 有明显的抑制作用。2015 年安徽工业生产者出厂价格下降 6.1%，已连续四年下跌，降幅大于全国 0.9 个百分点。二是国际大宗商品价格持续走低，我国主要进口大宗商品价格下跌，加上国内钢铁、水泥、有色金属、平板玻璃、石化等产能过剩严重，使得我国成品油、有色金属、钢材、水泥、煤炭等价格持续走低。

（七）2015 年我省居民消费价格涨幅低于全国，居中下游水平。2015 年安徽居民消费价格总水平上涨 1.3%，比全国低 0.1 个百分点。在参与全国汇总的 31 个省市区，安徽省累计涨幅与河南、重庆并列第 20 位，最高青海上涨 2.6%，最低山西、新疆上涨 0.6%。在中部六省中与河南并列第四位，分别低于江西、湖北、湖南 0.2、0.2、0.1 个百分点，高于山西 0.7 个百分点。分类别看，我省医疗保健和个人用品价格由于去年我省医改的影响比国家高 2.1 个百分点,食品、娱乐教育文化用品及服务价格与全国持平,烟酒、衣着、家庭设备用品及维修服务、交通和通信类和居住类价格涨幅分别低于全国 0.2、1.3、0.3、0.2、1.1 个百分点。

二、2016 年安徽居民消费价格走势预测

2016 年在服务价格继续延续上涨态势,国际大宗商品价格复苏将缓解国内价格下行压力和相对宽松的货币政策影响下,居民消费价格水平可能较 2015 年略有提高。但全球经济增速放缓,物价上涨的需求压力较轻,食品类价格也平稳,PPI 转正还有待时间等因素的影响,居民消费价格水平预计保持平稳,2016 年 CPI 涨幅预计在 2%以内。

(一)支撑物价上涨的因素分析

1. 价格改革推升物价上涨。2014 年底,国家发改委会同有关部门先后放开 24 项商品和服务价格。2015 年价格改革全面提速,一季度又放开建设服务项目价格,二季度实施药品价格改革,并且通过修订中央定价目录,将实行政府指导价、政府定价的商品和服务,从 13 种(类)精简为 7 个,具体定价项目从约 100 项减至 20 项。目前我省多地已经实施阶梯水价、电价、天然气价格改革,并且进行医疗服务价格改革试点,这些对服务项目价格上涨形成新的助推力,将推动相应商品和服务价格上涨。

2. 国际大宗商品价格有望由负转正。2015 年,全球大宗商品市场大幅下跌,依据国际货币基金组织对能源和食品等国际大宗商品价格走势的最新预测,2016 年能源、食品以及铁矿石价格的涨幅将逐步由负转正,国际大宗商品价格复苏将缓解国内价格下行压力,对物价拖累作用也会明显降低。

3. 服务价格继续上涨。随着经济结构变化和人工生产成本上升,预测 2016 年服务价格还会上涨。2015 年,全国已有 28 个地区宣布上调最低工资标准,上调地区数量超过去年,安徽各地在 2015 年 11 月份也进行了上调。

4. 货币政策因素。2015 共实施六次降准、六次降息,相对宽松的货币政策对物价上涨有一定的推动作用。

(二)抑制物价上涨的因素分析

1. 物价上涨的需求压力较轻。2016 年中国经济仍然面临复杂多变的国际形势,尤其是 2016 年加快推进供给侧结构性改革,"三去、一降、一补",有些行业可能还会延续下行态势。预计 2016 年经济仍将保持平稳,物价上涨的需求压力较轻。

2. 食品类价格难以对 CPI 上涨造成大的压力。一是粮食价格将继续保持稳定。2015 年我国粮食产量已经实现历史性的"十二连增",粮食总产量 62143.5 万吨,较上年增长 2.4%。粮食总体供应充足,价格上升空间不会太大,而且国内粮价在高于国际市场的情况下,价格不存在明显上涨动力。二是猪肉价格上涨压力偏弱。2015 年猪肉价格涨幅较大,2016 年市场机制将发挥作用,一方面猪肉生产能力不断恢复,供给量会增加,另一方面需求总体比较平稳,所以猪肉价格进一步上涨的可能性不大。

撰稿:陆露露

经济下行压力不断加大 工业品价格持续走低

——“十二五”期间安徽PPI走势分析

“十二五”期间，我国处于经济增速换挡期、结构调整阵痛期和前期刺激政策消化期的“三期”叠加阶段。国内宏观经济增速放缓，生产、投资和消费增幅的回落，国际市场需求持续不振，导致市场对工业品的需求减少，带动工业生产者出厂价格的不断下降，2015安徽工业生产者出厂价格比2010年下跌4.4%。五年中，除2011年上涨8.3%外，2012年后连续四年下跌，其中，2012年下跌1.7%，2013年下跌1.8%，2014年下跌2.6%，2015年下跌6.1%，四年累计下跌11.7%。2015年安徽工业生产者购进价格比2010年下跌4.2%，其中2015年的跌幅最大，达到6.5%。

一、“十二五”期间安徽工业生产者价格运行情况

（一）工业生产者价格先扬后抑。安徽PPI同比涨幅在2011年7月达到10.7%的最高值后，前后经历了两轮比较明显的回落下跌阶段，其中2011年8月至2012年9月连续14个月PPI同比涨幅缩小；2012年10月至2014年7月期间出现了三次波动，但均未实现PPI的“转正”；2014年8月至2015年12月连续17个环比下跌。自2012年4月起安徽PPI连续45个月同比下降，其中2015年12月份降幅最大，同比下降7.2%，创下六年来的新低。从购进价格来看，基本与出厂保持一致走势。

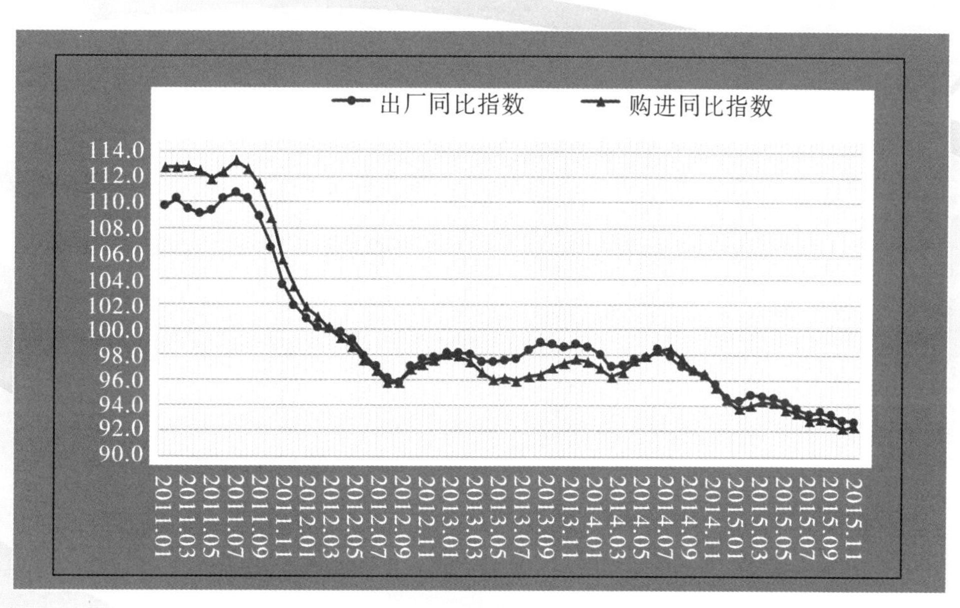

图1 “十二五”期间安徽工业生产者出厂和购进同比指数表

（二）生活资料和生产资料一升一降。“十二五”期间安徽生产资料价格累计下跌9.5%，其中，2011年上涨9.2%，2012年至2015年连续四年下降，降幅分别为3.0%、3.1%、3.8%和8.3%。分月看，2011年各月仍处于上涨状态，自2012年2月开始连续47个月下降，其走势与PPI总指数基本保持一致。而生活资料五年一直保持上涨态势，“十二五”期间分别上涨5.6%、1.7%、1.5%、0.7%、0.2%，五年累计上涨10.0%。分月看，除2015年第四季度分别下降0.2%、0.1%和0.1%外，其余月份均上涨。

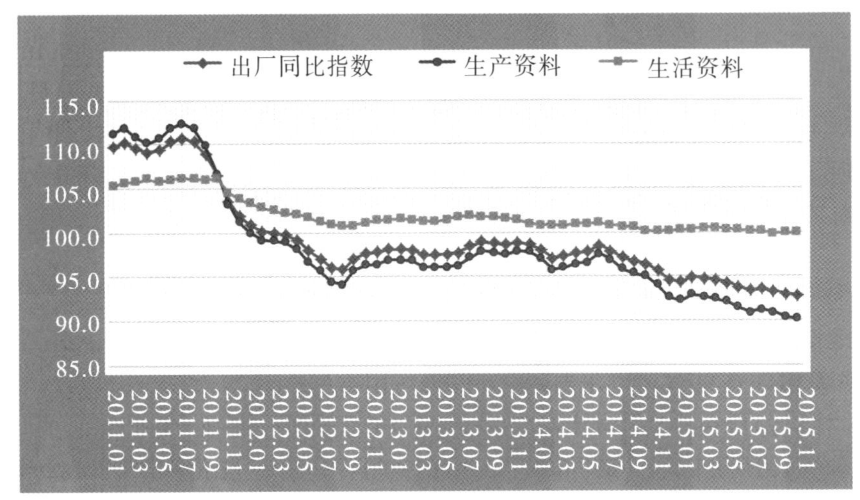

图2　安徽工业生产者出厂同比指数、生产资料和生活资料同比指数表

（三）行业价格下跌面不断扩大，重点行业价格大幅下降。“十二五”期间各年的安徽38个行业大类价格下跌面依次为5.26%、47.37%、55.26%、47.37%和71.05%，其中，2015年价格下跌行业数量27个，比2014年增加9个。从2015年数据看，重点行业价格大幅下降，其中煤炭开采和洗选业价格下降15.7%，黑色金属冶炼和压延加工业价格下降19.1%，有色金属冶炼和压延加工业下降13.8%。上涨的行业主要为公用事业，燃气生产和供应业上涨3.5%，水的生产和供应业上涨2.4%，纺织服装、服饰业上涨1.4%。

（四）九大类购进原材料由“全线上涨”到“全线下降”。“十二五”期间安徽九大类购进原材料经历了从“全线上涨”到“全线下降”的过程，其中，2011年燃料、动力类价格上涨12.9%，而2015年则下降10.6%，相差23.5个百分点；2011年黑色金属材料类价格上涨10.1%，2015年下降11.8%，相差21.9个百分点；有色金属材料及电线类价格2011年上涨16.1%，2015年下降9.4%，相差25.5个百分点。

（五）全国位次由上游到中下游。按照指数高低排列，2011年安徽PPI为108.3，指数高出全国2.3个百分点，在全国的位次为第7位，2015年安徽PPI为93.9，指数低于全国0.9个百分点，与辽宁并列第18位。在中部地区，2011年安徽位于第三名，低于江西的111.3和湖南的108.5，2015年安徽位于第四名，高于山西的87.7和江西的93.7。

二、"十二五"期间安徽主要工业行业价格变动情况

在全球经济复苏相对乏力，国内经济增速放缓，投资、消费增幅回落的大背景下，安徽煤炭、钢材、有色、水泥等基础产品价格出现深度下跌。

（一）煤炭价格深度下跌。2015 年安徽煤炭开采和洗选业价格比 2010 年下降 30.82%，其中，除 2011 年上涨 7.3%外，其余四年均下跌，分别下降 0.1%、13.2%、11.8%和 15.7%。分月看，2011 年至 2012 年上半年安徽省煤炭价格在高位运行，市场需求旺盛，但从 2012 年 8 月起煤炭价格持续下滑，已连续 41 个月下降，其中 2015 年 6 月降幅最大，同比下降 18.3%，2015 年 12 月煤炭价格与最高的 2012 年 4 月价格相比下跌了 43.8%，作为安徽省重要产业，2015 年煤炭价格的下降影响了全省工业生产者价格总水平下降 0.9 个百分点。

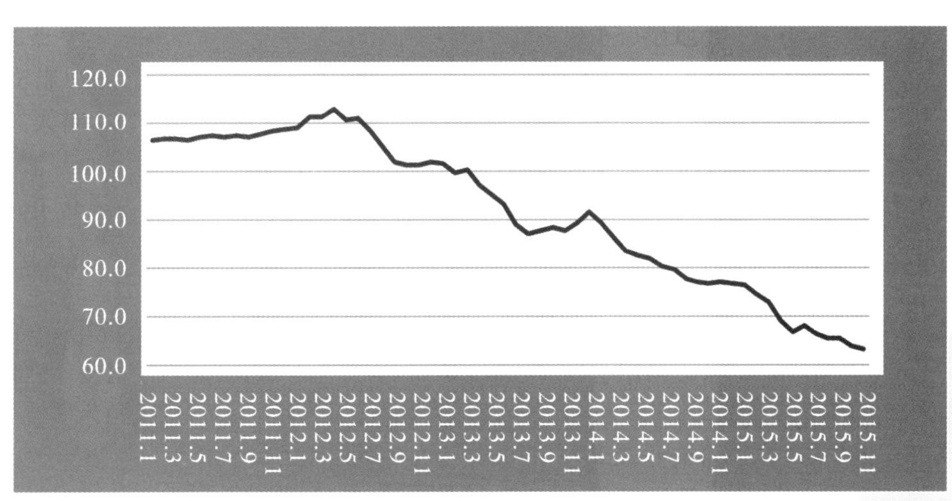

图 3 "十二五"期间安徽煤炭开采和洗选业月度指数(以 2010 年价格为 100)

（二）黑色金属冶炼和压延加工业价格持续下降。"十二五"期间安徽黑色金属冶炼和压延加工业累计下跌 29.5%，除 2011 年上涨 11.2%外，2012 年后连续四年下跌，其中 2012 年下跌 10.5%，2013 年下降 6.1%，2014 年下降 6.8%，2015 年降幅最大，下降 19.1%，影响 2015 年安徽工业生产者价格总水平下降 1.87 个百分点。2015 年 12 月黑色金属冶炼和压延加工业价格与最高的 2011 年 9 月价格相比下跌了 45.1%。分月看，从 2012 年 1 月起安徽黑色金属冶炼和压延加工业价格开始下降，连续 48 个月下跌，其中 2015 年 12 月份降幅最大，同比下降 24.0%。

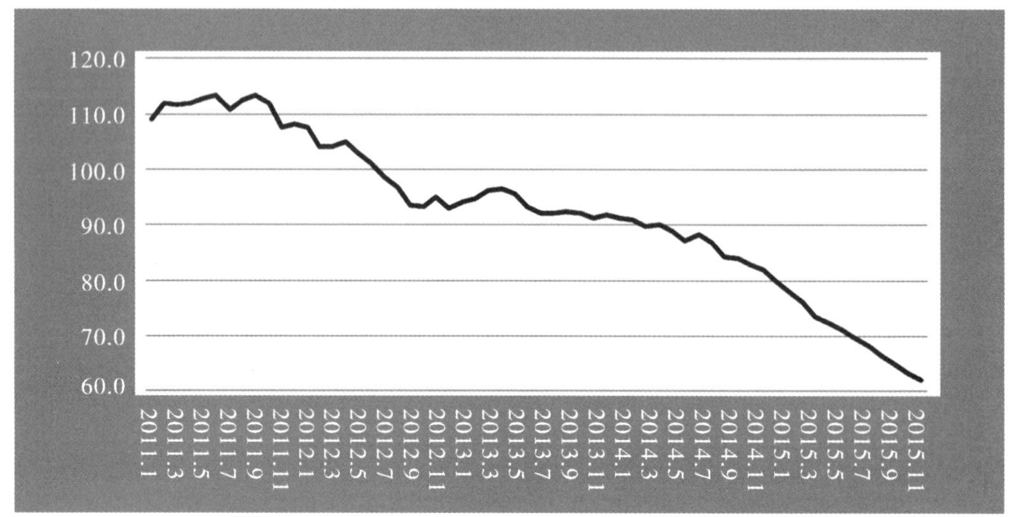

图 4 "十二五"期间安徽黑色金属冶炼和压延加工业月度指数(以 2010 年价格为 100)

(三)有色金属冶炼和压延加工业价格震荡下行。"十二五"期间安徽有色金属冶炼和压延加工业价格持续震荡下行,累计下跌 15.1%,除 2011 年上涨 18.3%外,其余年份均下降,分别下降 8.0%、3.9%、5.8%和 13.8%。从 2013 年 2 月起安徽有色金属冶炼和压延加工业价格已连续 35 个月同比下降,其中 2015 年 12 月份降幅最大,同比下降 19.8%,比最高的 2011 年 8 月价格下跌了 38.61%,影响安徽工业生产者价格总水平下降 0.9 个百分点。

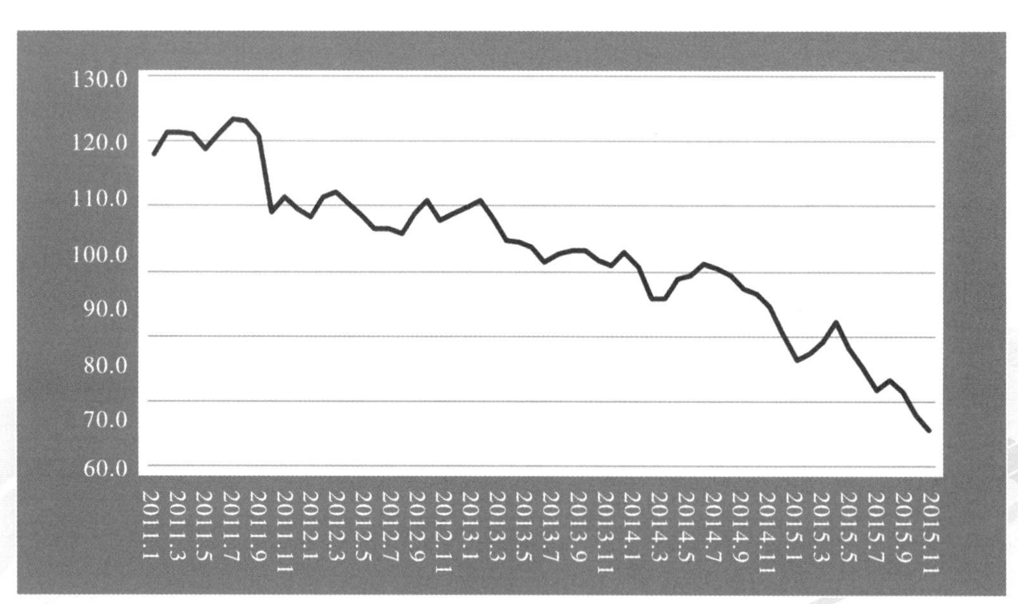

图 5 "十二五"期间安徽有色金属冶炼和压延加工业月度指数(以 2010 年价格为 100)

(四)非金属矿物制品业价格波动较大。"十二五"期间安徽非金属矿物制品业价格除 2011 年上涨 18.4%外,其余四年均下降,分别下降 9.0%、3.6%、0.3%和 8.4%。从 2014 年 7 月起安徽非金属矿物制品业价格连续 18 个月同比下降,2011 年下半年安徽非金属矿物制品业价格涨幅出现急速收窄,2012 年至 2013 年上半年价格触底反弹,2013 年下半年至2014年上半年价格回升,2014年下半年以后一路下行。2015年12月安徽非金属矿物制品业同比下降9.7%,比最高的2011年6月价格下跌25.06%,影响安徽工业生产者价格总水平下降0.4个百分点。

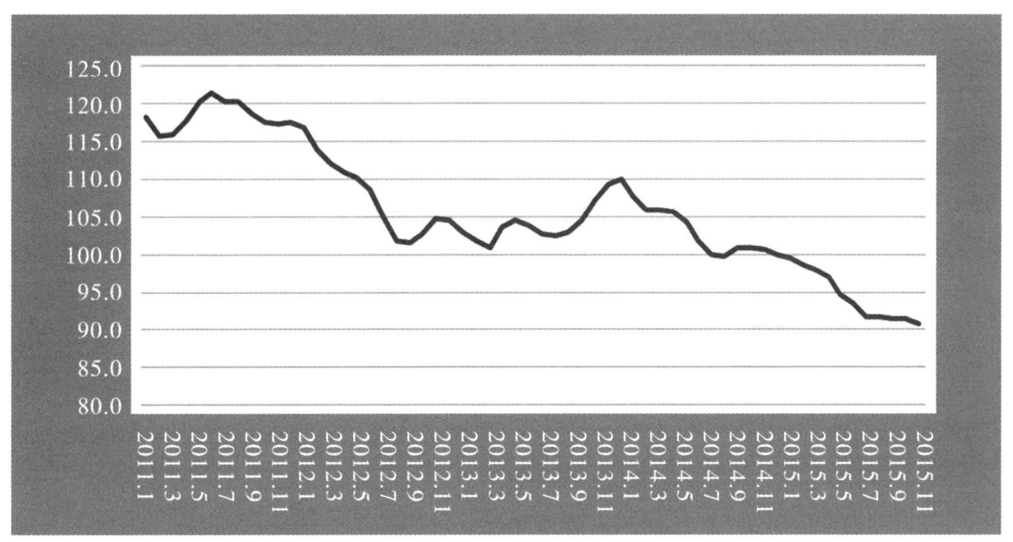

图6 “十二五”期间安徽非金属矿物制品业月度指数(以2010年价格为100)

(五)农副食品加工业价格保持平稳走势。“十二五”期间安徽农副食品加工业基本保持平稳,除了2015年下降0.6%,其余四年均上涨,分别上涨12.5%、3.7%、3.9%和1.2%。分月看,2011年各月安徽农副食品加工业价格保持高位增长,到2015年价格有所下降,其中11月份降幅最大,同比下降1.9%。农副食品加工业中屠宰及肉类加工业价格波动较大,2011年至2013年分别上涨16.0%、2.9%、6.2%,2014年下降0.9%,2015年上涨0.5%。其中2011年6月份涨幅最大,同比上涨25.6%;2014年2月降幅最大,同比下降5.4%。

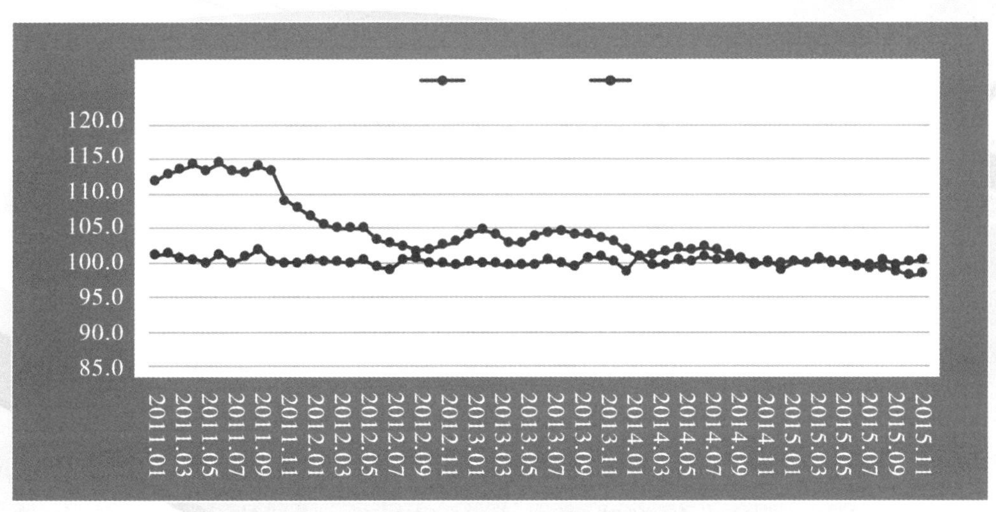

图7 “十二五”期间安徽农副食品加工业同环比指数表

(六)公用事业价格平稳运行。受国家政策性调价的影响,安徽水电气等公用事业价格总体保持平稳运行。电力、热力生产和供应业价格五年累计上涨4.06%,其中2011—

2013 年分别上涨 2.4%、3.8% 和 0.6%，2014—2015 年分别下降 1.2% 和 1.5%；“十二五”期间各年份的燃气、水生产和供应业价格均上涨，其中燃气五年累计上涨 22.85%，水五年累计上涨 12.82%。

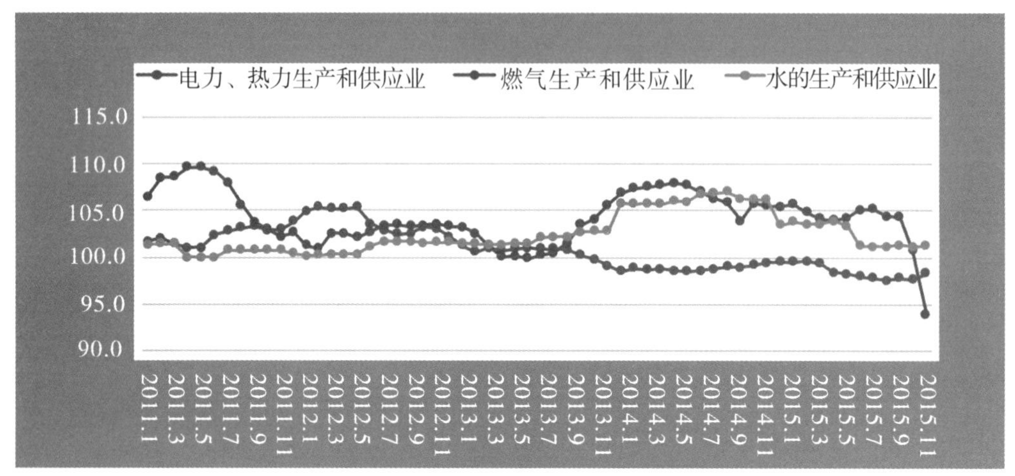

图 8 “十二五”期间安徽电力、燃气和水的生产和工业同比指数表

三、影响安徽省工业生产者价格走势的原因分析

（一）传统行业产能过剩是安徽 PPI 持续下行的重要原因。目前安徽省产业结构仍然是以煤炭、钢材、水泥等传统行业为主，而“十二五”期间这些传统行业价格却出现急剧下滑，煤炭价格连续 41 个月下跌，黑色金属冶炼和压延加工价格连续 48 个月下跌，有色金属冶炼和压延加工业价格连续 35 个月下跌，传统行业价格下降主要是因为这些行业产能严重过剩，市场供大于求，安徽省上游基础原材料价格的走低势必会削弱下游相关工业品价格的上行动力，同时一些企业特别是产能过剩或者有落后产能的企业通过降价促销抢占市场，导致出厂价格进一步下跌。

（二）国内经济增速放缓，市场需求下降。初步核算，2015 年安徽省生产总值 22005.6 亿元，按可比价格计算，比上年增长 8.7%，比上年同期回落 0.5 个百分点。2015 年安徽规模以上工业增加值 9817.1 亿元，增长 8.6%，比去年同期回落 2.6 个百分点。全年固定资产投资 23965.6 亿元，增长 12.7%，比上年同期回落 3.8 个百分点。表明在新常态下，在全国经济增速放缓的大背景下，安徽经济增速也有所放缓，这就导致市场需求不足，拉低产品价格。特别是近来房地产市场景气度不如以前，钢材、水泥、有色等市场需求减少，导致价格急速下滑。

（三）国际大宗商品价格波动。“十二五”期间安徽工业生产者价格持续走低一定程度上也是因为国际大宗商品波动较大。近几年国际原油价格一路下行，2010 年国际油价维持在 70～90 美元/桶区间震荡。WTI 和布伦特原油年平均价分别为 79.51 美元/桶和 80.25 美元/桶，2015 年美国 WTI 原油期货价格下跌 30%，12 月 31 日纽约商品交易所（NYMEX）的 WTI 油价为 37.04 美元/桶，布伦特原油期货价格 2015 年累计跌 35%，为 37.28 美元/桶。随着国际油价的下跌，国内油价也出现多次下调，仅 2015 年国家发改委就11次下调油价。今年国际铜价也持续走低,2015年伦铜市场开于6273.5美元/吨,年末收于4689美元/吨,最高价6481美元/吨,最低价4443.5美元/吨,下跌25.38%。沪铜走势大体与之一致,下半年价格较伦铜坚挺,开于45500元/吨,收于36560元/吨,最高价46390元/吨,最低价33220元/吨,下跌19.86%。安徽有色金属冶炼和压延加工业已连续35个月下降,其中2015年12月份降幅最大,同比下降19.8%,价格基本依据期货市场变动。安徽化工、有色、石油等行业对国际市场依存度较高,而欧美国家经济回升较为缓慢,对相关产品需求较弱,导致工业生产者价格上行动力不足,价格走低。

(四)新兴产业仍处于起步阶段。“十二五”以来,安徽省把战略性新兴产业作为抢占新一轮发展制高点的突破口,积极推动机器人、智能语音、量子通信等新产品新技术,新型显示、新材料、电动汽车研究有所成效,但是安徽省新兴产业仍处于起步阶段,很多新兴企业仍处于探索阶段,没有形成配套产业体系,2015年安徽战略性新兴产业产值增长17.6%,虽然产值占比由上年的20.2%提高到22.4%,在安徽省产业结构中占比不高,对工业的影响力仍很有限。

四、后期安徽PPI走势分析

安徽PPI自2012年起已连续四年下跌,且跌幅不断扩大,目前全球经济体复苏乏力,国内经济调整面临的风险性因素增加,经济下行压力仍然较大。另一方面,随着“十三五”规划的逐步实施,特别是供给侧改革和新兴创新行业发展战略的部署,将为经济发展注入活力,将有效地改善市场的供需状况,将在一定程度上拟制PPI价格的下降。

从不利因素看,目前煤炭、钢材、水泥等传统行业产能过剩现象仍未缓解,节能减排、生态保护、绿色发展这些政策的推行对传统行业的抑制作用将长期存在,同时产业结构调整将是一个长期的过程,安徽省新兴的工业机器人、新型显示、新材料、电动汽车等行业虽然在“十二五”期间有所进步发展,但是对国民经济的拉动和贡献都很有限。同时,当前企业经济效益下降,亏损严重,影响货币资金向实体产业的流动,影响货币的乘数效应。人民币贬值和美元升值的预期加速国内资本的流出,同时,国内劳动力价格的持续攀升,导致制造业向东南亚转移,资本流出和产业转移将在一定程度上继续打击国内的实体经济,打压国内资产价格和工业品等价格。

从有利因素看,“十三五”期间,政府将进一步适应经济发展新常态,加强供给侧改革,创新宏观调控方式,推动经济结构优化、发展动力转换、发展方式转变,推进新技术、新产业、新业态蓬勃发展。同时更加注重运用市场机制、经济手段、法治办法化解产能过剩,加快淘汰落后产能,加大政策引导力度,完善企业退出机制。为进一步支持战略性新兴产业发展,安徽省将全面实施调转促“4105”行动计划,带动新兴产业发展,发展新经济增长点,新兴产业对安徽省经济增长的贡献率将进一步加大,传统行业的贡献率将逐步减小。另外,从经济发展的周期性观察,目前安徽PPI已连续四年下跌,价格下行空间已经不大。从总体上看,安徽PPI在短期内将维持低位运行态势,但降幅将逐渐收窄。

撰稿:刘玉如

2015 年安徽农价指数低位回落

2015 年，安徽农产品生产者价格变化呈现出“低位回落”的态势。一季度，安徽农产品生产者价格总水平同比上涨 1.2%；二季度同比上涨 0.2%；三季度同比下跌 0.4%；四季度同比下降 2.7%，为全年最低；全年累计下跌 0.2%。

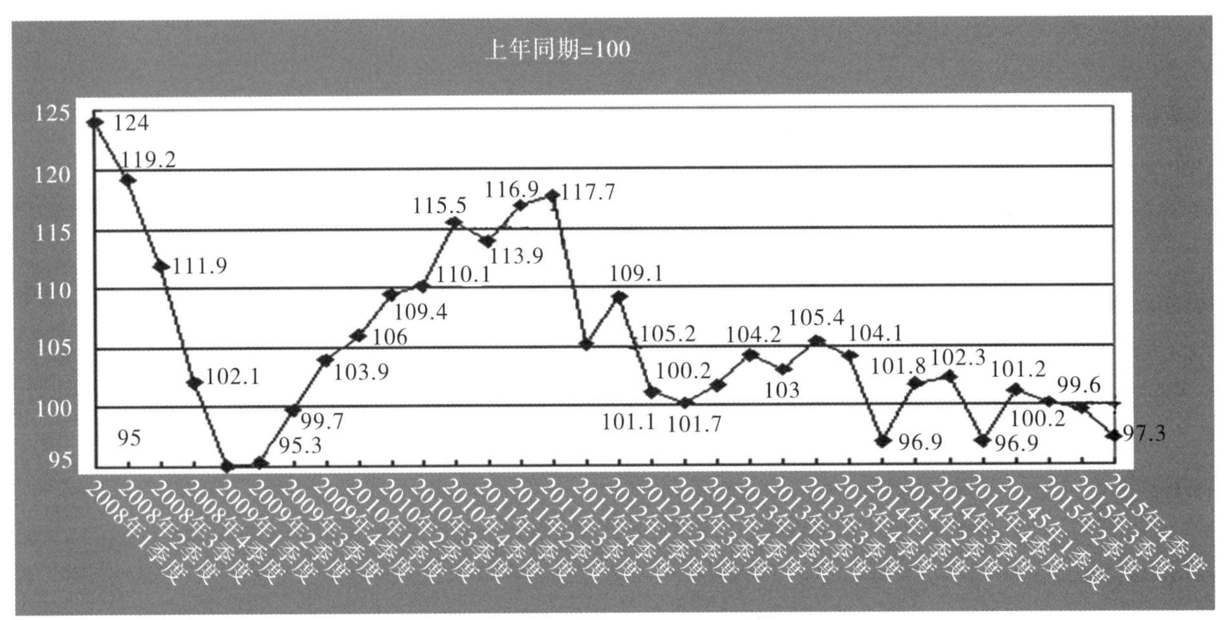

图 1　安徽农产品生产者价格指数走势

一、主要农产品生产者价格变动情况

（一）农业产品价格小幅下跌。2015 年农业产品价格下跌 2.2%，调查的 8 个主要产品类别呈“七跌一涨”态势，其中，谷物、油料、豆类、棉花、蔬菜及食用菌、茶叶、中草药材价格七大类下跌，只有薯类价格小幅上涨。

1. 粮食生产价格全线下跌。2015 年粮食价格同比下跌 1.7%；其中，一季度、二季度粮食价格同比分别上涨 2.7%、0.3%，三季度、四季度分别下跌 2.6%、7.1%。2015 年，稻谷、小麦、玉米价格同比分别下跌 0.7%、2.1%、7.5%；稻谷、小麦、玉米三大主要粮食价格变动由一季度的“两涨一跌”、二季度的“一涨两跌”转变成三、四季度的“全线下跌”。

2. 薯类价格上涨 1.2%。分季度看，一季度下跌 1.9%，二季度上涨 0.9%，三季度上涨 2.2%，四季度上涨 10.9%。

3. 油料价格涨跌波动较大。2015 年全省油料价格同比下跌 3.5%；分季度看，一季度上涨 6.4%，二季度下跌 2.3%，三季度下跌 10.9%，四季度下跌 0.7%，指数波动较大。

在各类油料中，2015 年花生价格同比上涨 2.7%，油菜籽下跌 5.2%，芝麻下跌 3.2%。

4. 豆类价格下跌 4.4%。2015 年一季度全省黄豆均价 4.83 元/千克，同比上涨 1.9%；二季度 5.81 元/千克，同比下跌 4.9%；三季度 4.71 元/千克，同比下跌 1.7%；四季度 4.05 元/千克，同比下跌 12.9%。

5. 棉花价格跌幅逐季收窄。2014 年棉花价格一季度上涨 3.9%，二季度上涨 5.7%，三季度下跌 4.2%，四季度下跌 23.6%。2015 年棉花价格延续上年底的跌势，全年下跌 12.9%；其中，一季度下跌 27.1%，二季度下跌 7.8%，三季度下跌 6.0%，四季度下跌 5.8%。

6. 蔬菜及食用菌价格基本持平。2015 年蔬菜及食用菌价格下跌 0.1%，其中蔬菜价格持平，食用菌下跌 1.1%。2015 年全省瓜菜类、豆类、白菜类、葱蒜类、茄果类小幅上涨，同比分别上涨 6.7%、5.0%、3.2%、2.9%、2.2%；叶菜类持平；莴苣及菊苣类、水生蔬菜、甘蓝类小幅下跌，分别下跌 1.9%、3.1%、6.6%；根茎类蔬菜大幅下跌，跌幅为 17.6%。

7. 茶叶价格持续低迷。受近年来集团消费锐减，高端茶叶市场萎靡不振，2015 年全省茶叶价格同比下跌 4.0%。其中，一季度茶叶价格同比下跌 5.8%，创下 2011 年以来茶叶价格同比指数的最低点；二、三、四季度指数有所回升，分别同比下跌 1.9%、4.0%、3.7%。

8. 中草药材价格持续震荡。2015 年全省中草药材价格同比下跌 6.0%。其中，一季度同比下跌 6.6%，二季度下跌 4.7%，三季度上涨 3.5%，四季度下跌 8.1%。

（二）饲养动物及产品（畜牧业产品）生产价格上涨 5.1%。调查的 3 个产品类别分化比较明显，呈现出“两涨一跌”的态势，其中，活牲畜、活家禽分别上涨 8.5%、1.4%，畜禽产品（禽蛋）下跌 5.8%。

1. 在活牲畜中，生猪、牛、羊价格“一涨两跌”，分化明显。其中，生猪上涨 12.4%，牛、羊分别下跌 1.7%、19.1%。

（1）生猪价格 V 型反转。安徽生猪价格已连续三年下跌，继 2012 年下跌 6.5%、2013 年下跌 0.3%后，2014 年再度下跌 9%，创出近五年最大年度跌幅。

2015 年，生猪价格的走势为春节前逐步走低，节后下滑，3 月跌至最低点，之后 V 型反转，8 月到达全年最高点，之后持续小幅回落。2015 年生猪价格同比上涨 12.4%；其中，一季度下跌 1.8%，二季度上涨 11.8%，三季度上涨 21.0%，四季度上涨 17.8%。

春节前的生猪价格走势已连续两年一反常态，没有出现往年春节前上涨局面，却在春节前异常下跌。2014 年 12 月下半月全省生猪平均价格 13.31 元/千克。进入 2015 年后，1 月 13.10 元/千克；2 月 12.17 元/千克，较上年 12 月下半月下跌 8.6%。节后消费需求大幅减少，生猪价格进一步下跌，3 月上半月 11.54 元/千克，为全年最低点。3 月下半月、4 月、5 月、6 月上半月、6 月下半月、7 月分别为 11.64、12.69、13.68、14.32、15.14、17.32 元/千克；8 月为 18.43 元/千克，达年内最高点，比最低点 3 月上半月价格回升 59.7%；之后，持续小幅回落，9 月上半月、9 月下半月、10 月、11 月、12 月上半月分别为 17.97、17.88、17.29、16.77、16.64 元/千克。

（2）牛羊价格延续下跌走势。牛、羊价格在分别经历连续 16、19 个季度的持续上涨后,于2014年四季度同时由涨转跌,当季牛羊价格分别同比下降1.7%和7.4%。2015年一季度,牛羊价格跌势未改,分别下跌0.5%和13.7%。二、三季度,羊价格延续前期跌势,跌幅继续扩大,同比分别下跌20.6%、25.3%;四季度同比下跌16.6%,跌幅收窄。牛价格,二季度有所企稳,同比上涨0.6%;三、四季度跌幅加大,同比下跌4.3%、2.5%。

2. 家禽价格上涨,禽蛋价格下跌。活鸡上涨1.6%,活鸭持平,禽蛋下跌5.8%。

2015年全省鲜鸡蛋价格走势为春节前坚挺,1月达到年内最高点,节后下滑,6月上半月触底,之后逐步回升,9月上半月达到回升以来的高点,之后回落震荡。全省鲜鸡蛋2014年12月下半月平均价格为9.16元/千克;进入2015年后,1月为9.27元/千克,达到年内最高点;2月为9.19元/千克,与上年年底价格基本持平。节后消费需求大幅减少,价格明显下跌。3月上半月、3月下半月、4月、5月的鲜鸡蛋价格分别为8.35、7.50、7.42、7.25元/千克;6月上半月鲜鸡蛋价格为7.02元/千克,达到年内最低点,比1月最高点下跌24.3%。之后,鲜鸡蛋价格触底回升。6月下半月、7月、8月分别为7.04、7.67、8.68元/千克;9月上半月鲜鸡蛋价格为9.01元/千克,比最低点6月上半月回升28.3%的、达到回升以来的高点;之后鲜鸡蛋价格回落震荡,9月下半月、10月、11月、12月上半月分别为7.98、7.78、7.87、8.04元/千克。

(三)林业产品价格21季度连涨后出现四连跌。2009年四季度至2014年四季度,全省林业产品同比指数连续21个季度上涨,2015年一季度出现连涨后的首次下跌,下跌2.2%;二、三、四季度延续跌势,分别下跌3.5%、2.7%、7.5%。2015年,林业产品下跌4.7%;分类别看,2015年苗木价格下跌7.6%,原木价格下跌2.6%,竹材价格下跌7.0%。

(四)渔业产品生产价格连涨趋势扭转。2015年,全省渔业产品生产价格同比下跌0.4%;其中,一季度上涨2.9%,二季度下跌0.5%,三季度下跌1.7%,四季度持平。自2009年三季度至2015年一季度,全省渔业产品同比指数连续23个季度上涨,涨幅“前高后低”;2015年二季度,出现23季连涨后的首次下跌;三季度,延续上季跌势且跌幅有所扩大;四季度持平。

分类别看,2015年养殖淡水鱼价格上涨0.5%,淡水养殖虾上涨3.5%,淡水养殖蟹下降9.8%,其他淡水养殖产品下跌5.2%。

二、影响大宗农产品价格变动的原因分析

(一)品质差和市场供应充裕是造成小麦出售困难的主要原因。2015年二季度,我省根据国家《2015年小麦和稻谷最低收购价格执行预案》于5月28日在全省范围内启动小麦最低收购价执行预案,小麦标准品收购价为每市斤1.18元;维持2014年水平不变。新小麦上市,受“品质差和粮食市场供应充裕”等原因影响,价格低位运行。2015年小麦收获中后期,我省大部分地区雨水较往年明显偏多,大部分小麦是雨后收割,致使小麦不完善粒多、品质差,造成小麦价格下降。另外,全国粮食连年丰产,国内粮食市场供应充裕,国内、外粮食价格倒挂明显,对粮食价格形成明显的压力。由于大部分新麦品质达不到托市收购质量标准,再加之库存积压,库容不

足,政策性收购较少,进入第三季度后,绝大部分的前期收购者因价格前高后低导致亏本,粮食经纪人和面粉加工企业收购积极性下降,造成种粮户小麦出售困难加剧,存粮较多。

(二)品质下降和政策性收购减少是稻谷价格下跌主因。一是国家虽然继续执行最低保护价收购,但受仓储容量、贮存标准等因素制约,政策性收购减少;二是私人商贩上门收购,存在压级压价现象,部分农民为了省事选择在家出售;三是受病虫害、收获期内阴雨不断等原因影响,品质下降;四是受粮食市场价格影响,销售渠道不顺畅,到目前为止,粮食市场价格仍未复苏反弹。

(三)玉米目前供求失衡,价格下跌。2014年玉米丰收,市场供应充足,加之部分农户为卖个好价钱而捂粮惜售,造成2015年玉米存储量较多,临近新玉米上市,只能低价出售;玉米由于近两年来价格快速上升,且产量较高,种植收益较好,使得秋季农作物玉米种植面积大幅增加;2015年雨量充足、气候适宜,玉米丰产,市场供应充足。另一方面,2015年生产的小麦品质差、价格低,替代了部分饲用玉米,进一步打压了玉米价格。宏观经济下行,养殖业不景气,饲用玉米需求下降,玉米工业加工量减少,再加上进口玉米对国内玉米市场的冲击,导致玉米供需关系失衡,价格下跌。

(四)油菜籽2015年丰收、收购政策改变是价格下滑的主因。2015年我省油菜农业气象条件总体较好,油菜籽喜获丰收,产量提高。延续多年的油菜籽收购政策在2015年有所调整,2015年油菜籽收购的定价权系首次由国家下放到各个省。由于没有了往年的托市收购,加之2015年菜油和菜粕销售价格下跌幅度较大、油菜籽丰收致使市场上油菜籽供给量大于需求量,从而导致油菜籽价格下滑。

(五)市场环境变化导致茶叶价格持续低迷。近两年市场环境发生较大变化,高档茶需求量大幅减少,茶叶集团消费量锐减,我省各茶叶产地也紧随市场变化,做出一些调整,由以往单一高端品种向多元化发展,增加一些中低端产品,来拓宽销路。

(六)2015年生猪价格V型反转是生猪价格持续下跌后的正常回归。2015年生猪价格V型反转,一是2015年一季度生猪价格持续走低、生猪养殖长时间处于亏损状态,导致多数养殖户为减少亏损,纷纷淘汰能繁母猪,大多散养户退出市场,造成生猪存栏量减少。二是2014年冬季的疫病,导致仔猪死亡率较高,供应量大幅减少,再加上生猪价格较低,养殖户补栏积极性降低,造成市场上适龄肥猪的供应量也相应减少。三是近期生猪价格上涨,使养殖户恢复信心,开始补栏,仔猪价格随之上涨,带动了生猪价格上涨。四是人工工资、疾病防疫费用的增加,是影响生猪养殖成本上升的因素。五是随着生猪市场止跌回升,养殖户对前景看好,惜售压栏心理增强,在一定程度上推动了猪价上涨。

(七)前期养殖效益好导致养殖规模大、牛羊肉进口量增加等带动牛羊价格持续下跌。当前市场消费不旺,消费需求有所下降。前几年牛羊肉价格持续高位运行,养殖收益较好,养殖规模不断扩大,出栏量随之增加,导致市场供大于求。近年来,为改善国内牛羊肉市场供应,国家不断加大牛羊肉进口量,2014年9月29日国务院常务会议明确提出合理增加与群众生活密切相关的牛羊肉等一般消费品进口的政策。随着我国自由贸易区建设步伐不断加速，牛羊肉关税将趋势性下降，这对国内的牛羊市场产生了较大的冲击，牛羊价格持续上涨的趋势得以扭转，从 2014 年四季度以来，牛羊价格持续下跌。

三、2016 年农产品价格走势预判

当前宏观经济增速放缓，社会需求低迷，拉动经济上行动力不足。国家粮食收购政策、农产品进出口政策、产业扶持政策等的变动都将对 2016 年农产品价格走势产生较大影响。预计 2016 年全省农产品价格将呈“低位运行”态势。

（一）粮食价格将小幅下跌。目前宏观经济下行，消费不振，玉米需求有所减少，国家粮食供应充足，进口继续增长。另外，经过多年提高粮食最低收购价，我国粮食价格已经高于国际市场价格。2015 年是我省粮食价格自 2006 年开始连续 9 年上涨后的首次下跌。2015 年国家决定继续在粮食主产区实行稻谷、小麦最低收购价政策，保持 2014 年水平不变。2016 年国家决定继续在粮食主产区实行小麦最低收购价政策，保持 2015 年水平不变。当前粮食市场价格处于既有国家最低保护价格支撑，又有国际市场粮价的压制的局面，粮食价格运行的空间较小，价格变化处于相对稳定的阶段。预计 2016 年稻谷、小麦、玉米价格将小幅下跌。

（二）生猪价格将有所回落、呈“前高后低”走势。生猪价格连续多年下跌，导致供求关系逆转，2015 年二季度开始 V 型反转，到目前为止涨幅很大。考虑到元旦、春节等节日相继到来、生猪价格上涨将带来供应量的扩大、生猪生产周期性波动等因素，预计 2016 年生猪价格涨幅将有所回落，呈“前高后低”走势。

（三）牛羊价格将震荡走低并寻找合理支撑区间。在国家自由贸易区建设步伐加大、明确提出增加牛羊肉进口政策的大背景下，加之目前牛羊养殖规模较大等因素，牛羊价格大幅上涨的可能性将不复存在，牛羊价格将小幅震荡并有所走低、继续寻找合理支撑区间。

（四）棉花价格将低位徘徊。国家取消不限量的棉花收储政策，实行目标价格补贴政策，国内棉花价格主要由市场因素决定，逐步与国际市场价格接轨，国内棉花市场价格持续走低。目前宏观经济依然低迷，棉花需求不振，棉花库存依然较多，预计 2016 年棉花价格仍将低位徘徊。

撰稿：张军锋

宏观经济增速放缓 投资价格降幅扩大

——2015年安徽固定资产投资价格走势分析

2015年，受国内宏观经济增速放缓、固定资产投资需求减弱、钢材、水泥、石油等大宗商品价格持续下跌等因素影响，安徽固定资产投资价格持续走低，全年累计下降3.1%，降幅比上年扩大2.8个百分点。

一、2015年固定资产投资价格变动特点

（一）价格降幅逐季扩大。2015年，安徽固定资产投资价格总体呈现持续下降走势，且降幅逐季加大。与上年同期相比，一季度下降2.1%，二季度下降2.4%，三季度下降3.9%，四季度下降4.1%，各季度降幅明显呈现逐季扩大趋势。

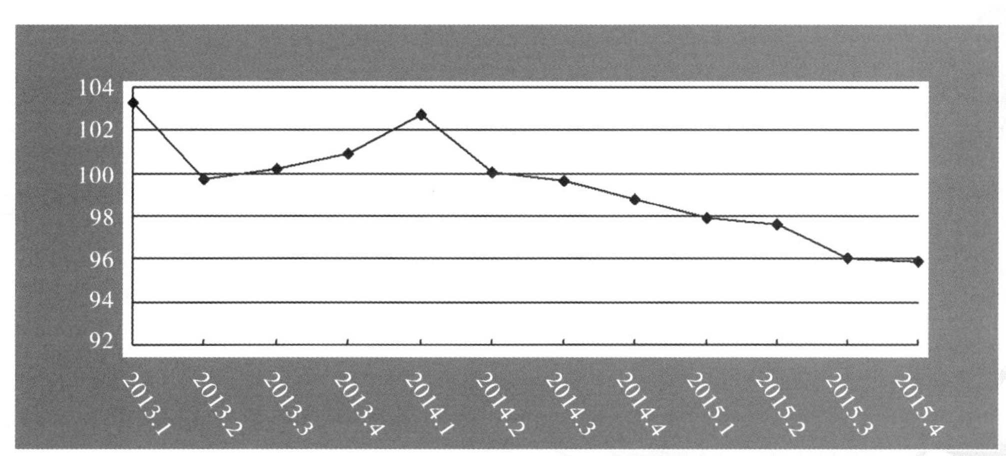

图1 2013—2015年安徽固定资产投资价格总指数

（二）三大类指数两降一涨。受材料费价格降幅扩大、人工费价格涨幅回落等因素影响，建筑安装、装饰工程价格累计下降4.5%，指数低于上年5个百分点，是导致投资价格总水平下降的主要因素。分季度看，建筑安装、装饰工程价格各季度同比分别下降3.2%、3.5%、5.7%和5.8%。

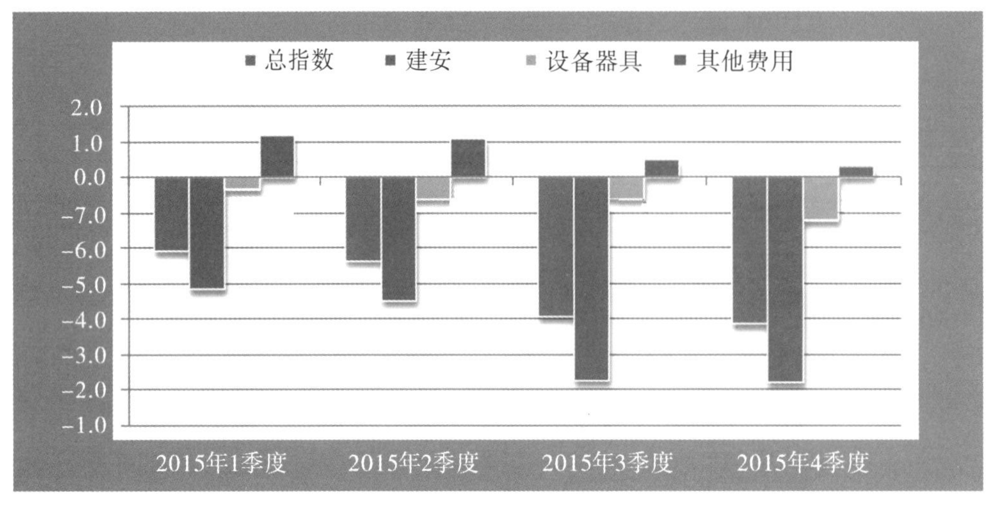

图 2　2015 年各季度投资价格涨跌幅构成图

由于安徽工业生产者出厂价格长期下降，2015 年，安徽设备工器具购置价格累计下降 0.7%；由于施工成本以及土地价格上涨等因素印象，其他费用价格累计上涨 0.8%。

（三）材料费价格下拉作用持续增强。材料费价格累计下降 8.8%，降幅比上年扩大 6 个百分点，拉动总指数下降 2.6 个百分点。从构成看，钢材价格累计下降 16.6%，其中，四季度下降 20.5%，创 2012 年以来最大降幅；木材、水泥、地方建筑材料、化工材料和电料价格分别下降 1.2%、7.9%、1.4%、4.2%和 3.3%；其他材料价格弱势上涨，同比上涨 0.4%。

（四）人工费上拉作用逐渐减弱，机械使用费价格相对稳定。人工费累计上涨 4%，涨幅低于上年 1.6 个百分点，与前几年相比，2016 年安徽人工费价格对总指数的上拉作用在逐渐减弱。1～4 季度分别上涨 4.4%、4.4%、3.2%和 4.1%。机械使用费价格弱势上涨，同比上涨 1.1%，对总指数影响程度有限。

二、固定资产投资价格下降原因分析

（一）固定资产投资增速放缓。受全球经济增速放缓影响，国内经济下行压力加大，固定资产投资增速放缓，投资对建筑材料、人工、机械设备等需求全面走低，价格持续下跌。2015 年，安徽固定资产投资增速较上年明显回落，同时受住宅投资增速回落幅度较大和新增项目较少影响，房地产开发投资增速回落明显。投资需求减弱，固定资产投资价格上涨动力不足，导致投资价格总指数持续下降。

（二）建设单位融资难度大。2015 年，安徽固定资产投资本年到位资金增速较前期同样明显回落，从资金来源看，建设资金主要以自筹资金为主，其中预算资金和商业贷款比例均有一定程度下降。由于融资难度大、成本高，建设资金供应紧张状况凸显。受到位资金制约影响，部分项目延迟开工，已开工项目工程进度放缓，固定资产投资购买力减弱，价格下降。

（三）国际大宗商品价格持续走低。2015 年，国际石油、铁矿石、有色金属等大宗商品价格持续震荡下行，对钢材、水泥、建材、成品油等主要原材料出厂价格起到重要下拉作用。以钢材为例，2015 年国际铁矿石价格低位震荡，标准铁矿石价格跌破40美元/吨关口，创十年新低。安徽黑色金属矿开采业、黑色金属冶炼和压延加工业价格同时加速下滑，其中，大型型钢、钢筋以及无缝钢管等建筑钢材价格同比降幅均在20%上下。

（四）水泥、钢铁等行业产能过剩。“十一五”“十二五”时期，安徽水泥、钢材以及煤炭等行业投资额大幅快速上涨，产能急剧扩张，在需求相对放缓的情况下，产销矛盾进一步加大，价格只能下降。以水泥为例，由于当前水泥市场需求萎缩，产能过剩，水泥市场供大于求问题凸显，各水泥企业为消化库存，低价竞争，水泥价格持续下滑。

三、2016年价格走势预判

2016年是我国实施“十三五”规划的开局之年，随着国家对经济结构深度调整、振兴实体经济、构建产业新体系等相关政策的逐步落地，同时“一带一路”建设、京津冀协同发展、长江经济带建设三大战略稳步推进，预计全国固定资产投资增速下滑局面将会有所改善，投资需求将会有所提升。从全省看，省内高速公路、高铁、城铁等重点工程陆续开工建设，将对安徽固定资产投资需求形成有效拉动，对投资品价格将起到有力支撑。

同时，不确定因素也使固定资产投资价格面临较大下行压力。一是工业生产者价格将延续下行走势。截止到2015年12月份，安徽工业生产者出厂价格与购进价格双双连续下降45个月，预计在今后一段时间内，仍将延续下行走势。二是房地产市场仍面临较大压力。在一系列利好政策影响下，房地产市场交易量有所增加，但去库存压力依然较大，全省除合肥市外，其他城市房屋销售情况不容乐观，房地产市场对固定资产投资形成有效拉动仍有难度。三是当前国际原油、铁矿石价格涨势乏力，国内钢铁、煤炭、建材等行业产能过剩局面短期内难以得到有效缓解，未来一段时期大宗商品价格仍缺乏上涨基础，国内原材料价格仍难以出现明显反弹。

综上所述，预计2016年安徽固定资产投资价格仍将保持低位运行态势。

撰稿：邓炜炜

2015 年安徽规下服务业经营状况向好

国家统计局安徽调查总队对全省 2377 家规模以下服务业企业经营情况和发展状况的调查结果显示,2015 年安徽规模以下服务业企业经营向好,发展提速,在稳定就业、促进民生方面发挥着积极的作用,但受内外需求增势放缓等多重因素影响,规下服务业企业存在信息化建设不足、新技术应用滞后、行业结构不均衡、市场需求不足等问题。

一、主要特点

(一)企业经营向好,营业收入增幅扩大。2015 年全省规下服务业企业实现营业收入 753.6 亿元,同比增长 15.8%,同比加快 3.1 个百分点。分行业看,调查的十大行业门类营业收入增速最高的前三大行业门类分别是信息传输、软件和信息技术服务业,文化、体育和娱乐业,水利、环境和公共设施管理业。

表 1　规模以下服务业企业分类别主要指标情况

类　别	本年收入（万元）	增速（%）
交通运输、仓储和邮政业	1614010.9	11.8
信息传输、软件和卫星传输服务业	757053.9	26.5
房地产业	606693.1	10.6
租赁和商务服务业	1438104.8	9.0
科学研究和技术服务业	1591588.5	19.5
水利、环境和公共设施管理业	332757.1	21.2
居民服务、修理和其他服务业	428601.8	13.1
教　育	169384.9	32.7
卫生和社会工作	145148.1	11.8
文化、体育和娱乐业	452220.5	26.3
合　计	7535563.5	15.8

(二)从业人数稳定增加,人均薪酬继续增长。2015 年全省规模以下服务业从业人员 79.5 万人,同比增长 17.8%,户均 7 人。应付职工薪酬共 217.7 亿元,同比增长 20.2%;劳动者月人均薪酬 2281.3 元,同比增长 2.0%。其中,待遇最高的三大行业门类分别是科学研究和技术服务业,月人均薪酬 2957.0 元;信息传输、软件和卫星传输服务业,月人均薪酬 2931.7 元;交通运输、仓储和邮政业,月人均薪酬 2521.5 元。

(三)经营效益持续好转,超半数企业盈利好于上年。2015 年规模以下服务业企业利润总额 34.5 亿元,同比增长 19.2%。1542 家受访企业中,58.5%的企业本年盈利较上年增加或稳定。盈利的改善得益于营业收入增长,56.1%的受访企业本年营业收入超过上年。分行业来看,所有行业门类的样本企业利润合计数均为正值,而样本利润合计数比 2014 年减少的行业门类仅有物业管理与房地产中介服务业、居民服务、修理和其他服务业。

(四)优惠政策覆盖面扩大,部门收费逐年减少。近年来,安徽省各级政府部门不断加大税收、金融等优惠政策落实力度,严格规范涉企收费,规下服务业企业受惠面扩大,税费优惠政策效应显现。1542 家受访企业中,65.6%的企业享受到税收优惠政策,同比提高 14.5 个百分点;17.5%的企业享受免税政策,同比提高 0.2 个百分点。2015 年 4 季度当问及“本季各有关部门对贵企业收费比上季有何变化”时,66.7%的企业回答“减少”或“无收费情况”,同比提高 27 个百分点。调查表明,安徽实施减少行政事业性收费政策以来,企业税费负担明显减轻。

二、存在问题

(一)信息化建设普及率不高,企业研发投入不足。调查显示,1542 家受访企业中仅 43.3%的企业有信息化建设,同比提高 2.7 个百分点,但没有信息化建设的企业仍然过半。有信息化建设的企业中,20.3%的企业信息化建设主要目的是企业宣传和推广,12.5%的企业是信息发布,4.0%的企业是网上采购或销售,6.1%的企业是人力资源管理。另外,受访企业中 89.3%的企业表示没有获取新技术等科技成果的途径,75.2%的企业没有科研方面经费投入,即使如信息传输、软件和信息技术服务业以及科学研究和技术服务业等新兴行业,有科研经费投入的企业也均没过半,信息化建设普及率不高,科研经费投入少,显示规模以下企业紧跟时代发展意识不足、创新能力不足,未来可持续发展能力不强。

(二)传统服务业比重较大,行业结构亟须优化。一直以来,安徽规下服务业主要依靠交通运输、仓储和邮政业,科学研究和技术服务业,租赁和商务服务业这三大门类支撑。2015 年三大门类占规下服务业所调查十大门类总收入的 61.6%,虽同比下降 1.3 个百分点,但比重仍然较大。其中,信息传输、软件和信息技术服务业,物业管理与房地产中介服务业,文化、体育和娱乐业,居民服务、修理和其他服务业,水利、环境和公共设施管理业,分别占 10.0%、8.1%、6.0%、5.7%、4.4%;教育,卫生和社会工作行业的占比很低,分别为 2.2%和 1.9%;新兴行业占比不高,行业结构有待进一步优化。

(三)市场需求不足,企业经营压力加大。从企业收入和效益变化影响因素看,市场需求是主要影响因素。受访企业中,48.2%企业认为市场需求不足是企业当前面临的突出问题,同比提高 3.3 个百分点;68.2%的企业认为业务量是影响企业盈利的主要因素,同比提高 8.5 个百分点。说明在当前宏观经济下行压力下,受上游产业持续不景气影响,规模以下服务业企业市场需求不足是企业面临的最主要问题。

三、建议

(一)加强信息化建设,紧跟“互联网+”时代步伐。对于企业而言,应立足于提供更好的产品与服务,利用互联网实现更优化的资源调配及与消费者建立更广泛的直接联系。在“互联网+”时代,企业要牢牢抓住提供优质产品与服务本职,改变经营模式。一方面依托互联网形成更为广泛的制造与资源网络,提高产品生产和资源使用效率,另一方面是改变传统层级营销模式,与消费者形成更直接的双向联系,从而在最大程度上实现对消费者需求的精准满足。对于政府而言,应立足于建立更优化的公共服务网络和政务决策执行体系,实现与公民更为直接的联系,提供优质的公共产品和服务。

(二)加快转型升级,进一步优化行业结构。当前,安徽正处于经济社会发展和转型的关键时期,科学发展是主题,转变发展方式是主线。在新的经济形势下,安徽能否发挥后发优势、实现安徽崛起，发展现代服务业是很好的抓手和重要的突破口。要充分认识现代服务业的战略意义和发展趋势，制定科学的发展战略，加强对外开放，重视人才培养，提高自主创新能力，促进传统服务业规范与提升，营造良好的现代服务业发展环境，着力推进先进制造业与现代服务业融合发展，在保证传统优势行业继续做大做强的基础上，向发展薄弱的行业，特别是新兴产业倾斜，使规下服务业行业发展之间更加均衡，内部结构理更加合理，行业自身更加健康，从而为安徽实现跨域式发展提供强劲动力。

（三）加大相关政策宣传力度，进一步促进政策落实。调查显示，1542 家企业中 59.3%的企业希望加大政策扶持及落实力度，32.2%的企业希望加强引导和市场开拓。2015 年，安徽省政府专门出台《关于扶持小型微型企业健康发展的实施意见》，从中小企业扶持资金、小型微型企业税收优惠政策、中小企业专项资金对小企业创业基地建设支持、小型微型企业吸纳就业补助政策、鼓励各类投资基金投资小型微型企业、完善政策性融资担保体系、进一步扩大小型微型企业信贷融资、鼓励高校毕业生到小型微型企业就业创业、建立支持小型微型企业发展信息互联互通机制、大力推进小型微型企业公共服务平台建设十大方面对小型微型企业加大扶持，建议有关部门进一步加大相关政策宣传力度，采取有效措施，落实好现有扶持政策，简化办事流程，提高服务效率。同时，要加强政策落实效果评估，确保各项政策落到实处。

撰稿：孔二娟

1-1 规模以下服务业抽样调查推算结果
Main Indicators of Service Enterprises Below Designated Size

项目	Item	单位	Unit	经济总量 Total Economy		增速(%) Rate of Increase over Preceding Year(%)
				2015 年	2014 年	
企业数	Number of Enterprises	个	unit	117192	79085	48.2
固定资产原价	Original Value of Fixed Assets	万元	10000 yuan	9795433	7257139	35.0
资产	Total Assets	万元	10000 yuan	25101820	21288088	17.9
负债	Liabilities	万元	10000 yuan	11008592	9400940	17.1
营业收入	Business Revenue	万元	10000 yuan	7535564	6510298	15.8
营业成本	Operating Cost	万元	10000 yuan	4514005	3934794	14.7
营业税金及附加	Business Tax and Surtax	万元	10000 yuan	217103	173689	25.0
销售费用	Sales Expenses	万元	10000 yuan	426246	368502	15.7
管理费用	Overhead Expenses	万元	10000 yuan	1630934	1413720	15.4
财务费用	Financial Expenses	万元	10000 yuan	116054	60770	91.0
营业利润	Operating Profit	万元	10000 yuan	242987	198681	22.3
利润总额	Total Profits	万元	10000 yuan	345180	289565	19.2
应付职工薪酬	Wages Payable	万元	10000 yuan	2177430	1811391	20.2
应交增值税	Welfare Expenses Payable	万元	10000 yuan	129893	101470	28.0
从业人员平均人数	Average Number of Employed Persons	人	person	795367	675057	17.8

说明:规模以下服务业调查数据是根据调查结果,结合有关指标推算出来,每年报表中的上年同期数均需重新推算。

1-2 部分调查指标总量

指 标	Item	单 位	unit
主要农产品产量	**Output of Major Farm Products**	（万吨）	（10 000 tons）
粮食	Grain		
棉花	Cotton		
油料	Oil-Bearing Crops		
猪肉	Pork		
牛肉	Beef		
羊肉	Mutton		
禽肉	Poultry		
禽蛋	Poultry Eggs		
城乡居民生活	**Family,People's Lvelihood and Environment**		
家庭	Family		
城镇居民平均每户家庭人口	Average Household size in Urban Areas	（人）	（person）
农村居民平均每户家庭人口	Average Household size in Rural Areas	（人）	（person）
居住	Housing		
城镇常住居民人均住房建筑面积	Net Floor Space per Capita of Urban Residents	（平方米）	（sq.m）
农村常住居民人均住房建筑面积	Net Floor Space per Capita of Rural Residents	（平方米）	（sq.m）
生活	People's Livelihood		
城镇常住居民人均可支配收入	Annual Disposable Income per Captita of Urban Residents	（元）	（yuan）
农村常住居民人均可支配收入	Annual Disposable Income per Captita of Rural Residents	（元）	（yuan）
物价（上年=100）	Price（preceding year=100）		
居民消费价格指数	Consumer Price Index		
商品零售价格总指数	Retail Price Index		
工业生产者出厂价格指数	Producer Price Index for Industrial Products		
工业生产者购进价格指数	Purchasing Price Index for Industrial Producers		

Main Aggregate Indicators of Sample Survey

总量指标 Aggregate Data										
1978	1990	2000	2005	2009	2010	2011	2012	2013	2014	2015
1482.0	2457.2	2472.1	2605.3	3069.9	3080.5	3135.5	3289.1	3279.6	3415.8	3538.1
11.5	23.6	27.4	32.5	34.6	31.6	37.8	29.4	25.1	26.3	23.4
32.6	129.1	285.1	270.7	240.4	227.6	213.8	227.7	225.4	228.8	227.9
				229.9	238.8	233.1	249.7	253.4	264.8	259.1
				17.5	18.3	17.8	18.1	18.1	17.9	16.2
				13.8	14.2	14.2	14.6	15.0	15.5	16.6
				99.6	104.1	109.1	114.1	116.0	114.6	126.0
				118.2	119.0	119.7	122.6	124.5	122.5	134.7
		3.08	2.95	2.84	2.84	2.80	2.78	2.81	2.94	2.95
				4.05	4.03	3.88	3.85	4.39	3.04	3.02
									35.13	34.71
									44.67	46.76
									24838.52	26935.76
									9916.42	10820.73
	102.7	100.7	101.4	99.1	103.1	105.6	102.3	102.4	101.6	101.3
100.0	101.9	98.0	100.6	99.0	103.2	105.3	102.1	101.2	100.4	99.7
		98.9	103.3	92.8	109.0	108.3	98.3	98.2	97.4	93.9
		102.6	107.2	95.3	111.8	110.8	98.2	96.9	97.2	93.5

注:2014 年,居民生活方面的收入、居住等调查指标口径与以前相比有所变化,数据不可比。

主要统计指标解读

粮食产量 指农业生产经营者日历年度内生产的全部粮食数量。按收获季节包括夏收粮食、早稻和秋收粮食,按作物品种包括谷物、薯类和豆类。其中谷物包括小麦、玉米、早稻、中稻和一季晚稻、双季晚稻、大麦、高粱、谷子、荞麦等禾本科和蓼科粮食作物;薯类只包括马铃薯、甘薯,木薯统计在其他农作物,芋头等其他薯统计在其他蔬菜;豆类包括大豆、绿豆、红小豆、杂豆等。谷物产量按脱粒后的原粮计算,薯类按鲜薯重量的 5∶1 折算,豆类按去豆荚后的干豆计算。

可支配收入 指调查户在调查期内获得的、可用于最终消费支出和储蓄的总和,即调查户可以用来自由支配的收入。可支配收入既包括现金,也包括实物收入。按照收入的来源,可支配收入包含五项,分别为:工资性收入、经营净收入、财产净收入、转移净收入和自有住房折算净租金。按居民类型划分,有居民可支配收入、城镇常住居民可支配收入、农村常住居民可支配收入。

居民消费价格指数(CPI) 反映一定时期内居民所消费商品及服务项目的价格水平变动趋势和变动程度。居民消费价格水平的变动率在一定程度上反映了通货膨胀(或紧缩)的程度。编制居民消费价格指数的目的,是了解全国各地价格变动的基本情况,分析研究价格变动对社会经济和居民生活的影响,满足各级政府制定政策和计划、进行宏观调控的需要,以及为国民经济核算提供参考依据。

工业生产者出厂价格指数(PPI) 是反映一定时期内全部工业产品出厂价格总水平的变动趋势和程度的相对数,包括工业企业售给本企业以外所有单位的各种产品和直接售给居民用于生活消费的产品。该指数可以观察出厂价格变动对工业总产值及增加值的影响。

规模以下服务业企业 是指辖区内年末从业人员 50 人以下,且年营业收入 1000 万元以下的服务业样本法人单位。具体包括:交通运输、仓储和邮政业,信息传输、软件和信息技术服务业,租赁和商务服务业,科学研究和技术服务业,水利、环境和公共设施管理业,教育、卫生和社会工作,以及物业管理、房地产中介服务、自有房地产经营活动和其他房地产等行业。辖区内年末从业人员 50 人以下,且年营业收入 500 万元以下的服务业样本法人单位,包括居民服务、修理和其他服务业,文化、体育和娱乐业。

农业调查

AGRICULTURE SURVEY

简要说明

一、本篇资料内容主要包括农村社会经济主要指标，主要年份农作物播种面积、农作物总产量，畜牧业生产情况，农户固定资产投资情况，各调查县（区）农村基本情况及农村贫困监测调查情况等。

二、农作物播种面积及产量调查根据国家统计局《种植业抽样调查制度》，由安徽调查总队组织实施，目前抽选的调查县为64个。

三、畜牧业生产情况调查根据国家统计局《主要畜禽抽样调查制度》，由安徽调查总队组织实施，主要畜禽抽样实行分季定产，生猪调出大县实行月度调查与季度调查相结合，主要数据开展月度调查。

本版责任编辑：戴月萍　盛玉强　刘　沙

2-1 农业生产情况
Output of Agriculture in Main Years

年份 Year	播种面积（千公顷） Sown Area (1000 hectares)	#粮食 #Crain Crops	#棉花 #Cotton	#油料 #Oil-Crops	粮食产量（万吨） Output of Grain Crops (10000 tons)	#小麦 #Wheat	稻谷 Barley	棉花产量（万吨） Output of Cotton (10000 tons)	油料产量（万吨） Output of Oil-bearing Crops (10000 tons)	蔬菜产量（万吨） Output of Vegetables (10000 tons)
1978	8013.0	6186.7	326.9	400.1	1482.0	279.0	856.5	11.5	32.6	
1979	8005.0	6288.0	299.1	508.5	1609.5	390.0	889.5	9.7	44.7	
1980	7740.0	6025.9	323.4	570.4	1454.0	340.5	773.0	12.2	49.8	
1981	7880.0	6024.2	329.1	774.9	1787.5	435.5	945.0	15.6	99.3	
1982	8007.0	6032.7	327.9	919.8	1933.0	554.0	1043.5	15.8	125.5	
1983	7895.0	6085.8	321.3	773.3	2010.5	572.5	960.0	19.0	96.5	
1984	7967.0	6192.3	333.7	746.4	2202.5	646.5	1136.0	23.4	97.2	
1985	8186.0	5898.6	235.1	1089.8	2168.0	605.9	1162.9	16.7	145.7	
1986	8163.0	6051.6	205.9	1103.8	2371.9	656.6	1222.3	16.3	131.6	
1987	8372.0	6151.0	224.2	1247.1	2432.6	717.9	1189.2	18.6	151.1	
1988	8169.0	6155.1	270.1	947.1	2296.4	677.5	1159.7	20.6	88.1	
1989	8239.0	6203.8	252.3	990.7	2383.5	591.8	1282.6	17.0	101.7	
1990	8314.0	6246.1	293.1	999.3	2457.2	598.0	1340.1	23.6	129.1	
1991	8196.0	5954.5	405.5	1083.1	1781.5	315.4	1058.0	27.1	97.1	
1992	8155.0	5873.0	420.0	1047.7	2325.1	611.8	1223.5	26.3	140.0	
1993	8265.0	6038.2	353.2	997.1	2569.9	716.9	1248.6	26.0	157.2	
1994	8264.0	5796.5	443.3	1088.3	2330.3	710.2	1187.5	25.8	154.5	
1995	8354.0	5852.5	443.2	1263.5	2580.7	699.1	1269.9	30.1	191.8	1006.9

2-1 续表 Continued

年份 Year	播种面积（千公顷） Sown Area (1000 hecares)	#粮食 #Crain Crops	#棉花 #Cotton	#油料 #Oil-Crops	粮食产量（万吨） Output of Grain Crops (10000 tons)	#小麦 #Wheat	稻谷 Barley	棉花产量（万吨） Output of Cotton (10000 tons)	油料产量（万吨） Output of Oil-bearing Crops (10000 tons)	蔬菜产量（万吨） Output of Vegetables (10000 tons)
1996	8361.5	6029.0	413.7	1098.8	2674.1	748.3	1327.4	27.0	177.2	1195.7
1997	8488.9	6030.6	399.4	1135.1	2802.7	941.2	1290.2	30.1	205.0	1780.0
1998	8564.2	5991.0	395.5	1225.3	2591.0	599.1	1390.2	29.0	176.5	1792.0
1999	8582.1	5934.9	303.2	1334.5	2771.2	852.5	1300.6	19.5	268.1	
2000	9005.8	6183.8	308.4	1457.4	2472.1	707.1	1221.6	27.4	285.1	1509.2
2001	8733.1	5841.7	363.0	1415.4	2500.3	741.9	1174.3	35.7	298.8	1439.7
2002	8997.6	6091.9	321.2	1453.2	2765.0	683.7	1327.5	33.7	282.3	1618.2
2003	9124.7	6157.2	390.0	1412.6	2214.8	642.8	963.7	24.1	231.4	1513.5
2004	9200.4	6312.2	398.9	1380.2	2743.0	790.1	1292.1	41.2	299.7	1656.5
2005	9172.5	6410.9	375.7	1303.1	2605.3	808.1	1250.8	32.5	270.7	1671.2
2006	8790.0	6443.4	360.9	935.4	2853.7	1039.0	1333.1	35.3	210.4	1726.5
2007	8853.9	6477.8	375.9	864.3	2901.4	1111.3	1356.4	37.4	199.2	1913.7
2008	8976.6	6561.1	390.1	936.7	3023.3	1167.9	1383.5	36.4	228.0	1923.5
2009	9036.2	6561.1	351.7	968.8	3069.9	1177.2	1405.6	34.6	240.4	2028.1
2010	9053.4	6616.4	344.4	944.3	3080.5	1206.7	1383.4	31.6	227.6	2137.4
2011	9022.9	6621.5	350.4	878.3	3135.5	1215.7	1387.1	37.8	213.8	2214.0
2012	8969.6	6622.0	304.9	843.6	3289.1	1294.0	1393.5	29.4	227.7	2327.5
2013	8945.6	6625.3	285.1	802.0	3279.6	1332.0	1362.3	25.1	225.4	2418.0
2014	8945.5	6628.9	265.2	788.4	3415.8	1393.6	1394.6	26.3	228.8	2551.0
2015	8950.5	6632.9	232.5	772.1	3538.1	1411.0	1459.3	23.4	227.9	2714.2

2-2 农作物播种面积
Total Sown Area of Farm Crops

单位:千公顷 (1000 hectares)

指 标	Item	2005	2010	2011	2012	2013	2014	2015
农作物总播种面积	**Total Sown Area of Farm Crops**	**9172.5**	**9053.4**	**9022.9**	**8969.6**	**8945.6**	**8945.5**	**8950.5**
一、粮食作物总计	**Grain Crops**	**6410.9**	**6616.4**	**6621.5**	**6622.0**	**6625.3**	**6628.9**	**6632.9**
其中:夏收粮食	Of Which:Summer Grain	2268.5	2408.3	2425.7	2458.6	2473.3	2474.6	2479.4
秋收粮食	Autumn Grain	3748.7	3944.7	3939.7	3925.9	3916.5	3929.0	3963.5
(一)谷物	Cereals	5051.3	5424.4	5485.0	5498.3	5534.4	5543.3	5599.0
1. 稻谷	Barley	2149.1	2245.4	2230.8	2215.0	2214.1	2217.3	2234.9
(1)早稻	Early-season Rice	293.7	263.4	256.2	237.5	235.5	225.3	190.0
(2)中单晚稻	Single-cropping Late Rice	1557.9	1702.0	1702.2	1714.3	1730.1	1753.5	1828.1
(3)双季晚稻	Duble-cropping Late Rice	297.5	280.0	272.4	263.2	248.5	238.5	216.9
2. 小麦	Wheat	2108.3	2365.7	2383.0	2415.5	2432.9	2434.5	2457.0
3. 玉米	Corn	670.2	761.1	818.8	822.5	845.1	852.4	881.6
4. 谷子	Millet	0.3	0.1	0.1	0.1	0.1	0.1	0.1
5. 高粱	Jowar	2.0	1.0	1.0	1.0	1.1		0.2
6. 其他谷物	Other Cereals	121.4	51.2	51.2	44.1	41.2	38.6	25.2
其中:大麦	Of Which:Barley		48.2	42.7	43.1		37.7	22.4
(二)豆类	Beans	1008.6	1021.2	969.0	960.3	937.6	934.8	893.6
大豆	Soybean	917.0	938.9	885.9	876.7	856.7	851.6	820.9
绿豆	Green Bean		66.2	66.5	68.5	67.7	65.4	60.3
红小豆	Red Bean		5.2	5.1	5.1	5.0	6.6	12.4
(三)薯类	Tubers	351.0	170.7	167.6	163.5	153.3	150.8	140.3
其中:马铃薯	Of Which:Potato	7.1	8.8	10.7	15.7	9.0	8.9	7.2

2-2 续表 Continued

指 标	Item	2005	2010	2011	2012	2013	2014	2015
二、油料作物	**Oil-bearing Crops**	**1303.1**	**944.3**	**878.3**	**843.6**	**802.0**	**788.4**	**772.1**
其中:花生	Of Which:Peanuts	238.5	194.6	188.9	187.5	187.3	190.4	191.1
油菜籽	Rapeseeds	953.6	691.0	640.4	609.6	568.1	551.0	532.4
芝麻	Sesames	109.0	52.3	48.0	45.7	46.1	46.7	48.2
三、棉花	**Cotton**	**375.7**	**344.4**	**350.4**	**304.9**	**285.1**	**265.2**	**232.5**
四、麻类	**Fiber Crops**	**12.8**	**9.4**	**9.4**	**9.0**	**8.0**	**7.7**	**7.3**
其中:黄红麻	Of Which:Jute and Ambary Hemp	6.5	4.3	4.7	4.7	4.4	4.2	4.3
苎麻	Ramee	4.4	2.8	2.5	2.2	1.5	1.3	1.1
大麻(线麻)	Hemp	1.7	2.2	1.9	2.1	2.1	2.2	1.9
五、糖料合计	**Sugar Crops**	**5.7**	**5.7**	**5.4**	**5.2**	**5.0**	**5.0**	**5.1**
甘蔗	Sugar Cane	5.7	5.7	5.4	5.2	5.0	5	5.1
六、烟叶合计	**Tobacco**	**10.8**	**10.9**	**11.4**	**13.2**	**16.5**	**17.4**	**16.2**
其中:烤烟	Of Which:Flue-cured Tobacco	10.3	10.7	11.2	13.0	16.3	17.2	16.0
七、药材类合计	**Medicinal Materials**	**61.4**	**64.0**	**74.4**	**81.7**	**84.9**	**87.5**	**90.8**
八、蔬菜(含菜用瓜)	**Vegetables**	**664.9**	**774.2**	**789.0**	**810.6**	**836.0**	**862.1**	**899.8**
九、瓜果类(含果用瓜)	**Melon**	**175.5**	**165.7**	**171.1**	**172.6**	**176.5**	**181.2**	**191.6**
# 西瓜	#Watermelon	151.5	131.9	136.3	138.7	140.1	141.8	150.2
甜瓜	Muskmelon	14.0	14.2	14.3	15.8	17.2	17.8	19.4
草莓	Strawberry	4.9	10.9	12.2	13.0	14.9	16.2	17.4
十、其他作物	**Other Farm Crops**	**151.7**	**118.4**	**112.0**	**106.8**	**106.2**	**102.1**	**102.2**
# 青饲料	#Succulence	12.2	31.2	33.2	36.3	40.0	39.4	40.4

2-3 农作物种植结构
Planting Structure of Farm Crops

单位:% (%)

指　　标	Item	2011	2012	2013	2014	2015
农作物总播种面积	**Total Sown Area of Farm Crops**	**100.0**	**100.0**	**100.0**	**100.0**	**100.0**
一、粮食作物总计	**Grain Crops**	**73.4**	**73.8**	**74.1**	**74.1**	**74.1**
其中:夏收粮食	Of Which:Summer Grain	36.6	37.1	37.3	37.3	37.4
秋收粮食	Autumn Grain	59.5	59.3	59.1	59.3	59.8
(一)谷物	Cereals	82.8	83.0	83.5	83.6	84.4
1. 稻谷	Barley	40.7	40.3	40.0	40.0	39.9
(1)早稻	Early-season Rice	11.5	10.7	11.0	10.2	8.5
(2)中单晚稻	Single-cropping Late Rice	76.3	77.4	78.0	79.1	81.8
(3)双季晚稻	Double-cropping Late Rice	12.2	11.9	11.0	10.8	9.7
2. 小麦	Wheat	43.4	43.9	44.0	43.9	43.9
3. 玉米	Corn	14.9	15.0	15.3	15.4	15.7
4. 谷子	Millet	…	…	…	…	…
5. 高粱	Jowar	…	…	…	0.0	…
6. 其他谷物	Other Cereals	0.9	0.8	0.7	0.7	0.5
其中:大麦	Of Which:Barley	83.4	97.7		97.7	88.9
(二)豆类	Beans	14.6	14.5	14.2	14.1	13.5
大豆	Soybean	91.4	91.3	91.4	91.1	91.9
绿豆	Mung Bean	6.9	7.1	7.2	7.0	6.7
红小豆	Red Bean	0.5	0.5	0.5	0.7	1.4
(三)薯类	Tubers	2.5	2.5	2.3	2.3	2.1
其中:马铃薯	Of Which:Potato	6.4	9.6	5.9	5.9	5.1

2-3 续表 Continued

指　　标	Item	2011	2012	2013	2014	2015
二、油料作物	**Oil-bearing Crops**	**9.7**	**9.4**	**9.0**	**8.8**	**8.6**
其中:花生	Of Which:Peanut	21.5	22.2	23.4	24.2	24.8
油菜籽	Rapeseed	72.9	72.3	70.8	69.9	69.0
芝麻	Sesame	5.5	5.4	5.7	5.9	6.2
三、棉花	**Cotton**	**3.9**	**3.4**	**3.2**	**3.0**	**2.6**
四、麻类	**Fiber Crops**	**0.1**	**0.1**	**0.1**	**0.1**	**0.1**
其中:黄红麻	Of Which:Jute and Ambary Hemp	50.0	52.5	55.0	54.5	58.9
苎麻	Ramee	26.6	24.6	18.6	16.9	15.1
大麻(线麻)	Hemp	20.2	23.4	26.3	28.6	26.0
五、糖料合计	**Sugar Crops**	**0.1**	**0.1**	**0.1**	**0.1**	**0.1**
甘蔗	Sugar Cane	100.0	100.0	100.0	100.0	100.0
六、烟叶合计	**Tobacco**	**0.1**	**0.1**	**0.1**	**0.2**	**0.2**
其中:烤烟	Of Which:Flue-cured Tobacco	98.2	98.5	98.8	98.9	98.8
七、药材类合计	**Medicinal Materials**	**0.8**	**0.9**	**0.9**	**1.0**	**1.0**
八、蔬菜(含菜用瓜)	**Vegetables**	**8.7**	**9.0**	**9.3**	**9.6**	**10.1**
九、瓜果类(含果用瓜)	**Melon**	**1.9**	**1.9**	**1.9**	**2.0**	**2.1**
#西瓜	#Watermelon	79.7	80.4	79.4	78.3	78.4
甜瓜	Muskmelon	8.4	9.2	9.7	9.8	10.1
草莓	Strawberry	7.1	7.5	8.4	8.9	9.1
十、其他作物	**Other Farm Crops**	**1.2**	**1.2**	**1.2**	**1.1**	**1.1**
#青饲料	#Succulence	29.6	34.0	37.7	38.6	39.5

2-4 主要农作物总产量
Output of Main Crops by Type

单位:万吨 (10000 tons)

指 标	Item	2005	2010	2011	2012	2013	2014	2015
农作物总产量	**Output of Farm Crops**	**2605.3**	**3080.5**	**3135.5**	**3289.1**	**3279.6**	**3415.8**	**3538.1**
一、粮食作物总计	**Grain Crops**	**2605.3**	**3080.5**	**3135.5**	**3289.1**	**3279.6**	**3415.8**	**3538.1**
其中:夏收粮食	Of Which: Summer Grain	865.2	1211.7	1221.2	1301.5	1338.5	1400.0	1414.7
秋收粮食	Autumn Grain	1587.0	1728.5	1777.1	1855.6	1810.3	1887.6	2014.2
(一)谷物	Cereals	2385.8	2911.2	2974.0	3123.3	3127.3	3260.2	3371.3
1. 稻谷	Barley	1250.8	1383.4	1387.1	1393.5	1362.3	1394.6	1459.3
(1)早稻	Early-season Rice	153.1	140.3	137.2	132.0	130.8	128.3	109.2
(2)中单晚稻	Single-cropping Late Rice	954.9	1105.2	1113.3	1123.5	1101.5	1137.3	1234.9
(3)双季晚稻	Double-cropping Late Rice	142.8	137.9	136.6	138.0	130.0	129.0	115.3
2. 小麦	Wheat	808.1	1206.7	1215.7	1294.0	1332.0	1393.6	1411.0
3. 玉米	Corn	264.9	312.7	362.6	427.5	426.0	465.5	496.3
4. 谷子	Millet	0.2	…	…	…	…	…	0.1
5. 高粱	Jowar	1.5	0.2	0.2	0.2	0.2	0.1	0.2
6. 其他谷物	Other Cereals	60.3	8.1	8.5	8.0	6.7	6.5	4.5
其中:大麦	Of Which: Barley	59.2	7.9	8.5	7.5		6.2	3.7
(二)豆类	Beans	95.5	121.9	115.0	120.5	114.0	122.2	134.0
大豆	Soybean	88.8	119.8	107.5	113.0	107.0	115.0	126.8
绿豆	Mung Bean	5.9	2.3	2.4	6.2	5.9	5.6	5.8
红小豆	Red Bean	0.8	0.2	0.2	1.3	1.1	1.1	1.4
(三)薯类	Tubers	124.0	47.4	46.5	45.4	38.3	33.5	32.7
其中:马铃薯	Of Which: Potato	3.1	5.6	0.0	7.5	2.2	2.0	1.7

2-4 续表 Continued

指 标	Item	2005	2010	2011	2012	2013	2014	2015
二、油料作物	**Oil-bearing Crops**	**270.7**	**227.6**	**213.8**	**227.7**	**225.4**	**228.8**	**227.9**
其中:花生	Of Which:Peanut	79.3	86.4	84.3	86.9	88.7	94.4	94.4
油菜籽	Rapeseed	182.3	133.7	122.8	134.3	130.0	127.8	126.3
芝麻	Sesame	9.0	6.6	6.2	6.5	6.5	6.7	7.1
三、棉花	**Cotton**	**32.5**	**31.6**	**37.8**	**29.4**	**25.1**	**26.3**	**23.4**
四、麻类	**Fiber Crops**	**3.2**	**2.4**	**2.6**	**2.7**	**2.7**	**2.4**	**2.6**
其中:黄红麻	Of Which:Jute and Ambary Hemp	1.9	1.2	1.4	1.6	1.3	1.3	1.3
苎麻	Ramee	0.8	0.4	0.4	0.3	0.2	0.2	0.2
大麻(线麻)	Hemp	0.4	0.7	0.5	0.8	0.6	0.7	0.7
五、糖料合计	**Sugar Crops**	**21.3**	**22.4**	**21.6**	**20.6**	**20.2**	**19.7**	**20.3**
甘蔗	Sugar Cane	21.3	22.4	21.6	20.6	20.2	19.7	20.3
六、烟叶合计	**Tobacco**	**2.6**	**3.0**	**3.1**	**3.6**	**4.3**	**4.3**	**4.2**
其中:烤烟	Of Which:Flue-cured Tobacco	2.5	2.9	3.0	3.5	4.2	4.3	4.2
七、药材类合计	**Medicinal Materials**							
八、蔬菜(含菜用瓜)	**Vegetables**	**1671.2**	**2137.4**	**2214.0**	**2327.5**	**2418.0**	**2551.0**	**2714.2**
九、瓜果类(含果用瓜)	**Melon**	**559.9**	**569.6**	**604.8**	**624.1**	**649.1**	**680.7**	**730.4**
#西瓜	#Watermelon	492.4	479.2	510.9	525.5	544.6	572.1	608.4
甜瓜	Muskmelon	35.7	43.6	44.5	49.0	51.3	54.3	60.1
草莓	Strawberry	9.2	24.4	27.9	31.2	36.1	38.9	41.9

2-5 主要农作物单位面积产量
Yield per Unit Area of Main Crops by Type

单位：千克/公顷　　　　(kg/hectare)

指　标	Item	2005	2010	2011	2012	2013	2014	2015
一、粮食作物总计	**Grain Crops**	**4063.9**	**4655.8**	**4735.3**	**4966.9**	**4950.1**	**5152.9**	**5334.2**
其中：夏收粮食	Of Which：Summer Grain	3814.0	5031.1	5034.5	5293.7	5411.8	5657.3	5705.8
秋收粮食	Autumn Grain	4123.5	4381.8	4510.8	4726.6	4622.2	4804.3	5081.9
(一)谷物	Cereals	4723.1	5366.7	5422.2	5680.4	5650.7	5881.4	6021.4
1. 稻谷	Barley	5820.1	6161.2	6217.8	6291.1	6152.8	6289.3	6529.7
(1)早稻	Early-season Rice	5212.8	5327.8	5354.6	5557.0	5554.1	5692.5	5747.3
(2)中单晚稻	Sigle-cropping Late Rice	6129.4	6493.4	6540.6	6553.8	6366.7	6485.9	6754.9
(3)双季晚稻	Double-cropping Late Rice	4800.0	4925.9	5013.2	5242.4	5231.4	5408.0	5316.7
2. 小麦	Wheat	3952.6	5100.8	5101.6	5357.0	5475.1	5724.2	5742.8
3. 玉米	Corn	3952.6	4109.1	4428.1	5197.4	5040.8	5461.1	5629.5
4. 谷子	Millet	6666.7	444.3		4000.0	4000.0	4444.4	4690
5. 高粱	Jowar	7500.0	1998.7	2000.0	2200.0	2243.0	2600.0	8500.0
6. 其他谷物	Other Cereals	4967.1	1586.2	1652.7	1813.4	1631.9	1680.7	1793.9
其中：大麦	Of Which：Barley	5654.3	1642.3	1983.9	1741.8		1655.2	1655.1
(二)豆类	Beans	946.9	1193.8	1186.8	1254.9	1215.9	1306.7	1500.0
大豆	Soybean	968.4	1276.3	1213.4	1289.0	1249.0	1350.4	1545.0
绿豆	Mung Bean	1090.6	350.3	359.4	905.1	871.5	856.3	960.2
红小豆	Red Bean	1039.0	324.8	313.7	2549.0	2186.9	1679.4	1145.2
(三)薯类	Tubers	3532.8	2777.0	2773.2	2774.0	2498.4	2218.2	2332.5
其中：马铃薯	Of Which：Potato	4366.2	6409.6		4764.3	2458.1	2191.0	2333.3
二、油料作物	**Oil-bearing Crops**	**2077.2**	**2410.4**	**2433.7**	**2698.9**	**2810.8**	**2902.0**	**2951.1**
其中：花生	Of Which：Peanut	3324.0	4439.8	4464.9	4633.5	4734.3	4954.7	4940.9

2-5 续表 Continued

指 标	Item	2005	2010	2011	2012	2013	2014	2015
油菜籽	Rapeseed	1911.9	1935.3	1917.2	2203.4	2289.1	2318.7	2371.8
芝麻	Sesame	821.9	1263.4	1298.9	1416.5	1412.3	1426.9	1468.6
三、棉花	**Cotton**	**864.0**	**917.7**	**1078.9**	**964.1**	**880.7**	**992.8**	**1005.0**
四、麻类	**Fiber Crops**	**2483.4**	**2509.2**	**2753.5**	**3015.6**	**3311.6**	**3170.2**	**3597.0**
其中:黄红麻	Of Which:Jute and Ambary Hemp	2979.3	2903.1	2997.9	3412.4	2948.5		3047.6
苎麻	Ramee	1786.8	1541.5	1506.7	1501.1	1591.8		1703.7
大麻(线麻)	Hemp	2400.0	3016.5	2653.3	3716.9	3041.3		3492.0
五、糖料合计	**Sugar Crops**	**37212.6**	**39068.6**	**39918.8**	**39735.5**	**40056.9**	**39506.1**	**39688.7**
甘蔗	Sugar Cane	37212.6	39074.1	39924.7	39735.5	40120.5	39506.1	39688.7
六、烟叶合计	**Tobacco**	**2402.5**	**2731.4**	**2710.1**	**2708.1**	**2599.7**	**2490.2**	**2612.6**
其中:烤烟	Of Which: Flue - cured Tobacco	2407.0	2734.6	2701.8	2696.8	2582.1	2478.6	2599.6
七、药材类合计	**Medicinal Materials**							
八、蔬菜(含菜用瓜)	**Vegetables**	**25136.2**	**27608.7**	**28061.3**	**28713.9**	**28924.3**	**29591.5**	**30163.8**
九、瓜果类(含果用瓜)	**Melon**	**31905.1**	**34378.6**	**35344.3**	**36147.0**	**36787.8**	**37564.3**	**38128.1**
#西瓜	#Watermelon	32494.2	36319.5	37483.2	37885.8	38881.4	40331.6	40495.0
甜瓜	Muskmelon	25480.6	30769.8	31081.3	31008.6	29858.4	30410.6	31018.9
草莓	Strawberry	18761.1	22443.9	22903.7	24095.9	24193.2	24006.9	24051.1

2-6 主要农作物播种面积比上年增长情况
Rate of Increase over Preceding Year of Total Sown Areas of Main Crops

单位:% (%)

指　标	Item	2005	2010	2011	2012	2013	2014	2015
农作物总播种面积	**Total Sown Area of Farm Crops**	**-0.3**	**0.2**	**-0.3**	**-0.6**	**-0.3**	**…**	**0.1**
一、粮食作物总计	**Grain Crops**	**1.6**	**0.2**	**0.1**	**0.0**	**…**	**0.1**	**0.1**
其中:夏收粮食	Of Which:Summer Grain	2.1	0.4	0.7	1.4	0.6	0.1	0.2
秋收粮食	Autumn Grain	-1.4	0.3	-0.1	-0.4	-0.2	0.3	0.9
(一)谷物	Cereals	1.5	0.7	1.1	0.2	0.7	0.2	1.0
1. 稻谷	Barley	0.9	-0.1	-0.7	-0.7	…	0.1	0.8
(1)早稻	Early-season Rice	1.5	-3.8	-2.7	-7.3	-0.8	-4.3	-15.7
(2)中单晚稻	Sigle-cropping Late Rice	0.6	1.2	0.0	0.7	0.9	1.4	4.3
(3)双季晚稻	Double-cropping Late Rice	1.7	-3.9	-2.7	-3.4	-5.6	-4.0	-9.1
2. 小麦	Wheat	2.3	0.4	0.7	1.4	0.7	0.1	0.9
3. 玉米	Corn	1.2	4.2	7.6	0.5	2.7	0.9	3.4
4. 谷子	Millet	50.0	0.0	0.0	0.0	0.0	0.0	0.0
5. 高粱	Jowar	-9.1	-9.1	0.0	0.0	10.0	-100.0	
6. 其他谷物	Other Cereals		-1.7	0.0	-13.9	-6.6	-6.3	-34.7
其中:大麦	Of Which:Barley		-3.2	-11.4	0.9			-40.6
(二)豆类	Beans	3.2	-2.8	-5.1	-0.9	-2.4	-0.3	-4.4
大豆	Soybean	3.3	-3.2	-5.6	-1.0	-2.3	-0.6	-3.6
绿豆	Mung Bean		4.9	0.5	3.0	-1.2	-3.4	-7.8
红小豆	Red Bean		4.0	-1.9	0.0	-2.0	32.0	87.9
(三)薯类	Tubers	-1.9	0.9	-1.8	-2.4	-6.2	-1.6	-6.9
其中:马铃薯	Of Which:Potato	-2.7	6.0	21.6	46.7	-42.7	-1.1	-19.1
二、油料作物	**Oil-bearing Crops**	**-5.6**	**-2.5**	**-7.0**	**-4.0**	**-4.9**	**-1.7**	**-2.1**
其中:花生	Of Which:Peanut	-6.3	7.6	-2.9	-0.7	-0.1	1.7	0.4

2-6 续表 Continued

指 标	Item	2005	2010	2011	2012	2013	2014	2015
油菜籽	Rapeseed	-5.0	-4.3	-7.3	-4.8	-6.8	-3.0	-3.4
芝麻	Sesame	-10.1	-12.0	-8.2	-4.8	0.9	1.3	3.2
三、棉花	**Cotton**	**-5.8**	**-2.1**	**1.7**	**-13.0**	**-6.5**	**-7.0**	**-12.3**
四、麻类	**Fiber Crops**	**-9.9**	**-1.1**	**0.0**	**-4.7**	**-10.7**	**-3.8**	**-5.2**
其中:黄红麻	Of Which:Jute and Ambary Hemp	-5.8	2.4	9.3	0.0	-6.4	-4.5	2.4
苎麻	Ramee	-6.4	-20.0	-10.7	-12.0	-31.8	-13.3	-15.4
大麻(线麻)	Hemp	-32.0	22.2	-13.6	10.5	0.0	4.8	-13.6
五、糖料合计	**Sugar Crops**	**-12.3**	**-1.7**	**-5.3**	**-3.7**	**-3.8**	**0.0**	**2.0**
甘蔗	Sugar Cane	-12.3	-1.7	-5.3	-3.7	-3.8	0.0	2.0
六、烟叶合计	**Tobacco**	**-10.0**	**4.8**	**4.6**	**15.8**	**25.0**	**5.5**	**-6.9**
其中:烤烟	Of Which: Flue - cured Tobacco	-8.8	4.9	4.7	16.1	25.4	5.5	-7.0
七、药材类合计	**Medicinal Materials**	**-14.7**	**16.2**	**16.3**	**9.8**	**3.9**	**3.1**	**3.8**
八、蔬菜(含菜用瓜)	**Vegetables**	**2.3**	**3.9**	**1.9**	**2.7**	**3.1**	**3.1**	**4.4**
九、瓜果类(含果用瓜)	**Melon**	**-5.1**	**3.2**	**3.3**	**0.9**	**2.3**	**2.7**	**5.7**
#西瓜	#Watermelon	-4.1	0.8	3.3	1.8	1.0	1.2	5.9
甜瓜	Muskmelon	-7.3	0.0	0.7	10.5	8.9	3.5	9.0
草莓	Strawberry	8.9	21.1	11.9	6.6	14.6	8.7	7.4
十、其他作物	**Other Farm Crops**	**-10.6**	**-4.1**	**-5.4**	**-4.6**	**-0.6**	**-3.9**	**0.1**
青饲料	Succulence	0.0	-12.8	6.4	9.3	10.2	-1.5	2.5

2-7 主要农作物产量比上年增长情况
Rate of Increase over Preceding Year of Output of Main Crops

单位:% (%)

指　标	Item	2005	2010	2011	2012	2013	2014	2015
农作物总产量	**Output of Farm Crops**	**-5.0**	**0.3**	**1.8**	**4.9**	**-0.3**	**4.2**	**3.6**
一、粮食作物总计	**Grain Crops**	**-5.0**	**0.3**	**1.8**	**4.9**	**-0.3**	**4.2**	**3.6**
其中:夏收粮食	Of Which:Summer Grain	2.0	2.5	0.8	6.6	2.8	4.6	1.1
秋收粮食	Autumn Grain	-9.4	-0.5	2.8	4.4	-2.4	4.3	6.7
(一)谷物	Cereals	-3.3	0.5	2.2	5.0	0.1	4.2	3.4
1. 稻谷	Barley	-3.2	-1.6	0.3	0.5	-2.2	2.4	4.6
(1)早稻	Early-season Rice	6.1	-6.7	-2.2	-3.8	-0.9	-1.9	-14.9
(2)中单晚稻	Sigle-cropping Late Rice	-4.5	-0.6	0.7	0.9	-2.0	3.3	8.6
(3)双季晚稻	Double-cropping Late Rice	-3.4	-4.0	-1.0	1.0	-5.8	-0.8	-10.6
2. 小麦	Wheat	2.3	2.5	0.7	6.4	2.9	4.6	1.2
3. 玉米	Corn	-17.4	2.6	15.9	17.9	-0.4	9.3	6.6
4. 谷子	Millet	100.0						
5. 高粱	Jowar	25.0	-0.1	0.1	10.0	-9.1	-50.0	70.0
6. 其他谷物	Other Cereals		-2.2	4.2	-5.6	-16.1	-3.0	-30.5
其中:大麦	Of Which:Barley		-3.5	7.0	-11.4	-100.0		-40.2
(二)豆类	Beans	-19.7	-4.2	-5.7	4.8	-5.4	7.2	9.7
大豆	Soybean	-21.1	-3.9	-10.3	5.1	-5.3	7.5	10.3
绿豆	Mung Bean		15.9	3.1	159.4	-4.8	-5.1	3.4
红小豆	Red Bean		-15.5	-5.3	712.5	-15.4	0.0	29.1
(三)薯类	Tubers	-20.7	1.5	-2.0	-2.4	-15.5	-12.5	-2.4
其中:马铃薯	Of Which:Potato	-11.4	6.6	-100.0		-70.6	-9.1	-15
二、油料作物	**Oil-bearing Crops**	**-9.7**	**-5.3**	**-6.1**	**6.5**	**-1.0**	**1.5**	**-0.4**
其中:花生	Of Which:Peanut	-16.9	15.1	-2.4	3.0	2.1	6.4	0.0

2-7 续表 Continued

指　　标	Item	2005	2010	2011	2012	2013	2014	2015
油菜籽	Rapeseed	-4.3	-15.3	-8.2	9.4	-3.2	-1.7	-1.2
芝麻	Sesame	-34.3	-0.3	-5.5	3.7	0.5	3.1	5.7
三、棉花	**Cotton**	**-21.1**	**-8.7**	**19.6**	**-22.2**	**-14.6**	**4.8**	**-11.2**
四、麻类	**Fiber Crops**	**-3.0**	**4.1**	**8.8**	**4.8**	**-0.1**	**-11.1**	**9.7**
其中:黄红麻	Of Which:Jute and Ambary Hemp	5.6	5.1	12.6	13.5	-18.1	0.0	-0.1
苎麻	Ramee	0.0	-23.9	-13.2	-11.7	-39.1	0.0	-4.3
大麻(线麻)	Hemp	-33.3	31.9	-23.2	55.6	-23.6	16.7	-3.8
五、糖料合计	**Sugar Crops**	**-14.8**	**2.6**	**-3.3**	**-4.7**	**-2.0**	**-2.5**	**3.2**
甘蔗	Sugar Cane	-14.8	2.6	-3.3	-4.7	-2.0	-2.5	3.2
六、烟叶合计	**Tobacco**	**-7.1**	**1.4**	**3.9**	**15.8**	**19.9**	**0.0**	**-1.7**
其中:烤烟	Of Which: Flue - cured Tobacco	-7.4	0.9	3.7	15.8	20.0	2.4	-3.1
七、药材类合计	**Medicinal Materials**	**-100.0**						
八、蔬菜(含菜用瓜)	**Vegetables**	**0.9**	**5.4**	**3.6**	**5.1**	**3.9**	**5.5**	**6.4**
九、瓜果类(含果用瓜)	**Melon**	**-2.9**	**7.5**	**6.2**	**3.2**	**4.0**	**4.9**	**7.3**
#西瓜	#Watermelon	-3.5	5.8	6.6	2.9	3.6	5.0	6.3
甜瓜	Muskmelon	-1.9	-0.8	2.1	10.2	4.6	5.8	10.7
草莓	Strawberry	-1.1	29.5	14.4	11.9	15.7	7.8	7.7

2-8 主要农作物单位面积产量比上年增减情况
Rate of Increase over Preceding Year of Yield per Unit Area of Main Crops

单位:%　　(%)

指　标	Item	2005	2010	2011	2012	2013	2014	2015
一、粮食作物总计	**Grain Crops**	**-6.5**	**0.2**	**1.7**	**4.9**	**-0.3**	**4.1**	**3.5**
其中:夏收粮食	Of Which:Summer Grain	-0.1	2.1	0.1	5.1	2.2	4.5	0.9
秋收粮食	Autumn Grain	-10.4	-0.8	2.9	4.8	-2.2	3.9	5.8
(一)谷物	Cereals	-4.7	-0.2	1.0	4.8	-0.5	4.1	2.4
1. 稻谷	Barley	-4.1	-1.5	0.9	1.2	-2.2	2.2	3.8
(1)早稻	Early-season Rice	4.5	-3.0	0.5	3.8	-0.1	2.5	1.0
(2)中单晚稻	Sigle-cropping Late Rice	-5.1	-1.8	0.7	0.2	-2.9	1.9	4.1
(3)双季晚稻	Double-cropping Late Rice	-5.1	-0.1	1.8	4.6	-0.2	3.4	-1.7
2. 小麦	Wheat	3.1	2.1	0.0	5.0	2.2	4.5	0.3
3. 玉米	Corn	-18.4	-1.5	7.8	17.4	-3.0	8.3	3.1
4. 谷子	Millet	21.2	10.7	-100.0		0.0	11.1	5.5
5. 高粱	Jowar	34.1	9.6	0.1	10.0	2.0	15.9	226.9
6. 其他谷物	Other Cereals		0.1	4.2	9.7	-10.0	3.0	6.7
其中:大麦	Of Which:Barley		0.1	20.8	-12.2			0.0
(二)豆类	Beans	-22.5	-1.5	-0.6	5.7	-3.1	7.5	14.8
大豆	Soybean	-23.6	-0.7	-4.9	6.2	-3.1	8.1	14.4
绿豆	Mung Bean		8.6	2.6	151.8	-3.7	-1.7	12.1
红小豆	Red Bean		3.9	-3.4	712.6	-14.2	-23.2	-31.8
(三)薯类	Tubers	-19.2	0.5	-0.1	0.0	-9.9	-11.2	5.2
其中:马铃薯	Of Which:Potato	-8.1	0.5	-100.0		-48.4	-10.9	6.5
二、油料作物	**Oil-bearing Crops**	**-4.3**	**-2.8**	**1.0**	**10.9**	**4.1**	**3.2**	**1.7**
其中:花生	Of Which:Peanut	-11.4	6.9	0.6	3.8	2.2	4.7	-0.3

2-8 续表 Continued

指　标	Item	2005	2010	2011	2012	2013	2014	2015
油菜籽	Rapeseed	0.7	-11.5	-0.9	14.9	3.9	1.3	2.3
芝麻	Sesame	-27.2	13.3	2.8	9.1	-0.3	1.0	2.9
三、棉花	**Cotton**	**-16.3**	**-6.7**	**17.6**	**-10.6**	**-8.7**	**12.7**	**1.2**
四、麻类	**Fiber Crops**	**6.7**	**5.2**	**9.7**	**9.5**	**9.8**	**-4.3**	**13.5**
其中:黄红麻	Of Which:Jute and Ambary Hemp	13.7	1.9	3.3	13.8	-13.6	-100.0	
苎麻	Ramee	4.7	-4.5	-2.3	-0.4	6.0	-100.0	
大麻(线麻)	Hemp	-7.1	8.5	-12.0	40.1	-18.2	-100.0	
五、糖料合计	**Sugar Crops**	**-3.3**	**3.2**	**2.2**	**-0.5**	**0.8**	**-1.4**	**0.5**
甘蔗	Sugar Cane	-3.3	3.3	2.2	-0.5	1.0	-1.5	0.5
六、烟叶合计	**Tobacco**	**1.3**	**-3.4**	**-0.8**	**-0.1**	**-4.0**	**-4.2**	**4.9**
其中:烤烟	Of Which: Flue-cured Tobacco	0.0	-3.2	-1.2	-0.2	-4.3	-4.0	4.9
七、药材类合计	**Medicinal Materials**							
八、蔬菜(含菜用瓜)	**Vegetables**	**-1.4**	**1.5**	**1.6**	**2.3**	**0.7**	**2.3**	**1.9**
九、瓜果类(含果用瓜)	**Melon**	**2.3**	**4.2**	**2.8**	**2.3**	**1.8**	**2.1**	**1.5**
#西瓜	#Watermelon	0.6	4.9	3.2	1.1	2.6	3.7	0.4
甜瓜	Muskmelon	5.5	-0.3	1.0	-0.2	-3.7	1.8	2.0
草莓	Strawberry	-9.1	7.5	2.0	5.2	0.4	-0.8	0.2

2-9 60个产量大县主要粮食作物播种面积(2015年)
Sown Areas of Main Grain Crops in 60 Large Counties(2015)

单位:千公顷 (1000 hectares)

县(市、区)名称	County (District)	粮食播种面积 Sown Areas of Grain Crops	其中: 水稻 Barley	小麦 Wheat	玉米 Corn	大豆 Soybean
肥东县	Feidong	106.29	72.95	25.48	7.6	0.26
长丰县	Changfeng	95.75	57.63	32.71	2.92	1.12
巢湖市	Chaohu	46.58	33.01	11.71	1.21	0.12
肥西县	Feixi	79.03	55.84	18	0.26	3
庐江县	Lujiang	132.85	109.23	19.9	0.11	0.89
濉溪县	Suixi	177.17		86.89	40.42	49.86
淮北市辖区	Huaibei Region of City	37.94		16.12	10.28	10.7
谯城区	Qiaocheng District	152.53		71.49	30.67	49.1
利辛县	Lixin	179.68		95.06	43.16	37.79
蒙城县	Mengcheng	168.76		84.97	75.89	7.9
涡阳县	Guoyang	220.79		112.12	37.32	65.6
埇桥区	Yongqiao District	206.96		105.92	67.02	34.02
灵璧县	Lingbi	185.32		95.12	57.69	32.1
泗　县	Sixian	148.18		78.12	54.86	7.96
萧　县	Xiaoxian	131.83		65.86	55.53	6.2
五河县	Wuhe	129.36	35.32	63.01	15.39	14.82
固镇县	Guzhen	87.36		49.34	33.06	3.2
怀远县	Huaiyuan	204.09	61.53	107.02	22.28	13.26
临泉县	Linquan	177.85		99.58	75.32	1.86
太和县	Taihe	185.98		84.06	19.29	78.1
颍上县	Yingshang	183.97	40.52	86.92	27.69	21.71
阜南县	Funan	157.74	25.63	79.98	41.87	10.1
颍泉区	Yingquan District	63.19		29.67	12.69	19.37
界首市	Jieshou	65.17		31.95	19.63	11.49
颍州区	Yingzhou District	45.88		24.13	18.76	2.26
颍东区	Yingdong District	63.08		28.3	15.29	18.97
潘集区	PanjiDistrict	53.36	25.39	24.37	0.6	2.8
风台县	Fengtai	82.33	35.95	36.85	0.63	8.22
淮南市辖区	Huainan Region of City	69.29	25.37	35.63		6.71
定远县	Dingyuan	186.84	93.31	79.81	11.79	1.86

2-9 续表 Continued

县(市、区)名称	County (District)	粮食播种面积 Sown Areas of Grain Crops	其中: 水稻 Barley	小麦 Wheat	玉米 Corn	大豆 Soybean
来安县	Laian	71.08	44.86	22.38	1.71	0.25
凤阳县	Fengyang	118.29	48.59	52.91	10.69	5.56
全椒县	Quanjiao	75	52.75	17.73	1.25	1.4
南谯区	Nanqiao District	42.59	24.79	13.62	1.92	0.43
明光市	Mingguang	100.96	37.26	42.03	10.51	8.02
天长市	Tianchang	104.57	57.94	46.25		0.32
寿　县	Shouxian	221.49	120.06	99.13	0.3	2
霍邱县	Huoqiu	224.36	132.97	89.39		2
裕安区	Yu' an District	67.94	44.67	16.32	5.89	0.27
金安区	Jin' an District	68.93	46.82	14.59	4.43	1.08
舒城县	Shucheng	64.05	48.68	10.39	3.26	0.2
金寨县	Jinzhai	22.93	16.19	4.32	1.26	1
当涂县	Dangtu	46.66	30.24	14.09	1.12	1.01
和　县	Hexian	47.62	31.85	15.19	0.18	0.29
含山县	Hanshan	31.94	25.08	2.91	1.53	0.66
芜湖县	Wuhu	31.44	24.94	5.06	0.52	
无为县	Wuwei	79.46	53.39	15.76	4.88	4.03
南陵县	Nanling	55.6	49.5	3.67	0.17	0.91
郎溪县	Langxi	52.19	27.65	21.67	0.1	0.82
宣州区	Xuanzhou	84.92	62.49	19.5	0.1	0.04
广德县	Guangde	31.74	20.52	7.15	0.01	0.84
贵池区	Guichi District	46.85	40.31	2.19	3.03	0.74
东至县	Dongzhi	38.27	34.35	1.52	1.4	0.8
桐城市	Tongcheng	55.38	47.15	5.23	1.06	0.76
望江县	Wangjiang	58.79	53.96	2.71	0.32	0.49
怀宁县	Huaining	57.27	50.36	3.61	0.14	1.38
太湖县	Taihu	35.94	28.82	3.02	0.08	1.76
潜山县	Qianshan	37.65	33.04	2.46	0.05	0.74
宿松县	Susong	64.81	48.21	6.29	0.43	3.25
枞阳县	Zongyang	86	74.27	8.01	2.35	0.07

2-10 60个产量大县主要粮食作物产量(2015年)
Output of Grain Crops in 60 Large Counties(2015)

单位:万吨 (10000 tons)

县(市、区)名称	County (District)	粮食总产量 Output of Grain Crops	其中: 水稻 Barley	小麦 Wheat	玉米 Corn	大豆 Soybean
肥东县	Feidong	65.51	51.62	11.33	2.53	0.03
长丰县	Changfeng	57.12	40.55	14.75	1.10	0.12
巢湖市	Chaohu	30.02	24.19	5.09	0.61	0.02
肥西县	Feixi	52.35	42.42	8.74	0.13	0.43
庐江县	Lujiang	80.44	70.97	8.67	0.04	0.11
濉溪县	Suixi	94.45		65.55	22.06	6.85
淮北市辖区	Huaibei Region of City	19.97		12.19	5.54	2.10
谯城区	Qiaocheng District	80.53		54.96	18.50	6.86
利辛县	Lixin	104.43		72.69	26.62	4.65
蒙城县	Mengcheng	123.44		65.36	57.04	1.04
涡阳县	Guoyang	121.10		85.75	22.73	8.25
埇桥区	Yongqiao District	104.25		64.38	35.25	4.62
灵璧县	Lingbi	87.38		53.23	30.42	3.67
泗　县	Sixian	72.97		42.32	28.89	1.02
萧　县	Xiaoxian	68.90		38.30	29.27	0.86
五河县	Wuhe	72.60	25.06	37.19	8.46	1.71
固镇县	Guzhen	50.47		29.93	18.96	0.63
怀远县	Huaiyuan	117.79	40.39	63.95	11.99	1.46
临泉县	Linquan	107.10		63.60	43.07	0.26
太和县	Taihe	91.33		63.66	13.06	11.12
颍上县	Yingshang	102.31	30.66	52.46	15.13	2.86
阜南县	Funan	88.71	15.55	48.15	23.78	1.10
颍泉区	Yingquan District	30.67		19.14	7.84	3.52
界首市	Jieshou	39.99		24.30	14.31	1.29
颍州区	Yingzhou District	27.37		14.88	12.13	0.30
颍东区	Yingdong District	30.43		17.99	9.97	2.41
潘集区	Panji District	34.27	19.24	14.40	0.32	0.30
凤台县	Fengtai	54.42	28.93	23.92	0.40	1.07
淮南市辖区	Huainan Region of City	40.25	18.89	20.21		1.03
定远县	Dingyuan	109.06	59.41	44.48	4.91	0.22

2-10 续表 Continued

县(市、区)名称	County (District)	粮食播种面积 Sown Areas of Grain Crops	其中: 水稻 Barley	小麦 Wheat	玉米 Corn	大豆 Soybean
来安县	Laian	42.84	30.27	11.38	0.82	0.04
凤阳县	Fengyang	68.31	33.63	29.35	4.55	0.68
全椒县	Quanjiao	44.82	34.37	9.29	0.58	0.22
南谯区	Nanqiao District	24.86	15.81	7.26	1.09	0.05
明光市	Mingguang	52.59	24.11	21.24	4.94	1.61
天长市	Tianchang	66.64	40.71	25.88		0.05
寿　县	Shouxian	137.73	87.97	49.24	0.16	0.36
霍邱县	Huoqiu	143.67	98.63	44.68		0.36
裕安区	Yu' an District	42.34	31.91	7.08	2.71	0.05
金安区	Jin' an District	44.46	34.88	6.33	2.03	0.19
舒城县	Shucheng	39.9	34.5	3.29	1.48	0.04
金寨县	Jinzhai	12.42	10.43	1.19	0.59	0.18
当涂县	Dangtu	31.73	24.35	6.78	0.46	0.14
和　县	Hexian	31.63	23.96	7.52	0.08	0.04
含山县	Hanshan	23.74	21.34	1.42	0.62	0.09
芜湖县	Wuhu	20.26	17.21	2.40	0.33	0.00
无为县	Wuwei	55.49	44.06	7.31	3.07	0.83
南陵县	Nanling	37.3	35.15	1.53	0.10	0.13
郎溪县	Langxi	31.62	20.62	10.41	0.06	0.13
宣州区	Xuanzhou	54.21	42.89	9.56	0.05	0.01
广德县	Guangde	20.12	15.31	3.99	0.00	0.17
贵池区	Guichi District	31.27	28.79	0.77	1.55	0.12
东至县	Dongzhi	22.77	21.33	0.53	0.68	0.2
桐城市	Tongcheng	34.85	32.30	1.85	0.53	0.11
望江县	Wangjiang	36.70	35.34	1.02	0.16	0.07
怀宁县	Huaining	35.29	33.43	1.23	0.07	0.23
太湖县	Taihu	20	18.06	1.32	0.03	0.28
潜山县	Qianshan	23.19	21.85	1.03	0.02	0.11
宿松县	Susong	36.94	32.66	1.92	0.21	0.48
枞阳县	Zongyang	52.05	46.97	3.17	1.35	0.01

2-11 小麦中间消耗
Mid-consumption of Wheat

单位:元/亩 (yuan/mu)

指标	Item	2013	2014	2015
平均每单位产值	Output Value per Unit	910.89	1122.39	909.02
平均每单位中间消耗	Intermediate Consumption per Unit	357.92	361.78	352.15
物质消耗	Material Consumption	267.86	255.50	251.43
用种量	Seed Quantity	61.60	63.88	59.06
饲料	Forages			
肥料	Fertilizers	172.42	155.99	147.96
燃料	Fuels	9.96	9.46	14.14
农膜	Farm Plastic Film			0.07
农药	Pesticides	19.57	21.12	27.71
养殖用药	Pesticides for Cultivation			
水费	Water Fee	0.14	0.28	0.35
用电量	Electricity Consumption	0.04	0.01	0.20
棚架材料费	Scaffold Material Cost			
小农具	Small Farm Implements	3.87	4.09	1.77
办公用品	Office Supplies	0.22	0.20	0.13
其他	Others	0.04	0.47	0.04
生产服务支出	Cost of Production Services	90.06	106.28	100.72
修理费	Repair Fee	1.26	1.37	2.77
外雇运输费	Transport Fee	0.74	0.86	2.83
生产性邮电费	Post and Telecommunication Fee			0.01
外雇排灌费	Irrigation and Drainage Fee	0.67	0.27	0.71
外雇机械作业费	Mechanical Work Fee	85.65	102.03	92.26
其他	Others	1.74	1.75	2.14

2-12 中单晚及双晚稻中间消耗

Mid-consumption of Sigle-cropping Late and Double-cropping Late Rice

单位:元/亩 (yuan/mu)

指标	Item	2013	2014	2015
平均每单位产值	Output Value per Unit	1271.18	1410.5	1431.91
平均每单位中间消耗	Intermediate Consumption per Unit	434.37	439.89	432.00
物质消耗	Material Consumption	300.60	285.99	306.49
用种量	Seed Quantity	56.87	63.39	56.50
饲料	Forages			
肥料	Fertilizers	147.83	139.10	141.16
燃料	Fuels	14.69	13.66	14.06
农膜	Farm Plastic Film	1.29	2.72	0.93
农药	Pesticides	71.44	62.04	80.88
养殖用药	Pesticides for Cultivation			
水费	Water Fee	2.55	0.47	3.34
用电量	Electricity Consumption	1.71	2.36	5.59
棚架材料费	Scaffold Material Cost	0.02	0.08	0.03
小农具	Small Farm Implements	2.41	1.81	3.39
办公用品	Office Supplies	0.05	0.09	0.13
其他	Others	1.74	0.27	0.48
生产服务支出	Cost of Production Services	133.77	153.90	125.51
修理费	Repair Fee	4.47	4.66	3.68
外雇运输费	Transport Fee	1.60	4.12	3.96
生产性邮电费	Post and Telecommunication Fee			
外雇排灌费	Irrigation and Drainage Fee	5.11	3.98	4.37
外雇机械作业费	Mechanical Work Fee	113.15	124.82	110.20
其他	Others	9.44	16.32	3.30

2-13 玉米中间消耗
Mid-consumption of Corn

单位：元/亩

(yuan/mu)

指标	Item	2013	2014	2015
平均每单位产值	Output Value per Unit	836.39	1105.35	801.75
平均每单位中间消耗	Intermediate Consumption per Unit	304.05	300.06	303.92
物质消耗	Material Consumption	236.43	228.02	230.25
用种量	Seed Quantity	55.37	54.85	53.90
饲料	Forages			
肥料	Fertilizers	144.58	134.17	141.74
燃料	Fuels	11.82	10.49	8.96
农膜	Farm Plastic Film			0.04
农药	Pesticides	21.41	21.62	21.78
养殖用药	Pesticides for Cultivation			
水费	Water Fee			
用电量	Electricity Consumption		0.09	0.14
棚架材料费	Scaffold Material Cost			
小农具	Small Farm Implements	3.24	6.52	2.18
办公用品	Office Supplies		0.08	0.42
其他	Others	0.01	0.20	1.09
生产服务支出	Cost of Production Services	67.62	72.04	73.67
修理费	Repair Fee	1.41	2.25	1.25
外雇运输费	Transport Fee	1.66	1.30	0.96
生产性邮电费	Post and Telecommunication Fee			
外雇排灌费	Irrigation and Drainage Fee	5.30	2.79	
外雇机械作业费	Mechanical Work Fee	58.23	64.24	70.38
其他	Others	1.02	1.46	1.08

2-14 油菜籽中间消耗
Mid-consumption of Rapeseeds

单位:元/亩 (yuan/mu)

指标	Item	2013	2014	2015
平均每单位产值	Output Value per Unit	781.08	757.39	778.69
平均每单位中间消耗	Intermediate Consumption per Unit	219.01	215.86	234.91
物质消耗	Material Consumption	173.81	173.92	156.40
用种量	Seed Quantity	18.45	19.05	20.28
饲料	Forages			
肥料	Fertilizers	131.28	124.76	108.16
燃料	Fuels	4.20	4.52	4.54
农膜	Farm Plastic Film			
农药	Pesticides	16.84	18.48	18.05
养殖用药	Pesticides for Cultivation			
水费	Water Fee			
用电量	Electricity Consumption	0.23	0.24	0.88
棚架材料费	Scaffold Material Cost			
小农具	Small Farm Implements	2.54	4.50	4.45
办公用品	Office Supplies		0.12	0.05
其他	Others	0.27	2.25	
生产服务支出	Cost of Production Services	45.20	41.95	78.51
修理费	Repair Fee	2.17	2.43	0.57
外雇运输费	Transport Fee	0.87	0.90	1.13
生产性邮电费	Post and Telecommunication Fee			
外雇排灌费	Irrigation and Drainage Fee	0.26	0.84	0.64
外雇机械作业费	Mechanical Work Fee	27.83	33.59	73.58
其他	Others	14.07	4.19	2.59

2-15 棉花中间消耗
Mid-consumption of Cotton

单位:元/亩 (yuan/mu)

指标	Item	2013	2014	2015
平均每单位产值	Output Value per Unit	1203.08	1053.14	1121.77
平均每单位中间消耗	Intermediate Consumption per Unit	363.34	391.04	382.81
物质消耗	Material Consumption	327.62	351.46	343.69
用种量	Seed Quantity	52.25	62.66	62.52
饲料	Forages			
肥料	Fertilizers	186.88	191.27	176.69
燃料	Fuels	2.07	3.24	1.06
农膜	Farm Plastic Film	7.92	13.05	7.53
农药	Pesticides	73.49	75.66	91.85
养殖用药	Pesticides for Cultivation			
水费	Water Fee		1.29	
用电量	Electricity Consumption	1.98	0.89	
棚架材料费	Scaffold Material Cost	0.45	1.04	
小农具	Small Farm Implements	1.81	1.36	2.24
办公用品	Office Supplies			
其他	Others	0.77	1.00	1.80
生产服务支出	Cost of Production Services	35.72	39.58	39.13
修理费	Repair Fee	3.18	3.50	
外雇运输费	Transport Fee	1.13		
生产性邮电费	Post and Telecommunication Fee			
外雇排灌费	Irrigation and Drainage Fee	0.85	1.38	0.93
外雇机械作业费	Mechanical Work Fee	28.25	31.90	36.03
其他	Others	2.31	2.80	2.17

2-16 主要畜禽生产情况
Number of Main Livestock and Poultry

指标	Item	单位	Unit	2011	2012	2013	2014	2015
畜禽存栏	**Number of Livestock or Poultry in Stock**							
猪	Hogs	万头	10000 heads	1467.31	1555.20	1612.59	1585.35	1539.37
其中:能繁殖母猪	Of Which:Sow	万头	10000 heads	136.00	141.29	142.92	141.26	135.32
牛	Cattle and Buffaloes	万头	10000 heads	147.23	151.85	155.09	152.69	164.61
羊	Sheep and Goats	万只	10000 heads	591.60	592.19	605.28	642.75	688.34
家禽	Poultry	万只	10000 heads	23906.05	25043.12	24717.56	24322.07	23859.95
畜禽出栏	**Number of Slaughtered Livestock or Poultry**							
猪	Hogs	万头	10000 heads	2721.09	2927.62	2971.53	3089.17	2979.20
牛	Cattle and Buffaloes	万头	10000 heads	120.35	121.97	122.09	124.90	112.54
羊	Sheep and Goats	万只	10000 heads	988.48	1016.16	1045.02	1075.42	1133.48
家禽	Poultry	万只	10000 heads	67795.45	70926.25	72415.70	71619.13	75286.03
畜禽产品产量	**Output of Livestock or Poultry**							
猪肉	Pork	万吨	10000 tons	233.07	249.67	253.42	264.80	259.11
牛肉	Beef	万吨	10000 tons	17.82	18.13	18.15	17.89	16.19
羊肉	Mutton	万吨	10000 tons	14.18	14.59	15.00	15.49	16.58
禽肉	Poultry	万吨	10000 tons	109.05	114.10	115.97	114.63	125.98
禽蛋	Poultry Eggs	万吨	10000 tons	119.65	122.65	124.53	122.53	134.66
牛奶	Cow Milk	万吨	10000 tons	22.51	24.09	25.34	27.87	30.63

2-17 生猪调出大县年末生猪存栏

Number of Hogs in Stock of Large Hog-Contributed Counties at Year-end

单位:万头 (10000 heads)

地　　区	Region	2011	2012	2013	2014	2015
长丰县	Changfeng	42.37	43.72	39.51	41.82	40.50
肥东县	Feidong	36.53	38.61	41.27	42.39	42.80
怀远县	Huaiyuan	32.88	32.98	37.89	38.01	39.90
固镇县	Guzhen	35.46	35.64	42.23	44.98	45.40
太湖县	Taihu	29.71	29.77	34.74	30.65	29.10
定远县	Dingyuan	60.14	61.76	59.17	57.80	56.10
临泉县	Linquan	68.03	57.49	65.18	64.32	62.30
太和县	Taihe	47.45	49.21	54.89	54.99	53.90
阜南县	Funan	45.96	48.07	55.27	53.67	52.10
颍上县	Yingshang	46.89	46.94	54.12	54.42	52.80
埇桥区	Yongqiao District	56.71	57.13	64.96	62.56	60.70
萧　县	Xiaoxian	50.26	50.31	60.22	57.09	55.50
灵璧县	Lingbi	58.31	58.49	65.46	62.61	60.90
泗　县	Sixian	43.09	44.77	53.32	51.51	51.60
寿　县	Shouxian	42.89	44.18	48.63	48.83	49.30
霍邱县	Huoqiu	59.21	58.32	51.64	53.19	53.10
蒙城县	Mengcheng	43.73	45.75	50.60	50.88	49.30
利辛县	Lixin	47.92	50.03	49.52	49.20	48.70

2-18 生猪调出大县能繁殖母猪年末存栏
Number of Sows in Stock of Large Hog-Contributed Counties at Year-end

单位:万头 (10000 heads)

地　区	Region	2011	2012	2013	2014	2015
长丰县	Changfeng	5.79	4.61	5.03	5.31	5.10
肥东县	Feidong	4.20	4.34	4.66	4.72	4.80
怀远县	Huaiyuan	4.06	4.08	4.11	4.21	4.40
固镇县	Guzhen	3.34	3.35	4.11	4.25	4.30
太湖县	Taihu	3.40	3.40	3.25	3.16	3.00
定远县	Dingyuan	6.93	7.03	7.10	7.81	7.00
临泉县	Linquan	7.19	7.65	7.38	6.43	6.20
太和县	Taihe	5.32	5.33	5.14	5.40	5.30
阜南县	Funan	6.12	6.25	6.12	6.83	6.30
颍上县	Yingshang	5.79	5.80	6.60	6.61	6.40
埇桥区	Yongqiao District	7.05	7.10	7.83	7.16	6.90
萧　县	Xiaoxian	6.87	6.88	7.43	6.32	6.20
灵璧县	Lingbi	6.09	6.43	6.37	6.05	5.90
泗　县	Sixian	4.95	5.22	7.94	6.75	6.50
寿　县	Shouxian	4.94	5.04	6.13	6.06	6.10
霍邱县	Huoqiu	6.42	5.77	5.16	5.00	5.00
蒙城县	Mengcheng	6.75	7.11	6.82	5.86	5.70
利辛县	Lixin	5.65	6.00	6.03	5.85	5.80

2-19 生猪调出大县生猪出栏
Number of Slaughtered Hogs in Large Hog-Contributed Counties

单位:万头 (10000 heads)

地　　区	Region	2011	2012	2013	2014	2015
长丰县	Changfeng	85.08	85.08	90.78	89.47	86.70
肥东县	Feidong	82.73	82.73	80.91	81.65	82.50
怀远县	Huaiyuan	60.64	60.82	70.25	71.96	71.80
固镇县	Guzhen	65.88	65.88	63.17	66.46	65.90
太湖县	Taihu	55.45	55.56	63.12	58.97	56.00
定远县	Dingyuan	114.92	114.92	115.84	113.79	110.50
临泉县	Linquan	94.35	97.46	94.41	99.83	96.70
太和县	Taihe	92.83	92.83	89.49	93.28	91.40
阜南县	Funan	85.18	85.18	88.67	90.40	87.80
颍上县	Yingshang	83.23	83.31	90.50	92.00	89.20
埇桥区	Yongqiao District	116.50	116.50	108.74	112.27	108.90
萧　县	Xiaoxian	75.86	76.01	68.79	72.57	70.60
灵璧县	Lingbi	94.60	97.63	94.51	97.59	94.90
泗　县	Sixian	65.37	68.57	80.36	84.07	82.50
寿　县	Shouxian	82.75	82.75	85.36	88.11	86.60
霍邱县	Huoqiu	141.08	132.75	117.75	122.46	121.00
蒙城县	Mengcheng	76.20	78.41	72.69	79.40	76.90
利辛县	Lixin	93.59	93.59	94.23	91.24	90.30

2-20 生猪调出大县猪肉产量
Output of Pork in Large Hog-Contributed Counties

单位:万吨 (10000 tons)

地　区	Region	2011	2012	2013	2014	2015
长丰县	Changfeng	7.23	7.23	7.62	7.66	7.60
肥东县	Feidong	7.25	7.25	6.85	6.93	7.20
怀远县	Huaiyuan	4.96	4.97	5.63	5.88	5.90
固镇县	Guzhen	5.21	5.24	5.02	5.41	5.40
太湖县	Taihu	4.58	4.59	5.15	4.94	4.80
定远县	Dingyuan	9.43	9.43	9.45	9.43	9.40
临泉县	Linquan	7.80	8.04	7.69	8.25	8.20
太和县	Taihe	7.49	7.49	7.13	7.62	7.60
阜南县	Funan	6.89	7.09	7.32	7.56	7.50
颍上县	Yingshang	6.84	6.85	7.37	7.65	7.60
埇桥区	Yongqiao District	10.12	10.12	9.16	9.57	9.40
萧　县	Xiaoxian	6.25	6.26	5.60	6.02	6.00
灵璧县	Lingbi	7.86	8.10	7.78	8.22	8.10
泗　县	Sixian	5.16	5.41	6.33	6.77	6.80
寿　县	Shouxian	7.14	7.14	7.28	7.52	7.40
霍邱县	Huoqiu	12.67	11.42	9.92	10.45	10.40
蒙城县	Mengcheng	6.70	6.82	6.24	6.77	6.80
利辛县	Lixin	8.12	8.12	8.13	7.81	7.80

2-21 历年全国粮食作物播种面积
Sown Area of Grain Crops of China in Main Years

单位:千公顷 (1000 hectares)

年 份 Year	粮食作物播种面积 Sown Area of Grain Crops	稻 谷 Rice	小 麦 Wheat	玉 米 Corn	大 豆 Soybean	薯 类 Tubers
1949	109959	25709	12515	12915	8319	7011
1952	123979	28382	24780	12566	11679	8688
1957	133633	32241	27542	14943	12748	10495
1962	121621	26935	24075	12819	9504	12171
1965	119627	29825	24709	15671	8593	11175
1970	119267	32358	25458	15831	7985	10717
1975	121062	35729	27661	18598	6999	10969
1978	120587	34421	29183	19961	7144	11796
1979	119263	33873	29357	20133	7247	10952
1980	117234	33878	28844	20087	7226	10153
1981	114958	33295	28307	19425	8024	9620
1982	113462	33071	27955	18543	8419	9370
1983	114047	33136	29050	18824	7567	9402
1984	112884	33178	29576	18537	7286	8988
1985	108845	32070	29218	17694	7718	8572
1986	110933	32266	29616	19124	8295	8685
1987	111268	32193	28798	20212	8445	8868
1988	110123	31987	28785	19692	8120	9054
1989	112205	32700	29841	20353	8057	9097
1990	113466	33064	30753	21401	7560	9121
1991	112314	32590	30948	21574	7041	9078
1992	110560	32090	30496	21044	7221	9057
1993	110509	30355	30235	20694	9454	9220
1994	109544	30171	28981	21152	9222	9270
1995	110060	30744	28860	22776	8127	9519
1996	112548	31406	29611	24498	7471	9797
1997	112912	31765	30057	23775	8346	9785
1998	113787	31214	29774	25239	8500	10000
1999	113161	31283	28855	25904	7962	10355
2000	108463	29962	26653	23056	9307	10538
2001	106080	28812	24664	24282	9482	10217
2002	103891	28202	23908	24634	8720	9881
2003	99410	26508	21997	24068	9313	9702
2004	101606	28379	21626	25446	9589	9457
2005	104278	28847	22793	26358	9591	9503
2006	104958	28938	23613	28463	9304	7877
2007	105638	28919	23721	29478	8754	8082
2008	106793	29241	23617	29864	9127	8427
2009	108986	29627	24291	31183	9190	8636
2010	109876	29873	24257	32500	8516	8750
2011	110573	30057	24270	33542	7889	8906
2012	111205	30137	24268	35030	7172	8886
2013	111956	30312	24117	36318	6791	8963
2014	112723	30310	24069	37123	6800	8940
2015	113343	30216	24141	38119	6506	8839

2-22 历年全国粮食作物总产量
Total Output of Grain Crops of China in Main Years

单位:万吨 (10000 tons)

年份 Year	粮食作物总产量 Total Output of Grain Crops	稻谷 Rice	小麦 Wheat	玉米 Corn	大豆 Soybean	薯类 Tubers
1949	11318	4865	1381	1242	509	985
1952	16392	6843	1813	1685	952	1633
1957	19505	8678	2364	2144	1005	2192
1962	15441	6299	1667	1626	651	2345
1965	19453	8772	2522	2366	614	1986
1970	23996	10999	2919	3303	871	2668
1975	28452	12556	4531	4722	724	2857
1978	30477	13693	5384	5595	757	3174
1979	33212	14375	6273	6004	746	2846
1980	32056	13991	5521	6260	794	2873
1981	32502	14396	5964	5921	933	2597
1982	35450	16160	6847	6056	903	2705
1983	38728	16887	8139	6821	976	2925
1984	40731	17826	8782	7341	970	2848
1985	37911	16857	8581	6383	1050	2604
1986	39151	17222	9004	7086	1161	2534
1987	40298	17426	8590	7924	1247	2821
1988	39408	16911	8543	7735	1165	2697
1989	40755	18013	9081	7893	1023	2730
1990	44624	18933	9823	9682	1100	2743
1991	43529	18381	9595	9877	971	2716
1992	44266	18622	10159	9538	1030	2844
1993	45649	17751	10639	10270	1531	3181
1994	44510	17593	9930	9928	1600	3025
1995	46662	18523	10221	11199	1350	3263
1996	50454	19510	11057	12747	1322	3536
1997	49417	20073	12329	10431	1473	3192
1998	51230	19871	10973	13295	1515	3604
1999	50839	19849	11388	12809	1425	3641
2000	46218	18791	9964	10600	1541	3685
2001	45264	17758	9387	11409	1541	3563
2002	45706	17454	9029	12131	1651	3666
2003	43070	16066	8649	11583	1539	3513
2004	46947	17909	9195	13029	1740	3558
2005	48402	18059	9745	13937	1635	3469
2006	49804	18172	10847	15160	1508	2701
2007	50160	18603	10930	15230	1273	2808
2008	52871	19190	11246	16591	1554	2980
2009	53082	19510	11512	16397	1498	2995
2010	54648	19576	11518	17725	1508	3114
2011	57121	20100	11740	19278	1449	3273
2012	58958	20424	12102	20561	1305	3293
2013	60194	20361	12193	21849	1195	3329
2014	60703	20651	12621	21565	1215	3336
2015	62144	20823	13019	22463	1179	3326

2-23 全国及分省(区、市)粮食作物播种面积
Sown Area of Grain Crops by Provinces and Regions

单位:千公顷 (1000 hectares)

地 区	Region	2011	2012	2013	2014	2015
全 国	**National**	**110573.0**	**111204.6**	**11955.6**	**112722.6**	**113342.9**
北 京	Beijing	209.4	193.9	158.9	120.2	104.5
天 津	Tianjin	310.8	322.9	332.8	345.8	350.0
河 北	Hebei	6286.1	6302.4	6315.9	6332.0	6392.5
山 西	Shanxi	3287.9	3291.5	3274.3	3286.4	3287.2
内蒙古	Inner Mongolia	5561.5	5589.4	5617.3	5651.0	5726.7
辽 宁	Liaoning	3169.8	3217.3	3226.4	3235.1	3297.4
吉 林	Jilin	4545.1	4610.3	4789.9	5000.7	5078.0
黑龙江	Heilongjiang	11502.9	11519.5	11564.4	11696.4	11765.2
上 海	Shanghai	186.3	187.6	168.5	164.9	161.9
江 苏	Jiangsu	5319.2	5336.6	5360.8	5376.1	5424.6
浙 江	Zhejiang	1254.1	1251.6	1253.7	1266.8	1277.8
安 徽	**Anhui**	**6621.5**	**6622.0**	**6625.3**	**6628.9**	**6632.9**
福 建	Fujian	1226.8	1201.1	1202.1	1197.7	1193.2
江 西	Jiangxi	3650.1	3675.9	3690.9	3697.3	3705.6
山 东	Shandong	7145.8	7202.3	7294.6	7440.0	7492.1
河 南	Henan	9859.9	9985.2	10081.8	10209.8	10267.2
湖 北	Hubei	4122.1	4180.1	4258.4	4370.4	4466.0
湖 南	Hunan	4879.6	4908.0	4936.6	4975.1	4944.7
广 东	Guangdong	2530.4	2540.2	2507.6	2507.0	2505.8
广 西	Guangxi	3072.8	3069.1	3076.0	3067.7	3059.3
海 南	Hainan	430.6	438.6	421.8	394.0	375.6
重 庆	Chongqing	2259.4	2259.6	2253.9	2242.5	2234.0
四 川	Sichuan	6440.5	6468.2	6469.9	6467.4	6453.9
贵 州	Guizhou	3055.6	3054.3	3118.4	3138.4	3114.9
云 南	Yunnan	4326.9	4399.6	4499.4	4508.2	4487.3
西 藏	Tibet	170.2	170.9	175.9	176.4	178.9
陕 西	Shanxi	3134.9	3127.5	3105.1	3076.5	3073.5
甘 肃	Gansu	2833.7	2839.4	2858.7	2842.5	2849.6
青 海	Qinghai	279.4	280.2	280.0	280.1	277.1
宁 夏	Ningxia	852.4	828.3	801.6	771.3	770.4
新 疆	Xinjiang	2047.5	2131.2	2234.8	2255.9	2395.0
安徽居全国位次	**Order of Precedence of Anhui in the Country**	4	4	4	4	4

2-24 全国及分省(区、市)粮食作物总产量
Total Output of Grain Crops by Provinces and Regions

单位:万吨 (10000 tons)

地 区	Region	2011	2012	2013	2014	2015
全 国	**National**	**57120.8**	**58958.0**	**60193.8**	**60702.6**	**62142.2**
北 京	Beijing	121.8	113.8	96.1	63.9	62.0
天 津	Tianjin	161.8	161.8	174.7	176.0	181.7
河 北	Hebei	3172.6	3246.6	3365.0	3360.2	3363.8
山 西	Shanxi	1193.0	1274.1	1312.8	1330.8	1259.6
内蒙古	Inner Mongolia	2387.5	2528.5	2773.0	2753.0	2827.0
辽 宁	Liaoning	2035.5	2070.5	2195.6	1753.9	2002.5
吉 林	Jilin	3171.0	3343.0	3551.0	3532.8	3647.0
黑龙江	Heilongjiang	5570.6	5761.5	6004.1	6242.2	6324.0
上 海	Shanghai	122.0	122.4	114.2	112.5	111.6
江 苏	Jiangsu	3307.8	3372.5	3423.0	3490.6	3561.3
浙 江	Zhejiang	781.6	769.8	734.0	757.4	752.2
安 徽	**Anhui**	**3135.5**	**3289.1**	**3279.6**	**3415.8**	**3538.1**
福 建	Fujian	672.8	659.3	664.4	667.0	661.1
江 西	Jiangxi	2052.8	2084.8	2116.1	2143.5	2148.7
山 东	Shandong	4426.3	4511.4	4528.2	4596.6	4712.7
河 南	Henan	5542.5	5638.6	5713.7	5772.3	6067.1
湖 北	Hubei	2388.5	2441.8	2501.3	2584.2	2703.3
湖 南	Hunan	2939.4	3006.5	2925.7	3001.3	3002.9
广 东	Guangdong	1361.0	1396.3	1315.9	1357.3	1358.1
广 西	Guangxi	1429.9	1484.9	1521.8	1534.4	1524.8
海 南	Hainan	188.0	199.5	190.9	186.6	184.0
重 庆	Chongqing	1126.9	1138.5	1148.1	1144.5	1154.9
四 川	Sichuan	3291.6	3315.0	3387.1	3374.9	3442.8
贵 州	Guizhou	876.9	1079.5	1030.0	1138.5	1180.0
云 南	Yunnan	1673.6	1749.1	1824.0	1860.7	1876.4
西 藏	Tibet	93.7	94.9	96.2	98.0	100.1
陕 西	Shanxi	1194.7	1245.1	1215.8	1197.8	1226.8
甘 肃	Gansu	1014.6	1109.7	1138.9	1158.7	1171.1
青 海	Qinghai	103.4	101.5	102.4	104.8	102.7
宁 夏	Ningxia	359.0	375.0	373.4	377.9	372.6
新 疆	Xinjiang	1224.7	1273.0	1377.0	1414.5	1521.3
安徽居全国位次	Order of Precedence of Anhui in the Country	8	7	7	6	6

2-25 全国及分省(区、市)小麦播种面积
Sown Area of Wheat by Provinces and Regions

单位:千公顷

(1000 hectares)

地 区	Region	2011	2012	2013	2014	2015
全 国	**National**	**24270.4**	**24268.3**	**24117.3**	**24069.4**	**24141.4**
北 京	Beijing	58.1	52.2	36.2	23.6	20.8
天 津	Tianjin	112.3	113.1	110.4	110.7	109.2
河 北	Hebei	2396.1	2410.0	2377.7	2342.7	2318.9
山 西	Shanxi	710.1	689.0	677.5	673.9	675.1
内蒙古	Inner Mongolia	567.9	609.6	571.2	563.5	564.1
辽 宁	Liaoning	6.9	6.8	5.6	5.8	5.6
吉 林	Jilin	3.2			0.4	0.3
黑龙江	Heilongjiang	297.8	210.1	133.0	145.7	71.1
上 海	Shanghai	59.8	56.6	44.4	43.9	45.5
江 苏	Jiangsu	2112.4	2132.6	2146.9	2159.9	2178.8
浙 江	Zhejiang	72.6	74.5	75.5	82.1	89.8
安 徽	**Anhui**	**2383.0**	**2415.5**	**2432.9**	**2434.5**	**2457.0**
福 建	Fujian	2.8	2.5	2.3	2.3	2.1
江 西	Jiangxi	10.9	11.9	11.8	12.0	12.2
山 东	Shandong	3593.5	3625.9	3673.3	3740.2	3799.8
河 南	Henan	5323.3	5340.0	5366.7	5406.7	5425.7
湖 北	Hubei	1013.6	1065.5	1094.8	1074.3	1093.4
湖 南	Hunan	40.4	35.3	32.3	30.6	29.4
广 东	Guangdong	1.0	0.9	0.9	0.9	0.9
广 西	Guangxi	1.5	1.5	1.8	1.4	5.1
海 南	Hainan					
重 庆	Chongqing	138.4	125.4	107.6	87.0	69.7
四 川	Sichuan	1259.3	1234.1	1216.0	1170.7	1119.0
贵 州	Guizhou	257.6	259.8	251.8	251.5	248.7
云 南	Yunnan	437.9	442.2	437.3	434.4	432.7
西 藏	Tibet	37.6	37.7	37.8	36.9	36.3
陕 西	Shanxi	1136.7	1127.6	1094.8	1082.9	1085.6
甘 肃	Gansu	861.6	833.9	811.7	792.5	794.8
青 海	Qinghai	94.0	94.2	95.4	88.6	88.2
宁 夏	Ningxia	202.1	179.0	148.8	127.5	122.5
新 疆	Xinjiang	1078.0	1081.0	1121.0	1142.4	1239.3
安徽居全国位次	Order of Precedence of Anhui in the Country	4	3	3	3	3

2-26 全国及分省(区、市)小麦产量
Output of Wheat by Provinces and Regions

单位:万吨 (10000 tons)

地 区	Region	2011	2012	2013	2014	2015
全 国	**National**	**11740.1**	**12102.3**	**12192.6**	**12620.8**	**13018.5**
北 京	Beijing	28.4	27.4	18.7	12.2	11.1
天 津	Tianjin	54.2	55.8	57.3	58.6	59.8
河 北	Hebei	1276.1	1337.7	1387.2	1429.9	1435.0
山 西	Shanxi	240.3	259.2	230.7	259.1	271.4
内蒙古	Inner Mongolia	170.9	188.4	180.4	153.9	158.3
辽 宁	Liaoning	3.7	3.2	2.7	2.8	2.7
吉 林	Jilin	1.3			0.1	0.1
黑龙江	Heilongjiang	103.8	70.0	38.9	46.6	21.8
上 海	Shanghai	24.1	22.6	17.6	18.6	19.9
江 苏	Jiangsu	1023.2	1048.8	1101.3	1160.4	1174.0
浙 江	Zhejiang	27.0	27.1	27.8	31.0	35.1
安 徽	**Anhui**	**1215.7**	**1294.0**	**1332.0**	**1393.6**	**1411.0**
福 建	Fujian	0.8	0.7	0.7	0.7	0.6
江 西	Jiangxi	2.2	2.3	2.5	2.6	2.6
山 东	Shandong	2103.9	2179.5	2218.8	2263.8	2346.6
河 南	Henan	3123.0	3177.4	3226.4	3329.0	3501.0
湖 北	Hubei	344.8	370.8	416.8	421.6	420.9
湖 南	Hunan	10.2	8.6	11.0	10.3	9.4
广 东	Guangdong	0.3	0.3	0.3	0.3	0.3
广 西	Guangxi	0.2	0.2	0.3	0.2	0.9
海 南	Hainan					
重 庆	Chongqing	42.4	38.5	33.7	27.0	22.9
四 川	Sichuan	436.0	437.0	421.3	423.2	426.3
贵 州	Guizhou	50.4	52.4	51.5	61.5	61.7
云 南	Yunnan	98.9	88.3	80.5	83.6	90.6
西 藏	Tibet	24.9	24.6	24.1	23.7	23.4
陕 西	Shanxi	410.9	435.5	389.8	417.2	458.1
甘 肃	Gansu	247.5	278.5	235.9	271.6	281.0
青 海	Qinghai	35.4	35.2	36.0	34.9	34.1
宁 夏	Ningxia	63.0	62.0	46.3	40.6	39.6
新 疆	Xinjiang	576.6	576.5	602.1	642.3	698.3
安徽居全国位次	Order of Precedence of Anhui in the Country	4	4	4	4	4

2-27 全国及分省(区、市)稻谷播种面积
Sown Area of Rice by Provinces and Regions

单位:千公顷 (1000 hectares)

地 区	Region	2011	2012	2013	2014	2015
全 国	**National**	**30057.0**	**30137.1**	**30311.7**	**30309.9**	**30215.7**
北 京	Beijing	0.2	0.2	0.2	0.2	0.2
天 津	Tianjin	14.2	14.6	16.8	16.4	15.4
河 北	Hebei	83.0	85.9	86.8	84.8	84.8
山 西	Shanxi	1.0	1.0	1.0	0.9	0.7
内蒙古	Inner Mongolia	90.0	89.3	75.9	78.1	78.9
辽 宁	Liaoning	659.6	661.8	649.2	562.1	544.9
吉 林	Jilin	691.2	701.2	726.7	747.1	761.7
黑龙江	Heilongjiang	2945.6	3069.8	3175.6	3205.5	3147.8
上 海	Shanghai	106.1	105.1	101.9	98.4	97.8
江 苏	Jiangsu	2248.6	2254.2	2265.7	2271.7	2291.6
浙 江	Zhejiang	894.8	832.6	828.7	824.2	822.5
安 徽	**Anhui**	**2230.8**	**2215.1**	**2214.1**	**2217.3**	**2234.9**
福 建	Fujian	845.3	827.6	817.5	804.5	789.0
江 西	Jiangxi	3317.7	3328.3	3338.0	3339.5	3342.4
山 东	Shandong	124.5	123.9	123.1	122.4	116.3
河 南	Henan	638.0	648.2	641.3	649.7	656.0
湖 北	Hubei	2036.2	2017.9	2101.2	2144.0	2188.5
湖 南	Hunan	4066.3	4095.1	4085.0	4120.7	4114.1
广 东	Guangdong	1940.9	1949.4	1908.8	1893.3	1887.3
广 西	Guangxi	2078.5	2057.6	2046.6	2026.2	1983.9
海 南	Hainan	318.6	324.4	311.9	312.2	299.3
重 庆	Chongqing	686.5	687.0	688.7	689.7	688.3
四 川	Sichuan	2007.9	1997.8	1990.7	1991.8	1990.8
贵 州	Guizhou	681.5	683.0	684.5	682.0	675.1
云 南	Yunnan	1073.5	1082.9	1152.7	1144.7	1134.8
西 藏	Tibet	1.0	1.0	1.0	1.0	0.9
陕 西	Shanxi	120.9	123.3	123.7	123.4	122.8
甘 肃	Gansu		5.6	5.3	5.1	4.5
青 海	Qinghai					
宁 夏	Ningxia	83.9	84.3	82.1	78.1	74.3
新 疆	Xinjiang	70.6	69.2	67.3	75.1	66.2
安徽居全国位次	Order of Precedence of Anhui in the Country	5	5	5	5	5

2-28 全国及分省(区、市)稻谷产量
Output of Rice by Provinces and Regions

单位:万吨 (10000 tons)

地 区	Region	2011	2012	2013	2014	2015
全 国	**National**	**20100.1**	**20423.6**	**20361.2**	**20650.7**	**20822.5**
北 京	Beijing	0.2	0.1	0.1	0.1	0.1
天 津	Tianjin	10.7	11.2	12.9	12.1	11.3
河 北	Hebei	60.2	49.8	58.8	54.2	54.5
山 西	Shanxi	0.5	0.6	0.7	0.6	0.5
内蒙古	Inner Mongolia	77.9	73.3	56.0	52.4	53.2
辽 宁	Liaoning	505.1	507.8	506.9	451.5	467.7
吉 林	Jilin	623.5	532.0	563.3	587.6	630.1
黑龙江	Heilongjiang	2062.1	2171.2	2220.6	2251.0	2199.7
上 海	Shanghai	88.9	89.1	86.8	84.1	84.1
江 苏	Jiangsu	1864.2	1900.1	1922.3	1912.0	1952.5
浙 江	Zhejiang	649.0	608.3	580.2	590.1	578.1
安 徽	**Anhui**	**1387.1**	**1393.5**	**1362.3**	**1394.6**	**1459.3**
福 建	Fujian	514.1	503.8	502.0	497.1	485.0
江 西	Jiangxi	1950.1	1976.0	2004.0	2025.2	2027.2
山 东	Shandong	104.0	103.4	103.6	101.0	95.1
河 南	Henan	474.5	492.6	485.8	528.6	531.5
湖 北	Hubei	1616.9	1651.4	1676.6	1729.5	1810.7
湖 南	Hunan	2575.4	2631.6	2561.5	2634.0	2644.8
广 东	Guangdong	1096.9	1126.6	1045.0	1091.6	1088.4
广 西	Guangxi	1084.1	1142.0	1156.2	1166.1	1137.8
海 南	Hainan	145.1	155.8	149.8	155.4	153.3
重 庆	Chongqing	493.5	498.0	503.1	503.2	506.4
四 川	Sichuan	1527.1	1536.1	1549.5	1526.5	1552.6
贵 州	Guizhou	303.9	402.4	361.3	403.2	417.5
云 南	Yunnan	668.7	644.6	667.9	666.1	659.7
西 藏	Tibet	0.6	0.5	0.6	0.5	0.5
陕 西	Shanxi	84.5	87.4	91.0	90.9	91.9
甘 肃	Gansu		3.9	3.8	3.5	3.1
青 海	Qinghai		0.0	0.0	0.0	
宁 夏	Ningxia	70.8	71.3	68.9	61.8	60.8
新 疆	Xinjiang	60.6	59.4	59.8	76.2	65.1
安徽居全国位次	Order of Precedence of Anhui in the Country	7	7	7	7	7

2-29 全国及分省(区、市)玉米播种面积
Sown Area of Corn by Provinces and Regions

单位:千公顷 (1000 hectares)

地 区	Region	2011	2012	2013	2014	2015
全 国	**National**	**33541.7**	**35029.8**	**36318.4**	**37123.4**	**38119.3**
北 京	Beijing	140.5	132.0	114.5	88.6	76.3
天 津	Tianjin	169.0	179.3	191.7	202.8	214.7
河 北	Hebei	3035.8	3049.1	3108.8	3170.9	3248.1
山 西	Shanxi	1646.7	1669.0	1670.0	1676.5	1676.9
内蒙古	Inner Mongolia	2669.6	2833.7	3170.6	3372.2	3407.2
辽 宁	Liaoning	2134.6	2206.7	2245.6	2330.1	2416.8
吉 林	Jilin	3134.2	3284.3	3499.1	3696.6	3800.0
黑龙江	Heilongjiang	4587.4	5190.6	5447.5	5440.2	5821.1
上 海	Shanghai	4.2	3.8	3.6	4.0	3.4
江 苏	Jiangsu	414.3	418.9	426.4	436.1	451.7
浙 江	Zhejiang	30.9	62.0	63.4	66.5	69.5
安 徽	**Anhui**	**818.8**	**822.5**	**845.1**	**852.4**	**881.6**
福 建	Fujian	42.6	45.4	47.9	49.5	51.5
江 西	Jiangxi	25.7	28.1	29.5	29.9	30.3
山 东	Shandong	2995.9	3018.1	3060.7	3126.5	3173.8
河 南	Henan	3025.0	3100.0	3203.3	3283.9	3343.9
湖 北	Hubei	549.7	593.3	573.5	642.4	687.8
湖 南	Hunan	327.1	342.0	344.2	345.7	348.4
广 东	Guangdong	173.1	172.5	176.7	177.2	179.0
广 西	Guangxi	565.9	580.5	587.6	584.0	622.6
海 南	Hainan	23.5	27.5	27.7		
重 庆	Chongqing	466.9	468.4	466.7	467.9	470.8
四 川	Sichuan	1363.1	1371.1	1378.0	1381.2	1402.0
贵 州	Guizhou	787.8	775.2	778.4	787.5	763.2
云 南	Yunnan	1409.0	1456.9	1505.1	1525.7	1517.3
西 藏	Tibet	4.2	4.4	4.3	4.2	4.5
陕 西	Shanxi	1177.8	1167.4	1166.2	1153.7	1151.7
甘 肃	Gansu	838.7	902.7	976.1	1000.9	1014.2
青 海	Qinghai	20.5	22.9	23.3	27.0	27.5
宁 夏	Ningxia	231.1	245.9	262.0	288.8	301.8
新 疆	Xinjiang	728.0	855.7	920.8	910.8	961.9
安徽居全国位次	Order of Precedence of Anhui in the Country	13	14	14	14	14

2-30 全国及分省(区、市)玉米产量
Output of Corn by Provinces and Regions

单位:万吨 (10000 tons)

地 区	Region	2011	2012	2013	2014	2015
全 国	**National**	**19278.1**	**20561.4**	**21848.9**	**21564.6**	**22463.2**
北 京	Beijing	90.3	83.6	75.2	50.0	49.4
天 津	Tianjin	94.4	92.5	102.1	101.4	107.3
河 北	Hebei	1639.6	1649.5	1703.9	1670.7	1670.4
山 西	Shanxi	854.6	903.9	955.5	938.1	862.7
内蒙古	Inner Mongolia	1632.1	1784.4	2069.7	2186.1	2250.8
辽 宁	Liaoning	1360.3	1423.5	1563.2	1170.5	1403.5
吉 林	Jilin	2339.0	2578.8	2775.7	2733.5	2805.7
黑龙江	Heilongjiang	2675.8	2887.9	3216.4	3343.4	3544.1
上 海	Shanghai	2.8	2.5	2.5	2.6	2.1
江 苏	Jiangsu	226.2	230.2	216.4	239.0	252.2
浙 江	Zhejiang	14.6	29.1	26.8	30.1	31.1
安 徽	**Anhui**	**362.6**	**427.5**	**426.0**	**465.5**	**496.3**
福 建	Fujian	16.6	18.0	19.3	20.3	21.5
江 西	Jiangxi	10.5	12.6	12.0	12.3	12.8
山 东	Shandong	1978.7	1994.5	1967.1	1988.3	2050.9
河 南	Henan	1696.5	1747.8	1796.5	1732.1	1853.7
湖 北	Hubei	276.2	282.6	270.8	293.7	332.9
湖 南	Hunan	188.5	197.3	185.0	188.6	188.8
广 东	Guangdong	78.9	79.7	81.6	76.9	77.9
广 西	Guangxi	244.7	250.6	266.0	266.4	280.7
海 南	Hainan	10.3	11.3	12.1		
重 庆	Chongqing	257.0	256.3	258.1	256.0	259.7
四 川	Sichuan	701.6	701.3	762.4	751.9	765.7
贵 州	Guizhou	243.7	342.3	298.0	313.8	324.1
云 南	Yunnan	598.2	700.0	734.2	743.3	747.3
西 藏	Tibet	2.8	2.6	2.5	2.4	0.8
陕 西	Shanxi	550.7	566.9	586.7	539.6	543.1
甘 肃	Gansu	425.6	504.1	571.5	564.5	577.2
青 海	Qinghai	15.2	17.0	16.4	18.7	18.6
宁 夏	Ningxia	172.4	191.2	206.2	224.1	226.9
新 疆	Xinjiang	517.7	592.1	669.0	641.1	705.1
安徽居全国位次	Order of Precedence of Anhui in the Country	14	14	14	14	14

2-31 全国及分省(区、市)粮食作物单位面积产量
Output of Grain Crops per Hectare by Provinces and Regions

单位:公斤/公顷 (kg/hectare)

地 区	Region	2011	2012	2013	2014	2015
全 国	**National**	**5165.9**	**5301.8**	**5376.6**	**5385.1**	**5482.7**
北 京	Beijing	5815.7	5868.4	6049.0	5320.4	5996.6
天 津	Tianjin	5207.1	5009.3	5249.9	5087.9	5192.1
河 北	Hebei	5047.0	5151.4	5327.8	5306.6	5262.1
山 西	Shanxi	3628.5	3870.9	4009.4	4049.4	3831.8
内蒙古	Inner Mongolia	4292.9	4523.7	4936.5	4871.7	4936.6
辽 宁	Liaoning	6421.5	6435.4	6805.1	5421.4	6072.9
吉 林	Jilin	6976.8	7251.2	7413.6	7064.7	7182.1
黑龙江	Heilongjiang	4842.8	5001.5	5191.9	5336.8	5375.1
上 海	Shanghai	6544.5	6523.6	6774.1	6826.4	6890.7
江 苏	Jiangsu	6218.5	6319.6	6385.3	6492.9	6565.1
浙 江	Zhejiang	6232.2	6150.8	5854.1	5978.8	5886.7
安 徽	**Anhui**	**4735.3**	**4966.9**	**4950.1**	**5152.9**	**5334.2**
福 建	Fujian	5484.2	5489.0	5526.9	5569.1	5540.5
江 西	Jiangxi	5624.0	5671.5	5733.4	5797.4	5798.5
山 东	Shandong	6194.2	6263.8	6207.6	6178.2	6290.2
河 南	Henan	5621.3	5647.0	5667.3	5653.7	5909.2
湖 北	Hubei	5794.5	5841.6	5873.8	5913.0	6053.0
湖 南	Hunan	6023.8	6125.7	5926.7	6032.5	6073.1
广 东	Guangdong	5378.3	5497.0	5247.6	5414.2	5419.9
广 西	Guangxi	4653.5	4838.2	4947.3	5001.9	4983.9
海 南	Hainan	4366.9	4548.4	4525.8	4736.0	4898.3
重 庆	Chongqing	4987.6	5038.7	5094.0	5103.8	5169.7
四 川	Sichuan	5110.8	5125.1	5235.2	5218.3	5334.4
贵 州	Guizhou	2869.9	3534.4	3302.9	3627.7	3788.2
云 南	Yunnan	3867.9	3975.6	4053.9	4127.4	4181.5
西 藏	Tibet	5508.7	5553.7	5467.1	5553.9	5595.7
陕 西	Shanxi	3811.0	3981.1	3915.5	3893.3	3991.5
甘 肃	Gansu	3580.5	3908.2	3984.0	4076.2	4109.8
青 海	Qinghai	3699.2	3622.7	3656.5	3741.9	3707.5
宁 夏	Ningxia	4210.9	4527.3	4658.2	4899.3	4836.3
新 疆	Xinjiang	5981.5	5973.2	6161.6	6270.2	6351.8
安徽居全国位次	Order of Precedence of Anhui in the Country	21	21	21	17	18

2-32 全国及分省(区、市)小麦单位面积产量
Output of Wheat per Hectare by Provinces and Regions

单位:公斤/公顷 (kg/hectare)

地 区	Region	2011	2012	2013	2014	2015
全 国	**National**	**4837.2**	**4986.9**	**5055.6**	**5243.5**	**5392.6**
北 京	Beijing	4883.0	5257.9	5171.9	5176.7	5352.9
天 津	Tianjin	4827.6	4929.3	5189.3	5297.3	5479.7
河 北	Hebei	5325.9	5550.9	5834.2	6103.5	6188.4
山 西	Shanxi	3383.9	3761.8	3405.6	3845.1	4020.6
内蒙古	Inner Mongolia	3010.0	3091.0	3158.2	2731.2	2805.6
辽 宁	Liaoning	5362.3	4705.9	4857.1	4827.6	4828.8
吉 林	Jilin	4213.8			4005.0	4030.2
黑龙江	Heilongjiang	3485.4	3333.3	2923.3	3198.6	3065.2
上 海	Shanghai	4031.1	3983.8	3975.7	4244.3	4380.6
江 苏	Jiangsu	4843.5	4917.8	5129.7	5372.4	5388.4
浙 江	Zhejiang	3720.0	3638.1	3685.1	3768.9	3912.0
安 徽	**Anhui**	**5101.6**	**5357.0**	**5475.1**	**5724.2**	**5742.8**
福 建	Fujian	2883.4	2874.2	2940.0	2930.6	2919.2
江 西	Jiangxi	2011.0	1924.1	2113.8	2133.3	2147.5
山 东	Shandong	5854.7	6011.0	6040.4	6052.7	6175.5
河 南	Henan	5866.6	5950.1	6012.0	6157.2	6452.7
湖 北	Hubei	3401.5	3479.9	3807.1	3924.3	3849.6
湖 南	Hunan	2524.8	2428.4	3396.3	3375.8	3184.8
广 东	Guangdong	3000.0	3225.8	3440.9	3225.8	3296.7
广 西	Guangxi	1418.9	1333.3	1452.5	1398.6	1728.9
海 南	Hainan					
重 庆	Chongqing	3063.4	3066.3	3132.0	3099.1	3279.1
四 川	Sichuan	3462.2	3541.0	3464.6	3614.9	3809.7
贵 州	Guizhou	1955.6	2016.9	2045.8	2445.3	2479.9
云 南	Yunnan	2257.8	1996.8	1841.7	1924.5	2093.8
西 藏	Tibet	6625.0	6512.1	6366.0	6427.4	6438.2
陕 西	Shanxi	3615.0	3862.2	3560.5	3853.1	4219.8
甘 肃	Gansu	2872.6	3339.6	2906.3	3427.1	3535.5
青 海	Qinghai	3760.5	3735.5	3768.6	3935.4	3868.0
宁 夏	Ningxia	3116.3	3463.7	3112.0	3181.1	3237.2
新 疆	Xinjiang	5349.3	5333.2	5371.0	5622.4	5634.1
安徽居全国位次	**Order of Precedence of Anhui in the Country**	7	5	5	5	5

2-33 全国及分省(区、市)稻谷单位面积产量
Output of Rice per Hectare by Provinces and Regions

单位:公斤/公顷 (kg/hectare)

地 区	Region	2011	2012	2013	2014	2015
全 国	**National**	**6687.3**	**6776.9**	**6717.3**	**6813.2**	**6891.3**
北 京	Beijing	6521.7	6443.9	6912.0	6943.1	6971.4
天 津	Tianjin	7528.1	7657.5	7685.9	7414.5	7378.3
河 北	Hebei	7248.9	5798.4	6768.0	6382.6	6430.8
山 西	Shanxi	4902.0	5940.6	6836.7	6888.9	6714.3
内蒙古	Inner Mongolia	8657.4	8201.1	7380.7	6704.3	6736.5
辽 宁	Liaoning	7657.7	7673.0	7807.9	8032.4	8582.7
吉 林	Jilin	9019.9	7587.5	7751.4	7865.7	8272.2
黑龙江	Heilongjiang	7000.7	7072.8	6992.6	7022.5	6987.9
上 海	Shanghai	8378.6	8481.3	8521.1	8544.3	8598.0
江 苏	Jiangsu	8290.2	8428.9	8484.3	8416.6	8520.2
浙 江	Zhejiang	7253.6	7305.6	7001.2	7159.7	7028.9
安 徽	**Anhui**	**6217.8**	**6291.1**	**6152.8**	**6289.3**	**6529.7**
福 建	Fujian	6082.2	6087.2	6140.8	6178.6	6147.7
江 西	Jiangxi	5877.8	5936.9	6003.7	6064.3	6065.1
山 东	Shandong	8347.5	8345.8	8416.3	8252.5	8178.5
河 南	Henan	7437.3	7599.2	7574.9	8136.4	8102.4
湖 北	Hubei	7941.0	8183.7	7979.6	8066.7	8273.9
湖 南	Hunan	6333.5	6426.3	6270.5	6392.1	6428.6
广 东	Guangdong	5651.4	5779.1	5474.7	5765.9	5767.1
广 西	Guangxi	5215.7	5550.2	5649.3	5755.1	5735.3
海 南	Hainan	4554.9	4801.5	4804.5	4979.3	5121.3
重 庆	Chongqing	7188.8	7248.9	7305.2	7296.0	7356.5
四 川	Sichuan	7605.5	7689.0	7783.7	7663.9	7798.9
贵 州	Guizhou	4459.8	5892.5	5278.7	5913.0	6184.5
云 南	Yunnan	6229.2	5952.7	5794.2	5819.0	5813.4
西 藏	Tibet	6000.0	5567.0	5789.5	4747.5	4787.2
陕 西	Shanxi	6987.3	7082.4	7351.3	7362.7	7479.6
甘 肃	Gansu		7019.7	7243.3	6887.2	6979.9
青 海	Qinghai					
宁 夏	Ningxia	8429.6	8457.9	8387.5	7923.1	8171.9
新 疆	Xinjiang	8590.5	8574.3	8889.9	10147.9	9835.3
安徽居全国位次	Order of Precedence of Anhui in the Country	21	20	22	22	20

2-34 全国及分省(区、市)玉米单位面积产量
Output of Corn per Hectare by Provinces and Regions

单位:公斤/公顷 (kg/hectare)

地 区	Region	2011	2012	2013	2014	2015
全 国	**National**	**5747.5**	**5869.7**	**6015.9**	**5808.9**	**5892.9**
北 京	Beijing	6429.4	6330.9	6567.0	5646.5	6481.7
天 津	Tianjin	5584.3	5155.3	5329.0	5000.0	4998.4
河 北	Hebei	5401.1	5409.8	5481.0	5268.9	5142.6
山 西	Shanxi	5189.7	5415.7	5721.2	5595.5	5145.0
内蒙古	Inner Mongolia	6113.7	6297.1	6527.8	6482.7	6605.9
辽 宁	Liaoning	6372.6	6450.9	6961.2	5023.5	5807.3
吉 林	Jilin	7462.8	7851.7	7932.7	7394.6	7383.6
黑龙江	Heilongjiang	5832.9	5563.8	5904.4	6145.8	6088.4
上 海	Shanghai	6603.3	6596.9	6997.2	6632.9	6117.8
江 苏	Jiangsu	5458.6	5495.3	5076.1	5479.7	5583.1
浙 江	Zhejiang	4715.6	4700.7	4220.8	4523.5	4470.0
安 徽	**Anhui**	**4428.1**	**5197.4**	**5040.8**	**5461.1**	**5629.5**
福 建	Fujian	3903.7	3970.9	4017.1	4103.2	4169.6
江 西	Jiangxi	4089.7	4484.8	4053.5	4101.1	4227.2
山 东	Shandong	6604.7	6608.6	6427.1	6359.7	6462.0
河 南	Henan	5608.3	5637.9	5608.2	5274.4	5543.4
湖 北	Hubei	5024.9	4762.2	4721.3	4571.3	4839.6
湖 南	Hunan	5762.8	5767.5	5374.5	5456.4	5420.5
广 东	Guangdong	4559.6	4620.3	4620.4	4338.0	4350.1
广 西	Guangxi	4324.6	4317.0	4526.0	4561.6	4508.2
海 南	Hainan	4375.5	4121.0	4362.0		
重 庆	Chongqing	5504.0	5471.1	5529.5	5471.0	5516.2
四 川	Sichuan	5147.1	5114.9	5532.7	5443.8	5461.5
贵 州	Guizhou	3093.6	4415.3	3829.0	3985.0	4246.2
云 南	Yunnan	4245.7	4804.7	4878.1	4871.9	4925.2
西 藏	Tibet	6626.5	6023.0	5763.9	5745.2	1854.3
陕 西	Shanxi	4675.7	4856.1	5031.0	4676.7	4715.5
甘 肃	Gansu	5074.3	5584.5	5854.8	5639.7	5691.0
青 海	Qinghai	7420.6	7410.6	7054.5	6907.4	6774.5
宁 夏	Ningxia	7461.1	7775.5	7871.3	7760.3	7518.3
新 疆	Xinjiang	7110.9	6919.4	7265.6	7038.8	7330.0
安徽居全国位次	Order of Precedence of Anhui in the Country	25	19	21	16	12

2-35 全国及分省(区、市)棉花产量
Output of Cotton by Provinces and Regions

单位:万吨 (10000 tons)

地 区	Region	2011	2012	2013	2014	2015
全 国	**National**	**658.9**	**683.6**	**629.9**	**617.8**	**560.3**
北 京	Beijing	0.1	0.1	…	…	…
天 津	Tianjin	7.2	5.8	4.8	3.8	2.6
河 北	Hebei	65.3	56.4	45.7	43.1	37.3
山 西	Shanxi	6.3	4.7	3.1	2.4	1.4
内蒙古	Inner Mongolia	0.2	0.2	0.2	0.2	…
辽 宁	Liaoning	0.1	0.1	0.1	…	…
吉 林	Jilin	1.2	0.8	0.6	0.1	
黑龙江	Heilongjiang		0.0			
上 海	Shanghai	0.5	0.4	0.4	0.1	…
江 苏	Jiangsu	24.7	22.0	20.9	16.0	11.7
浙 江	Zhejiang	3.2	3.0	2.8	2.5	2.0
安 徽	**Anhui**	**37.8**	**29.4**	**25.1**	**26.3**	**23.4**
福 建	Fujian	…	…	…	…	…
江 西	Jiangxi	14.3	15.2	13.1	13.4	11.5
山 东	Shandong	78.5	69.8	62.1	66.5	53.7
河 南	Henan	38.2	25.7	19	14.7	12.6
湖 北	Hubei	52.6	54.5	46	36.0	29.8
湖 南	Hunan	22.7	25.1	19.8	12.9	14.5
广 东	Guangdong		0.0			
广 西	Guangxi	0.2	0.2	0.2	0.3	0.3
海 南	Hainan		0.0			
重 庆	Chongqing	…	…	…		
四 川	Sichuan	1.5	1.3	1.3	1.2	1.0
贵 州	Guizhou	0.1	0.1	0.1	0.1	0.1
云 南	Yunnan	…	…	…	…	…
西 藏	Tibet					
陕 西	Shanxi	6.7	6.7	5.8	4.2	3.9
甘 肃	Gansu	7.6	8.1	7.1	6.4	4.3
青 海	Qinghai					
宁 夏	Ningxia					
新 疆	Xinjiang	289.8	353.9	351.7	367.7	350.3
安徽居全国位次	**Order of Precedence of Anhui in the Country**	**6**	**5**	**5**	**5**	**5**

2-36 全国及分省(区、市)油菜籽产量
Output of Rapeseeds by Provinces and Regions

单位:万吨 (10000 tons)

地 区	Region	2011	2012	2013	2014	2015
全 国	**National**	**1342.6**	**1400.7**	**1445.8**	**1477.2**	**1493.1**
北 京	Beijing			…		
天 津	Tianjin					…
河 北	Hebei	3.0	3.0	3.5	3.2	3.0
山 西	Shanxi	0.6	0.7	0.7	0.6	0.7
内蒙古	Inner Mongolia	24.0	30.7	33.7	39.6	41.7
辽 宁	Liaoning	0.1	0.1	0.1	0.2	0.2
吉 林	Jilin		0.0			
黑龙江	Heilongjiang	0.1	0.1	0.1	0.1	
上 海	Shanghai	1.6	1.5	1.3	1.1	1.0
江 苏	Jiangsu	105.2	109.1	113.3	110.1	106.3
浙 江	Zhejiang	33.6	32.1	31.7	25.9	25.1
安 徽	**Anhui**	**122.8**	**134.3**	**130.1**	**127.8**	**126.3**
福 建	Fujian	1.6	1.7	1.8	1.8	1.9
江 西	Jiangxi	66.7	68.8	70.4	72.4	73.9
山 东	Shandong	2.2	2.1	2.4	2.5	2.4
河 南	Henan	77.3	87.6	89.8	86.4	86.1
湖 北	Hubei	220.4	230.0	250.5	257.2	255.2
湖 南	Hunan	182.0	178.6	194.6	202.7	210.8
广 东	Guangdong	0.8	0.8	0.8	0.8	0.8
广 西	Guangxi	1.6	2.0	1.9	2.5	2.6
海 南	Hainan					
重 庆	Chongqing	35.0	37.7	40.1	44.0	46.7
四 川	Sichuan	214.4	222.1	224	233.1	238.5
贵 州	Guizhou	71.8	78.2	81.8	86.7	89.0
云 南	Yunnan	51.8	53.5	50.7	54.9	56.1
西 藏	Tibet	6.3	6.3	6.3	6.3	6.4
陕 西	Shanxi	38.4	39.9	39.7	41.6	43.2
甘 肃	Gansu	33.1	33.9	33.2	34.5	34.0
青 海	Qinghai	32.7	34.5	31.9	31.0	30.1
宁 夏	Ningxia	0.1	0.3	0.2	0.2	0.2
新 疆	Xinjiang	15.2	11.2	11.3	10.3	10.8
安徽居全国位次	Order of Precedence of Anhui in the Country	4	4	4	6	4

主要统计指标解读

粮食产量 指农业生产经营者日历年度内生产的全部粮食数量。按收获季节包括夏收粮食、早稻和秋收粮食,按作物品种包括谷物、薯类和豆类。其中谷物包括小麦、玉米、早稻、中稻和一季晚稻、双季晚稻、大麦、高粱、谷子、荞麦等禾本科和蓼科粮食作物;薯类只包括马铃薯、甘薯,木薯统计在其他农作物,芋头等其他薯统计在其他蔬菜;豆类包括大豆、绿豆、红小豆、杂豆等。谷物产量按脱粒后的原粮计算,薯类按鲜薯重量的5∶1折算,豆类按去豆荚后的干豆计算。

猪、牛、羊肉产量 指当年出栏并已屠宰、除去头蹄下水后带骨肉(即胴体重)的重量。包括全社会范围内的产量。1996年前为各级逐级上报数据。1996年第一次农业普查以后,由于畜牧业产品年报数据与普查数据之间存在一定的差距,国家统计局农调总队对畜牧业年报数据与普查数据进行衔接。1999年以后,国家统计局开展了猪、牛、羊、禽等主要畜禽品种的抽样调查,并用抽样数据作为国家定案数据使用。未开展抽样调查的品种,仍使用各级统计部门逐级上报数据。

期初(末)畜禽存栏头(只)数 指报告期初(末)农村各种合作经济组织和国营农场、农民个人、机关、团体、学校、工矿企业、部队等单位以及城镇居民饲养的大牲畜、猪、羊、家禽等畜禽的存栏数。数据上报方式及数据调整情况同猪、牛、羊肉产量。

当年出栏头数 指农林牧渔企业生产单位饲养的,供屠宰并已出栏的全部牲畜头数。包括交售给国家,集市上出售的部分。

常用耕地 是指耕地总资源中专门种植农作物并经常进行耕种、能够正常收获的土地。包括当年实际耕种的熟地;弃耕、休闲不满三年,随时可以复耕的地;开荒利用三年以上的土地。在统计口径上包括南方小于1米、北方小于2米宽的沟、渠、路和田埂。不包括临时种植农作物的坡度在25度以上的陡坡地;在河套、湖畔、库区临时开发的成片或零星土地;也不包括已列为国家和省(区、市)退耕计划但临时耕种的土地。常用耕地是国家需要重点保护的耕地,是反映我国农业综合生产能力的一个重要指标。

农作物播种面积 指实际播种或移植有农作物的面积。凡是实际种植有农作物的面积,不论种植在耕地上还是种植在非耕地上,均包括在农作物播种面积中。在播种季节基本结束后,因遭灾而重新改种和补种的农作物面积,也包括在内。它是反映我国耕地面积利用情况的一个重要指标。目前,农作物播种面积主要包括粮食、棉花、油料、糖料、麻类、烟叶、蔬菜和瓜类、药材和其他农作物九大类。

农林牧渔业中间消耗 指在一定时期内农林牧渔业生产过程中所消耗的物质产品和劳务价值。中间消耗包括物质产品消耗和生产服务支出两个部分。

物质消耗 指在一定时期内农林牧渔业生产过程中消耗的各种农业生产资料和发生的各项支出的市场价值。主要包括用种、饲料饲草、肥料、燃料、农药、农膜、小农具、养殖用药、水费、电费、棚架材料费、办公费用以及其他物质消耗。

生产服务支出 指在一定时期内农林牧渔业生产过程中各部门对农林牧渔业生产提供的劳动服务的价值。包括修理费、外雇运输费、生产性邮电费、外雇排灌费、外雇机械作业费、配种费、防疫费、技术服务费、上缴管理费、保险费、职工教育费、差旅费、会议费和其他服务费用等。

人民生活

PEOPLE'S LIVING CONDITIONS

简 要 说 明

一、本篇资料内容主要反映城乡居民收支和生活状况，包括居民家庭基本情况、居民收支、消费水平、居住状况及主要消费品拥有量等。

二、本篇资料来源于城乡一体化住户调查，自 2013 年以来，城乡一体化住户调查整合城乡住户调查资源，统一调查指标、统一抽样方法、统一调查过程、统一数据处理和统一数据发布，更加全面准确地反映居民收入分配格局，根据国家统计局《住户收支与生活状况调查方案》，由安徽调查总队组织实施，其调查目的是为全面了解全省和分市、县（区）城乡常住居民收入、生活现状及变化情况，满足各级政府制定政策计划和进行宏观管理的需要，以及社会各界的信息需求，为国民经济核算提供基础数据。

本版责任编辑：冉　地　汪　汛

3-1 居民家庭基本情况
Basic Conditions of Households

项 目	Item	2013	2014	2015
调查户数(户)	Number of Households Surveyed (household)			
平均每户家庭人口(人)	Average Household Size(person)	3.06	3.00	2.99
平均每户整半劳动力人口(人)	Average Number of Employed Persons per Household(person)	2.06	1.99	2.03
城乡居民家庭恩格尔系数(%)	Engel's Coefficient of Households(%)	34.7	34.14	34.46
可支配收入	**Disposable Income**	**15154.3**	**16795.5**	**18362.6**
工资性收入	Wages Income	8155.1	9068.5	10041.7
经营净收入	Net Income from Business	3662.3	3937.9	4194.7
财产净收入	Property Income	814.3	904.5	966.8
转移净收入	Transfer Income	2522.7	2884.7	3159.4
平均每人消费性支出(元)	**Per Capita Annual Living Expenditures for Consumption(yuan)**	**10544.1**	**11727.0**	**12840.1**
一、食品	Food	3660.8	4003.1	4424.2
二、衣着	Clothing	806.5	870.3	924.6
三、居住	Residence	2353.6	2541.8	2630.0
四、生活用品及服务	Household Facilities, Articles and Service	594.5	694.2	698.8
五、交通通信	Traffic and Communications	1190.0	1324.9	1622.3
六、教育文化娱乐	Education, Cultural & Recreation Service	1018.7	1157.3	1339.3
七、医疗保健	Medicine and Medical Service	699.5	870.0	932.3
八、其他用品和服务	Miscellaneous Commodities and Services	220.4	265.3	268.8
平均每人消费性支出构成	**Composition of per Capita Annual Living**	**100.00**	**100.00**	**100**
(人均消费性支出=100)(%)	**Expenditures for Consumption(%)**			
一、食品	Food	34.7	34.1	34.5
二、衣着	Clothing	7.6	7.4	7.2
三、居住	Residence	22.3	21.7	20.5
四、生活用品及服务	Household Facilities, Articles and Service	5.6	5.9	5.4
五、交通通信	Traffic and Communications	11.3	11.3	12.6
六、教育文化娱乐	Education, Cultural & Recreation Service	9.7	9.9	10.4
七、医疗保健	Medicine and Medical Service	6.6	7.4	7.3
八、其他用品和服务	Miscellaneous Commodities and Services	2.1	2.3	2.1

3-2 居民家庭人均收入情况
Annual Income per Capita of Households

项　　目	Item	2013	2014	2015
总收入(未扣除生产费用)	**Total Income(Not Deduct the Production Cost)**	**17148.9**	**19167.6**	**21104.3**
工资性收入	Income from Wages and Salaries	8155.1	9068.5	10041.7
家庭经营性收入	Household Business Income	5038.3	5516.9	6032.3
财产性收入	Property Income	824.6	989.0	1045.8
转移性收入	Transferred Income	3131.0	3593.2	3984.6
现金可支配收入	**Cash Disposable Income**	**14403.7**	**15815.4**	**17248.7**
现金工资性收入	Cash Wages Income	8104.0	9023.0	9976.0
现金经营净收入	Net Cash Income from Business	3611.0	3813.3	3999.5
现金财产净收入	Net Cash Property Income	298.8	326.7	323.9
现金转移净收入	Net Cash Transfer Income	2389.8	2652.4	2949.3
总支出	Total Expenditures	17039.5	18155.2	19317.0
消费支出	Expenditure for Consumption	10544.1	11727.0	12840.1
生产经营费用支出	Expenditure for Business	977.9	1239.4	1483.7
财产性支出	Property Expenditure	28.5	70.1	79.0
转移性支出	Transferred Expenditure	608.6	707.7	820.8
现金支出	**Cash Expenditure**	**15181.2**	**16061.1**	**17101.1**
现金消费支出	Cash Expenditure for Consumption	8718.6	9677.2	10665.3
生产经营费用支出	Cash Expenditure for Business	945.1	1195.1	1442.6
现金财产性支出	Cash Property Expenditure	28.5	70.1	79.0
现金转移性支出	Cash Transferred Expenditure	608.6	707.7	820.8
可支配收入	**Disposable Income**	**15154.3**	**16795.5**	**18362.6**
一、工资性收入	Income from Wages and Salaries	8155.1	9068.5	10041.7
(一)工资	Wages	7120.4	8587.1	9502.2
1.按月发放的工资	Monthly Salaries	5673.6	6658.6	7287.9
2.补发工资	Reissued Salaries	275.7	162.9	238.8
3.不按月发放的奖金、津贴、过节费等	Unmonthly Paid Bonus, Allowance and Holiday Fee	1171.0	1765.6	1975.6
(二)实物福利	Benefits in Kind	51.1	45.5	65.7
1.从单位或雇主得到的实物产品折价	Cash Calculated from Physical Products Paid by Unit or Employer	17.7	12.6	14.8
2.从单位或雇主得到的服务折价	Cash Calculated from Services by Unit or Employer	24.5	32.9	50.9
(三)其他	Others	983.7	435.9	473.8

3-2 续表1 Continued 1

项　目	Item	2013	2014	2015
1.住房公积金	Housing Accumulation Fund	292.0	347.1	448.0
2.辞退金	Dismissal Costs	4.5	2.7	11.7
3.自由职业劳动所得(如稿费、翻译费)	Income on Freelance Business (Such as Remuneration, Translation Fees)	24.5	29.0	11.8
4.安家费	Settling-in Allowance	0.1	0.7	1.8
5.股票期权	Stock Options	0.8	0.8	0.4
6.其他劳动所得	Other Labor Income	661.8	55.5	0.1
二、经营净收入	Net Business Income	3662.3	3937.9	4194.7
(一)第一产业经营净收入	Primary Industry	1650.5	1763.4	1771.6
1.农业	Farming	1263.4	1384.7	1435.2
2.林业	Forestry	158.6	163.0	117.5
3.牧业	Animal Husbandry	146.6	149.8	153.6
4.渔业	Fishery	43.6	66.0	65.4
(二)第二产业经营净收入	Secondary Industry	369.4	412.0	495.7
1.采矿业	Mining	−0.7	−0.3	2.0
2.制造业	Manufacturing	49.3	75.5	145.6
3.电力、热力、燃气及水生产和供应业	Production and Supply of Electricity, Gas and Water	0.3	−0.5	0.1
4.建筑业	Construction	320.5	337.2	347.9
(三)第三产业经营净收入	Tertiary Industry	1642.4	1762.5	1927.3
1.批发和零售业	Wholesale and Retail Trades	958.9	1019.9	1084.6
2.交通运输、仓储和邮政业	Transport, Storage and Post	198.7	201.3	246.1
3.住宿和餐饮业	Hotels and Catering Services	137.2	149.4	176.5
4.房地产业	Real Estate	14.9	10.4	3.2
5.租赁和商务服务业	Leasing and Business Services	17.2	19.3	16.9
6.居民服务、修理和其他服务业	Serices to Households and Other Services	279.5	282.3	267.2
7.其他	Others	35.9	32.3	50.2
8.农林牧渔服务业	Agricultural Service	38.1	47.7	82.7
三、财产净收入	Net Property Income	814.3	904.5	966.8
(一)利息净收入	Net Interest Income	37.1	17.8	24.8
(二)红利收入	Dividend Income	27.4	22.3	33.7
1.集体分配的红利	Collective Distribution of Dividends	5.0	5.5	4.9
2.其他红利收入	Other Dividend Income	23.4	17.0	28.8
(三)储蓄性保险净收益	Net Income of Savings Insurance	2.1	4.3	3.3

3-2 续表2 Continued 2

项目	Item	2013	2014	2015
(四)转让承包土地经营权租金净收入	Net Income from Transfer of Right to Contracted Management of Rural Land	30.0	43.3	67.9
(五)出租房屋财产性收入	Property Income from Rental Accommodation	177.7	199.4	190.1
(六)出租机械、专利、版权等资产的收入	Income from Rental Machinery, Patent, Copyright and the Like	-1.4	25.2	2.5
(七)其他财产净收入	Other Net Property Income	16.1	0.1	1.5
(八)房屋虚拟租金	Virtual Housing Rent	525.7	592.2	642.9
四、转移净收入	Net Transfer Income	2522.7	2884.7	3159.4
(一)转移性收入	Transfer Income	3131.9	3593.3	3984.7
1.养老金或离退休金	Pension or Retirement Pension	1682.1	1941.6	2221.7
(1)离退休金	Pensions of Retirees	1568.7	1795.3	2043.9
(2)(城镇)居民社会养老保险	Social Old-age Insurance for(Urban) Residents	39.2	46.9	58.8
(3)新型农村养老保险	New System of Old-age Insurance for Rural Residents	56.6	71.7	88.5
(4)其他养老金	Other Old-age Pension	17.7	27.7	30.4
2.社会救济和补助	Social Welfare or Aid	85.0	84.8	80.4
(1)最低生活保障费	Guaranteed Minimum Income	42.9	48.7	40.7
(2)五保户救助金	Aids to Households Enjoying the Five Guarantees	3.6	4.9	5.5
(3)扶贫款	Poverty Relief Funds	1.1	0.5	1.9
(4)救灾款	Disaster Relief Funds	1.2	0.3	0.7
(5)抚恤金	Pension	11.7	14.2	15.0
(6)其他社会救济收入	Other Income from Social Welfare	22.6	16.1	16.6
3.政策性生活补贴	Policy Living Allowance	25.1	33.4	29.3
(1)家电补贴	Subsidies for Home Appliances	1.1	0.0	1.5
(2)能源补贴	Subsidies for Energy	0.8	0.7	0.5
(3)免费或低价提供的住宿(廉租房)	Free or Cheap Accommodation	0.6		0.0
(4)其他生活补贴	Other Living Allowance	22.6	32.6	27.1
4.报销医疗费	Reimbursement of Medical Expenses	124.2	225.3	203.3
5.家庭外出从业人员寄回带回收入	Sent Back by Family Outings Employees	723.4	781.3	927.0
6.赡养收入	Alimony Income	235.8	274.9	329.8
7.其他经常转移收入	Other Regular Transfer Income	154.0	141.0	81.1
(1)失业保险金	Unemployment Insurance Benefits	1.8	4.6	2.7
(2)经常性捐赠收入	Regular Donation Income	18.1	9.2	13.5
(3)经常性赔偿收入	Regular Compensation Income	0.6	0.8	0.7

3-2 续表3 Continued 3

项 目	Item	2013	2014	2015
(4)其他转移性收入	Other Transfer Income	132.6	126.8	64.3
8.从政府和组织得到的实物产品和服务折价	Cash Calculated from Physical Products and Service Paid by Government and Organizations	8.4	7.8	11.3
9.现金政策性惠农补贴	Policy Agricultural Subsidies in Cash	94.0	103.1	100.9
(二)转移性支出	Transferred Expenditure	609.3	708.6	825.2
1.个人所得税	Personal Income Tax	13.2	21.7	25.4
2.社会保障支出	Social Security Expenditure	453.7	539.2	650.5
(1)个人缴纳的养老保险	Individual Endowment Insurance	305.4	348.4	431.2
(2)个人缴纳的医疗保险	Individual Medical Treatment Insurance	118.4	157.0	180.9
(3)个人缴纳的失业保险	Individual Unemployment Insurance	16.0	23.0	26.7
(4)其他社会保障支出	Other Social Security Expenditure	13.9	10.7	11.6
3.外来从业人员寄给家人的支出	Sent Home to Their Families by Foreign Workers	2.4	3.5	5.0
4.赡养支出	Alimony Expenditure	68.4	75.6	71.2
5.其他转移性支出	Other Transferred Expenditure	71.6	68.6	73.2
(1)经常性捐赠支出	Regular Donation Expenditure	27.3	18.3	11.6
(2)经常性赔偿支出	Regular Compensation Expenditure	0.2		0.0
(3)其他经常转移支出	Other Regular Transfer Expenditure	42.9	50.3	61.6
现金可支配收入	**Cash Disposable Income**	**14403.7**	**15815.4**	**17248.7**
一、现金工资性收入	Cash Income from Wages and Salaries	8104.0	9023.0	9976.0
(一)工资	Wages	7120.4	8587.1	9502.2
1.按月发放的工资	Monthly Salaries	5673.6	6658.6	7287.9
2.补发工资	Reissued Salaries	275.7	162.9	238.8
3.不按月发放的奖金、津贴、过节费等	Unmonthly Paid Bonus, Allowance and Holiday Fee	1171.0	1765.6	1975.6
(二)其他工资性收入	Other Income from Wages and Salaries	983.7	435.9	473.8
1.住房公积金	Housing Accumulation Fund	292.0	347.1	448.0
2.辞退金	Dismissal Costs	4.5	2.7	11.7
3.自由职业劳动所得(如稿费、翻译费)	Income on Freelance Business (Such As Remuneration, Translation Fees)	24.5	29.0	11.8
4.安家费	Settling-in Allowance	0.1	0.7	1.8
5.股票期权	Stock Options	0.8	0.8	0.4
6.其他劳动所得	Other Labor Income	661.8	55.5	0.1
二、现金经营净收入	Net Cash Business Income	3611.0	3813.3	3999.5
(一)第一产业现金经营净收入	Primary Industry	1288.9	1383.9	1317.1

3-2 续表4 Continued 4

项　　目	Item	2013	2014	2015
1.农业	Farming	1012.5	1143.7	1065.6
2.林业	Forestry	58.0	34.1	51.7
3.牧业	Animal Husbandry	132.7	141.7	137.4
4.渔业	Fishery	43.7	64.4	62.5
(二)第二产业现金经营净收入	Secondary Industry	436.8	453.6	530.7
1.采矿业	Mining	-0.6	-0.2	2.3
2.制造业	Manufacturing	72.7	96.7	155.4
3.电力、热力、燃气及水生产和供应业	Production and Supply of Electricity,Gas and Water	0.7	0.0	2.7
4.建筑业	Construction	343.1	357.1	370.3
(三)第三产业现金经营净收入	Tertiary Industry	1885.3	1975.7	2151.7
1.批发和零售业	Wholesale and Retail Trades	1053.5	1180.4	1184.8
2.交通运输、仓储和邮政业	Transport,Storage and Post	242.7	250.2	308.4
3.住宿和餐饮业	Hotels and Catering Services	149.2	161.7	197.8
4.房地产业	Real Estate	14.9	10.7	3.2
5.租赁和商务服务业	Leasing and Business Services	17.2	20.2	25.3
6.居民服务、修理和其他服务业	Serices to Households and Other Services	304.6	312.3	292.1
7.其他行业	Others	40.7	40.3	55.3
8.农林牧渔服务业	Agricultural Service	39.0	48.3	84.9
三、现金财产净收入	Net Cash Property Income	298.8	326.7	323.9
(一)利息净收入	Net Interest Income	37.1	17.8	24.8
(二)红利收入	Dividend Income	27.4	22.3	33.7
1.集体分配的红利	Collective Distribution of Dividends	5.0	5.5	4.9
2.其他红利收入	Other Dividend Income	22.4	16.8	28.8
(三)储蓄性保险净收益	Net Income of Savings Insurance	2.1	4.3	3.3
(四)转让承包土地经营权租金净收入	Net Income from Transfer of Right to Contracted Management of Rural Land	30.0	43.3	67.9
(五)出租房屋财产性收入	Property Income from Rental Accommodation	176.6	199.4	190.1
(六)出租机械、专利、版权等资产的收入	Income from Rental Machinery, Patent, Copyright and the Like	8.9	39.7	2.5
(七)其他财产净收入	Other Net Property Income	15.9	0.1	1.5
四、现金转移净收入	Net Cash Transfer Income	2389.8	2652.4	2949.3
(一)现金转移性收入	Cash Transfer Income	2998.5	3360.1	3770.1
1.养老金或离退休金	Pension or Retirement Pension	1682.1	1941.6	2221.7
(1)离退休金	Pensions of Retirees	1568.7	1795.3	2043.9

3-2 续表5 Continued 5

项 目	Item	2013	2014	2015
(2)(城镇)居民社会养老保险	Social Old-age Insurance for(Urban) Residents	39.2	46.9	58.8
(3)新型农村养老保险	New System of Old-age Insurance for Rural Residents	56.6	71.7	88.5
(4)其他养老金	Other Old-age Pension	17.7	27.7	30.4
2.社会救济和补助	Social Welfare or Aid	85.0	84.8	80.4
(1)最低生活保障费	Guaranteed Minimum Income	42.9	48.7	40.7
(2)五保户救助金	Aids to Households Enjoying the Five Guarantees	3.6	4.9	5.5
(3)扶贫款	Poverty Relief Funds	1.1	0.5	1.9
(4)救灾款	Disaster Relief Funds	1.2	0.3	0.7
(5)抚恤金	Pension	11.7	14.2	15.0
(6)其他社会救济收入	Other Income from Social Welfare	22.6	16.1	16.6
3.政策性生活补贴(只含政策生活补贴)	Policy Living Allowance	24.6	33.4	29.3
4.家庭外出从业人员寄回带回收入	Sent Back by Family Outings Employees	723.4	781.3	927.0
5.赡养收入	Alimony Income	236.0	274.9	329.8
6.其他经常转移收入	Other Regular Transfer Income	153.5	141.0	81.1
(1)失业保险金	Unemployment Insurance Benefits	1.8	4.6	2.7
(2)经常性捐赠收入	Regular Donation Income	18.1	9.2	12.8
(3)经常性赔偿收入	Regular Compensation Income	0.6	0.8	0.7
(4)其他转移性收入	Other Transfer Income	132.2	126.4	64.9
7.现金政策性惠农补贴	Policy Agricultural Subsidies in Cash	94.0	103.1	100.9
(二)现金转移性支出	Cash Transferred Expenditure	608.6	707.7	820.8
1.个人所得税	Personal Income Tax	13.0	21.7	25.4
2.个人缴纳的社会保障支出	Individual Social Security Expenditure	453.9	539.2	650.5
(1)个人缴纳的养老保险	Individual Endowment Insurance	305.4	348.4	431.2
(2)个人缴纳的医疗保险	Individual Medical Treatment Insurance	118.6	157.0	180.9
(3)个人缴纳的失业保险	Individual Unemployment Insurance	16.0	23.0	26.7
(4)其他社会保障支出	Other Social Security Expenditure	13.9	10.7	11.6
3.外来从业人员寄给家人的支出	Sent Home to Their Families by Foreign Workers	2.5	3.5	5.0
4.赡养支出	Alimony Expendiuture	67.7	75.6	71.2
5.其他转移性支出	Other Transferred Expenditure	71.5	67.7	68.7
(1)经常性捐赠支出	Regular Donation Expenditure	27.3	18.2	11.6
(2)经常性赔偿支出	Regular Compensation Expenditure	0.2		0.0
(3)其他经常转移支出	Other Regular Transfer Expenditure	42.7	49.5	57.1

3-3 居民家庭人均支出情况
Annual Expenditure per Capita of Households

项目	Item	2013	2014	2015
总支出	Total Expenditure	17039.5	18155.2	19317.0
其中：消费支出	Of Which: Consumption Expenditure	10544.1	11727.0	12840.1
（一）食品烟酒	Food, Tobacco and Liquor	3660.8	4003.1	4424.2
1.食品	Food	2660.4	2751.9	3010.5
（1）谷物	Cereals	395.9	485.2	525.8
（2）薯类	Tubers	31.7	33.5	47.1
（3）豆类	Beans	57.0	57.7	61.4
（4）食用油	Edible Oil	132.0	130.8	130.8
（5）蔬菜和食用菌	Vegetables and Edible Fungus	351.8	359.3	382.1
（6）肉类	Meat	546.9	563.9	607.8
（7）禽类	Poultry	172.1	191.9	213.6
（8）水产品	Aquatic Products	159.7	171.3	181.8
（9）蛋类	Eggs	97.9	108.1	108.6
（10）奶类	Milk	190.6	217.3	248.9
（11）干鲜瓜果类	Fresh, Dried Melons and Fruits	194.0	223.9	251.4
（12）糖果糕点类	Candies, Cake and Cookie	82.2	103.3	114.7
（13）其他食品	Other Foods	112.5	105.5	136.4
2.烟酒	Tobacco and Liquor	560.2	637.7	700.0
（1）烟草	Tobacco	289.8	356.5	389.6
（2）酒类	Liquor	258.6	281.2	310.4
3.饮料	Drinks	94.2	107.9	116.6
4.饮食服务	Diet Service	436.3	505.6	597.0
（1）食堂用餐	Cafeteria Food	40.0	52.3	62.1
（2）其他在外饮食	Dining Out	390.7	446.0	524.3
（3）食品加工服务费	Food Processing and Service Fee	5.6	7.4	10.5
（二）衣着	Clothing	806.5	870.3	924.6
1.衣类	Clothing	596.4	658.1	706.2
2.鞋类	Footwear	194.8	212.2	218.3
（三）居住	Residence	2353.6	2541.8	2630.0
1.租赁房房租	Rent of Rentable Housing	149.3	123.9	110.8
2.住房维修及管理	Management and Maintenance of Housing	292.8	353.8	332.4
3.水电燃料及其他	Water, Electricity, Fuels and Others	462.2	606.8	563.4
4.自有住房折算租金	Converted Rent for Private Housing	1330.7	1457.4	1623.3

3-3 续表 Continued

项　　目	Item	2013	2014	2015
(四)生活用品及服务	Household Facilities, Articles and Service	594.5	694.2	698.8
1.家具及室内装饰品	Furniture and Interior Decorations	90.8	127.4	107.2
2.家用器具	Household Facilities	195.5	213.3	178.0
3.家用纺织品	Home Textiles	53.1	55.6	56.1
4.家庭日用杂品	Daily-Use Household Articles	165.8	187.0	216.9
5.个人用品	Personal Products	59.7	86.1	108.6
6.家庭服务	Household Service	22.1	24.8	31.9
(五)交通通信	Traffic and Communications	1190.0	1324.9	1622.3
1.交通	Transportation	720.7	801.9	1050.8
(1)交通工具	Transportation Facility	348.3	367.2	556.3
(2)交通费	Traffic Fare	127.5	136.4	153.9
(3)交通工具用燃料	Fuels	157.3	172.4	187.1
(4)交通工具使用及维修	Fees for Vehicles Use and Maintenance	87.7	125.9	153.6
其中:车辆保险支出	Of Which: Vehicle Insurance Expenditure	23.6	32.5	47.7
2.通信	Communications	468.4	523.0	571.4
(1)通信工具	Communication Facility	77.6	100.8	141.7
(2)通信服务	Communication Services	390.7	422.1	429.7
(六)教育文化娱乐	Education, Cultural & Recreation Service	1018.7	1157.3	1339.3
1.教育	Education	712.4	806.6	926.9
(1)学前教育	Preschool Education	69.9	86.3	85.6
(2)小学教育	Primary Education	74.8	84.9	99.7
(3)初中教育	Secondary Education	100.8	99.6	121.6
(4)高中教育	High School Education	139.1	153.0	170.4
(5)中专职高教育	Vocational Senior and Specialized Secondary Education	16.7	23.4	31.4
(6)大专及以上教育	College Education or Above	260.9	316.9	346.7
(7)成人教育	Adult Education	43.8	42.6	71.5
2.文化娱乐	Cultural and Recreation	306.0	350.7	412.4
(1)文娱耐用消费品	Cultural and Recreational Durable Consumer Goods	90.3	89.7	97.3
(2)其他文娱用品	Other Cultural Articles	62.1	82.4	95.5
(3)文化娱乐服务	Cultural and Recreation Service	151.4	178.6	219.6
(七)医疗保健	Medicine and Medical Service	699.5	870.0	932.3
1.医疗器具及药品	Medical Instrument and Articles	193.0	227.9	255.9
2.医疗服务	Medical Service	506.5	642.1	676.4
(1)门诊总费用	Outpatient Costs	151.0	168.5	202.4
(2)住院总费用	Hospitalization Expenses	338.1	473.6	474.0
(八)其他用品和服务	Miscellaneous Commodities and Services	220.4	265.3	268.8
1.其他用品	Miscellaneous Commodities	140.0	175.3	159.6
2.其他服务	Miscellaneous Services	79.8	90.0	109.1
附记指标:通过互联网购买的商品或服务	Goods and Services Bought Online			137.4

3-4 居民家庭人均主要食品消费量(含自产自用)
Per Capita Main Food Consumption of Households

单位:千克 (kg)

项　目	Item	2014	2015
一、粮食消费量	Grain	150.60	142.04
(一)谷物消费量	Cereals	138.68	129.44
1.小麦	Wheat	49.98	46.57
2.稻谷	Barley	83.70	77.96
3.玉米	Corn	2.33	2.36
4.其他谷物	Other Cereals	2.67	2.55
(二)薯类消费量	Tubers	1.96	2.21
1.红薯	Sweet Potato	0.97	1.22
2.马铃薯	Potato	0.66	0.66
3.其他薯类	Other Tubers	0.32	0.34
(三)豆类消费量	Beans	9.96	10.39
1.大豆	Soybean	1.18	1.25
2.其他豆类	Other Beans	8.78	9.14
二、油脂类消费量	Oil and Fats	12.41	9.97
(一)植物油	Edible Vegetable Oil	11.68	9.28
(二)动物油	Edible Animal Oil	0.73	0.69
三、蔬菜及菜制品消费量	Vegetables and Processed Products	91.95	93.41
(一)鲜菜	Fresh Vegetables	89.44	90.81
(二)干菜及菜制品	Dried Vegetables and Processed Products	1.03	1.04
(三)鲜菌	Fresh Edible Fungus	1.25	1.32
(四)干菌及菌制品	Dried Edible Fungus and Processed Products	0.23	0.23
四、肉类	Meat and Processed Products	22.01	22.72
(一)猪肉	Pork	17.91	18.07
(二)牛肉	Beef	1.35	1.50
(三)羊肉	Mutton	0.51	0.73
(四)其他肉类及制品	Others	2.24	2.42
五、禽类	Poultry and Processed Products	10.52	10.84
(一)鸡	Chicken	6.87	7.20
(二)鸭	Duck	1.64	1.67

3-4 续表 Continued

项　目	Item	2014	2015
(三)鹅	Goose	0.24	0.26
(四)其他禽类及制品	Others	1.77	1.71
六、水产品	Aquatic Products	10.48	10.83
(一)鱼类	Fish	8.86	9.15
(二)虾、贝、蟹类	Shrimps,Shells and Crabs	0.87	0.93
(三)藻类	Algae	0.41	0.43
(四)其他	Others	0.33	0.33
七、蛋类及蛋制品	Eggs and Processed Products	10.05	10.52
(一)鲜蛋	Fresh Eggs	9.57	10.00
(二)蛋制品	Egg Products	0.48	0.51
八、奶和奶制品	Milk and Dariy Products	11.59	10.70
(一)鲜奶	Fresh Milk	4.73	4.12
(二)酸奶	Yogurt	4.10	3.81
(三)奶粉	Milk Powder	0.82	0.89
(四)其他奶制品	Others	1.93	1.89
九、干鲜瓜果类	Dried and Fresh Melons and Fruits	39.35	38.25
(一)鲜瓜果	Fresh Melons and Fruits	36.27	34.73
(二)瓜果制品	Melon and Fruit Products	0.73	0.94
(三)坚果类	Nuts and Grain Products	2.35	2.58
十、糖果糕点类	Confectioneries	5.83	6.43
(一)食糖	Sugar	1.06	1.47
(二)糖果	Candy	0.56	0.58
(三)糕点	Pastry	3.39	3.56
(四)其他糖果糕点	Other Confectioneries	0.82	0.82
十一、饮料	Beverage	0.26	0.28
茶叶	Tea	0.26	0.28
十二、烟叶消费量	Tobacco	31.05	31.14
十三、酒	Liquor and Drinks	12.29	11.70
(一)白酒	Wine Spirit	3.93	3.86
(二)啤酒	Beer	8.24	7.75
(三)果酒	Fruit Wine	0.11	0.09

3-5 居民家庭第一产业经营收支
Income and Expenditure per Capita of Primary Industry

项　　目	Item	2013	2014	2015
一、第一产业经营收入(不含惠农补贴)	Income of Primary Industry Business(Excluding Agricultural Subsidies)	2569.1	2854.5	2964.8
(1)农业	Primary Industry	1916.9	2125.7	2206.0
(2)林业	Farming	186.0	188.4	146.9
(3)牧业	Forestry	324.8	406.9	465.3
(4)渔业	Animal Husbandry	90.5	133.5	146.6
二、第一产业现金经营收入	Cash Income of Primary Industry Business	2084.0	2346.0	2374.6
1.农业	Farming	1580.2	1795.9	1736.3
2.林业	Forestry	83.7	59.4	80.8
3.牧业	Animal Husbandry	278.3	360.4	415.3
4.渔业	Fishery	88.0	130.3	142.2
三、第一产业经营费用支出	Expenditure for Primary Industry Business	827.9	1006.3	1098.5
1.农业	Farming	579.2	667.9	685.6
2.林业	Forestry	25.7	25.2	29.1
3.牧业	Animal Husbandry	168.1	246.9	303.9
4.渔业	Fishery	46.4	66.4	79.9
四、第一产业经营现金费用支出	Cash Expenditure for Primary Industry Business	795.1	962.1	1057.5
1.农业	Farming	569.1	652.2	670.7
2.林业	Forestry	25.7	25.2	29.1
3.牧业	Animal Husbandry	148.8	218.7	277.8
4.渔业	Fishery	44.3	65.9	79.7
五、现金政策性惠农补贴	Policy Agricultural Subsidies in Cash	94.0	103.1	100.9

3-6 居民家庭每百户耐用消费品拥有量
Ownership of Major Durable Consumer Goods per 100 Households

项　目	Item	2013	2014	2015
一、主要消费品拥有量	**Ownership of Major Durable Consumer Goods**			
1.家用汽车	Household Automobile	10.00	11.16	14.83
2.摩托车	Motorcycle	38.59	37.99	34.09
3.助力车	Man-drawn Vehicle	55.89	66.49	73.90
4.洗衣机	Washing Machine	76.69	81.97	83.31
5.电冰箱(柜)	Refrigerator	86.08	91.33	93.71
6.微波炉	Microwave Oven	32.76	35.46	36.42
7.彩色电视机	Color TV	117.98	124.52	125.27
9.空调	Air Conditioner	82.90	94.37	99.18
10.热水器	Water Heater	72.09	77.54	80.73
11.其中:太阳能热水器	Of Which:Solar Heater	57.23	61.64	63.02
12.消毒碗柜	Disinfectant Machine	2.36	2.17	2.56
13.洗碗机	Dishwasher	0.37	0.53	0.24
14.排油烟机	Kitchen Ventilator	33.74	36.96	37.41
15.固定电话	Telephone	42.06	51.31	45.53
16.移动电话	Mobile Telephone	182.33	200.21	210.75
18.计算机	Computer	36.47	42.09	45.26
20.摄像机	Video Camera	2.32	2.56	2.34
21.照相机	Camera	15.00	16.33	14.91
22.中高档乐器	Medium Upscale Musical Instrument	1.29	1.76	1.96
23.健身器材	Healthy Equipment	1.00	1.58	2.01
24.组合音响	Hi-Fi Stereo Component System	5.12	5.40	5.04
二、信息化调查情况	**Informatization**			0
接入有线电视网络的电视机(台)	TV set for Acessing Cable Televison Network(set)	62.13	61.49	61.63
接入互联网的移动电话(部)	Network-connected Hand Telephone(unit)	49.30	68.54	83.44
接入互联网的计算机(台)	Network-connected Computers(set)	30.76	31.85	36.12

3-7 居民家庭居住情况
Living Conditions of Households

项　　目	Item	2013	2014	2015
现住房建筑面积(平方米/人)	Total Floor Space for Current Housing(sq.m/person)	38.17	40.28	41.12
(一)本住户居住类型(%)	Type of Residence(%)			
1.普通住宅	Ordinary House	99.23	99.45	99.36
2.集体宿舍和工棚	Dormitory and Work Shed	0.66	0.50	0.54
3.工作地住宿	Get Accommodation at Workplace	0.11	0.05	0.10
(二)本住户居住空间样式(%)	House Styles(%)			
1.单栋楼房	Single Building	36.45	37.56	39.78
2.单栋平房	Single Bungalow	26.94	26.68	23.84
3.四居室及以上单元房	Unit with Four Rooms and Over	1.17	1.08	1.20
4.三居室单元房	Unit with Three Rooms	14.10	13.94	14.78
5.二居室单元房	Unit with Two Rooms	15.09	14.55	15.65
6.一居室单元房	Unit with One Room	1.77	1.70	1.23
7.筒子楼或连片平房	Tube-shaped Apartments or Rows of Bungalow	2.82	2.82	2.13
8.其他	Others	1.66	1.65	1.40
(三)主要建筑材料(%)	Main Architecture Materials(%)			
1.钢筋混凝土	Reinforced Concrete	28.63	28.66	30.89
2.砖混材料	Brick-concrete-structured Materials	50.72	51.81	52.17
3.砖瓦砖木	Tile and Wood	20.21	19.12	16.66
4.竹草土坯	Bamboo,Grass and Adobe	0.29	0.30	0.15
5.其他	Others	0.14	0.11	0.14
(四)现住房房屋来源(%)	Source of Current Housing(%)			
1.租赁公房	Rental Public Housing	0.51	0.53	0.66
2.租赁私房	Rental Privately Owned Housing	4.90	4.35	4.77
3.自建住房	Self Help Housing	62.77	63.20	61.55
4.购买商品房	Purchase of Merchandise Housing	17.55	17.74	17.64

3-7 续表 1 Continued 1

项　目	Item	2013	2014	2015
5.购买房改住房	Privately Owned House After Housing Reform	8.12	8.09	8.05
6.购买保障性住房	Purchase of Social Housing	0.21	0.12	0.31
7.拆迁安置房	Resettlement Housing	4.03	4.34	5.08
8.继承或获赠住房	Inherited or Received Housing	0.61	0.48	0.58
9.免费借用房	Free Borrowed Housing	0.84	0.70	0.60
10.雇主提供免费住房	Free Housing Provided by Employer	0.19	0.28	0.17
11.其他来源	Others	0.26	0.17	0.60
(五)现住房建筑面积	Floor Space of Current Housing(%)			
1.10 平方米以内	Below 10 sq.m		0.05	0.08
2.10~20 平方米	10~20 sq.m		0.19	0.42
3.20~30 平方米	20~30 sq.m		1.38	1.16
4.30~60 平方米	30~60 sq.m		12.83	11.76
5.60~90 平方米	60~90 sq.m		27.42	28.09
6.90~120 平方米	90~120 sq.m		24.58	24.35
7.120~200 平方米	120~200 sq.m		23.26	22.89
8.200 平方米以上	Above 200 sq.m		10.27	11.26
(六)住宅外道路路面情况(%)	Pavement Conditions Out of the House(%)			
1.水泥或柏油路面	Cement or Asphalt Pavement	60.76	64.02	67.32
2.沙石或石板等硬质路面	Sand or Stone Pavement	24.37	23.27	23.20
3.其他	Others	14.88	12.71	9.48
(七)住宅有管道供水情况(%)	Conditions of Piped Water Supply(%)			
1.管道供水入户	Piped Water Supply into People's Homes	65.52	67.13	70.48
2.管道供水至公共取水点	Piped Water Supply to Watering Points	0.87	0.53	0.80
3.没有管道设施	No Pipeline Facilities	33.61	32.35	28.72
(八)住户主要饮用水来源情况(%)	Source of Drinking Water(%)			
1.经过净化处理的自来水	Purified Tap Water	63.79	64.11	67.44
2.受保护的井水和泉水	Protected Wells and Springs	18.18	20.80	17.72
3.不受保护的井水和泉水	Unprotected Wells and Springs	15.07	12.64	13.74

3-7 续表 2 Continued 2

项 目	Item	2013	2014	2015
4.江河湖泊水	Rivers and Lakes	0.21	0.11	0.27
5.收集雨水	Collected Rainwater	0.00	0.06	0.02
6.桶装水	Barreled Water	0.05	0.06	0.09
7.其他水源	Others	2.70	2.21	0.72
(九)住户获取饮用水的主要困难(%)	Difficulties to Get Drinking Water(%)			
1.单次取水往返时间超过半小时	Taking More than a Half-hour to Get Water	0.67	0.58	0.24
2.间断或定时供水	Intermittent or Timing Water Supply	3.62	2.95	2.26
3.当年连续缺水时间超过 16 天	Longer than 16 Days of Shortage of Water	1.02	1.41	0.93
4.无上述困难	No Such Difficulties	94.69	95.07	96.56
(十)住户饮用水使用前采取的主要处理措施(%)	Treatments Before Drinking Water(%)			
1.煮沸	Boiling	85.24	87.67	88.45
2.加漂白剂/氯等	Adding Bleach/Chloride, etc.	1.28	1.07	0.87
3.使用水过滤器	Using Water Filter	0.34	0.65	0.77
4.其他处理措施	Other Treatments	0.99	0.76	0.66
5.没有任何水处理措施	No Treatments	12.15	9.85	9.25
(十一)住户厕所类型(%)	Type of Toilet(%)			
1.水冲式卫生厕所	Flush Sanitary Toilets	44.22	43.78	46.67
2.水冲式非卫生厕所	Flush Insanitary Toilets	1.56	2.46	2.31
3.卫生旱厕	Sanitary Dry Latrines	8.54	8.87	8.51
4.普通旱厕	Ordinary Dry Latrines	42.53	42.15	40.39
5.无厕所	No Toilet	3.15	2.74	2.12
(十二)住户厕所使用情况(%)	Use of Toilet(%)			
1.本住户独用	Private Toilet	93.29	93.51	93.79
2.几户合用	Toilet Shared by Several Households	3.27	3.15	3.24
3.公用厕所	Public Toilets	3.44	3.34	2.96
(十三)住户洗澡设施情况(%)	Facilities for Bathing(%)			
1.统一供热水	Unified Hot Water Supply	1.65	1.79	1.76
2.家庭自装热水器	Installation of Water Heater	66.06	69.04	74.03

3-7 续表3 Continued 3

项　　目	Item	2013	2014	2015
3.其他	Others	6.11	5.51	5.05
4.无洗澡设施	No Facilities for Bathing	26.19	23.66	19.16
(十四)住户主要取暖设备状况(%)	Heating Equipment(%)			
1.由市政或小区集中供暖	Municipal or District Central Heating	1.33	1.30	0.86
2.自行供暖	Self Heating	48.48	50.92	56.69
3.无取暖设备	No Heating Equipment	50.19	47.79	42.45
(十五)住户主要取暖用能源状况(%)	Heating Energy(%)			
1.柴草	Firewood	12.72	13.64	11.80
2.煤炭	Coal	3.84	1.63	1.80
3.罐装液化石油气	Canned Liquified Petroleum Gas	4.06	4.04	4.03
4.管道液化石油气	Pipeline Liquified Petroleum Gas	0.25	0.24	0.23
5.管道煤气	Pipeline Gas	0.19	0.18	0.10
6.管道天然气	Pipeline Natural Gas	2.46	2.39	2.54
7.电	Electricity	41.32	46.59	50.81
8.燃料用油	Fuel Oil	0.00	0.00	0.00
9.沼气	Methane	0.01	0.01	0.05
10.其他	Others	2.32	1.88	2.18
11.无取暖行为	No Heating Behavior	32.83	29.39	26.46
(十六)主要炊用能源状况(%)	Cooking Energy(%)			
1.柴草	Firewood	36.30	36.78	33.82
2.煤炭	Coal	2.58	1.51	1.60
3.罐装液化石油气	Canned Liquified Petroleum Gas	33.53	30.81	32.54
4.管道液化石油气	Pipeline Liquified Petroleum Gas	0.87	1.18	0.97
5.管道煤气	Pipeline Gas	1.05	0.95	1.32
6.管道天然气	Pipeline Natural Gas	16.47	17.06	19.26
7.电	Electricity	8.15	10.83	9.94
8.燃料用油	Fuel Oil	0.09	0.01	0.00
9.沼气	Methane	0.09	0.13	0.13
10.其他	Others	0.36	0.43	0.16
11.无炊用行为	No Cooking Behavior	0.51	0.33	0.25

3-8 分城乡居民家庭生活基本情况
Basic Conditions of Urban and Rural Households

指　标	Item	2014	2015
调查户数(户)	Number of Households Surveyed(household)		
城镇	Urban		
农村	Rural		
平均每户家庭人口(人)	Household Size(person)		
城镇	Urban	2.94	2.95
农村	Rural	3.04	3.02
就业	Employment		
城镇常住居民家庭每户就业人口(人)	Average Number of Employed Persons per Urban Household(person)	1.59	1.61
农村常住居民家庭每户就业整半劳动力(人)	Average Number of Employed Full/Semi Laborer per Rural Household(person)	1.95	1.98
农村常住居民家庭每一就业劳动力负担人数(人)	Number of Dependents per Employed Laborer of Rural Household (person)	1.56	1.53
城镇常住居民家庭每一就业者负担人数(人)	Number of Dependents per Employee of Urban Household(person)	1.85	1.83
收入与支出	Income and Expenditure		
城镇常住居民人均可支配收入(元)	Annual per Captita Disposable Income of Urban Residents (yuan)	24839	26936
农村常住居民人均可支配收入(元)	Annual per Captita Disposable Income of Rural Residents (yuan)	9916	10821
城镇常住居民人均消费支出(元)	Annual per Capita Consumption Expenditure of Urban Residents(yuan)	16107	17234
农村常住居民人均消费支出(元)	Annual per Capita Consumption Expenditure of Rural Residents (yuan)	7981	8975
生活质量	Life Quality		
居民家庭恩格尔系数(%)	Engel' s Coefficient of Households(%)		
城镇	Urban	33.28	33.67
农村	Rural	35.61	35.79
居住条件	Residence Condition		
城镇常住居民人均住房建筑面积(平方米)	Per Capita Building Space of Urban Residents(sq.m)	35.13	34.71
农村常住居民人均住房建筑面积(平方米)	Per Capita Living Space of Rural Residents(sq.m)	44.67	46.76
交通条件	Traffic Condition		
城镇常住居民百户家用汽车拥有量(辆)	Number of Automobile per 100 Urban Households(unit)	15.97	21.87
农村常住居民百户家用汽车拥有量(辆)	Number of Automobile per 100 Rural Households(unit)	6.89	8.48
移动电话普及率	Popularization Rate of Mobile Telephone		
城镇常住居民(部/百户)	Urban(set/100 Households)	208.12	216.75
农村常住居民(部/百户)	Rural(set/100 Households)	193.21	205.34

3-9 城镇常住居民调查户基本情况
Basic Conditions of Urban Households Surveyed

指　　标	Item	单位	Unit	2014	2015
一、期末户均调查人口	Average Household Size Surveyed	人	person	3.1	3.1
二、期末常住成员情况	Conditions of Urban Residents	—			
(一)户均常住成员	Permanent Residents per Household	人	person	2.9	2.9
其中:在校学生人数	Of Which:Enrolled Students	人	person	0.5	0.5
(二)性别	Gender	—			
1.男性	Male	%	%	49.9	49.8
2.女性	Female	%	%	50.1	50.2
(三)户口状况	Residence Registration	—			
1.农业	Agricultural Account	%	%	34.0	33.1
2.非农业	Non-agricultural Account	%	%	65.9	66.6
3.其他	Others	%	%	0.1	0.3
(四)15 岁及以上常住成员受教育程度	Education Level of Residents Aged 15 and Above	—			
1.未上过学	Not Been to School	%	%	4.6	4.0
2.小学	Primary School	%	%	19.9	17.2
3.初中	Junior Secondary School	%	%	32.7	33.4
4.高中	Senior Secondary School	%	%	21.3	21.6
5.大学专科	Junior College	%	%	12.0	13.0
6.大学本科	Undergraduate college	%	%	8.7	9.8
7.研究生	Postgraduate	%	%	0.8	1.0
三、常住从业人员情况	Employment	—			
(一)户均常住从业人数	Employees per Household	人	person	1.6	1.6
(二)就业状况	Job Situation	—			
1.雇主	Employer	%	%	3.0	2.3

3-9 续表 Continued

指 标	Item	单位	Unit	2014	2015
2.公职人员	Public Officer	%	%	5.2	4.9
3.事业单位人员	Institution Worker	%	%	11.1	13.0
4.国有企业雇员	State-owned Enterprise Employee	%	%	10.5	9.3
5.其他雇员	Other Employee	%	%	47.1	50.0
6.农业自营	Agricultural Self-employed	%	%	6.1	4.6
7.非农自营	Non-agricultural Self-employed	%	%	16.8	15.9
(三)主要从事行业	Industries Engaged	—			
1.第一产业	Primary Industry	%	%	7.0	5.3
2.第二产业	Secondary Industry	%	%	24.3	22.9
3.第三产业	Tertiary Industry	%	%	68.7	71.8
四、调查户基本情况	Basic Conditions of Surveyed Households	—			
(一)住户类型	Household Type	—			
1.家庭居住户	Family Household	%	%	99.0	99.1
2.集体居住户	Collective Household	%	%	1.0	0.9
(二)户主文化程度	Education Level of Householder	—			
1.未上过学	Not Been to School	%	%	0.9	0.6
2.小学	Primary School	%	%	3.6	2.7
3.初中	Junior Secondary School	%	%	10.2	10.2
4.高中	Senior Secondary School	%	%	6.3	5.8
5.大学专科	Junior College	%	%	3.7	4.0
6.大学本科	Undergraduate college	%	%	2.7	3.0
7.研究生	Postgraduate	%	%	0.2	0.3
(三)农业经营户占全部户比例	Proportion of Agricultural Operation Households to the Total	%	%	9.6	8.4

3-10 城镇常住居民家庭基本情况
Basic Conditions of Urban Resident Households

项　目	Item	2014	2015
调查户数(户)	Number of Households Surveyed (household)		
平均每户家庭人口(人)	Average Household Size (person)	2.94	2.95
平均每户整半劳动力人口(人)	Average Number of Employed Persons per Household(person)	2.04	2.09
城镇居民家庭恩格尔系数(%)	Engel's Coefficient of Households(%)	33.28	33.67
可支配收入	Disposable Income	24838.52	26935.76
工资性收入	Wages Income	15515.00	16928.73
经营净收入	Net Income From Business	3881.73	4172.24
财产净收入	Property Income	1787.66	1881.90
转移净收入	Transfer Income	3654.13	3952.89
平均每人消费性支出(元)	Per Capita Annual Living Expenditures for Consumption(yuan)	16107.07	17233.53
一、食品	Food	5360.33	5802.05
二、衣着	Clothing	1333.74	1403.29
三、居住	Residence	3542.43	3460.05
四、生活用品及服务	Household Facilities, Articles and Service	922.87	926.42
五、交通通信	Traffic and Communications	1924.87	2265.65
六、教育文化娱乐	Education, Cultural & Recreation Service	1650.87	1913.27
七、医疗保健	Medicine and Medical Service	976.54	1073.34
八、其他用品和服务	Miscellaneous Commodities and Services	395.42	389.45
平均每人消费性支出构成(人均消费性支出=100)(%)	Composition of per Capita Annual Living Expenditures for Consumption(%)	100.00	100.00
一、食品	Food	33.28	33.67
二、衣着	Clothing	8.28	8.14
三、居住	Residence	21.99	20.08
四、生活用品及服务	Household Facilities, Articles and Service	5.73	5.38
五、交通通信	Traffic and Communications	11.95	13.15
六、教育文化娱乐	Education, Cultural & Recreation Service	10.25	11.10
七、医疗保健	Medicine and Medical Service	6.06	6.23
八、其他用品和服务	Miscellaneous Commodities and Services	2.45	2.26
期末拥有房屋面积(平方米/人)	Dwelling Space(sq.m/person)		35.87
期末拥有房屋价值(元/人)	Value of Houses(yuan/person)		131454.29
期内新建(购)住房情况	Newly-built Houses Within the Year		
新建(购)住房面积(平方米/人)	Newly-built House Space(sq.m/person)		1.20
新建(购)住房价值(元/人)	Value in Each Squre Meter(yuan/person)		5984.53

3-11 城镇常住居民家庭人均收入情况
Annual Income per Capita of Urban Resident Households

项　目	Item	2014	2015
总收入(未扣除生产费用)	**Total Income(Not Deduct the Production Cost)**	**27001.17**	**29461.48**
工资性收入	Income from Wages and Salaries	15515.00	16928.73
经营性收入	Household Business Income	4630.52	5108.43
财产性收入	Property Income	1947.64	2026.56
转移性收入	Transferred Income	4908.00	5397.76
现金可支配收入	**Cash Disposable Income**	**23457.78**	**25543.27**
现金工资性收入	Cash Wages Income	15430.15	16810.27
现金经营净收入	Net Cash Income From Business	4107.08	4517.08
现金财产净收入	Net Cash Property Income	525.86	508.16
现金转移净收入	Net Cash Transfer Income	3394.68	3707.76
总支出	**Total Expenditures**	**22807.15**	**24092.93**
消费支出	Expenditure for Consumption	16107.07	17233.53
生产经营费用支出	Expenditure for Business	365.91	524.48
财产性支出	Property Expenditure	137.14	144.66
转移性支出	Transferred Expenditure	1252.03	1435.51
现金支出	**Cash Expenditure**	**20228.24**	**21446.54**
现金消费支出	Cash Expenditure for Consumption	13531.54	14589.13
生产经营费用支出	Cash Expenditure for Business	362.54	522.48
现金财产性支出	Cash Property Expenditure	137.14	144.66
现金转移性支出	Cash Transferred Expenditure	1252.03	1435.51
可支配收入	**Disposable Income**	**24838.52**	**26935.76**
一、工资性收入	Income from Wages and Salaries	15515.00	16928.73
(一)工资	Wages	14604.99	15828.80
1.按月发放的工资	Monthly Salaries	12407.92	13516.21
2.补发工资	Reissued Salaries	251.63	349.64
3.不按月发放的奖金、津贴、过节费等	Unmonthly Paid Bonus, Allowance and Holiday Fee	1945.44	1962.95
(二)实物福利	Benefits in Kind	84.85	118.47
1.从单位或雇主得到的实物产品折价	Cash Calculated from Physical Products Paid by Unit or Employer	23.98	28.41

3-11 续表1 Continued 1

项目	Item	2014	2015
2.从单位或雇主得到的服务折价	Cash Calculated from Services by Unit or Employer	60.87	90.06
3.单位或雇主实物福利报销所得	Benefits in Kind Reimbursement		
(三)其他	Others	825.17	981.47
1.住房公积金	Housing Accumulation Fund	733.38	933.58
2.辞退金	Dismissal Costs	1.00	24.29
3.自由职业劳动所得(如稿费、翻译费)	Income on Freelance Business(Such as Remunerationor、Translation Fees)	58.02	19.58
4.安家费	Settling-in Allowance	0.96	3.03
5.股票期权	Stock Options	1.08	0.89
6.其他劳动所得	Other Labor Income	30.73	0.09
二、经营净收入	Net Business Income	3881.73	4172.24
(一)第一产业经营净收入	Primary Industry	458.99	367.21
1.农业	Farming	275.63	268.05
2.林业	Forestry	93.12	23.76
3.牧业	Animal Husbandry	73.50	63.73
4.渔业	Fishery	16.73	11.67
(二)第二产业经营净收入	Secondary Industry	593.44	769.53
1.采矿业	Mining	-0.28	4.87
2.制造业	Manufacturing	85.73	202.52
3.电力、热力、燃气及水生产和供应业	Production and Supply of Electricity,Gas and Water	-0.88	1.31
4.建筑业	Construction	508.87	560.83
(三)第三产业经营净收入	Tertiary Industry	2829.31	3035.50
1.批发和零售业	Wholesale and Retail Trades	1678.12	1818.93
2.交通运输、仓储和邮政业	Transport,Storage and Post	305.24	342.86
3.住宿和餐饮业	Hotels and Catering Services	269.33	300.86
4.房地产业	Real Estate	22.03	5.30
5.租赁和商务服务业	Leasing and Business Services	28.89	28.30
6.居民服务、修理和其他服务业	Serices to Households and Other Services	487.12	423.92
7.其他	Others	34.35	95.67
8.农林牧渔服务业	Agricultural Service	4.23	19.66
三、财产净收入	Net Property Income	1787.66	1881.90

3-11 续表2 Continued 2

项　目	Item	2014	2015
(一)利息净收入	Net Interest Income	5.06	10.92
(二)红利收入	Dividend Income	29.72	66.82
1.集体分配的红利	Collective Distribution of Dividends	5.90	8.30
2.其他红利收入	Other Dividend Income	24.21	58.52
(三)储蓄性保险净收益	Net Income of Savings Insurance	8.39	6.57
(四)转让承包土地经营权租金净收入	Net Income from Transfer of Right to Contracted Management of Rural Land	9.96	30.86
(五)出租房屋财产性收入	Property Income from Rental Accommodation	416.78	390.16
(六)出租机械、专利、版权等资产的收入	Income from Rental Machinery, Patent, Copyright and the Like	35.91	3.30
(七)其他财产净收入	Other Net Property Income	-2.80	-0.47
(八)房屋虚拟租金	Virtual House Rent	1284.64	1373.74
四、转移净收入	Net Transfer Income	3654.13	3952.89
(一)转移性收入	Transfer Income	4908.13	5397.98
1.养老金或离退休金	Pension or Retirement Pension	3717.35	4202.00
(1)离退休金	Pensions of Retirees	3563.58	4035.16
(2)(城镇)居民社会养老保险	Social Old-age Insurance for(Urban) Residents	90.70	102.15
(3)新型农村养老保险	New System of Old-age Insurance for Rural Residents	21.25	25.76
(4)其他养老金	Other Old-age Pension	41.82	38.94
2.社会救济和补助	Social Welfare or Aid	91.70	70.83
(1)最低生活保障费	Guaranteed Minimum Income	60.07	41.46
(2)五保户救助金	Aids to Households Enjoying the Five Guarantees	0.48	0.23
(3)扶贫款	Poverty Relief Funds	0.63	1.76
(4)救灾款	Disaster Relief Funds	0.04	0.14
(5)抚恤金	Pension	15.89	14.78
(6)其他社会救济收入	Other Income from Social Welfare	14.59	12.46
3.政策性生活补贴	Policy Living Allowance	40.03	26.23
(1)家电补贴	Subsidies for Home Appliances		1.52
(2)能源补贴	Subsidies for Energy	1.33	0.76
(3)免费或低价提供的住宿(廉租房)	Free or Cheap Accommodation		
(4)其他生活补贴	Other Living Allowance	38.62	23.97

3-11 续表3 Continued 3

项 目	Item	2014	2015
4.报销医疗费	Reimbursement of Medical Expenses	250.69	237.70
5.家庭外出从业人员寄回带回收入	Sent Back by Family Outings Employees	243.94	396.66
6.赡养收入	Alimony Income	277.75	324.42
7.其他经常转移收入	Other Regular Transfer Income	255.12	102.61
(1)失业保险金	Unemployment Insurance Benefits	9.91	5.52
(2)经常性捐赠收入	Regular Donation Income	18.11	19.82
(3)经常性赔偿收入	Regular Compensation Income	1.33	0.27
(4)其他转移性收入	Other Transfer Income	226.20	77.63
8.从政府和组织得到的实物产品和服务折价	Cash Calculated from Physical Products and Service Paid by Government and Organizations	10.73	17.01
9.现金政策性惠农补贴	Policy Agricultural Subsidies in Cash	20.81	20.52
(二)转移性支出	Transferred Expenditure	1254.00	1445.09
1.个人所得税	Personal Income Tax	42.64	52.28
2.社会保障支出	Social Security Expenditure	940.97	1149.49
(1)个人缴纳的养老保险	Individual Endowment Insurance	654.69	821.88
(2)个人缴纳的医疗保险	Individual Medical Treatment Insurance	219.39	253.10
(3)个人缴纳的失业保险	Individual Unemployment Insurance	48.46	54.27
(4)其他社会保障支出	Other Social Security Expenditure	18.42	20.23
3.外来从业人员寄给家人的支出	Sent Home to Their Families by migrant Workers	6.84	5.87
4.赡养支出	Alimony Expenditure	137.07	121.44
5.其他转移性支出	Other Transferred Expenditure	126.48	116.01
(1)经常性捐赠支出	Regular Donation Expenditure	35.20	20.27
(2)经常性赔偿支出	Regular Compensation Expenditure		0.09
(3)其他经常转移支出	Other Regular Transfer Expenditure	91.28	95.66
现金可支配收入	**Cash Disposable Income**	**23457.78**	**25543.27**
一、现金工资性收入	Cash Income from Wages and Salaries	15430.15	16810.27
(一)工资	Wages	14604.99	15828.80
1.按月发放的工资	Monthly Salaries	12407.92	13516.21
2.补发工资	Reissued Salaries	251.63	349.64
3.不按月发放的奖金、津贴、过节费等	Unmonthly Paid Bonus, Allowance and Holiday Fee	1945.44	1962.95
(二)其他工资性收入	Other Income from Wages and Salaries	825.17	981.47

3-11 续表 4 Continued 4

项　目	Item	2014	2015
1.住房公积金	Housing Accumulation Fund	733.38	933.58
2.辞退金	Dismissal Costs	1.00	24.29
3.自由职业劳动所得(如稿费、翻译费)	Income on Freelance Business (Such as Remuneration、Translation Fees)	58.02	19.58
4.安家费	Settling-in Allowance	0.96	3.03
5.股票期权	Stock Options	1.08	0.89
6.其他劳动所得	Other Labor Income	30.73	0.09
二、现金经营净收入	Net Cash Business Income	4107.08	4517.08
(一)第一产业现金经营净收入	Primary Industry	313.08	316.76
1.农业	Farming	224.56	234.30
2.林业	Forestry	4.19	10.94
3.牧业	Animal Husbandry	68.29	60.62
4.渔业	Fishery	16.03	10.90
(二)第二产业现金经营净收入	Secondary Industry	645.50	822.43
1.采矿业	Mining	0.00	5.36
2.制造业	Manufacturing	102.05	209.82
3.电力、热力、燃气及水生产和供应业	Production and Supply of Electricity,Gas and Water	-0.05	3.13
4.建筑业	Construction	543.51	604.13
(三)第三产业现金经营净收入	Tertiary Industry	3148.50	3377.89
1.批发和零售业	Wholesale and Retail Trades	1877.16	1992.24
2.交通运输、仓储和邮政业	Transport,Storage and Post	355.76	406.79
3.住宿和餐饮业	Hotels and Catering Services	287.21	340.39
4.房地产业	Real Estate	23.09	5.30
5.租赁和商务服务业	Leasing and Business Services	28.89	44.56
6.居民服务、修理和其他服务业	Serices to Households and Other Services	529.01	462.99
7.其他行业	Others	47.39	105.95
8.农林牧渔服务业	Agricultural Service	4.23	19.66
三、现金财产净收入	Net Cash Property Income	525.86	508.16
(一)利息净收入	Net Interest Income	5.06	10.92
(二)红利收入	Dividend Income	29.72	66.82
1.集体分配的红利	Collective Distribution of Dividends	5.90	8.30

3-11 续表5 Continued 5

项　　目	Item	2014	2015
2.其他红利收入	Other Dividend Income	23.82	58.52
(三)储蓄性保险净收益	Net Income of Savings Insurance	8.39	6.57
(四)转让承包土地经营权租金净收入	Net Income from Transfer of Right to Contracted Management of Rural Land	9.96	30.86
(五)出租房屋财产性收入	Property Income from Rental Accommodation	416.78	390.16
(六)出租机械、专利、版权等资产的收入	Income from Rental Machinery, Patent, Copyright and the Like	58.76	3.30
(七)其他财产净收入	Other Net Property Income	-2.80	-0.47
四、现金转移净收入	Net Cash Transfer Income	3394.68	3707.76
(一)现金转移性收入	Cash Transfer Income	4646.71	5143.27
1.养老金或离退休金	Pension or Retirement Pension	3717.35	4202.00
(1)离退休金	Pensions of Retirees	3563.58	4035.16
(2)(城镇)居民社会养老保险	Social Old-age Insurance for(Urban) Residents	90.70	102.15
(3)新型农村养老保险	New System of Old-age Insurance for Rural Residents	21.25	25.76
(4)其他养老金	Other Old-age Pension	41.82	38.94
2.社会救济和补助	Social Welfare or Aid	91.70	70.83
(1)最低生活保障费	Guaranteed Minimum Income	60.07	41.46
(2)五保户救助金	Aids to Households Enjoying the Five Guarantees	0.48	0.23
(3)扶贫款	Poverty Relief Funds	0.63	1.76
(4)救灾款	Disaster Relief Funds	0.04	0.14
(5)抚恤金	Pension	15.89	14.78
(6)其他社会救济收入	Other Income from Social Welfare	14.59	12.46
3.政策性生活补贴(只含政策生活补贴)	Policy Living Allowance	40.03	26.23
4.家庭外出从业人员寄回带回收入	Sent Back by Family Outings Employees	243.94	396.66
5.赡养收入	Alimony Income	277.75	324.42
6.其他经常转移收入	Other Regular Transfer Income	255.12	102.61
(1)失业保险金	Unemployment Insurance Benefits	10.03	5.52
(2)经常性捐赠收入	Regular Donation Income	18.11	18.38
(3)经常性赔偿收入	Regular Compensation Income	1.33	0.27
(4)其他转移性收入	Other Transfer Income	225.66	78.45
7.现金政策性惠农补贴	Policy Agricultural Subsidies in Cash	20.81	20.52

3-11 续表 6 Continued 6

项　目	Item	2014	2015
(二)现金转移性支出	Cash Transferred Expenditure	1252.03	1435.51
1.个人所得税	Personal Income Tax	42.64	52.28
2.个人缴纳的社会保障支出	Individual Social Security Expentiduture	940.97	1149.49
(1)个人缴纳的养老保险	Individual Endowment Insurance	654.69	821.88
(2)个人缴纳的医疗保险	Individual Medical Treatment Insurance	219.39	253.10
(3)个人缴纳的失业保险	Individual Unemployment Insurance	48.46	54.27
(4)其他社会保障支出	Other Social Security Expenditure	18.42	20.23
3.外来从业人员寄给家人的支出	Sent Home to Their Families by Migrant Workers	6.84	5.87
4.赡养支出	Alimony Expenditure	137.07	121.44
5.其他转移性支出	Other Transferred Expenditure	124.51	106.43
(1)经常性捐赠支出	Regular Donation Expenditure	34.94	20.26
(2)经常性赔偿支出	Regular Compensation Expenditure		0.09
(3)其他经常转移支出	Other Regular Transfer Expenditure	89.58	86.08

3-12 城镇常住居民家庭人均支出情况
Annual Expenditure per Capita of Urban Resident Households

项　目	Item	2014	2015
总支出	**Total Expenditure**	**22807.15**	**24092.93**
其中:消费支出	**Consumption Expenditure**	**16107.07**	**17233.53**
(一)食品烟酒	Food, Tobacco and Liquor	5360.33	5802.05
1.食品	Food	3573.23	3826.74
(1)谷物	Cereals	541.91	632.11
(2)薯类	Tubers	37.75	41.76
(3)豆类	Beans	68.95	69.71
(4)食用油	Edible Oil	149.28	149.69
(5)蔬菜和食用菌	Vegetables and Edible Fungus	512.31	521.42
(6)肉类	Meat	734.86	753.62
(7)禽类	Poultry	252.25	264.79
(8)水产品	Aquatic Products	251.43	260.24
(9)蛋类	Eggs	125.95	126.63
(10)奶类	Milk	293.47	314.43
(11)干鲜瓜果类	Fresh, Dried Melons and Fruits	333.46	354.68
(12)糖果糕点类	Candies, Cake and Cookie	143.88	155.87
(13)其他食品	Other Foods	127.71	181.80
2.烟酒	Tobacco and Liquor	773.67	814.59
(1)烟草	Tobacco	445.03	465.32
(2)酒类	Liquor	328.63	349.27
3.饮料	Drinks	132.51	136.17
4.饮食服务	Diet Service	880.92	1024.55
(1)食堂用餐	Cafeteria Food	96.82	111.00
(2)其他在外饮食	Dining Out	776.21	901.30
(3)食品加工服务费	Food Processing and Service Fee	7.90	12.25

3-12 续表 1 Continued 1

项　　目	Item	2014	2015
(二)衣着	Clothing	1333.74	1403.29
1.衣类	Clothing	1028.30	1092.13
2.鞋类	Footwear	305.44	311.16
(三)居住	Residence	3542.43	3460.05
1.租赁房房租	Rent of Rentable Housing	216.38	172.18
2.住房维修及管理	Management and Maintenance of Housing	450.81	396.56
3.水电燃料及其他	Water, Electricity, Fuels and Others	771.35	687.79
4.自有住房折算租金	Converted Rent for Private Housing	2103.88	2203.52
(四)生活用品及服务	Household Facilities, Articles and Service	922.87	926.42
1.家具及室内装饰品	Furniture and Interior Decorations	174.86	133.72
2.家用器具	Household Facilities	280.18	231.41
3.家用纺织品	Home Textiles	71.70	71.10
4.家庭日用杂品	Daily-Use Household Articles	218.84	267.49
5.个人用品	Personal Products	136.16	169.19
6.家庭服务	Household Service	41.14	53.52
(五)交通通信	Traffic and Communications	1924.87	2265.65
1.交通	Transportation	1184.48	1483.55
(1)交通工具	Transportation Facility	536.24	755.73
(2)交通费	Traffic Fare	189.34	232.41
(3)交通工具用燃料	Fuels	267.88	282.87
(4)交通工具使用及维修	Fees for Vehicles Use and Mamintenance	191.02	212.54
其中:车辆保险支出	Of Which: Vehicle Insurance Expenditure	59.11	79.80
2.通信	Communications	740.39	782.10
(1)通信工具	Communication Facility	135.57	191.11
(2)通信服务	Communication Services	604.82	590.98
(六)教育文化娱乐	Education, Cultural and Recreation Service	1650.87	1913.27

3-12 续表 2 Continued 2

项 目	Item	2014	2015
1.教育	Education	1080.17	1251.41
(1)学前教育	Preschool Education	134.22	123.97
(2)小学教育	Primary Education	104.35	116.28
(3)初中教育	Secondary Education	122.21	142.68
(4)高中教育	High School Education	169.61	214.98
(5)中专职高教育	Vocational Senior and Specialized Secondary Education	23.47	43.66
(6)大专及以上教育	College Education or Above	452.50	495.49
(7)成人教育	Adult Education	73.82	114.34
2.文化娱乐	Cultural and Recreation	570.70	661.86
(1)文娱耐用消费品	Cultural and Recreational Durable Consumer Goods	125.20	131.28
(2)其他文娱用品	Other Cultural Articles	103.77	116.63
(3)文化娱乐服务	Cultural and Recreation Service	341.73	413.94
(七)医疗保健	Medicine and Medical Service	976.54	1073.34
1.医疗器具及药品	Medical Instrument and Articles	298.68	336.62
2.医疗服务	Medical Service	677.86	736.72
(1)门诊总费用	Outpatient Costs	181.65	222.67
(2)住院总费用	Hospitalization Expenses	496.21	514.05
(八)其他用品和服务	Miscellaneous Commodities and Services	395.42	389.45
1.其他用品	Miscellaneous Commodities	262.09	217.03
2.其他服务	Miscellaneous Services	133.33	172.42
附记指标:通过互联网购买的商品或服务	Goods and Services Bought Online		269.25

3-13 按收入等级分的城镇居民家庭人均收支情况(2015)

单元:元

项　　目	Item	合　计 Total
家庭总收入	**Total Income**	**29461**
可支配收入	Disposable Income	26936
工资性收入	Income from Wages and Salaries	16929
经营净收入	Net Business Income	4172
财产净收入	Income from Properties	1882
转移净收入	Income from Transfer	3953
借贷性所得	Lending and Loaning Income	1422
家庭总支出	**Total Expenditures**	**24093**
消费支出	Expenditure for Consumption	17234
食品烟酒	Food	5802
衣着	Clothing	1403
居住	Residence	3460
生活用品及服务	Household Facilities, Articles and Service	926
交通和通信	Traffic and Communications	2266
教育文化娱乐	Education, Cultural & Recreation Service	1913
医疗保健	Medicine and Medical Service	1073
其他商品和服务	Miscellaneous Commodities and Services	389
新购住房总金额(万元)	Total Amount of Newly Purchased House(10 thousand yuan)	0.6
财产性支出	Property Expentiduture	145
转移性支出	Tranferred Expenditure	1436
社会保障支出	Social Security Expentiduture	1149
借贷支出	Lending and Loaning Expenditures	1459

Income and Expenditures per Capita of Urban Households Grouped by Income Brackete(2015)

(yuan)

按收入等级分 Grouped by Percentile of Households				
低收入户 Low Income Households	中低收入户 Lower Middle Income Households	中等收入户 Middle Income Households	中高收入户 Upper Middle Income Households	高收入户 High Income Households
14064	**20954**	**27716**	**35758**	**57514**
11466	19200	25478	33238	53695
6913	13987	16492	20560	31350
1866	2129	4051	4306	10142
953	1308	1850	2046	3806
1733	1776	3085	6326	8397
923	842	1366	1485	2898
14365	**17876**	**22160**	**27683**	**44390**
10384	13533	16487	19694	29943
3829	4983	5786	6705	8674
743	1090	1340	1617	2585
2247	2741	3358	4110	5522
520	654	744	1156	1826
887	1748	2215	2548	4633
1218	1454	1861	1906	3572
777	637	820	1184	2260
163	226	363	467	872
0.1	0.3	0.2	1.1	1.5
52	105	160	210	234
719	1226	1438	1645	2482
619	981	1170	1335	1884
352	891	1114	1953	3640

3-14 各市城镇常住居民家庭人均收支情况(2015)

单元:元

项　目	Item	合肥市 Hefei	芜湖市 Wuhu	蚌埠市 Bengbu	淮南市 Huainan	马鞍山市 Maanshan
家庭总收入	**Total Income**	**34174**	**32207**	**28989**	**31183**	**38630**
#可支配收入	# Disposable Income	31989	29766	26369	28106	35262
工资性收入	Income from Wages and Salaries	20783	16612	15822	19413	19834
经营净收入	Net Business Income	3966	4951	3560	3180	6271
财产净收入	Income from Properties	2778	1763	1157	1502	2311
转移净收入	Income from Transfer	4461	6440	5830	4010	6846
总支出	**Total Expenditure**	**27429**	**22988**	**21400**	**24315**	**33923**
生活消费支出	**Consumption Expenditure**	**20049**	**17504**	**14696**	**16343**	**23756**

Per Capita Income and Expenditure of Urban Residents by City (2015)

(yuan)

淮北市 Huaibei	铜陵市 Tongling	安庆市 Anqing	黄山市 Huangshan	滁州市 Chuzhou	阜阳市 Fuyang	宿州市 Suzhou	六安市 Lu'an	亳州市 Bozhou	池州市 Chizhou	宣城市 Xuancheng
28204	**36223**	**26249**	**30001**	**27443**	**26691**	**25239**	**24768**	**25489**	**25907**	**34075**
25690	31748	23966	26226	24168	23496	23630	22238	23120	24279	28602
15517	22816	14727	15199	13990	14959	13765	13937	10630	14073	14945
3619	1984	3162	3852	4744	4155	4596	4157	8347	3961	8266
1740	2006	1490	1601	1448	1834	1894	1395	1379	1952	2095
4814	4943	4588	5574	3987	2548	3375	2749	2765	4294	3296
23578	**33079**	**19726**	**23229**	**22262**	**25305**	**20233**	**18752**	**22016**	**22031**	**28704**
15918	**21936**	**13639**	**15765**	**15620**	**15127**	**13846**	**14415**	**15614**	**15904**	**17666**

3-15 各市城镇常住居民家庭平均每百户耐用消费品拥有量及信息化情况(2015年)

项　　目	Item	合　肥 Hefei	芜湖市 Wuhu	蚌埠市 Bengbu	淮南市 Huainan
一、主要消费品拥有量	Ownership of Major Durable Consumer Goods				
1.家用汽车	Household Automobile	26.7	20.8	13.3	17.1
2.摩托车	Motorcycle	10.7	11.3	18.4	14.0
3.助力车	Man-drawn Vehicle	53.3	71.2	44.5	40.0
4.洗衣机	Washing Machine	93.2	93.6	97.3	101.3
5.电冰箱(柜)	Refrigerator	96.7	100.1	90.3	98.2
6.微波炉	Microwave Oven	65.1	68.9	54.8	70.6
7.彩色电视机	Color TV	119.6	145.6	133.4	142.9
接入有线电视网络的电视机(台)	TV Set for Acessing Cable Television Network(set)	81.4	105.7	91.7	92.6
9.空调	Air Conditioner	147.8	159.3	123.0	157.8
10.热水器	Water Heater	97.0	98.7	105.1	105.0
11.其中:太阳能热水器	Of Which:Solar Heater	49.1	54.8	75.5	82.9
12.消毒碗柜	Disinfectant Machine	3.3	5.9	1.8	1.2
13.洗碗机	Dishwasher	0.3	1.5	0.1	0.0
14.排油烟机	Kitchen Ventilator	80.6	76.6	68.3	67.8
15.固定电话	Telephone	46.5	62.3	53.7	45.6
16.移动电话	Mobile Telephone	202.2	209.3	195.9	235.4
接入互联网的移动电话(部)	Network-connected Mobile Telephone(unit)	112.4	101.6	76.6	121.2
18.计算机	Computer	71.4	75.2	76.3	83.8
接入互联网的计算机(台)	Network-connected Computers(set)	56.9	64.9	62.6	72.2
20.摄像机	Video Camera	3.8	5.7	6.2	4.3
21.照相机	Camera	32.0	26.6	20.0	25.8
22.中高档乐器	Medium Upscale Musical Instrument	2.9	4.6	0.9	5.4
23.健身器材	Healthy Equipment	1.7	3.4	3.6	2.7
24.组合音响	Hi-Fi Stereo Component System	4.9	7.3	3.9	3.2

Ownership of Major Durable Consumer Goods and Informatization per 100 Urban Households by City(2015)

马鞍山市 Maanshan	淮北市 Huaibei	铜陵市 Tongling	安庆市 Anqing	黄山市 Huangshan	滁州市 Chuzhou	阜阳市 Fuyang	宿州市 Suzhou	六安市 Lu'an	亳州市 Bozhou	池州市 Chizhou	宣城市 Xuancheng
27.6	17.1	23.6	14.6	24.3	11.7	24.8	9.0	20.0	17.6	9.5	22.9
15.7	16.3	10.5	46.8	25.5	15.8	30.3	19.8	36.7	16.4	30.2	20.4
77.8	60.3	22.3	65.1	89.0	66.4	89.4	86.3	46.3	131.5	69.3	75.2
94.6	99.5	100.2	81.2	87.3	86.5	91.4	92.5	79.0	103.0	79.9	88.7
98.7	100.7	102.4	94.6	98.9	96.0	83.2	89.1	93.7	98.9	96.1	100.0
76.1	48.9	78.6	58.5	48.8	58.2	41.5	36.1	55.7	36.5	49.0	52.5
157.6	120.6	136.9	114.1	142.7	120.4	123.7	107.7	118.6	119.4	114.3	144.2
122.7	58.2	108.0	88.6	106.9	81.8	38.7	50.9	89.3	47.6	76.5	114.5
183.0	121.4	194.5	120.8	133.8	104.6	116.6	96.3	117.3	87.3	130.4	149.8
100.0	100.9	117.9	90.9	95.5	85.9	70.2	82.7	89.8	88.4	86.6	98.7
57.4	85.8	73.3	72.8	73.8	74.4	51.6	72.2	75.4	67.5	71.8	79.6
6.1	3.2	5.0	4.4	7.8	2.5	4.8	6.5	4.4	2.8	2.8	8.4
0.3	0.5	0.0	0.2	0.1	0.1	0.1	0.2	0.3	0.2	0.8	0.5
77.7	63.8	85.2	67.4	69.0	54.9	36.9	32.9	67.1	22.0	82.6	76.3
66.3	62.8	57.8	69.3	54.6	44.5	39.5	57.1	53.5	31.6	64.5	50.8
210.1	226.4	225.8	198.8	218.8	176.3	193.1	189.8	183.4	227.5	196.8	230.3
128.6	140.5	183.2	64.7	122.3	62.4	64.6	98.5	92.4	91.5	101.6	173.3
84.5	64.0	97.8	62.1	73.1	45.5	55.8	49.2	50.2	47.1	64.4	81.5
75.5	51.1	88.0	49.4	65.2	30.4	40.8	32.9	44.4	33.2	52.9	76.2
7.9	9.8	4.4	3.4	1.8	1.0	4.5	3.6	2.4	0.2	3.0	2.8
41.9	27.6	36.3	18.4	27.5	24.1	10.4	10.6	20.5	12.8	16.6	20.6
7.6	5.1	5.0	3.2	1.5	0.3	2.3	1.5	1.5	0.6	1.6	4.3
4.8	4.4	3.1	1.0	3.3	2.7	0.6	2.1	2.4	5.0	1.2	3.2
10.5	5.8	4.4	7.9	3.5	2.9	10.6	1.9	5.9	4.6	3.4	4.0

3-16 城镇居民家庭平均每百户耐用消费品拥有量及信息化情况 Ownership of Major Durable Consumer Goods and Informatization per 100 Urban Households

项 目	Item	2014	2015
一、主要消费品拥有量	Ownership of Major Durable Consumer Goods		
1.家用汽车	Household Automobile	15.97	21.87
2.摩托车	Motorcycle	23.07	19.74
3.助力车	Man-drawn Vehicle	61.65	67.85
4.洗衣机	Washing Machine	93.93	94.09
5.电冰箱(柜)	Refrigerator	96.94	97.22
6.微波炉	Microwave Oven	58.25	59.68
7.彩色电视机	Color TV	130.04	129.63
9.空调	Air Conditioner	140.37	144.39
10.热水器	Water Heater	93.86	96.59
11.其中:太阳能热水器	Of Which:Solar Heater	65.40	65.78
12.消毒碗柜	Disinfectant Machine	3.88	4.29
13.洗碗机	Dishwasher	0.62	0.20
14.排油烟机	Kitchen Ventilator	67.77	66.79
15.固定电话	Telephone	56.56	50.58
16.移动电话	Mobile Telephone	208.12	216.75
18.计算机	Computer	69.14	73.95
20.摄像机	Video Camera	5.12	4.39
21.照相机	Camera	30.29	27.54
22.中高档乐器	Medium Upscale Musical Instrument	3.37	3.83
23.健身器材	Healthy Equipment	2.75	3.71
24.组合音响	Hi-Fi Stereo Component System	6.69	6.22
二、信息化调查情况	Informatization		
接入有线电视网络的电视机(台)	Cable Television(set)	85.21	82.30
接入互联网的移动电话(部)	Network-connected Hand Telephone(unit)	93.39	113.34
接入互联网的计算机(台)	Network-connected Computers(set)	55.12	61.16

3-17 城镇常住居民家庭人均主要食品消费量(2015)
Per Capita Main Food Consumption of Households(2015)

项　目	Item	2015
一、粮食消费量	Grain	106.66
(一)谷物消费量	Cereals	94.75
1.小麦	Wheat	30.02
2.稻谷	Barley	60.23
3.玉米	Corn	1.67
4.其他谷物	Other Cereals	2.82
(二)薯类消费量	Tubers	1.89
1.红薯	Sweet Potato	0.76
2.马铃薯	Potato	0.82
3.其他薯类	Other Tubers	0.31
(三)豆类消费量	Beans	10.03
1.大豆	Soybean	0.47
2.其他豆类	Other Beans	9.56
二、油脂类消费量	Oil and Fats	9.63
(一)植物油	Edible Vegetable Oil	9.13
(二)动物油	Edible Animal Oil	0.50
三、蔬菜及菜制品消费量	Vegetables and Processed Products	94.02
(一)鲜菜	Fresh Vegetables	90.61
(二)干菜及菜制品	Dried Vegetables and Processed Products	1.28
(三)鲜菌	Fresh Edible Fungus	1.80
(四)干菌及菌制品	Dried Edible Fungus and Processed Products	0.32
四、肉类	Meat and Processed Products	24.61
(一)猪肉	Pork	18.84
(二)牛肉	Beef	2.10
(三)羊肉	Mutton	1.02
(四)其他肉类及制品	Others	2.65
五、禽类	Poultry and Processed Products	10.89
(一)鸡	Chicken	6.97
(二)鸭	Duck	1.72

3-17 续表 Continued

项　　目	Item	2015
(三)鹅	Goose	0.24
(四)其他禽类及制品	Others	1.96
六、水产品	Aquatic Products	12.42
(一)鱼类	Fish	9.78
(二)虾、贝、蟹类	Shrimps, Shells and Crabs	1.58
(三)藻类	Algae	0.56
(四)其他	Others	0.50
七、蛋类及蛋制品	Eggs and Processed Products	10.92
(一)鲜蛋	Fresh Eggs	10.27
(二)蛋制品	Egg Products	0.65
八、奶和奶制品	Milk and Dariy Products	14.21
(一)鲜奶	Fresh Milk	6.84
(二)酸奶	Yogurt	4.76
(三)奶粉	Milk Powder	0.90
(四)其他奶制品	Others	1.72
九、干鲜瓜果类	Dried and Fresh Melons and Fruits	43.24
(一)鲜瓜果	Fresh Melons and Fruits	39.16
(二)瓜果制品	Melon and Fruit Products	1.20
(三)坚果类	Nuts and Grain Products	2.87
十、糖果糕点类	Confectioneries	7.35
(一)食糖	Sugar	1.84
(二)糖果	Candy	0.64
(三)糕点	Pastry	3.91
(四)其他糖果糕点	Other Confectioneries	0.96
十一、饮料	Beverage	0.31
茶叶	Tea	0.3
十二、烟叶消费量	Tobacco	25.48
十三、酒	Liquor and Drinks	8.16
(一)白酒	Wine Spirit	3.41
(二)啤酒	Beer	4.63
(三)果酒	Fruit Wine	0.13

3-18 城镇居民家庭居住情况(2015)
Living Conditions of Urban Households(2015)

项　　目	Item	2015
现住房建筑面积(平方米/人)	Total Floor Space for Current Housing(sq.m/person)	34.71
(一)本住户居住类型(%)	Type of Residence	
1.普通住宅	Ordinary House	98.64
2.集体宿舍和工棚	Dormitory and Work Shed	1.14
3.工作地住宿	Get Accommodation at Workplace	0.22
(二)本住户居住空间样式(%)	House Styles(%)	
1.单栋楼房	Single Building	21.22
2.单栋平房	Single Bungalow	8.55
3.四居室及以上单元房	Unit with Four Rooms and Over	1.95
4.三居室单元房	Unit with Three Rooms	30.64
5.二居室单元房	Unit with Two Rooms	32.71
6.一居室单元房	Unit with One Room	2.55
7.筒子楼或连片平房	Tube-shaped Apartments or Rows of Bungalow	2.16
8.其他	Others	0.22
(三)主要建筑材料(%)	Main Architecture Materials(%)	
1.钢筋混凝土	Reinforced Concrete	40.83
2.砖混材料	Brick-concrete-structured Materials	54.88
3.砖瓦砖木	Tile and Wood	4.21
4.竹草土坯	Bamboo,Grass and Adobe	0.02
5.其他	Others	0.06
(四)现住房房屋来源(%)	Source of Current Housing(%)	
1.租赁公房	Rental Public Housing	1.29
2.租赁私房	Rental Privately Owned Housing	7.66
3.自建住房	Self Help Housing	22.83
4.购买商品房	Commidity House	36.49
5.购买房改住房	Privately Owned House after Housing Reform	16.76
6.购买保障性住房	Purchase of Social Housing	0.66
7.拆迁安置房	Resettlement Housing	10.63
8.继承或获赠住房	Inheritedor Received Housing	0.99

3-18 续表1 Continued 1

项　　目	Item	2015
9.免费借用房	Free Borrowed Housing	1.12
10.雇主提供免费住房	Free Housing Provided by Employer	0.35
11.其他来源	Others	1.21
(五)现住房建筑面积	Floor Space of Current Housing	
1.10 平方米以内	Below 10 sq.m	0.08
2.10~20 平方米	10~20 sq.m	0.71
3.20~30 平方米	20~30 sq.m	1.41
4.30~60 平方米	30~60 sq.m	13.47
5.60~90 平方米	60~90 sq.m	37.20
6.90~120 平方米	90~120 sq.m	26.50
7.120~200 平方米	120~200 sq.m	16.01
8.200 平方米以上	Above 200 sq.m	4.63
(六)住宅外道路路面情况(%)	Pavement Conditions Out of the House(%)	
1.水泥或柏油路面	Cement or Asphalt Pavement	88.26
2.沙石或石板等硬质路面	Sandor Stone Pavement	9.01
3.其他	Others	2.73
(七)住宅有管道供水情况(%)	Conditions of Piped Water Supply(%)	
1.管道供水入户	Piped Water Supply into People's Homes	93.92
2.管道供水至公共取水点	Piped Water Supply to Watering Points	0.22
3.没有管道设施	No Pipeline Facilities	5.86
(八)住户主要饮用水来源情况(%)	Source of Drinking Water(%)	
1.经过净化处理的自来水	Purified Tap Water	93.44
2.受保护的井水和泉水	Protected Wells and Springs	4.71
3.不受保护的井水和泉水	Unprotected Wells and Springs	1.40
4.江河湖泊水	Rivers and Lakes	0.15
5.收集雨水	Collected Rainwater	0.00
6.桶装水	Barreled Water	0.06
7.其他水源	Others	0.25
(九)住户获取饮用水的主要困难(%)	Difficulties to Get Drinking Water(%)	
1.单次取水往返时间超过半小时	Taking Morethana Half-hour to Get Water	0.00

3-18 续表 2 Continued 2

项　目	Item	2015
2.间断或定时供水	Intermittent or Timing Water Supply	1.01
3.当年连续缺水时间超过 16 天	Longer than 16 Days of Shortage of Water	0.30
4.无上述困难	No Such Difficulties	98.69
(十)住户饮用水使用前采取的主要处理措施(%)	Treatments Before Drinking Water(%)	
1.煮沸	Boiling	93.20
2.加漂白剂/氯等	Adding Bleach/Chloride, etc.	0.92
3.使用水过滤器	Using Water Filter	0.54
4.其他处理措施	Other Treatments	0.36
5.没有任何水处理措施	No Treatments	4.98
(十一)住户厕所类型(%)	Type of Toilet(%)	
1.水冲式卫生厕所	FlushSanitary Toilets	85.49
2.水冲式非卫生厕所	FlushInsanitary Toilets	1.90
3.卫生旱厕	Sanitary Dry Latrines	2.24
4.普通旱厕	Ordinary Dry Latrines	7.31
5.无厕所	No Toilet	3.05
(十二)住户厕所使用情况(%)	Use of Toilet(%)	
1.本住户独用	Private Toilet	92.87
2.几户合用	Toilet Shared by Several Households	2.60
3.公用厕所	Public Toilets	4.53
(十三)住户洗澡设施情况(%)	Facilities for Bathing(%)	
1.统一供热水	Unified Hot Water Supply	2.09
2.家庭自装热水器	Installation of Water Heater	88.61
3.其他	Others	2.25
4.无洗澡设施	No Facilities for Bathing	7.05
(十四)住户主要取暖设备状况(%)	Heating Equipment(%)	
1.由市政或小区集中供暖	Municipal or District Central Heating	1.15
2.自行供暖	Self Heating	73.29
3.无取暖设备	No Heating Equipment	25.56
(十五)住户主要取暖用能源状况(%)	Heating Energy(%)	
1.柴草	Firewood	1.50

3-18 续表 3 Continued 3

项 目	Item	2015
2.煤炭	Coal	0.84
3.罐装液化石油气	Canned Liquified Petroleum Gas	4.97
4.管道液化石油气	Pipeline Liquified Petroleum Gas	0.45
5.管道煤气	Pipeline Gas	0.20
6.管道天然气	Pipeline Natural Gas	5.33
7.电	Electricity	71.10
8.燃料用油	Fuel Oil	0.00
9.沼气	Methane	0.09
10.其他	Others	1.81
11.无取暖行为	No Heating Behavior	13.71
(十六)主要炊用能源状况(%)	Cooking Energy(%)	
1.柴草	Firewood	3.27
2.煤炭	Coal	1.41
3.罐装液化石油气	Canned Liquified Petroleum Gas	37.17
4.管道液化石油气	Pipeline Liquified Petroleum Gas	1.95
5.管道煤气	Pipeline Gas	2.75
6.管道天然气	Pipeline Natural Gas	40.56
7.电	Electricity	12.37
8.燃料用油	Fuel Oil	0.00
9.沼气	Methane	0.13
10.其他	Others	0.11
11.无炊用行为	No Cooking Behavior	0.30

3-19 各县城镇常住居民人均可支配收入
Per Capita Disposable Income of Urban Households by County

单位:元 (yuan)

地　区	Region	2014 年	2015 年
全　省	Total	24839	26936
合肥市	Hefei	29348	31989
瑶海区	Yaohai District	31211	33779
庐阳区	Luyang District	33422	36404
蜀山区	Shushan District	33941	36996
包河区	Baohe District	34470	37606
合肥新站区	Hefei New Station District	25262	27723
长丰县	Changfeng	23541	25684
肥东县	Feidong	24615	26879
肥西县	Feixi	26061	28433
庐江县	Lujiang	22206	24248
巢湖市	Chaohu	23562	25753
合肥经开区	Hefei Economic-technology Development Zone	27392	29994
合肥高新区	Hefei New and High-tech Zone	26828	29411
芜湖市	Wuhu	27384	29766
镜湖区	Jinghu District	30885	33495
弋江区	Yijiang District	28705	31162
鸠江区	Jiujiang District	27036	29418
三山区	Sanshang District	24719	26810
芜湖县	Wuhu	25168	27483
繁昌县	Fanchang	25112	27397
南陵县	Nanling	24859	26957
无为县	Wuwei	24995	27232
蚌埠市	Bengbu	24147	26369
龙子湖区	Longzihu District	29850	32447
蚌山区	Bengshang District	26579	28945
禹会区	Yuhui District	23433	25683
淮上区	Huaishang District	23850	26092
怀远县	Huaiyuan	20850	22789

3-19 续表 1 Continued 1

地　区	Region	2014 年	2015 年
五河县	Wuhe	20950	22940
固镇县	Guzhen	21050	22945
淮南市	Huainan	24568	28106
大通区	Datong District	27795	29769
田家庵区	Tianjaan District	28476	30499
谢家集区	Xiejiaji District	25547	27208
八公山区	Bagongshan District	24764	26498
潘集区	Panji District	24496	26187
毛集实验区	Maoji Experimental District	19696	21036
凤台县	Fengtai	24602	26423
马鞍山市	Maanshan	32560	35262
花山区	Huashan District	39546	42492
雨山区	Yushan District	42353	45513
博望区	Bowang District	28538	30935
当涂县	Dangtu	25840	28347
含山县	Hanshan	21163	23258
和　县	Hexian	21928	24249
淮北市	Huaibei	23787	25690
杜集区	Duji District	22919	24734
相山区	Xiangshan District	26916	29123
烈山区	Lieshan District	22365	24065
濉溪县	Suixi	21255	22955
铜陵市	Tongling	25772	31748
铜官山区	Tongguanshan District	31261	33953
铜陵县	Tongling	24651	26825
狮子山区	Shizishan District	27766	30107
郊　区	Suburban District	28756	31207
安庆市	Anqing	22603	23966
迎江区	Yingjiang District	28553	30723
大观区	Daguan District	28007	30248

3-19 续表2 Continued 2

地　　区	Region	2014年	2015年
宜秀区	Yixiu District	20707	21991
怀宁县	Huaining	22643	24522
枞阳县	Zongyang	18767	20552
潜山县	Qianshan	21896	23735
太湖县	Taihu	19211	20844
宿松县	Susong	18215	19859
望江县	Wangjiang	19986	21745
岳西县	Yuexi	18531	20217
桐城市	Tongcheng	21953	23841
安庆开发区	Anqing Development Zone	27822	29909
黄山市	Huangshan	24194	26226
屯溪区	Tunxi District	26361	28570
黄山区	Huangshan District	25828	27920
徽州区	Huizhou District	25934	28087
歙　县	Shexian	22148	24008
休宁县	Xiuning	22257	24216
黟　县	Yixian	21443	23202
祁门县	Qimen	21993	23887
滁州市	Chuzhou	22091	24168
琅琊区	Langya District	28662	31291
南谯区	Nanqiao District	24452	26824
来安县	Laian	22104	24227
全椒县	Quanjiao	19994	21962
定远县	Dingyuan	19556	21325
凤阳县	Fengyang	17719	19391
天长市	Tianchang	22502	24604
明光市	Mingguang	19515	21377
阜阳市	Fuyang	21715	23496
颍州区	Yingzhou District	24839	26901
颍东区	Yingdong District	20688	22219

3-19 续表3 Continued 3

地　区	Region	2014 年	2015 年
颍泉区	Yingquan District	22109	24015
临泉县	Linquan	20131	21580
太和县	Taihe	21375	23235
阜南县	Funan	20070	21656
颍上县	Yingshang	21196	22998
界首市	Jieshou	22563	24436
宿州市	Suzhou	21941	23630
埇桥区	Yongqiao District	25724	27628
砀山县	Dangshan	22967	24735
萧　县	Xiaoxian	16790	18200
灵璧县	Lingbi	17700	19148
泗　县	Sixian	16618	17947
六安市	Luan	21188	22238
金安区	Jinan District	23581	25428
裕安区	Yuan District	24117	25957
寿县	Shouxian	17884	19386
霍邱县	Huoqiu	18682	20055
舒城县	Shucheng	19759	21399
金寨县	Jinzhai	18431	19902
霍山县	Huoshan	20761	22443
叶集试验区	Yeji Experimental District	19632	21006
亳州市	Bozhou	21192	23120
谯城区	Qiaocheng District	22974	25065
涡阳县	Guoyang	18801	20643
蒙城县	Mengcheng	21106	23090
利辛县	Lixin	20997	22704
池州市	Chizhou	22295	24279
贵池区	Guichi District	23095	25162
东至县	Dongzhi	21313	23194
石台县	Shitai	19694	21415

3-19 续表4 Continued 4

地　　区	Region	2014年	2015年
青阳县	Qingyang	22829	24870
九华山景区	Jiuhuashan Mountain Scenic Area	–	–
池州开发区	Chizhou Development Zone	–	–
宣城市	Xuancheng	26289	28602
宣州区	Xuanzhou District	26361	28731
郎溪县	Langxi	26055	28169
广德县	Guangde	28432	30849
泾县	Jingxian	21228	23172
绩溪县	Jixi	23369	25542
旌德县	Jingde	18794	20579
宁国市	Ningguo	28933	31479

3-20 农村常住居民调查户基本情况(2015)
Basic Conditions of Rural Households Surveyed

指标名称	Item	单位	2015
一、期末户均调查人口	Average Household Size Surveyed	人	3.8
二、期末常住成员情况	Conditions of Urban Residents	—	
(一)户均常住成员	Permanent Residents per Household	人	3.0
其中:在校学生人数	Enrolled Students	人	0.6
(二)性别	Gender	—	
1.男性	Male	%	49.3
2.女性	Female	%	50.7
(三)户口状况	Residence Registration	—	
1.农业	Agricultural Account	%	97.6
2.非农业	Non-agricultural Account	%	2.2
3.其他	Others	%	0.2
(四)15岁及以上常住成员受教育程度	Education Level of Residents Aged 15 and Above	—	
1.未上过学	Not Been to School	%	12.5
2.小学	Primary School	%	37.6
3.初中	Junior Secondary School	%	38.4
4.高中	Senior Secondary School	%	7.1
5.大学专科	Junior College	%	2.6
6.大学本科	Undergraduate college	%	1.6
7.研究生	Postgraduate	%	0.1
三、常住从业人员情况	Employment	—	
(一)户均常住从业人数	Employees per Household	人	1.8
(二)就业状况	Job Situation	—	
1.雇主	Employer	%	0.9
2.公职人员	Public Officer	%	0.3
3.事业单位人员	Institution Worker	%	0.9
4.国有企业雇员	State-owned Enterprise Employee	%	0.6
5.其他雇员	Other Employee	%	29.9

3-20 续表 1 Continued 1

指标名称	Item	单位	2015
6.农业自营	Agricultural Self-employed	%	58.7
7.非农自营	Non-agricultural Self-employed	%	8.7
(三)主要从事行业	Industries Engaged	—	
1.第一产业	Primary Industry	%	59.3
2.第二产业	Secondary Industry	%	22.4
3.第三产业	Tertiary Industry	%	18.3
四、调查户基本情况	Basic Conditions of Surveyed Households	—	
(一)住户类型	Household Type	—	
1.家庭居住户	Family Household	%	100.0
2.集体居住户	Collective Household	%	0.0
(二)户主文化程度	Education Level of Householder	—	
1.未上过学	Not Been to School	%	2.7
2.小学	Primary School	%	12.0
3.初中	Junior Secondary School	%	20.4
4.高中	Senior Secondary School	%	2.4
5.大学专科	Junior College	%	0.4
6.大学本科	Undergraduate College	%	0.0
7.研究生	Postgraduate	%	0.0
(三)农业经营户占全部户比例	Proportion of Agricultural Operation Households to the Total	%	83.0

3-21 农村居民家庭基本情况(2015)
Basic Conditions of Rural Households(2015)

项 目	Item	2014 年	2015 年
调查户数(户)	Number of Households Surveyed(household)		
调查户常住人口(人)	Number of Permanent Residents per Households(person)	3.04	3.02
平均每户整半劳动力(人)	Average Full-Time and Part-Time Labors per Household(person)	1.95	1.98
平均每个劳动力负担人口(人)	Average Person Supported by Each Labor(person)	1.56	1.53
城乡居民家庭恩格尔系数(%)	Engel's Coefficient of Households(%)	35.61	35.79
可支配收入	**Disposable Income**	**9916.42**	**10820.73**
工资性收入	Wages Income	3554.87	3983.12
经营性收入	Net Income From Business	3985.90	4214.42
财产性收入	Property Income	149.08	161.78
转移性收入	Transfer Income	2226.57	2461.41
平均每人消费性支出(元)	**Per Capita Annual Living Expenditures for Consumption(yuan)**	**7980.76**	**8975.21**
一、食品	Food	2842.33	3212.02
二、衣着	Clothing	473.95	503.44
三、居住	Residence	1686.02	1899.77
四、生活用品及服务	Household Facilities, Articles and Service	498.69	498.49
五、交通通信	Traffic and Communications	811.71	1056.28
六、教育文化娱乐	Education, Cultural & Recreation Service	735.12	834.39
七、医疗保健	Medicine and Medical Service	778.84	808.20
八、其他用品和服务	Miscellaneous Commodities and Services	154.10	162.63
平均每人消费性支出构成(人均消费性支出=100)(%)	**Composition of per Capita Annual Living Expenditures for Consumption(%)**	**100.00**	**100.00**
一、食品	Food	35.61	35.79
二、衣着	Clothing	5.94	5.61
三、居住	Residence	21.13	21.17
四、生活用品及服务	Household Facilities, Articles and Service	6.25	5.55
五、交通通信	Traffic and Communications	10.17	11.77
六、教育文化娱乐	Education, Cultural and Recreation Service	9.21	9.30
七、医疗保健	Medicine and Medical Service	9.76	9.00

3-21 续表 1 Continued 1

项 目	Item	2014	2015
八、其他用品和服务	Miscellaneous Commodities and Services	1.93	1.81
期末实际经营的土地面积(亩/人)	Land Area Dealing in Actually at the End of Term(mu/person)	3.07	3.06
耕地	Farmland	2.21	2.43
其中:有效灌溉面积	Of Which:Effective Irrigated Area	1.79	1.92
山地	Mountains	0.69	0.46
园地	Gardening Land	0.07	0.06
牧草地面积	Area of Grassland	0.00	0.00
养殖水面	Aquatic Space	0.10	0.10
期末拥有房屋面积(平方米/人)	Dwelling Space(sq.m/person)	44.99	46.41
期末拥有房屋价值(元/人)	Value of Houses(yuan/person)	39316.82	42703.97
期内新建(购)住房情况	Newly-built Houses Within the Year		
新建(购)住房面积(平方米/人)	Newly-built House Space(sq.m/person)	1.97	1.46
新建(购)住房价值(元/人)	Value in Each Squre Meter(yuan/person)	2707.34	1956.96
年末户均生产性固定资产(元)	Original Value of Productive Fixed Assets at Year-end(yuan/household)	4671.55	4621.65
#农业	#Agriculture	1903.14	2226.52
林业	Forestry	3.83	6.84
牧业	Animal Husbandry	270.54	179.52
渔业	Fishery	30.07	36.83
年末生产性固定资产拥有量(每百户)	Major Productive Fixed Assets at Year-end(Per 100 Households)		
大中型农用拖拉机	Large and Medium Tractors	2.74	3.62
小型农用拖拉机	Mini and Walking Tractors	30.90	30.54
农用排灌动力机械	Power-driven Irrigation and Drainage Equipments	18.15	14.72
插秧机	Transplanter	0.16	0.10
收割机	Harvester	1.75	2.95
脱粒机	Thresher	7.28	5.13
役畜	Draught Animal	2.87	0.95
其他农业机械	Other Agricultural Machinery	0.00	13.36

3-22 农村常住居民家庭人均收入情况(2015)
Annual Income per Capita of Rural Households(2015)

项　目	Item	2015
总收入(未扣除生产费用)	**Total Income(Not Deduct the Production Cost)**	**13752.5**
工资性收入	Income from Wages and Salaries	3983.1
家庭经营收入	Household Business Income	6845.0
财产性收入	Property Income	182.9
转移性收入	Transferred Income	2741.4
现金可支配收入	**Cash Disposable Income**	**9952.0**
现金工资性收入	Cash Wages Income	3963.8
现金经营净收入	Net Cash Income From Business	3544.3
现金财产净收入	Net Cash Property Income	161.8
现金转移净收入	Net Cash Transfer Income	2282.2
总支出	**Total Expenditures**	**15115.6**
消费支出	Expenditure for Consumption	8975.2
生产经营费用支出	Expenditure for Business	2327.4
财产性支出	Property Expenditure	21.2
转移性支出	Transferred Expenditure	280.0
现金支出	**Cash Expenditure**	**13278.5**
现金消费支出	Cash Expenditure for Consumption	7213.5
生产经营费用支出	Cash Expenditure for Business	2252.0
现金财产性支出	Cash Property Expenditure	21.2
现金转移性支出	Cash Transferred Expenditure	280.0
可支配收入	**Disposable Income**	**10820.7**
一、工资性收入	Income from Wages and Salaries	3983.1
(一)工资	Wages	3936.6
1.按月发放的工资	Monthly Salaries	1808.8
2.补发工资	Reissued Salaries	141.2
3.不按月发放的奖金、津贴、过节费等	Unmonthly Paid Bonus, Allowance and Holiday Fee	1986.6
(二)实物福利	Benefits in Kind	19.3
1.从单位或雇主得到的实物产品折价	Cash Calculated from Physical Products Paid by Unit or Employer	2.9
2.从单位或雇主得到的服务折价	Cash Calculated from Services by Unit or Employer	16.4

3-22 续表1 Continued 1

项　　目	Item	2015
3.单位或雇主实物福利报销所得	Benefits in Kind Reimbursement	0.0
(三)其他	Others	27.2
1.住房公积金	Housing Accumulation Fund	20.8
2.辞退金	Dismissal Costs	0.7
3.自由职业劳动所得(如稿费、翻译费)	Income on Freelance Business (Such as Remuneration、Translation Fees)	5.0
4.安家费	Settling-in Allowance	0.8
5.股票期权	Stock Options	0.0
6.其他劳动所得	Other Labor Income	0.0
二、经营净收入	Net Business Income	4214.4
(一)第一产业经营净收入	Primary Industry	3007.1
1.农业	Farming	2461.9
2.林业	Forestry	200.0
3.牧业	Animal Husbandry	232.6
4.渔业	Fishery	112.6
(二)第二产业经营净收入	Secondary Industry	254.8
1.采矿业	Mining	-0.4
2.制造业	Manufacturing	95.6
3.电力、热力、燃气及水生产和供应业	Production and Supply of Electricity,Gas and Water	-0.9
4.建筑业	Construction	160.6
(三)第三产业经营净收入	Tertiary Industry	952.5
1.批发和零售业	Wholesale and Retail Trades	438.5
2.交通运输、仓储和邮政业	Transport,Storage and Post	160.9
3.住宿和餐饮业	Hotels and Catering Services	67.2
4.房地产业	Real Estate	1.3
5.租赁和商务服务业	Leasing and Business Services	6.8
6.居民服务、修理和其他服务业	Serices to Households and Other Services	129.3
7.其他	Others	10.3
8.农林牧渔服务业	Agricultural Service	138.1
三、财产净收入	Net Property Income	161.8
(一)利息净收入	Net Interest Income	37.0

3-22 续表2 Continued 2

项　　目	Item	2015
(二)红利收入	Dividend Income	4.6
1.集体分配的红利	Collective Distribution of Dividends	1.8
2.其他红利收入	Other Dividend Income	2.7
(三)储蓄性保险净收益	Net Income of Savings Insurance	0.5
(四)转让承包土地经营权租金净收入	Net Income from Transfer of Right to Contracted Management of Rural Land	100.5
(五)出租房屋财产性收入	Property Income from Rental Accommodation	14.2
(六)出租机械、专利、版权等资产的收入	Income from Rental Machinery, Patent, Copyright and the Like	1.8
(七)其他财产净收入	Other Net Property Income	3.3
(八)房屋虚拟租金	Virtual House Rent	0.0
四、转移净收入	Net Transfer Income	2461.4
(一)转移性收入	Transfer Income	2741.4
1.养老金或离退休金	Pension or Retirement Pension	479.6
(1)离退休金	Pensions of Retirees	292.2
(2)(城镇)居民社会养老保险	Social Old-age Insurance for(Urban) Residents	20.7
(3)新型农村养老保险	New System of Old-age Insurance for Rural Residents	143.7
(4)其他养老金	Other Old-age Pension	22.9
2.社会救济和补助	Social Welfare or Aid	88.9
(1)最低生活保障费	Guaranteed Minimum Income	40.0
(2)五保户救助金	Aids to Households Enjoying the Five Guarantees	10.2
(3)扶贫款	Poverty Relief Funds	2.0
(4)救灾款	Disaster Relief Funds	1.2
(5)抚恤金	Pension	15.2
(6)其他社会救济收入	Other Income from Social Welfare	20.3
3.政策性生活补贴	Policy Living Allowance	32.0
(1)家电补贴	Subsidies for Home Appliances	1.5
(2)能源补贴	Subsidies for Energy	0.3
(3)免费或低价提供的住宿(廉租房)	Free or Cheap Accommodation	0.0
(4)其他生活补贴	Other Living Allowance	29.8
4.报销医疗费	Reimbursement of Medical Expenses	173.0
5.家庭外出从业人员寄回带回收入	Sent Back by Family Outings Employees	1393.6
6.赡养收入	Alimony Income	334.4

3-22 续表3 Continued 3

项　　目	Item	2015
7.其他经常转移收入	Other Regular Transfer Income	62.2
(1)失业保险金	Unemployment Insurance Benefits	0.3
(2)经常性捐赠收入	Regular Donation Income	7.9
(3)经常性赔偿收入	Regular Compensation Income	1.1
(4)其他转移性收入	Other Transfer Income	52.6
8.从政府和组织得到的实物产品和服务折价	Cash Calculated from Physical Products and Service Paid by Government and Organizations	6.3
9.现金政策性惠农补贴	Policy Agricultural Subsidies in Cash	171.5
(二)转移性支出	Transferred Expenditure	280.0
1.个人所得税	Personal Income Tax	1.8
2.社会保障支出	Social Security Expentidture	211.5
(1)个人缴纳的养老保险	Individual Endowment Insurance	87.6
(2)个人缴纳的医疗保险	Individual Medical Treatment Insurance	117.5
(3)个人缴纳的失业保险	Individual Unemployment Insurance	2.4
(4)其他社会保障支出	Other Social Security Expenditure	4.0
3.外来从业人员寄给家人的支出	Sent Home to Their Families by Foreign Workers	4.2
4.赡养支出	Alimony Expentidture	27.0
5.其他转移性支出	Other Transferred Expenditure	35.5
(1)经常性捐赠支出	Regular Donation Expenditure	3.9
(2)经常性赔偿支出	Regular Compensation Expenditure	0.0
(3)其他经常转移支出	Other Regular Transfer Expenditure	31.6
现金可支配收入	**Cash Disposable Income**	**9952.0**
一、现金工资性收入	Cash Income from Wages and Salaries	3963.8
(一)工资	Wages	3936.6
1.按月发放的工资	Monthly Salaries	1808.8
2.补发工资	Reissued Salaries	141.2
3.不按月发放的奖金、津贴、过节费等	Unmonthly Paid Bonus, Allowance and Holiday Fee	1986.6
(二)其他工资性收入	Other Income from Wages and Salaries	27.2
1.住房公积金	Housing Accumulation Fund	20.8
2.辞退金	Dismissal Costs	0.7
3.自由职业劳动所得(如稿费、翻译费)	Income on Freelance Business(Such as Remuneration, Translation Fees)	5.0

3-22 续表4 Continued 4

项 目	Item	2015
4.安家费	Settling-in Allowance	0.8
5.股票期权	Stock Options	0.0
6.其他劳动所得	Other Labor Income	0.0
二、现金经营净收入	Net Cash Business Income	3544.3
(一)第一产业现金经营净收入	Primary Industry	2197.2
1.农业	Farming	1796.8
2.林业	Forestry	87.5
3.牧业	Animal Husbandry	205.0
4.渔业	Fishery	107.8
(二)第二产业现金经营净收入	Secondary Industry	274.0
1.采矿业	Mining	-0.4
2.制造业	Manufacturing	107.5
3.电力、热力、燃气及水生产和供应业	Production and Supply of Electricity,Gas and Water	2.3
4.建筑业	Construction	164.7
(三)第三产业现金经营净收入	Tertiary Industry	1073.1
1.批发和零售业	Wholesale and Retail Trades	474.5
2.交通运输、仓储和邮政业	Transport,Storage and Post	221.8
3.住宿和餐饮业	Hotels and Catering Services	72.4
4.房地产业	Real Estate	1.3
5.租赁和商务服务业	Leasing and Business Services	8.4
6.居民服务、修理和其他服务业	Serices to Households and Other Services	141.7
7.其他行业	Others	10.7
8.农林牧渔服务业	Agricultural Service	142.3
三、现金财产净收入	Net Cash Property Income	161.8
(一)利息净收入	Net Interest Income	37.0
(二)红利收入	Dividend Income	4.6
1.集体分配的红利	Collective Distribution of Dividends	1.8
2.其他红利收入	Other Dividend Income	2.7
(三)储蓄性保险净收益	Net Income of Savings Insurance	0.5
(四)转让承包土地经营权租金净收入	Net Income from Transfer of Right to Contracted Management of Rural Land	100.5
(五)出租房屋财产性收入	Property Income from Rental Accommodation	14.2

3-22 续表 5 Continued 5

项 目	Item	2015
(六)出租机械、专利、版权等资产的收入	Income from Rental Machinery,Patent,Copyright and the Like	1.8
(七)其他财产净收入	Other Net Property Income	3.3
四、现金转移净收入	Net Cash Transfer Income	2282.2
(一)现金转移性收入	Cash Transfer Income	2562.1
1.养老金或离退休金	Pension or Retirement Pension	479.6
(1)离退休金	Pensions of Retirees	292.2
(2)(城镇)居民社会养老保险	Social Old-age Insurance for(Urban) Residents	20.7
(3)新型农村养老保险	New System of Old-age Insurance for Rural Residents	143.7
(4)其他养老金	Other Old-age Pension	22.9
2.社会救济和补助	Social Welfare or Aid	88.9
(1)最低生活保障费	Guaranteed Minimum Income	40.0
(2)五保户救助金	Aids to Households Enjoying the Five Guarantees	10.2
(3)扶贫款	Poverty Relief Funds	2.0
(4)救灾款	Disaster Relief Funds	1.2
(5)抚恤金	Pension	15.2
(6)其他社会救济收入	Other Income from Social Welfare	20.3
3.政策性生活补贴(只含政策生活补贴)	Policy Living Allowance	32.0
4.家庭外出从业人员寄回带回收入	Sent Back by Family Outings Employees	1393.6
5.赡养收入	Alimony Income	334.4
6.其他经常转移收入	Other Regular Transfer Income	62.2
(1)失业保险金	Unemployment Insurance Benefits	0.3
(2)经常性捐赠收入	Regular Donation Income	7.9
(3)经常性赔偿收入	Regular Compensation Income	1.1
(4)其他转移性收入	Other Transfer Income	52.9
7.现金政策性惠农补贴	Policy Agricultural Subsidies in Cash	171.5
(二)现金转移性支出	Cash Transferred Expenditure	280.0
1.个人所得税	Personal Income Tax	1.8
2.个人缴纳的社会保障支出	Individual Social Security Expentiduture	211.5
(1)个人缴纳的养老保险	Individual Endowment Insurance	87.6
(2)个人缴纳的医疗保险	Individual Medical Treatment Insurance	117.5
(3)个人缴纳的失业保险	Individual Unemployment Insurance	2.4

3-22 续表 6 Continued 6

项 目	Item	2015
(4)其他社会保障支出	Other Social Security Expenditure	4.0
3.外来从业人员寄给家人的支出	Sent Home to Their Families by Migrant Workers	4.2
4.赡养支出	Alimony Expentiduture	27.0
5.其他转移性支出	Other Transferred Expenditure	35.5
(1)经常性捐赠支出	Regular Donation Expenditure	3.9
(2)经常性赔偿支出	Regular Compensation Expenditure	0.0
(3)其他经常转移支出	Other Regular Transfer Expenditure	31.6

3-23 农村居民家庭居住情况
Living Conditions of Rural Households

项　目	Item	2015
现住房建筑面积(平方米/人)	Total Floor Space for Current Housing(sq.m/person)	46.8
(一)本住户居住类型(%)	Type of Residence	
1.普通住宅	Ordinary House	100.0
2.集体宿舍和工棚	Dormitory and Work Shed	0.0
3.工作地住宿	Get Accommodation at Workplace	0.0
(二)本住户居住空间样式(%)	House Styles(%)	
1.单栋楼房	Single Building	56.5
2.单栋平房	Single Bungalow	37.6
3.四居室及以上单元房	Unit with Four Rooms and Over	0.5
4.三居室单元房	Unit with Three Rooms	0.5
5.二居室单元房	Unit with Two Rooms	0.3
6.一居室单元房	Unit with One Room	0.0
7.筒子楼或连片平房	Tube-shaped Apartments or Rows of Bungalow	2.1
8.其他	Others	2.5
(三)主要建筑材料(%)	Main Architecture Materials(%)	
1.钢筋混凝土	Reinforced Concrete	21.9
2.砖混材料	Brick-concrete-structured Materials	49.7
3.砖瓦砖木	Tile and Wood	27.9
4.竹草土坯	Bamboo,Grass and Adobe	0.3
5.其他	Others	0.2
(四)现住房房屋来源(%)	Source of Current Housing(%)	
1.租赁公房	Rental Public Housing	0.1
2.租赁私房	Rental Privately Owned Housing	2.2
3.自建住房	Self Help Housing	96.5
4.购买商品房	Commidity House	0.6
5.购买房改住房	Privately Owned House after Housing Reform	0.2
6.购买保障性住房	Purchase of Social Housing	0.0
7.拆迁安置房	Resettlement Housing	0.1
8.继承或获赠住房	Inherited or Received Housing	0.2

3-23 续表 1 Continued 1

项 目	Item	2015
9.免费借用房	Free Borrowed Housing	0.1
10.雇主提供免费住房	Free Housing Provided by Employer	0.0
11.其他来源	Others	0.0
(五)现住房建筑面积	Floor Space of Current Housing	
1.10 平方米以内	Below 10 sq.m	0.1
2.10~20 平方米	10~20 sq.m	0.2
3.20~30 平方米	20~30 sq.m	0.9
4.30~60 平方米	30~60 sq.m	10.2
5.60~90 平方米	60~90 sq.m	19.9
6.90~120 平方米	90~120 sq.m	22.4
7.120~200 平方米	120~200 sq.m	29.1
8.200 平方米以上	Above 200 sq.m	17.2
(六)住宅外道路路面情况(%)	Pavement Conditions Out of the House(%)	
1.水泥或柏油路面	Cement or Asphalt Pavement	48.4
2.沙石或石板等硬质路面	Sand or Stone Pavement	36.0
3.其他	Others	15.6
(七)住宅有管道供水情况(%)	Conditions of Piped Water Supply(%)	
1.管道供水入户	Piped Water Supply into People' s Homes	49.3
2.管道供水至公共取水点	Piped Water Supply to Watering Points	1.3
3.没有管道设施	No Pipeline Facilities	49.3
(八)住户主要饮用水来源情况(%)	Source of Drinking Water(%)	
1.经过净化处理的自来水	Purified Tap Water	44.0
2.受保护的井水和泉水	Protected Wells and Springs	29.4
3.不受保护的井水和泉水	Unprotected Wells and Springs	24.9
4.江河湖泊水	Rivers and Lakes	0.4
5.收集雨水	Collected Rainwater	0.0
6.桶装水	Barreled Water	0.1
7.其他水源	Others	1.1
(九)住户获取饮用水的主要困难(%)	Difficulties to Get Drinking Water(%)	
1.单次取水往返时间超过半小时	Taking More than a Half-hour to Get Water	0.5

3-23 续表 2 Continued 2

项　　目	Item	2015
2.间断或定时供水	Intermittent or Timing Water Supply	3.4
3.当年连续缺水时间超过 16 天	Longer than 16 Days of Shortage of Water	1.5
4.无上述困难	No Such Difficulties	94.6
(十)住户饮用水使用前采取的主要处理措施(%)	Treatments Before Drinking Water(%)	
1.煮沸	Boiling	84.2
2.加漂白剂/氯等	Adding Bleach/chloride,etc.	0.8
3.使用水过滤器	Using Water Filter	1.0
4.其他处理措施	Other Treatments	0.9
5.没有任何水处理措施	No Treatments	13.1
(十一)住户厕所类型(%)	Type of Toilet(%)	
1.水冲式卫生厕所	Flush Sanitary Toilets	11.7
2.水冲式非卫生厕所	Flush Insanitary Toilets	2.7
3.卫生旱厕	Sanitary Dry Latrines	14.2
4.普通旱厕	Ordinary Dry Latrines	70.2
5.无厕所	No Toilet	1.3
(十二)住户厕所使用情况(%)	Use of Toilet(%)	
1.本住户独用	Private Toilet	94.6
2.几户合用	Toilet Shared by Several Households	3.8
3.公用厕所	Public Toilets	1.6
(十三)住户洗澡设施情况(%)	Facilities for Bathing(%)	
1.统一供热水	Unified Hot Water Supply	1.5
2.家庭自装热水器	Installation of Water Heater	60.9
3.其他	Others	7.6
4.无洗澡设施	No Facilities for Bathing	30.1
(十四)住户主要取暖设备状况(%)	Heating Equipment(%)	0.0
1.由市政或小区集中供暖	Municipal or District Central Heating	0.6
2.自行供暖	Self Heating	41.7
3.无取暖设备	No Heating Equipment	57.7
(十五)住户主要取暖用能源状况(%)	Heating Energy(%)	
1.柴草	Firewood	21.1

3-23 续表3 Continued 3

项　目	Item	2015
2.煤炭	Coal	2.7
3.罐装液化石油气	Canned Liquified Petroleum Gas	3.2
4.管道液化石油气	Pipeline Liquified Petroleum Gas	0.0
5.管道煤气	Pipeline Gas	0.0
6.管道天然气	Pipeline Natural Gas	0.0
7.电	Electricity	32.5
8.燃料用油	Fuel Oil	0.0
9.沼气	Methane	0.0
10.其他	Others	2.5
11.无取暖行为	No Heating Behavior	38.0
(十六)主要炊用能源状况(%)	Cooking Energy(%)	
1.柴草	Firewood	61.4
2.煤炭	Coal	1.8
3.罐装液化石油气	Canned Liquified Petroleum Gas	28.4
4.管道液化石油气	Pipeline Liquified Petroleum Gas	0.1
5.管道煤气	Pipeline Gas	0.0
6.管道天然气	Pipeline Natural Gas	0.0
7.电	Electricity	7.8
8.燃料用油	Fuel Oil	0.0
9.沼气	Methane	0.1
10.其他	Others	0.2
11.无炊用行为	No Cooking Behavior	0.2

3-24 农村常住居民家庭人均支出情况(2015)
Annual Expenditure per Capita of of Rural Households(2015)

项 目	Item	2015
总支出	**Total Expenditure**	**15115.6**
其中:消费支出	Consumption Expenditure	8975.2
(一)食品烟酒	Food,Tobacco and Liquor	3212.0
1.食品	Food	2292.5
(1)谷物	Cereals	432.3
(2)薯类	Tubers	51.8
(3)豆类	Beans	54.2
(4)食用油	Edible Oil	114.2
(5)蔬菜和食用菌	Vegetables and Edible Fungus	259.6
(6)肉类	Meat	479.5
(7)禽类	Poultry	168.6
(8)水产品	Aquatic Products	112.8
(9)蛋类	Eggs	92.7
(10)奶类	Milk	191.2
(11)干鲜瓜果类	Fresh,Dried Melons and Fruits	160.6
(12)糖果糕点类	Candies,Cake and Cookie	78.4
(13)其他食品	Other Foods	96.4
2.烟酒	Tobacco and Liquor	599.3
(1)烟草	Tobacco	323.1
(2)酒类	Liquor	276.2
3.饮料	Drinks	99.4
4.饮食服务	Diet Service	220.8
(1)食堂用餐	Cafeteria Food	19.1
(2)其他在外饮食	Dining Out	192.7
(3)食品加工服务费	Food Processing and Service Fee	9.0
(二)衣着	Clothing	503.4
1.衣类	Clothing	366.8
2.鞋类	Footwear	136.7
(三)居住	Residence	1899.8

3-24 续表1 Continued 1

项　　目	Item	2015
1.租赁房房租	Rent of Rentable Housing	56.9
2.住房维修及管理	Management and Maintenance of Housing	275.9
3.水电燃料及其他	Water,Electricity,Fuels and Others	454.0
4.自有住房折算租金	Converted Rent for Private Housing	1112.9
(四)生活用品及服务	Household Facilities,Articles and Service	498.5
1.家具及室内装饰品	Furniture and Interior Decorations	83.9
2.家用器具	Household Facilities	131.1
3.家用纺织品	Home Textiles	42.9
4.家庭日用杂品	Daily-Use Household Articles	172.4
5.个人用品	Personal Products	55.3
6.家庭服务	Household Service	12.9
(五)交通通信	Traffic and Communications	1056.3
1.交通	Transportation	670.1
(1)交通工具	Transportation Facility	380.8
(2)交通费	Traffic Fare	84.8
(3)交通工具用燃料	Fuels	102.8
(4)交通工具使用及维修	Fees for Vehicles Use and Amintenance	101.7
其中:车辆保险支出	Of Which:Vehicle Insurance Expenditure	19.5
2.通信	Communications	386.1
(1)通信工具	Communication Facility	98.3
(2)通信服务	Communication Services	287.9
(六)教育文化娱乐	Education,Cultural and Recreation Service	834.4
1.教育	Education	641.4
(1)学前教育	Preschool Education	51.9
(2)小学教育	Primary Education	85.0
(3)初中教育	Secondary Education	103.1
(4)高中教育	High School Education	131.2

3-24 续表 2 Continued 2

项　　目	Item	2015
(5)中专职高教育	Vocational Senior and Specialized Secondary Education	20.6
(6)大专及以上教育	College Education or Above	215.8
(7)成人教育	Adult Education	33.8
2.文化娱乐	Cultural and Recreation	193.0
(1)文娱耐用消费品	Cultural and Recreational Durable Consumer Goods	67.5
(2)其他文娱用品	Other Cultural Articles	76.9
(3)文化娱乐服务	Cultural and Recreation Service	48.6
(七)医疗保健	Medicine and Medical Service	808.2
1.医疗器具及药品	Medical Instrument and Articles	184.9
2.医疗服务	Medical Service	623.3
(1)门诊总费用	Outpatient Costs	184.5
(2)住院总费用	Hospitalization Expenses	438.8
(八)其他用品和服务	Miscellaneous Commodities and Services	162.6
1.其他用品	Miscellaneous Commodities	109.2
2.其他服务	Miscellaneous Services	53.5
附记指标:通过互联网购买的商品或服务	Goods and Services Bought Online	21.3

3-25 农村居民家庭人均现金支出(2015 年)
Per Capita Cash Expenditure and Composition of Rural Households(2015)

单位:元、% (yuan、%)

项 目	Item	2015
期内现金支出合计(元)	**Cash Expenditure(yuan)**	**13278.51**
生活消费支出	Consumption Expenditure	7213.53
家庭经营费用支出	Expenditure for Household Business	2251.99
第一产业生产费用支出	Primary Industry	1847.82
农业	Farming	1153.83
林业	Forestry	52.56
牧业	Animal Husbandry	492.88
渔业	Fishery	148.54
第二产业生产费用支出	Secondary Industry	126.05
采矿业	Mining	0.43
制造业	Manufacturing	113.77
电力热力燃气及水生产和供应业	Production and Supply of Electricity, Gas and Water	0.01
建筑业	Construction	11.85
第三产业生产费用支出	Tertiary Industry	278.12
批发和零售业	Wholesale and Retail Trades	112.37
交通运输仓储和邮政业	Transport, Storage and Post	89.43
住宿和餐饮业	Hotels and Catering Services	18.88
房地产业	Real Estate	0.07
租赁和商务服务业	Leasing and Business Services	0.47
居民服务修理和其他服务业	Serices to Households and Other Services	18.01
其他	Others	0.56
农林牧渔服务业	Agricultural Service	38.33
现金财产性支出	Cash Property Expenditure	21.16
现金转移性支出	Cash Transferred Expenditure	279.98
部分商业保险支出	Some Commercial Insurance Expenditure	29.47
购置资产及非经常性转移支出	Acquisition of Assets and Non-recurring Transfer Expenditure	2924.05
借贷性支出	Lending and Loaning Expenditures	558.34

3-26 农村居民家庭每百户耐用消费品拥有量及信息化情况(2015)
Ownership of Major Durable Consumer Goods and Informatization per 100 Rural Households(2015)

项　　目	Item	2015
一、主要消费品拥有量	Ownership of Major Durable Consumer Goods	
1.家用汽车	Household Automobile	8.48
2.摩托车	Motorcycle	47.05
3.助力车	Man-drawn Vehicle	79.35
4.洗衣机	Washing Machine	73.58
5.电冰箱(柜)	Refrigerator	90.55
6.微波炉	Microwave Oven	15.43
7.彩色电视机	Color TV	121.33
9.空调	Air Conditioner	58.38
10.热水器	Water Heater	66.41
11.其中:太阳能热水器	Of Which:Solar Heater	60.53
12.消毒碗柜	Disinfectant Machine	0.99
13.洗碗机	Dishwasher	0.27
14.排油烟机	Kitchen Ventilator	10.90
15.固定电话	Telephone	40.97
16.移动电话	Mobile Telephone	205.34
18.计算机	Computer	19.37
20.摄像机	Video Camera	0.48
21.照相机	Camera	3.51
22.中高档乐器	Medium Upscale Musical Instrument	0.28
23.健身器材	Healthy Equipment	0.47
24.组合音响	Hi-Fi Stereo Component System	3.97
二、信息化调查情况	Informatization	
接入有线电视网络的电视机(台)	TV Set for Acessing Cable Television Network(set)	42.98
接入互联网的移动电话(部)	Network-connected Hand Telephone(unit)	56.46
接入互联网的计算机(台)	Network-connected Computers(set)	13.51

3-27 按收入等级分的农村居民家庭人均收入情况(2015 年)

单元:元、%

项　　目	Item	总平均 Total
一、家庭总收入	Total Income(yuan)	13752
二、可支配收入	Disposable Income(yuan)	10821
(一)工资性收入	Income from Wages and Salaries	3983
(二)家庭经营可支配收入	Income from Household Operations	4214
1.第一产业可支配收入	Income of Primary Industry	3007
2.第二产业可支配收入	Income of Secondary Industry	255
3.第三产业可支配收入	Income of Tertiary Industry	952
(三)财产净可支配收入	Income from Properties	162
(四)转移净可支配收入	Income from Transfers	2461
三、总支出	Total Expenditure	15116
生活消费支出	Consumption Expenditure	8975
食品	Food	3212
衣着	Clothing	503
居住	Residence	1900
家庭设备用品及服务	Household Facilities, Articles and Service	498
交通通讯	Traffic and Communications	1056
文教娱乐用品及服务	Education, Cultural & Recreation Service	834
医疗保健	Medicine and Medical Service	808
其他商品和服务	Miscellaneous Commodities and Services	163
财产性支出	Expenditure for Property	21
转移性支出	Transferred Expenditure	280

Per Capita Income of Rural Households by Five Equal Parts of Income(2015)

(yuan、%)

低收入户 Low Income Households	中低收入户 Lower Middle Income Households	中等收入户 Middle Income Households	中高收入户 Upper Middle Income Households	高收入户 High Income Households
7084	9364	12257	16372	27436
3355	7356	10241	13896	22568
1239	2580	3968	5803	7417
880	3004	3958	4911	9787
1007	2340	3048	3527	5898
-92	86	141	224	1127
-36	578	770	1161	2762
64	73	71	183	504
1172	1699	2244	2999	4860
12596	11482	13553	15904	24525
6699	7200	8765	10039	13439
2448	2639	3102	3629	4658
362	420	478	566	764
1493	1562	1846	2167	2657
366	369	542	526	762
585	730	958	1177	2111
749	810	909	879	832
569	555	792	894	1392
127	114	138	200	263
17	11	26	21	34
290	223	247	297	368

3-28 农村居民家庭户均生产性固定资产原值(2015)

Initial Value of Productive Fixed Assets in Rural Households(2015)

项 目	Item	2015
生产性固定资产原值(元/户)	Initial Value of Productive Fixed Assets(yuan/household)	4621.65
1.农业	Farming	2226.52
2.林业	Forestry	6.84
3.牧业	Animal Husbandry	179.52
4.渔业	Fishery	36.83
5.采矿业	Mining	0.00
6.制造业	Manufacturing	178.19
7.电力煤气与水的生产及供应	Production and Supply of Electricity,Gas and Water	49.08
8.建筑业	Construction	61.10
9.交通运输业、仓储和邮政业	Transportation,Storage and Postal Services	539.19
10.批发和零售贸易业	Wholesale & Retail Trade	913.45
11.住宿和餐饮业	Accommodation and Catering Trade	78.93
12.房地产业	Resident Services and Other Services	74.54
13.租赁和商务服务业	Education	23.21
14.居民服务修理和其他服务业	Health Care,Social Protection and Social Welfare	185.10
15.其他行业	Culture,Sports and Entertainment	6.17
16.农林牧渔服务业固定资产原价	Others	62.99

3-29 农村居民家庭人均主要食品消费量(2015)
Per Capita Main Food Consumption of Rural Households(2015)

单位:千克 kg

项 目	Item	2015
一、粮食消费量	Grain	173.17
(一)谷物消费量	Cereals	159.96
1.小麦	Wheat	61.12
2.稻谷	Barley	93.55
3.玉米	Corn	2.97
4.其他谷物	Other Cereals	2.31
(二)薯类消费量	Tubers	2.50
1.红薯	Sweet Potato	1.62
2.马铃薯	Potato	0.52
3.其他薯类	Other Tubers	0.37
(三)豆类消费量	Beans	10.71
1.大豆	Soybean	1.95
2.其他豆类	Other Beans	8.76
二、油脂类消费量	Oil and Fats	10.27
(一)植物油	Edible Vegetable Oil	9.40
(二)动物油	Edible Animal Oil	0.87
三、蔬菜及菜制品消费量	Vegetables and Processed Products	92.86
(一)鲜菜	Fresh Vegetables	90.99
(二)干菜及菜制品	Dried Vegetables and Processed Products	0.84
(三)鲜菌	Fresh Edible Fungus	0.89
(四)干菌及菌制品	Dried Edible Fungus and Processed Products	0.15
四、肉类	Meat and Processed Products	21.05
(一)猪肉	Pork	17.39
(二)牛肉	Beef	0.96
(三)羊肉	Mutton	0.47
(四)其他肉类及制品	Others	2.22
五、禽类	Poultry and Processed Products	10.79
(一)鸡	Chicken	7.40
(二)鸭	Duck	1.63

3-29 续表 1 Continued 1

项　　目	Item	2015
(三)鹅	Goose	0.27
(四)其他禽类及制品	Others	1.49
六、水产品	Aquatic Products	9.43
(一)鱼类	Fish	8.59
(二)虾、贝、蟹类	Shrimps, Shells and Crabs	0.36
(三)藻类	Algae	0.31
(四)其他	Others	0.18
七、蛋类及蛋制品	Eggs and Processed Products	10.17
(一)鲜蛋	Fresh Eggs	9.77
(二)蛋制品	Egg Products	0.39
八、奶和奶制品	Milk and Dariy Products	7.60
(一)鲜奶	Fresh Milk	1.72
(二)酸奶	Yogurt	2.97
(三)奶粉	Milk Powder	0.88
(四)其他奶制品	Others	2.04
九、干鲜瓜果类	Dried and Fresh Melons and Fruits	33.86
(一)鲜瓜果	Fresh Melons and Fruits	30.83
(二)瓜果制品	Melon and Fruit Products	0.70
(三)坚果类	Nuts and Grain Products	2.32
十、糖果糕点类	Confectioneries	5.61
(一)食糖	Sugar	1.13
(二)糖果	Candy	0.52
(三)糕点	Pastry	3.26
(四)其他糖果糕点	Other Confectioneries	0.70
十一、饮料	Beverage	0.26
茶叶	Tea	0.26
十二、烟叶消费量	Tobacco	36.12
十三、酒	Liquor and Drinks	14.81
(一)白酒	Wine Spirit	4.26
(二)啤酒	Beer	10.48
(三)果酒	Fruit Wine	0.06

3-30 农村居民家庭年人均出售主要农副产品情况(2015)
Annual Selling of Farm and Sideline Products of Rural Households per Capita(2015)

单位:千克 kg

项　　目	Item	2015
粮食	Grain	1153.1
谷物	Cereals	1127.1
#小麦	#Wheat	522.4
稻谷	Paddy	295.1
薯类	Tubers	1.0
豆类	Beans	25.0
棉花	Cotton	5.2
油料	Oil Producer	13.0
糖料	Sugar	6.3
烟草	Tobacco	0.0
蔬菜及食用菌	Vegetables and Edible Fungus	43.9
水果	Fruits	4.4
果用瓜	Melon	16.5
茶叶	Tea	3.2
猪肉	Pork	29.9
家禽	Poultry	11.7
蛋类	Eggs	5.4
渔业产品(养殖和捕捞产品)	Aquatic Products	8.5

3-31 农村居民家庭主要生活用品购买量(2015)
Annual Purchases of Articles for Daily Use of Rural Households per Capita(2015)

项　目	Item	单位	Unit	2015
粮食	Grain	千克	(kg/person)	85.48
植物油	Edible Vegetable Oil	千克	(kg/person)	7.14
动物油	Edible Animal Oil	千克	(kg/person)	0.86
蔬菜和食用菌	Vegetables and Edible Fungus	千克	(kg/person)	42.74
猪肉	Pork	千克	(kg/person)	15.54
牛肉	Beef	千克	(kg/person)	0.94
羊肉	Mutton	千克	(kg/person)	0.45
禽类	Poultry	千克	(kg/person)	8.68
#鸡	#Chicken	千克	(kg/person)	5.79
水产品	Aquatic Products	千克	(kg/person)	8.78
鱼类	Fish	千克	(kg/person)	7.94
鲜蛋	Fresh Eggs	千克	(kg/person)	6.41
奶类	Dariy Products	千克	(kg/person)	7.58
鲜瓜果	Fresh Melons and Fruits	千克	(kg/person)	30.47
卷烟	Tobacco	盒	(unit/person)	36.02
酒类	Liquor and Drinks	千克	(kg/person)	19.26
服装	Garments	元	(yuan/person)	373.00
鞋类	Shoes	双	(pairs/person)	3.11
生活用煤炭	Coal for Life	千克	(kg/person)	7.62
洗衣机	Washing Machine	台/百户	(set/100 households)	4.33
电冰箱(柜)	Refrigerator	台/百户	(set/100 households)	3.96
空调器	Air Conditioner	台/百户	(set/100 households)	3.30
非太阳能热水器	Non-Solar Water Heater	台/百户	(set/100 households)	0.68
太阳能热水器	Solar Heater	台/百户	(set/100 households)	1.94
汽车	Household Automobile	辆/百户	(unit/100 households)	0.89
摩托车	Motorcycle	辆/百户	(unit/100 households)	0.86
自行车	Bike	辆/百户	(unit/100 households)	3.88
电动自行车	Electric Bike	辆/百户	(unit/100 households)	8.19
移动电话机	Mobile Telephone	部/百户	(set/100 households)	42.28
电视机(彩色)	Color TV	台/百户	(set/100 households)	7.47

3-32 农村居民家庭固定资产投资情况(2015)
Fixed Assets Investment of Rural Households(2015)

单位:万元 (10 thousand yuan)

项　　目	Item	2015
新增固定资产原值	New Original Value of Fixed Assets	4837605
固定资产投资完成额	Finished Value of Investment of the Fixed Assets	5820395
按投资来源分	Investment by Source	
国内贷款	Domestic Loans	448819
自筹资金	Self-raising Funds	5033379
其他资金	Others	338200
按投资构成分	According to Constitute Sub-investment	
建筑工程	Construction	4355013
安装工程	Installation	
设备工、器具购置	For Equipment, the Purchase of Equipment	1428033
其他	Others	37350
按投资方向分	According to the Investment Direction	
农业	Agriculture	1409025
采矿业	Mining	2411
制造业	Manufacturing	29465
电力、燃气及水的生产和供应业	Production and Supply of Electricity, Gas and Water	74173
建筑业	Construction	6410
交通运输、仓储和邮政业	Transport, Storage and Post	97661
信息传输、计算机服务和软件业	Information Transmission, Computer Services and Software	
批发和零售业	Wholesale and Retail Trades	93399
住宿和餐饮业	Hotels and Catering Services	
房地产业	Real Estate	4095855
居民服务和其他服务业	Serices to Households and Other Services	5384
文化、体育和娱乐业	Culture, Sports and Enterainment	
按具体投资项目分	Based on specific investment projects pm	
房屋	Housing	4335394
道路	Road	
设备	Equipment	1428033
水利	Water	1310
其他	Others	55658
施工房屋面积(万平方米)	Floor Space of Buildings(10 000 sq.m)	5821
其中:住宅	Of Which: Residential Buildings	5507
竣工房屋面积(万平方米)	Floor Space of Buildings Completed(10 000 sq.m)	4339
其中:住宅	Of Which: Residential Buildings	4186
竣工房屋投资完成额	Completion Amount of Investment of Buildings Completed	3352603
其中:住宅	Of Which: Residential Buildings	3239087

3-33 各市农村常住居民人均可支配收入和消费支出(2015)
Per Capita Disposable Income and Consumption Expenditures of Rural Residents by City(2015)

单位:元 (yuan)

地　区	Region	可支配收入 Disposable Income	消费支出 Consumption Expenditure
全　省	Total	10821	7888
合肥市	Hefei	15733	9879
芜湖市	Wuhu	15964	10353
蚌埠市	Bengbu	11552	6095
淮南市	Huainan	11433	8257
马鞍山市	Maanshan	16331	11368
淮北市	Huaibei	9882	7224
铜陵市	Tongling	17898	12141
安庆市	Anqing	9854	7769
黄山市	Huangshan	11872	9723
滁州市	Chuzhou	10070	6944
阜阳市	Fuyang	9001	7121
宿州市	Suzhou	9140	5752
六安市	Lu'an	9074	7705
亳州市	Bozhou	9738	8200
池州市	Chizhou	11511	9489
宣城市	Xuancheng	12309	9432

3-34 各县农村常住居民人均可支配收入(2015 年)
Per Capita Disposable Income of Rural Residents by County(2015)

单位:元 (yuan)

地 区	Region	2015
全 省	**Total**	**10821**
合肥市	**Hefei**	**15733**
瑶海区	Yaohai District	19957
庐阳区	Luyang District	20907
蜀山区	Shushan District	20495
包河区	Baohe District	21178
合肥新站区	Hefei New Station District	15504
长丰县	Changfeng	14614
肥东县	Feidong	16162
肥西县	Feixi	16479
庐江县	Lujiang	14312
巢湖市	Chaohu	15142
合肥经开区	Hefei Economic-technology Development Zone	
合肥高新区	Hefei New and High-tech Zone	15507
芜湖市	**Wuhu**	**15964**
镜湖区	Jinghu District	19683
弋江区	Yijiang District	16593
鸠江区	Jiujiang District	17466
三山区	Sanshan District	17410
芜湖县	Wuhu	17774
繁昌县	Fanchang	17657
南陵县	Nanling	17322
无为县	Wuwei	14171
蚌埠市	**Bengbu**	**11552**
龙子湖区	Longzihu District	11298

3-34 续表 1 Continued 1

地　　区	Region	2015
蚌山区	Bengshan District	11337
禹会区	Yuhui District	10968
淮上区	Huaishang District	10952
怀远县	Huaiyuan	11670
五河县	Wuhe	11594
固镇县	Guzhen	11745
淮南市	**Huainan**	**11433**
大通区	Datong District	11765
田家庵区	Tianjaan District	12420
谢家集区	Xiejiaji District	11760
八公山区	Bagongshan District	11919
潘集区	Panji District	11202
毛集实验区	Maoji Experimental District	10932
凤台县	Fengtai	11341
马鞍山市	**Maanshan**	**16331**
花山区	Huashan District	22115
雨山区	Yushan District	22410
博望区	Bowang District	18128
当涂县	Dangtu	18107
含山县	Hanshan	14130
和县	Hexian	14138
淮北市	**Huaibei**	**9882**
杜集区	Duji District	10446
相山区	Xiangshan District	10020
烈山区	Lieshan District	9893
濉溪县	Suixi	9810
铜陵市	**Tongling**	**17898**

3-34 续表2 Continued 2

地 区	Region	2015
铜官山区	Tongguanshan District	
铜陵县	Tongling	17395
狮子山区	Shizishan District	21258
郊区	Suburban District	20008
安庆市	**Anqing**	**9854**
迎江区	Yingjiang District	12696
大观区	Daguan District	12433
宜秀区	Yixiu District	12825
怀宁县	Huaining	11349
枞阳县	Zongyang	9247
潜山县	Qianshan	9069
太湖县	Taihu	8759
宿松县	Susong	8845
望江县	Wangjiang	8933
岳西县	Yuexi	8797
桐城市	Tongcheng	11747
安庆开发区	Anqing Development Zone	
黄山市	**Huangshan**	**11872**
屯溪区	Tunxi District	12600
黄山区	Huangshan District	12179
徽州区	Huizhou District	12223
歙县	Shexian	11807
休宁县	Xiuning	11677
黟县	Yixian	11855
祁门县	Qimen	11700
滁州市	**Chuzhou**	**10070**
琅琊区	Langya District	10832

3-34 续表 3 Continued 3

地　区	Region	2015
南谯区	Nanqiao District	10463
来安县	Laian	9908
全椒县	Quanjiao	10291
定远县	Dingyuan	9413
凤阳县	Fengyang	8823
天长市	Tianchang	14070
明光市	Mingguang	9331
阜阳市	**Fuyang**	**9001**
颍州区	Yingzhou District	10520
颍东区	Yingdong District	8492
颍泉区	Yingquan District	9151
临泉县	Linquan	8592
太和县	Taihe	9229
阜南县	Funan	8591
颍上县	Yingshang	9035
界首市	Jieshou	9840
宿州市	**Suzhou**	**9140**
埇桥区	Yongqiao District	9311
砀山县	Dangshan	9335
萧县	Xiaoxian	9097
灵璧县	Lingbi	9191
泗县	Sixian	8752
六安市	**Luan**	**9074**
金安区	Jinan District	9826
裕安区	Yuan District	9903
寿县	Shouxian	8524
霍邱县	Huoqiu	8613

3-34 续表4 Continued 4

地 区	Region	2015
舒城县	Shucheng	9226
金寨县	Jinzhai	8503
霍山县	Huoshan	10328
叶集试验区	Yeji Experimental District	9007
亳州市	**Bozhou**	**9738**
谯城区	Qiaocheng District	10793
涡阳县	Guoyang	9115
蒙城县	Mengcheng	10003
利辛县	Lixin	9007
池州市	**Chizhou**	**11511**
贵池区	Guichi District	11936
东至县	Dongzhi	11527
石台县	Shitai	8084
青阳县	Qingyang	12089
九华山景区	Jiuhuashan Scenic Area	12167
池州开发区	Chizhou Development Zone	12216
宣城市	**Xuancheng**	**12309**
宣州区	Xuanzhou District	12380
郎溪县	Langxi	12034
广德县	Guangde	13983
泾县	Jingxian	11020
绩溪县	Jixi	10139
旌德县	Jingde	9900
宁国市	Ningguo	13748

3-35 全国及分省(区、市)城镇居民人均可支配收入(2015)
Per Capita Disposable Income of Urban Residents by Provinces and Regions(2015)

单位:元 (yuan)

地 区	Region	2015
全国	**National**	**31195**
北京	Beijing	52859
天津	Tianjin	34101
河北	Hebei	26152
山西	Shanxi	25828
内蒙古	Inner Mongolia	30594
辽宁	Liaoning	31126
吉林	Jilin	24901
黑龙江	Heilongjiang	24203
上海	Shanghai	52962
江苏	Jiangsu	37173
浙江	Zhejiang	43714
安徽	**Anhui**	**26936**
福建	Fujian	33275
江西	Jiangxi	26500
山东	Shandong	31545
河南	Henan	25576
湖北	Hubei	27051
湖南	Hunan	28838
广东	Guangdong	34757
广西	Guangxi	26416
海南	Hainan	26356
重庆	Chongqing	27239
四川	Sichuan	26205
贵州	Guizhou	24580
云南	Yunnan	26373
西藏	Tibet	25457
陕西	Shanxi	26420
甘肃	Gansu	23767
青海	Qinghai	24542
宁夏	Ningxia	25186
新疆	Xinjiang	26275

3-36 全国及分省(区、市)农村居民人均可支配收入(2015)
Per Capita Annual Disposible Income of Rural Residents by Provinces and Regions(2015)

单位:元 (yuan)

地 区	Region	2015
全国	**National**	**11422**
北京	Beijing	20569
天津	Tianjin	18482
河北	Hebei	11051
山西	Shanxi	9454
内蒙古	Inner Mongolia	10776
辽宁	Liaoning	12057
吉林	Jilin	11326
黑龙江	Heilongjiang	11095
上海	Shanghai	23205
江苏	Jiangsu	16257
浙江	Zhejiang	21125
安徽	**Anhui**	**10821**
福建	Fujian	13793
江西	Jiangxi	11139
山东	Shandong	12930
河南	Henan	10853
湖北	Hubei	11844
湖南	Hunan	10993
广东	Guangdong	13360
广西	Guangxi	9467
海南	Hainan	10858
重庆	Chongqing	10505
四川	Sichuan	10247
贵州	Guizhou	7387
云南	Yunnan	8242
西藏	Tibet	8244
陕西	Shanxi	8689
甘肃	Gansu	6936
青海	Qinghai	7933
宁夏	Ningxia	9119
新疆	Xinjiang	9425

主要统计指标解读

一、收入

可支配收入 指调查户在调查期内获得的、可用于最终消费支出和储蓄的总和，即调查户可以用来自由支配的收入。可支配收入既包括现金，也包括实物收入。按照收入的来源，可支配收入包含五项，分别为：工资性收入、经营净收入、财产净收入、转移净收入和自有住房折算净租金。按居民类型划分，有居民可支配收入、城镇常住居民可支配收入、农村常住居民可支配收入，计算公式为：

可支配收入=工资性收入+经营净收入+财产净收入+转移净收入+自有住房折算净租金

其中：经营净收入=经营收入-经营费用-生产性固定资产折旧-生产税净额（生产税-生产补贴）

财产净收入=财产性收入-财产性支出

转移净收入=转移性收入-转移性支出

工资性收入 指就业人员通过各种途径得到的全部劳动报酬和各种福利，包括受雇于单位或个人、从事各种自由职业、兼职和零星劳动得到的全部劳动报酬和福利。

经营净收入 指住户或住户成员从事生产经营活动所获得的净收入，是全部经营收入中扣除经营费用、生产性固定资产折旧和生产税净额（生产税减去生产补贴）之后得到的净收入。

财产净收入 指住户或住户成员将其所拥有的金融资产和自然资源交由其他机构单位、住户或个人支配而获得的回报并扣除相关的费用之后得到的净收入。财产净收入包括利息净收入、红利收入、储蓄性保险净收益和转让承包土地经营权租金净收入等。

转移性收入 指国家、单位、社会团体对住户的各种经常性转移支付和住户之间的经常性收入转移。包括政府、非行政事业单位、社会团体对居民转移的养老金或退休金、社会救济和补助、政策性生活补贴、救灾款、经常性捐赠和赔偿以及报销医疗费等；住户之间的赡养收入、经常性捐赠和赔偿以及农村地区（村委会）在外（含国外）工作的本住户非常住成员寄回带回的收入等。

二、消费

消费支出 指住户用于满足家庭日常生活消费需要的全部支出，包括用于消费品的支出和用于服务性消费的支出。根据用途不同，消费支出可划分为食品烟酒、衣着、居住、生活用品及服务、交通通信、教育文化娱乐、医疗保健、其他用品及服务八大类。根据来源不同，消费支出可划分为现金消费支出、实物消费支出（含自产自用、来自单位、来自政府和其他社会组织）。

价格调查

PRICE SURVEY

简 要 说 明

一、本篇资料内容主要反映生产、流通、消费与投资等环节的价格变动趋势和变动幅度。内容主要包括各种价格总指数、居民消费价格指数、商品零售价格指数、农业生产资料价格指数、工业生产者出厂价格指数、工业生产者购进价格指数、固定资产投资价格指数及房地产价格指数等。

二、价格统计调查根据国家统计局《价格统计报表制度》,由安徽调查总队组织实施。

三、消费、零售价格指数采用分层抽样调查方法编制,以样本推断总体,调查实行月报,被抽选的调查市县 16 个。

四、农产品生产者价格调查采用抽样调查和重点调查相结合的方法,调查采用月报和季报相结合的方式,目前抽选的调查县为 31 个。

五、工业生产者出厂价格和工业生产者购进价格指数采用重点调查和典型调查相结合的方法,调查实行月报,调查对象包括全省 16 个市的 3100 余家工业企业。

六、固定资产投资价格调查采用重点调查与典型调查相结合的方法,调查实行季报,调查对象为全省重点建筑施工企业和建设单位。

七、房地产价格调查为非全面调查,采用重点调查与典型调查相结合的方法,调查实行月报和季报,调查城市为 3 个。

本版责任编辑:邓 泓 张军锋 周玉华 邓炜炜 刘玉如

4-1 各种价格总指数
Price Indices

上年=100 (preceding year=100)

年 份 Year	居民消费价格指数 Consumer Price Index	城市居民消费价格指数 Urban Household	农村居民消费价格指数 Rural Household	商品零售价格指数 Retail Price Index	工业生产者出厂价格指数 Producer Price Index for Industrial Products	工业生产者购进价格指数 Purchasing Price Index for Industrial Producers	农业生产资料价格指数 Price Index of Agricultural Means of Production	固定资产投资价格指数 Price Index for Investment in Fixed Assets
1978				100.0			100.1	
1979		102.6		102.1			102.4	
1980		104.1		103.4			102.1	
1981		103.2		101.7			101.7	
1982		100.1		101.0			101.3	
1983		102.2		101.1			102.8	
1984	102.1	102.1	102.0	102.0			107.0	
1985	107.1	107.8	106.4	106.4			101.7	
1986	106.2	105.8	106.5	105.2			102.1	
1987	109.1	109.9	108.3	109.7			112.8	
1988	120.9	121.4	119.1	121.8			118.6	
1989	117.2	115.7	118.8	117.1			121.7	
1990	102.7	102.6	102.8	101.9			103.9	
1991	106.1	107.4	104.1	105.7			102.3	114.8
1992	108.2	108.8	108.0	106.6			102.5	119.8
1993	114.7	114.4	115.4	112.9	125.3	128.7	112.9	123.0
1994	126.9	127.4	126.3	123.2	120.9	122.3	122.8	120.1
1995	114.8	115.9	113.7	112.7	117.2	117.9	128.0	106.5
1996	109.9	110.1	109.7	107.1	101.5	110.0	107.2	103.4
1997	101.3	101.9	100.7	99.4	99.3	101.7	98.9	101.3
1998	100.0	100.3	99.9	98.1	96.4	96.0	94.8	100.0
1999	97.8	97.6	98.0	96.6	95.9	94.5	95.3	99.3
2000	100.7	100.9	100.5	98.0	98.9	102.6	98.2	101.6
2001	100.5	100.0	101.3	99.6	98.6	100.2	97.9	99.5
2002	99.0	99.1	98.7	99.2	99.8	98.2	99.9	101.1
2003	101.7	101.8	101.7	101.3	103.5	106.7	100.2	103.5
2004	104.5	104.3	104.8	102.7	108.2	115.0	112.0	106.1
2005	101.4	101.0	101.9	100.6	103.3	107.2	108.3	101.0
2006	101.2	101.4	100.9	100.8	103.1	103.9	100.0	101.9
2007	105.3	105.3	105.2	104.5	103.6	105.1	106.8	105.4
2008	106.2	106.0	106.4	106.3	108.4	112.4	123.9	109.4
2009	99.1	98.9	99.4	99.0	92.8	95.3	95.8	96.0
2010	103.1	103.0	103.4	103.2	109.0	111.8	102.0	105.4
2011	105.6	105.4	105.9	105.3	108.3	110.8	114.3	108.1
2012	102.3	102.2	102.4	102.1	98.3	98.2	105.3	101.0
2013	102.4	102.4	102.5	101.2	98.2	96.9	100.9	100.2
2014	101.6	101.7	101.5	100.4	97.4	97.2	99.6	100.3
2015	101.3	101.3	101.3	99.7	93.9	93.5	101.6	96.9

4-2 各种价格定基指数
Fixed-base Price Indices

年 份 Year	居民消费价格指数 Consumer Price Index (1983=100)			商品零售价格指数 Retail Price Index (1978=100)	工业生产者出厂价格指数 Producer Price Index for Industrial Products (1983=100)	工业生产者购进价格指数 Purchasing Price Index for Industrial Producers (1983=100)	农业生产资料价格指数 Price Index of Agricultural Means of Production (1978=100)	固定资产投资价格指数 Price Index for Investment in Fixed Assets (1983=100)
		城市居民消费价格指数 Urban Household (1983=100)	农村居民消费价格指数 Rural Household (1983=100)					
2003	392.4	458.9	374.9	348.8	166.6	202.8	356.9	238.1
2004	410.0	478.6	392.9	358.2	180.2	233.2	399.8	252.5
2005	415.8	483.4	400.4	360.4	186.2	250.0	433.0	255.1
2006	420.8	490.2	404.0	363.2	192.0	259.7	433.0	259.8
2007	443.1	516.2	425.0	379.6	199.0	273.0	462.4	273.8
2008	470.5	547.1	452.2	403.5	215.7	306.8	572.9	299.7
2009	466.3	541.1	449.5	399.5	200.2	292.3	548.9	287.6
2010	480.7	557.4	464.7	412.3	218.2	326.6	559.8	303.0
2011	507.7	587.5	492.2	434.1	236.3	361.9	639.9	327.6
2012	519.3	600.4	504.0	443.2	232.3	355.4	673.8	330.8
2013	531.8	614.8	516.6	448.5	228.1	344.4	679.9	331.4
2014	540.3	625.3	524.3	450.3	222.2	334.8	677.2	332.4
2015	547.3	633.4	531.1	448.9	208.6	313.0	688.0	322.2

4-3 居民消费价格分类指数(2015)
Consumer Price Indices by Category(2015)

上年=100 (preceding year=100)

指　标	Item	全省 Provincial Indices	城市 Urban Indices	农村 Rural Indices
居民消费价格总指数	**Consumer Price Index**	**101.3**	**101.3**	**101.3**
非食品价格指数	Non-food Price Index	100.8	100.9	100.4
服务项目价格指数	Items of Service Price Index	102.1	102.3	101.6
工业品价格指数	Industrial Products Price Index	99.8	99.8	99.6
扣除食品和能源价格指数	Deduction Food and Energy Price Index	101.2	101.3	101.1
扣除鲜菜鲜果总指数	Deduction Fresh Vegetables and Fruits Price Index	101.1	101.1	101.1
消费品价格指数	Consumable Price Index	101.0	100.8	101.3
一、食品	**Food**	**102.3**	**101.9**	**103.1**
1.粮食	Grain	102.2	102.4	101.8
大米	Rice	101.2	101.0	101.3
面粉	Flour	102.3	102.2	102.6
2.淀粉及制品	Starches and Tubers	103.1	104.7	100.1
3.干豆类及豆制品	Beans and Bean Products	101.3	101.8	100.0
4.油脂	Oil or Fat	97.6	97.0	98.9
5.肉禽及其制品	Meat, Poultry and Their Products	104.8	103.8	106.7
(1)食用畜肉及副产品	Edible Livestock Meat and Subsidiary Products	106.4	105.1	108.9
猪肉	Pork	110.7	109.9	112.0
牛肉	Beef	101.3	101.5	100.4
羊肉	Mutton	94.6	92.2	100.8
(2)禽	Poultry	101.2	101.2	101.4
(3)加工肉禽	Processed Meat and Poultry	101.7	101.7	101.6
6.蛋	Eggs	89.6	88.6	91.7
7.水产品	Aquatic Products	100.1	100.2	99.9
(1)鱼	Fish	99.2	98.9	99.7
(2)其他水产品	Other Aquatic Products	102.1	102.5	100.7
8.菜	Vegetables	110.8	110.2	111.8
鲜菜	Fresh Vegetables	111.4	111.0	112.2
9.调味品	Flavoring	103.2	102.7	104.1
10.糖	Sugar	101.3	101.5	101.0
11.茶及饮料	Tea and Beverages	102.9	103.2	102.4

4-3 续表 1 Continued 1

指　　标	Item	全省 Provincial Indices	城市 Urban Indices	农村 Rural Indices
(1)茶叶	Tea	104.8	105.3	104.1
(2)饮料	Beverages	101.1	101.5	100.2
12.干鲜瓜果	Dried and Fresh Melons and Fruits	95.7	96.3	94.4
鲜瓜果	Fresh Melons and Fruits	93.4	94.2	91.8
13.糕点饼干面包	Cake,Cookie,Bread	101.5	101.0	102.8
14.液体乳及乳制品	Milk and Its Products	98.7	98.4	99.6
15.在外用膳食品	Dining Out	102.7	102.4	103.3
16.其他食品	Other Foods	101.1	101.7	100.1
二、烟酒	**Tobacco,Liquor**	**101.9**	**102.5**	**100.9**
1.烟草	Tobacco	104.5	104.6	104.3
2.酒	Liquor	98.1	99.9	95.2
三、衣着	**Clothing**	**101.4**	**101.9**	**100.3**
1.服装	Garments	102.3	102.5	101.8
(1)男式服装	Men's Clothing	102.6	102.7	102.4
(2)女式服装	Women's Clothing	101.8	102.0	101.4
(3)儿童服装	Children's Clothing	103.3	104.0	101.7
2.衣着材料	Clothing Material	100.7	100.8	100.7
3.鞋袜帽	Footwear,Socks and Hats	98.7	100.0	96.1
(1)鞋	Shoes	98.6	100.0	95.7
(2)袜子	Socks	100.5	100.0	101.7
(3)帽子	Hats	100.1	99.9	100.5
4.衣着加工服务费	Clothing Processing	105.7	108.2	102.1
四、家庭设备用品及维修服务	**Household Facilities and Articles**	**100.7**	**100.5**	**101.0**
1.耐用消费品	Durable Consumer Goods	99.2	98.7	100.3
(1)家具	Furniture	100.5	100.0	101.4
(2)家庭设备	Household Facilities	98.8	98.3	100.0
2.室内装饰品	Interior Decorations	100.2	100.1	100.4
3.床上用品	Bed Articles	99.2	98.7	100.6
4.家庭日用杂品	Daily-Use Household Articles	100.4	100.2	100.9
5.家庭服务及加工维修服务	Household Service and maintenance	108.7	110.2	105.0
五、医疗保健和个人用品	**Medic-care and Personal Articles**	**104.1**	**104.0**	**104.3**
1.医疗保健	Medic-care and health	105.4	105.6	105.1

4-3 续表2 Continued 2

指 标	Item	全省 Provincial Indices	城市 Urban Indices	农村 Rural Indices
(1)医疗器具及用品	Medical Instrument and Articles	99.7	100.2	98.6
(2)中药材及中成药	Traditional Chinese Medicine	102.3	101.2	104.3
(3)西药	Western Medicine	101.5	100.4	103.6
(4)保健器具及用品	Health Care Appliances and Articles	103.3	100.3	110.0
(5)医疗保健服务	Health Care Services	112.9	116.4	106.7
2.个人用品及服务	Personal Articles and Services	101.2	101.0	101.8
(1)化妆美容用品	Cosmetics	100.0	100.1	99.6
(2)清洁类化妆品	Clean Cosmetics	101.4	101.3	101.7
(3)个人饰品	Personal Ornaments	95.1	95.0	95.7
(4)个人服务	Personal Services	105.6	105.6	105.7
六、交通和通信	**Transportation and Communication**	**98.1**	**98.1**	**98.3**
1.交通	Transportation	98.2	98.1	98.3
(1)交通工具	Transportation Facility	98.1	97.9	98.5
(2)车用燃料及零配件	Fuels and Parts	85.0	84.9	85.2
(3)车辆使用及维修费	Fees for Vehicles Use and Maintenance	101.9	101.2	103.4
(4)市区公共交通费	Incity Traffic Fare	101.3	101.5	100.7
(5)城市间交通费	Intercity Traffic Fare	99.9	99.8	100.1
2.通信	Communication	98.1	98.0	98.2
(1)通信工具	Communication Facility	97.0	96.9	97.0
(2)通信服务	Communication Services	98.3	98.1	98.6
七、娱乐教育文化用品及服务	**Recreation, Education, Culture Articles and Services**	**101.4**	**101.5**	**101.2**
1.文娱用耐用消费品及服务	Durable Consumer Goods for Recreational Use	98.8	99.0	98.3
2.教育	Education	102.8	102.9	102.6
(1)教材及参考书	Teaching Materials and Reference Books	99.9	100.1	99.7
(2)教育服务	Education Services	103.5	103.5	103.3
3.文化娱乐类	Cultural and Recreational Articles	101.1	101.3	100.7
(1)文化娱乐用品	Cultural Articles	100.1	99.7	100.7
(2)书报杂志	Newspapers and Magazines	103.1	104.6	100.0
(3)文娱费	Expenditure on Culture and Recreation	101.1	100.9	101.4
4.旅游	Tourism	98.7	98.8	98.3
八、居住	**Residence**	**99.6**	**99.9**	**98.9**
1.建房及装修材料	Building and Decoration Materials	99.0	99.0	99.1
2.住房租金	Tenancy	102.4	102.8	99.9
3.自有住房	Housing	100.7	100.8	100.7
4.水、电、燃料	Water, Electricity and Fuels	97.0	98.0	94.5

4-4 分月居民消费价格指数(2015)

上年同月=100

指　标	Item	1月 January	2月 February	3月 March
居民消费价格总指数	**Consumer Price Index**	**100.4**	**101.2**	**101.4**
非食品价格指数	Non-food Price Index	100.5	100.4	100.6
服务项目价格指数	Items of Service Price Index	101.2	101.3	101.6
工业品价格指数	Industrial Products Price Index	99.9	99.7	99.9
扣除食品和能源价格指数	Deduction Food and Energy Price Index	101.0	101.0	101.1
扣除鲜菜鲜果总指数	Deduction Fresh Vegetables and Fruits Price Index	100.5	100.9	101.2
消费品价格指数	Consumable Price Index	100.1	101.2	101.3
一、食品	**Food**	**100.4**	**102.7**	**102.9**
1.粮食	Grain	103.9	103.5	103.1
大米	Rice	103.2	102.7	102.6
面粉	Flour	102.7	101.9	101.8
2.淀粉及制品	Starches and Tubers	102.6	102.8	103.6
3.干豆类及豆制品	Beans and Bean Products	101.8	102.6	102.7
4.油脂	Oil or Fat	95.1	94.7	95.6
5.肉禽及其制品	Meal, Poultry and Their Products	97.3	101.9	104.2
(1)食用畜肉及副产品	Edible Livestock Meat and Subsidiary Products	94.7	99.1	102.1
猪肉	Pork	92.8	99.5	104.1
牛肉	Beef	100.5	101.4	102.6
羊肉	Mutton	97.7	96.0	97.1
(2)禽	Poultry	104.1	111.0	111.5
(3)加工肉禽	Processed Meat and Poultry	102.1	101.8	101.9
6.蛋	Eggs	110.5	113.4	106.2
7.水产品	Aquatic Products	98.4	99.8	101.4
(1)鱼	Fish	97.2	98.8	101.0
(2)其他水产品	Other Aquatic Products	101.0	101.8	102.1
8.菜	Vegetables	100.7	110.6	106.6
鲜菜	Fresh Vegetables	100.5	111.2	106.7
9.调味品	Flavoring	103.3	103.5	103.7
10.糖	Sugar	101.4	100.9	100.7
11.茶及饮料	Tea and Beverages	103.5	103.5	103.4
(1)茶叶	Tea	103.6	103.8	104.0
(2)饮料	Beverages	103.4	103.3	102.9
12.干鲜瓜果	Dried and Fresh Melons and Fruits	98.6	100.2	102.1

Consumer Price Indices by Month(2015)

(the same moth last year = 100)

4月 April	5月 May	6月 June	7月 July	8月 August	9月 September	10月 October	11月 November	12月 December
101.7	**101.2**	**101.3**	**101.7**	**101.9**	**101.3**	**100.8**	**101.0**	**101.4**
100.8	100.9	100.9	100.9	100.8	100.8	100.7	100.8	100.9
102.5	102.3	102.2	102.4	102.3	102.2	102.2	102.2	102.2
99.4	99.9	99.9	99.8	99.7	99.7	99.6	99.8	99.9
101.3	101.4	101.3	101.4	101.3	101.2	101.2	101.2	101.2
101.3	101.0	101.1	101.4	101.5	101.3	101.1	101.0	101.1
101.4	100.7	101.0	101.5	101.8	100.9	100.2	100.5	101.2
103.6	**101.6**	**102.1**	**103.4**	**104.1**	**102.1**	**101.0**	**101.3**	**102.5**
103.2	103.5	102.5	102.1	101.7	101.7	101.1	100.0	100.0
102.4	103.0	101.4	100.9	100.3	100.5	100.0	98.5	98.7
102.2	102.1	102.6	103.0	103.9	102.9	102.0	101.3	101.1
103.7	103.6	103.6	103.9	103.5	102.8	103.2	102.8	101.2
102.3	102.3	101.2	100.4	100.4	100.4	100.4	100.4	100.4
96.0	96.8	97.1	97.6	99.5	99.4	99.3	99.7	100.9
106.1	102.3	103.4	108.5	109.6	107.9	106.3	104.8	105.1
107.9	103.6	105.3	112.4	113.9	111.7	110.1	108.1	108.2
114.0	105.6	108.4	120.1	121.3	118.4	116.2	114.0	114.2
102.7	102.6	102.7	102.2	101.8	100.6	100.1	99.3	98.8
96.8	96.3	95.5	94.4	94.0	93.4	92.8	90.7	90.4
102.8	98.8	98.6	99.9	99.7	99.1	97.0	96.3	97.6
102.1	102.0	101.9	101.8	102.0	101.4	101.1	101.3	101.1
93.5	81.2	82.0	79.2	84.2	86.5	82.2	81.9	84.3
101.0	100.6	101.0	101.0	100.8	99.8	100.0	98.7	98.8
100.3	99.6	100.0	99.3	99.7	99.6	99.4	97.9	97.7
102.6	102.6	103.2	105.0	103.1	100.4	101.4	100.4	101.3
116.2	110.3	117.8	119.7	122.1	106.9	101.2	106.9	113.9
117.6	110.8	118.7	120.8	124.0	106.9	100.8	107.6	115.5
103.9	102.6	104.0	103.6	103.3	102.9	102.5	102.7	102.5
100.8	101.6	101.2	102.0	101.9	101.6	101.3	101.7	101.0
104.2	103.5	103.0	101.5	101.7	102.3	102.4	102.6	103.0
106.3	105.2	104.9	104.5	104.7	105.1	105.0	105.0	105.4
102.2	102.0	101.2	98.8	99.0	99.7	100.1	100.4	100.7
97.6	96.3	92.1	92.4	92.6	92.2	91.8	93.7	96.8

4-4 续表 1

指　标	Item	1 月 January	2 月 February	3 月 March
鲜瓜果	Fresh Melons and Fruits	96.9	99.1	101.3
13.糕点饼干面包	Cake, Cookie, Bread	101.5	101.0	101.7
14.液体乳及乳制品	Milk and Its Products	99.6	98.4	98.0
15.在外用膳食品	Dining Out	102.0	101.6	102.6
16.其他食品	Other Foods	100.3	101.2	101.3
二、烟酒	**Tobacco, Liquor**	**99.1**	**98.7**	**99.0**
1.烟草	Tobacco	100.0	100.0	100.0
2.酒	Liquor	97.9	97.0	97.7
三、衣着	**Clothing**	**101.7**	**102.1**	**102.2**
1.服装	Garments	103.3	103.5	103.2
(1)男式服装	Men's Clothing	104.1	104.1	103.6
(2)女式服装	Women's Clothing	102.5	103.1	102.8
(3)儿童服装	Children's Clothing	103.9	103.3	103.3
2.衣着材料	Clothing Material	101.3	101.3	101.2
3.鞋袜帽	Footwear, Socks and Hats	97.2	98.2	99.6
(1)鞋	Shoes	97.0	98.0	99.5
(2)袜子	Socks	99.4	100.3	100.7
(3)帽子	Hats	101.2	100.9	99.9
4.衣着加工服务费	Clothing Processing	105.9	105.4	106.5
四、家庭设备用品及维修服务	**Household Facilities and Articles**	**101.2**	**101.3**	**101.1**
1.耐用消费品	Durable Consumer Goods	100.3	100.2	99.6
(1)家具	Furniture	101.5	101.4	100.6
(2)家庭设备	Household Facilities	100.0	99.8	99.2
2.室内装饰品	Interior Decorations	100.5	100.6	100.8
3.床上用品	Bed Articles	101.1	100.9	99.3
4.家庭日用杂品	Daily-Use Household Articles	101.3	100.6	100.4
5.家庭服务及加工维修服务	Household Service and maintenance	105.1	108.4	110.4
五、医疗保健和个人用品	**Medic-care and Personal Articles**	**102.3**	**102.8**	**102.7**
1.医疗保健	Medic-care and health	103.2	103.1	103.2
(1)医疗器具及用品	Medical Instrument and Articles	98.8	99.0	98.7
(2)中药材及中成药	Traditional Chinese Medicine	104.5	104.3	103.9
(3)西药	Western Medicine	102.9	102.8	103.0
(4)保健器具及用品	Health Care Appliances and Articles	103.2	102.7	103.1
(5)医疗保健服务	Health Care Services	102.8	102.9	103.4

Continued 1

4月 April	5月 May	6月 June	7月 July	8月 August	9月 September	10月 October	11月 November	12月 December
95.5	94.4	88.8	88.9	89.0	89.2	88.6	91.1	95.4
101.8	101.9	101.6	101.7	101.5	101.3	101.4	101.5	101.2
98.5	99.7	98.7	98.8	98.4	98.5	98.3	99.1	98.9
102.7	102.7	102.6	102.6	103.1	103.0	103.0	103.1	102.7
102.0	101.9	101.7	100.6	101.0	101.1	100.7	100.6	100.6
98.9	**103.0**	**103.3**	**103.2**	**103.2**	**103.2**	**103.2**	**103.8**	**103.5**
100.0	106.7	106.7	106.7	106.6	106.7	106.7	106.7	106.7
97.4	97.8	98.5	98.3	98.2	98.2	98.3	99.7	98.8
101.5	**100.7**	**101.1**	**101.1**	**101.4**	**101.4**	**101.0**	**101.2**	**101.3**
102.5	101.7	102.0	101.9	102.2	102.2	101.8	101.8	101.7
102.8	102.0	102.6	102.1	102.3	102.4	101.8	101.9	101.5
102.1	101.3	101.3	101.3	101.6	101.6	101.5	101.3	101.6
103.0	102.3	102.8	103.6	104.1	103.9	103.2	102.8	102.9
100.9	100.9	100.9	100.7	100.5	100.5	100.2	100.2	100.1
98.9	97.7	98.3	98.6	99.0	99.1	98.6	99.4	100.1
98.7	97.5	98.1	98.5	98.8	99.0	98.4	99.3	100.1
101.5	100.7	100.1	100.1	100.5	100.2	101.5	100.4	100.3
100.3	99.8	98.9	99.8	99.8	99.6	99.8	100.4	100.4
106.1	106.2	106.1	105.7	105.7	105.6	105.6	105.3	104.7
101.2	**100.9**	**100.6**	**100.5**	**100.5**	**100.3**	**100.3**	**100.1**	**100.1**
99.8	99.3	99.3	98.9	99.0	98.7	98.5	98.4	98.4
101.1	101.0	100.9	100.6	99.7	99.6	99.8	99.8	99.7
99.4	98.8	98.8	98.4	98.7	98.4	98.1	98.0	98.0
100.6	100.7	100.4	100.4	99.6	99.7	99.5	99.6	99.5
98.7	99.1	98.5	98.6	98.9	98.3	99.0	98.8	98.9
100.8	100.4	100.0	100.0	100.3	100.1	100.4	100.4	100.4
110.4	110.5	109.5	109.4	109.2	109.1	108.4	107.5	106.8
104.2	**104.3**	**104.5**	**104.7**	**104.6**	**104.7**	**104.8**	**104.9**	**104.4**
105.5	105.8	106.1	106.4	106.6	106.5	106.4	106.5	105.8
98.2	98.3	99.7	100.4	100.6	100.4	100.9	100.8	100.7
101.5	102.1	102.5	102.2	102.1	101.8	101.3	100.9	100.6
99.5	99.7	100.0	101.1	101.8	101.6	101.7	101.9	102.3
102.9	103.3	103.6	103.7	103.2	103.3	103.7	103.5	103.0
116.1	116.2	116.3	116.4	116.4	116.5	116.5	116.9	114.7

4-4 续表 2

指　标	Item	1月 January	2月 February	3月 March
2.个人用品及服务	Personal Articles and Services	100.5	102.0	101.6
(1)化妆美容用品	Cosmetics	99.9	100.6	100.5
(2)清洁类化妆品	Clean Cosmetics	102.3	102.5	102.6
(3)个人饰品	Personal Ornaments	98.1	97.1	95.4
(4)个人服务	Personal Services	101.5	105.6	105.6
六、交通和通信	**Transportation and Communication**	**97.7**	**98.3**	**98.5**
1.交通	Transportation	97.6	98.7	99.3
(1)交通工具	Transportation Facility	99.2	99.9	99.7
(2)车用燃料及零配件	Fuels and Parts	82.5	82.0	84.4
(3)车辆使用及维修费	Fees for Vehicles Use and Maintenance	101.9	103.6	103.1
(4)市区公共交通费	Incity Traffic Fare	100.9	101.6	101.4
(5)城市间交通费	Intercity Traffic Fare	97.3	100.0	102.9
2.通信	Communication	97.9	97.8	97.7
(1)通信工具	Communication Facility	94.9	94.0	93.0
(2)通信服务	Communication Services	98.6	98.6	98.6
七、娱乐教育文化用品及服务	**Recreation, Education, Culture Articles and Services**	**101.2**	**100.8**	**101.5**
1.文娱用耐用消费品及服务	Durable Consumer Goods for Recreational Use	99.7	100.3	100.6
2.教育	Education	102.9	101.4	102.8
(1)教材及参考书	Teaching Materials and Reference Books	100.3	96.0	100.4
(2)教育服务	Education Services	103.5	102.7	103.4
3.文化娱乐类	Cultural and Recreational Articles	101.3	101.3	101.2
(1)文化娱乐用品	Cultural Articles	100.4	100.1	100.1
(2)书报杂志	Newspapers and Magazines	103.2	103.2	103.2
(3)文娱费	Expenditure on Culture and Recreation	101.0	101.4	101.1
4.旅游	Tourism	96.3	98.4	98.0
八、居住	**Residence**	**100.0**	**99.6**	**99.6**
1.建房及装修材料	Building and Decoration Material	99.6	99.4	99.1
2.住房租金	Tenancy	103.1	102.6	102.7
3.自有住房	Housing	101.6	100.8	100.8
4.水、电、燃料	Water, Electricity and Fuel	96.6	96.5	97.0

Continued 2

4月 April	5月 May	6月 June	7月 July	8月 August	9月 September	10月 October	11月 November	12月 December
101.4	101.2	101.2	101.0	100.5	101.0	101.3	101.6	101.2
99.9	99.3	99.6	100.1	99.7	100.5	100.1	100.2	100.1
102.4	101.9	101.1	101.1	100.5	101.1	100.6	100.5	100.9
95.0	95.0	95.3	94.2	92.4	93.6	95.1	96.1	94.5
105.8	106.0	106.0	105.9	106.3	106.0	106.1	106.4	106.1
98.4	**98.7**	**98.7**	**98.4**	**97.7**	**97.4**	**97.7**	**97.9**	**98.1**
98.9	98.8	98.5	98.0	97.7	97.3	97.7	97.9	98.2
99.6	99.3	98.2	97.7	96.7	96.5	96.3	96.7	97.4
84.3	87.5	86.8	84.9	82.8	82.9	85.6	88.1	88.8
102.8	102.7	102.6	102.2	100.5	100.8	100.8	100.6	100.7
101.4	101.4	101.6	101.4	101.6	101.0	101.0	100.9	100.9
100.9	99.1	99.8	99.5	100.8	99.6	100.3	99.6	99.2
97.9	98.7	99.0	98.8	97.7	97.6	97.6	97.9	98.0
94.3	101.7	102.9	98.1	97.1	95.7	96.4	97.5	98.4
98.6	98.1	98.2	99.0	97.8	97.9	97.9	98.0	98.0
101.7	**101.5**	**101.4**	**101.5**	**101.4**	**101.4**	**101.3**	**101.4**	**101.7**
100.0	100.1	99.3	98.7	97.8	97.7	97.3	96.9	97.2
102.8	102.8	102.9	103.0	102.8	102.8	103.0	103.1	103.0
100.3	100.3	100.2	100.3	100.2	100.3	100.4	100.5	100.5
103.4	103.5	103.5	103.7	103.5	103.4	103.6	103.7	103.6
101.2	101.1	101.0	101.1	101.1	101.1	101.0	100.9	101.1
100.2	100.1	99.9	100.0	100.0	100.1	99.8	99.8	100.1
103.1	103.0	103.2	103.1	103.0	102.9	103.0	103.0	103.2
101.0	101.0	101.0	101.1	101.2	101.1	101.1	101.0	101.0
99.3	98.3	98.0	99.0	99.5	99.7	98.5	98.9	100.7
99.7	**99.6**	**99.4**	**99.5**	**99.5**	**99.5**	**99.4**	**99.4**	**99.6**
99.3	99.5	99.2	99.4	99.1	98.9	98.5	98.3	98.1
103.1	102.7	100.7	101.8	102.2	102.3	102.4	102.4	102.3
101.0	100.8	100.5	100.5	100.6	100.6	100.6	100.6	100.6
96.6	96.8	97.0	96.9	97.0	97.2	97.0	97.3	98.4

4-5 各调查市县居民消费价格总指数(1984—2015)

上年=100

年 份 Year	合肥市 Hefei	芜湖市 Wuhu	蚌埠市 Bengbu	淮南市 Huainan	马鞍山市 Maanshan	淮北市 Huaibei	铜陵市 Tongling	安庆市 Anqing
1984	102.0	101.7	100.5	101.3		101.0		101.5
1985	111.0	108.6	108.9	114.2		107.8		109.1
1986	107.4	106.5	106.8	106.4		104.9		107.1
1987	110.8	109.0	111.5	108.4		109.7		109.1
1988	120.5	120.1	119.4	120.9		124.1		117.6
1989	115.2	117.1	114.6	115.0	115.1	117.5		117.4
1990	103.6	105.5	101.9	102.5	102.6	103.5		105.2
1991	109.3	107.8	107.8	109.1	109.0	107.1	108.5	107.6
1992	109.7	110.1	106.8	109.1	110.6	108.5	108.5	111.0
1993	116.5	120.5	114.7	111.0	121.3	112.7	115.6	117.7
1994	127.6	131.4	124.8	126.8	125.7	124.1	132.3	129.9
1995	117.1	112.7	117.7	115.1	116.8	113.5	116.2	115.3
1996	111.5	109.6	109.1	108.7	111.0	109.2	108.5	109.9
1997	102.6	101.0	102.0	103.0	101.2	100.3	103.7	101.1
1998	99.1	101.5	101.2	101.7	100.3	99.4	99.4	100.1
1999	97.7	97.8	97.8	97.2	98.0	97.1	99.1	97.3
2000	101.3	100.8	102.0	101.6	102.5	99.6	99.8	101.1
2001	99.4	99.6	100.6	99.9	99.5	99.8	103.7	100.0
2002	99.1	99.9	98.1	99.5	100.2	98.8	99.9	99.3
2003	101.2	101.2	101.5	103.1	101.3	103.1	100.4	101.4
2004	102.2	104.5	105.2	105.1	103.8	104.5	105.1	103.6
2005	100.9	100.4	100.4	100.9	100.6	100.9	101.2	101.6
2006	100.9	101.2	102.3	100.1	102.7	101.3	100.9	102.0
2007	105.6	105.3	105.2	105.2	105.2	105.2	104.6	105.8
2008	106.4	106.6	106.6	105.0	105.2	106.2	106.1	107.2
2009	99.1	99.2	99.5	98.3	98.3	98.2	98.9	98.6
2010	102.7	103.8	103.0	102.3	103.0	102.9	103.0	103.6
2011	105.7	105.7	105.4	105.2	104.8	105.4	105.3	105.5
2012	102.2	102.4	102.2	102.2	102.0	102.2	102.5	102.1
2013	102.7	102.5	102.2	102.6	101.8	102.1	101.9	102.6
2014	102.0	101.9	102.2	101.4	101.6	101.3	101.1	101.3
2015	101.6	101.1	101.4	100.9	101.0	100.8	101.2	101.5

Consumer Price Indices in Major Cities (1984—2015)

(preceding year = 100)

桐城市 Tongcheng	黄山市 Huangshan	歙县 Shexian	滁州市 Chuzhou	阜阳市 Fuyang	亳州市 Bozhou	宿州市 Suzhou	六安市 Lu' an	宣城市 Xuancheng
98.5		100.8	101.2	102.8	99.5	105.4	101.2	102.7
106.1		107.9	103.7	104.9	107.2	104.8	106.8	110.7
104.4		107.2	107.2	104.5	108.1	108.8	106.6	107.7
110.5		112.4	109.8	110.2	111.0	107.3	111.8	110.2
117.9		121.3	116.4	123.8	122.1	119.8	122.7	123.0
115.0		114.5	119.3	116.7	116.5	119.3	117.2	116.5
98.1		102.8	102.8	103.1	98.6	104.4	102.6	104.0
106.6		101.5	106.5	107.6	109.5	105.5	102.2	104.6
111.3		109.6	110.5	110.0	110.2	108.7	107.8	109.3
112.1		124.4	118.5	111.9	113.8	113.1	114.8	114.1
123.9		125.2	125.4	121.3	125.8	124.2	126.1	133.5
114.5		112.7	116.9	112.4	111.8	112.1	116.8	112.9
111.1	108.6	108.3	110.3	110.3	107.8	110.7	110.4	109.4
99.9	101.2	99.9	99.8	100.7	102.0	99.3	102.7	100.9
99.0	100.8	99.5	99.8	98.9	100.3	99.8	100.2	99.4
98.2	99.1	98.0	97.3	95.8	96.8	96.6	99.4	99.2
99.3	102.4	100.8	100.9	100.8	97.6	104.8	100.2	
102.9	99.1	100.9	100.0	100.7	99.8		100.8	
99.9	97.4	98.6	99.7	100.7	99.6	100.9	99.4	
101.1	101.6	101.3	101.1	101.3	103.2	102.4	103.1	
104.9	104.3	105.9	103.3	104.2	103.4	104.3	105.0	
102.9	101.5	101.8	102.0	102.0	100.9	100.6	102.3	
101.5	101.2	101.0	101.9	101.6	102.0	101.1	100.2	
105.6	104.8	104.9	105.3	104.8	105.6	105.2	105.1	
106.4	105.9	107.2	105.4	106.0	105.0	105.7	105.7	
99.0	98.4	99.4	100.1	98.8	98.3	99.1	99.7	
103.4	104.0	104.2	103.3	103.3	103.0	102.8	102.9	
106.1	105.3	106.5	105.2	105.6	104.9	105.4	105.4	105.2
102.8	102.4	102.8	102.1	102.5	102.2	102.0	102.0	101.5
102.4	103.0	103.0	102.3	102.2	102.6	102.3	102.3	102.0
101.3	102.1	102.3	101.4	101.8	101.4	101.4	101.7	101.3
101.0	100.7	101.4	100.8	101.8	101.6	100.5	101.1	101.6

4-6 各市居民消费价格分类指数(2015)

上年=100

指标 Item	合肥市 Hefei	芜湖市 Wuhu	蚌埠市 Bengbu	淮南市 Huainan	马鞍山市 Maanshan	淮北市 Huaibei
居民消费价格总指数 Consumer Price Index	101.6	101.1	101.4	100.9	101.0	100.8
非食品价格指数 Non-food Price Index	101.3	100.6	101.3	100.3	100.4	101.0
服务项目价格指数 Items of Service Price Index	103.3	100.9	103.0	101.1	101.0	102.3
工业品价格指数 Industrial Products Price Index	99.4	100.3	99.9	99.7	99.9	100.0
扣除食品和能源价格指数 Deduction Food and Energy Price Index	101.7	101.0	101.6	100.5	100.4	101.3
扣除鲜菜鲜果总指数 Deduction Fresh Vegetables and Fruits Price Index	101.4	100.9	101.2	100.7	100.8	100.9
消费品价格指数 Consumable Price Index	100.7	101.2	100.8	100.8	100.9	100.3
一、食品 Food	**102.1**	**102.1**	**101.7**	**102.0**	**102.1**	**100.6**
1.粮食 Grain	104.0	103.9	102.0	99.6	102.0	101.7
大米 Rice	101.0	104.3	101.5	98.0	101.5	99.8
面粉 Flour	102.4	97.6	100.6	100.0	104.7	101.7
2.淀粉及制品 Starches and Tubers	108.0	105.2	102.2	104.1	102.9	103.6
3.干豆类及豆制品 Beans and Bean Products	100.3	103.8	100.8	101.5	108.1	101.8
4.油脂 Oil or Fat	95.4	98.8	96.3	98.4	95.6	95.2
5.肉禽及其制品 Meat,Poultry and Their Products	104.1	103.6	104.5	105.1	104.7	102.4
(1)食用畜肉及副产品 Edible Livestock Meat and Subsidiary Products	106.4	104.8	105.2	106.4	106.4	104.7
猪肉 Pork	111.8	108.1	109.9	112.6	110.3	111.1
牛肉 Beef	101.4	100.6	99.5	103.6	99.7	98.9
羊肉 Mutton	90.1	93.6	94.6	95.4	90.8	91.1
(2)禽 Poultry	98.6	101.3	104.0	103.3	101.2	96.1

Consumer Price Indices by Category in Major Cities(2015)

(preceding year=100)

铜陵市 Tongling	安庆市 Anqing	桐城 Tongcheng	黄山市 Huangshan	歙县 Shexian	滁州市 Chuzhou	阜阳市 Fuyang	亳州市 Bozhou	宿州市 Suzhou	六安市 Lu'an	宣城市 Xuancheng
101.2	101.5	101.0	100.7	101.4	100.8	101.8	101.6	100.5	101.1	101.6
101.0	101.0	100.0	100.2	100.4	100.5	101.8	100.6	99.9	100.6	100.7
101.5	101.8	101.3	101.5	100.7	102.5	104.2	101.2	100.8	101.9	102.3
100.6	100.4	99.2	99.3	100.2	99.1	100.1	100.1	99.3	99.7	99.6
101.3	101.4	100.8	100.7	100.7	100.8	102.3	101.1	100.3	100.9	101.5
101.1	101.4	100.6	100.9	101.2	100.7	101.7	101.0	100.5	100.9	101.4
101.1	101.4	100.8	100.5	101.7	100.2	100.9	101.7	100.4	100.8	101.3
101.6	**102.4**	**102.6**	**101.8**	**103.2**	**101.3**	**101.7**	**103.5**	**101.6**	**102.0**	**103.3**
102.3	102.7	100.6	101.6	101.1	101.9	102.6	102.4	101.4	102.3	102.9
100.9	102.4	99.9	100.8	100.9	100.0	101.3	101.8	96.9	100.8	102.2
103.5	102.9	100.0	101.3	101.8	110.6	102.9	100.4	100.9	102.6	104.7
99.2	103.6	99.6	98.4	101.0	108.6	103.6	107.5	102.3	102.1	100.0
100.5	100.7	100.6	101.3	97.9	102.3	100.6	101.6	105.0	100.8	100.6
100.2	99.0	103.6	98.7	103.8	97.0	99.7	94.6	93.9	95.2	92.3
106.3	105.3	104.6	107.5	108.9	101.7	101.5	104.6	105.0	104.9	106.9
109.4	106.3	106.2	109.7	111.8	102.9	103.9	104.8	102.3	106.5	109.0
115.6	108.3	110.3	117.5	115.7	105.4	108.7	111.2	111.1	107.5	111.2
99.0	104.8	98.9	101.9	106.1	98.8	101.4	101.5	101.5	113.7	97.9
92.6	98.1	101.6	97.0	102.5	99.3	91.6	90.3	87.1	97.6	98.8
101.4	103.4	99.9	105.0	101.6	99.2	94.2	105.2	112.3	100.2	102.2

4-6 续表 1

指标 Item	合肥市 Hefei	芜湖市 Wuhu	蚌埠市 Bengbu	淮南市 Huainan	马鞍山市 Maanshan	淮北市 Huaibei
(3)加工肉禽 Processed Meat and Poultry	100.5	100.9	101.3	101.8	103.5	101.8
6.蛋 Eggs	92.2	88.7	88.3	86.7	88.8	84.9
7.水产品 Aquatic Products	99.0	96.8	100.3	101.0	99.3	102.5
(1)鱼 Fish	96.7	96.3	100.2	101.8	96.1	102.4
(2)其他水产品 Other Aquatic Products	102.1	98.0	100.4	99.6	103.6	102.6
8.菜 Vegetables	110.6	109.1	111.7	115.1	107.5	108.5
鲜菜 Fresh Vegetables	111.5	110.6	112.3	115.7	108.3	109.8
9.调味品 Flavoring	102.4	106.2	103.4	103.8	102.4	103.8
10.糖 Sugar	102.2	102.7	96.6	101.3	104.1	104.4
11.茶及饮料 Tea and Beverages	103.1	101.8	101.9	101.7	107.3	102.6
(1)茶叶 Tea	105.9	101.3	103.7	106.4	109.3	105.0
(2)饮料 Beverages	100.3	102.2	101.0	99.0	105.1	101.1
12.干鲜瓜果 Dried and Fresh Melons and Fruits	99.0	100.1	98.7	93.5	100.6	91.3
鲜瓜果 Fresh Melons and Fruits	98.2	94.9	96.1	90.7	98.7	89.1
13.糕点饼干面包 Cake, Cookie, Bread	98.3	99.9	102.0	100.4	103.9	104.7
14.液体乳及乳制品 Milk and Its Products	94.2	100.4	97.9	98.0	94.8	96.2
15.在外用膳食品 Dinning Out	103.7	103.5	100.4	101.2	103.0	101.9
16.其他食品 Other Foods	99.8	98.5	101.2	105.3	94.6	102.2
二、烟酒 **Tobacco, Liquor**	**101.5**	**105.3**	**101.4**	**103.2**	**106.4**	**102.5**
1.烟草 Tobacco	103.9	106.9	103.8	104.7	104.7	104.8

Continued 1

铜陵市 Tongling	安庆市 Anqing	桐　城 Tongcheng	黄山市 Huangshan	歙　县 Shexian	滁州市 Chuzhou	阜阳市 Fuyang	亳州市 Bozhou	宿州市 Suzhou	六安市 Lu' an	宣城市 Xuancheng
100.0	103.7	102.1	99.6	102.6	100.1	100.6	100.7	105.5	104.8	100.6
92.2	94.4	94.6	87.8	91.7	86.9	86.0	86.9	85.9	89.6	89.7
102.9	100.9	101.1	99.8	102.2	101.4	99.3	101.8	103.0	101.4	98.1
102.5	99.4	101.0	99.0	102.5	102.5	96.8	101.4	98.1	102.7	97.5
103.7	104.1	101.7	101.1	101.2	99.6	104.4	103.1	110.5	99.5	100.0
108.4	111.0	112.4	100.6	110.7	108.7	110.0	109.7	110.8	108.2	112.1
108.7	111.9	112.4	99.8	111.2	109.3	110.4	110.7	111.4	108.8	112.6
103.9	101.2	102.8	100.8	101.1	103.7	101.5	102.8	101.1	97.6	106.4
101.3	101.5	101.5	100.3	101.5	104.9	100.6	104.1	99.8	98.6	100.3
104.9	106.3	103.2	101.9	104.1	105.8	101.3	103.2	102.5	100.4	100.7
104.8	108.1	104.4	106.7	107.6	110.4	99.3	105.2	108.4	99.6	100.9
105.0	104.0	100.7	98.9	98.7	101.9	102.6	101.5	98.2	100.9	100.6
96.8	89.6	98.0	100.7	92.7	93.1	93.6	111.7	87.5	96.9	92.8
94.6	86.7	95.5	97.0	90.1	89.5	92.0	112.3	84.4	95.9	90.4
104.4	102.5	105.9	97.2	102.9	98.8	98.8	102.2	102.7	104.3	100.1
97.7	99.2	100.1	101.0	100.6	100.0	104.4	101.2	100.1	98.2	98.8
97.8	101.2	100.1	100.9	101.0	102.4	103.6	102.1	102.6	102.0	107.0
97.9	103.1	101.7	100.0	100.1	100.9	104.8	104.6	102.1	106.4	99.0
102.2	**102.5**	**101.9**	**100.7**	**100.1**	**101.1**	**100.1**	**103.2**	**103.5**	**103.2**	**100.6**
103.8	103.9	106.9	103.2	104.0	104.6	103.9	105.1	105.0	105.6	103.1

4-6 续表2

指 标 Item	合肥市 Hefei	芜湖市 Wuhu	蚌埠市 Bengbu	淮南市 Huainan	马鞍山市 Maanshan	淮北市 Huaibei
2.酒 Liquor	98.1	103.3	98.2	101.2	109.4	100.1
三、衣着 Clothing	**101.3**	**100.8**	**101.7**	**100.3**	**100.1**	**101.3**
1.服装 Garments	101.9	101.0	102.1	101.1	101.2	102.5
(1)男式服装 Men's Clothing	101.9	100.7	104.1	101.1	101.7	101.5
(2)女式服装 Women's Clothing	101.2	100.4	100.1	101.4	99.7	103.8
(3)儿童服装 Children's Clothing	104.4	104.8	103.3	100.5	106.4	100.6
2.衣着材料 Clothing Material	100.3	100.0	99.9	100.2	98.1	100.3
3.鞋袜帽 Footwear,Socks and Hats	99.4	100.5	99.7	98.0	97.2	98.2
(1)鞋 Shoes	99.5	100.4	100.0	97.7	97.2	98.1
(2)袜子 Socks	98.0	99.7	96.7	100.1	94.5	100.0
(3)帽子 Hats	100.6	104.7	98.0	101.6	104.2	98.3
4.衣着加工服务费 Clothing Processing	115.1	100.0	111.2	100.6	100.0	101.9
四、家庭设备用品及维修服务 Household Facilities and Articles	**100.8**	**101.1**	**99.9**	**99.7**	**99.4**	**101.1**
1.耐用消费品 Durable Consumer Goods	98.0	99.6	97.8	98.5	98.1	98.5
(1)家具 Furniture	99.9	101.5	100.5	98.5	98.9	99.5
(2)家庭设备 Household Facilities	97.5	99.1	97.2	98.5	97.7	98.1
2.室内装饰品 Interior Decorations	100.4	100.1	99.8	102.6	101.6	100.8
3.床上用品 Bed Articles	101.0	104.6	86.1	99.3	101.3	96.6
4.家庭日用杂品 Daily-Use Household Articles	99.7	97.0	99.4	100.7	99.6	103.1
5.家庭服务及加工维修服务 Household Service and Maintenance	109.6	109.7	121.1	100.7	103.1	112.3

Continued 2

铜陵市 Tongling	安庆市 Anqing	桐城 Tongcheng	黄山市 Huangshan	歙县 Shexian	滁州市 Chuzhou	阜阳市 Fuyang	亳州市 Bozhou	宿州市 Suzhou	六安市 Lu'an	宣城市 Xuancheng
100.1	100.3	94.3	96.8	94.3	97.9	96.6	100.8	101.5	100.1	96.2
103.8	**103.3**	**99.8**	**100.8**	**100.0**	**101.6**	**103.3**	**102.8**	**102.3**	**101.3**	**100.7**
104.0	104.5	103.0	101.7	100.7	103.3	102.9	104.2	102.2	102.6	101.7
103.2	104.8	104.2	101.6	100.5	103.7	102.8	104.3	102.2	102.2	102.2
103.3	104.0	102.0	101.1	100.7	103.1	102.5	103.8	101.7	102.6	101.4
109.3	105.2	102.6	104.1	101.1	103.1	104.4	104.9	103.8	103.6	101.4
102.4	99.9	100.3	110.7	100.4	104.8	100.1	102.4	103.4	100.6	101.2
103.5	100.4	91.6	97.5	98.2	95.6	104.2	99.7	102.6	97.9	97.8
103.6	100.1	91.0	97.2	98.1	95.2	104.2	99.8	102.8	97.9	97.3
102.6	104.0	100.8	101.3	99.3	100.6	104.9	99.8	100.7	96.9	103.3
102.1	105.7	97.4	101.5	100.1	95.1	99.4	97.9	95.3	100.4	102.1
100.7	105.2	101.8	100.0	102.9	122.5	115.3	103.6	101.3	108.7	101.8
101.5	**102.2**	**100.8**	**99.1**	**100.1**	**99.5**	**100.5**	**101.8**	**98.6**	**100.9**	**101.6**
101.6	100.4	99.3	98.4	99.9	98.9	98.1	100.8	96.3	99.0	101.1
100.7	100.8	100.1	98.6	99.8	98.5	100.5	101.5	98.8	100.9	102.9
101.9	100.2	99.0	98.4	99.9	99.0	97.3	100.6	95.5	98.5	100.5
101.0	99.9	100.7	100.5	99.4	101.7	100.7	99.7	95.6	94.4	100.6
101.3	98.4	98.1	89.4	98.3	99.5	97.8	99.2	100.8	100.0	103.4
101.3	101.2	101.6	101.0	100.3	97.2	101.2	101.6	101.0	102.5	100.7
101.7	114.1	106.9	105.7	102.1	107.9	112.3	111.7	102.6	108.9	105.3

4-6 续表 3

指　　标 Item	合肥市 Hefei	芜湖市 Wuhu	蚌埠市 Bengbu	淮南市 Huainan	马鞍山市 Maanshan	淮北市 Huaibei
五、医疗保健和个人用品 Medic-care and Personal Articles	**104.6**	**103.5**	**106.2**	**103.6**	**103.8**	**104.9**
1.医疗保健 Medic-care and health	107.0	105.0	108.2	105.6	105.4	106.5
(1)医疗器具及用品 Medical Instrument and Articles	99.7	100.0	104.0	100.8	97.0	100.0
(2)中药材及中成药 Traditional Chinese Medicine	103.6	101.7	112.2	100.6	101.2	103.2
(3)西药 Western Medicine	95.4	108.7	98.2	97.0	101.3	99.2
(4)保健器具及用品 Health Care Appliances and Articles	100.4	102.7	102.7	99.9	102.2	101.1
(5)医疗保健服务 Health Care Services	122.9	104.4	119.6	119.2	112.3	118.7
2.个人用品及服务 Personal Articles and Services	101.8	99.9	102.0	99.1	100.7	101.2
(1)化妆美容用品 Cosmetics	100.6	100.4	100.5	100.8	101.0	98.5
(2)清洁类化妆品 Clean Cosmetics	100.8	101.2	102.4	101.3	104.7	101.1
(3)个人饰品 Personal Ornaments	95.6	94.9	93.5	93.9	96.9	97.3
(4)个人服务 Personal Services	106.7	102.4	107.1	101.0	101.0	106.0
六、交通和通信 Transportation and Communication	**97.1**	**98.2**	**98.2**	**98.1**	**98.2**	**98.1**
1.交通 Transportation	97.2	98.7	98.1	97.7	97.4	98.6
(1)交通工具 Transportation Facility	97.0	97.7	97.8	97.1	97.3	98.5
(2)车用燃料及零配件 Fuels and Parts	83.9	86.2	82.7	85.6	84.1	85.4
(3)车辆使用及维修费 Fees for Vehicles Use and Maintenance	102.8	100.0	99.9	100.3	101.1	102.0
(4)市区公共交通费 Incity Traffic Fare	100.9	105.4	102.5	100.0	101.3	100.9
(5)城市间交通费 Intercity Traffic Fare	100.2	99.6	99.7	99.6	99.2	100.1
2.通信 Communication	97.1	97.7	98.3	98.6	99.0	97.6

Continued 3

铜陵市 Tongling	安庆市 Anqing	桐 城 Tongcheng	黄山市 Huangshan	歙 县 Shexian	滁州市 Chuzhou	阜阳市 Fuyang	亳州市 Bozhou	宿州市 Suzhou	六安市 Lu' an	宣城市 Xuancheng
103.4	**105.2**	**102.4**	**102.6**	**103.3**	**102.3**	**104.7**	**102.9**	**101.2**	**104.3**	**106.0**
104.7	107.0	103.2	104.3	104.3	104.4	105.8	103.5	102.1	105.8	106.8
103.6	100.0	100.0	101.2	99.9	100.7	95.9	102.3	100.4	103.6	96.9
98.7	104.2	102.6	107.4	102.0	97.6	97.9	97.8	95.0	103.5	106.5
98.2	104.1	100.6	97.8	104.1	96.1	100.4	104.8	103.4	98.1	105.0
107.8	93.6	102.1	98.9	119.3	95.3	100.7	100.7	101.3	97.9	105.9
114.8	116.0	106.5	111.4	101.6	125.2	122.0	106.3	107.3	121.6	109.7
101.0	101.9	100.2	99.3	100.0	97.4	102.9	101.7	99.1	99.2	103.6
99.9	99.1	100.3	100.1	99.8	100.3	100.5	99.4	100.2	96.2	99.1
100.2	101.7	99.0	99.1	99.9	98.7	102.2	100.6	101.5	100.6	104.2
96.5	95.7	96.5	95.8	93.4	91.0	96.5	92.2	95.1	96.0	96.3
105.6	107.7	103.1	101.2	103.2	99.9	109.4	111.3	100.5	102.0	108.4
98.1	**98.5**	**98.1**	**98.0**	**97.9**	**98.5**	**98.4**	**97.8**	**98.5**	**98.6**	**98.6**
98.5	99.0	98.1	98.0	97.5	97.9	98.4	98.3	99.1	99.4	98.9
97.6	100.5	98.0	97.4	96.5	96.1	99.6	97.3	97.5	100.9	99.6
85.4	85.6	85.1	84.9	84.4	85.9	87.2	83.5	85.0	83.8	85.6
100.0	101.8	101.0	101.5	101.7	100.0	100.5	103.2	99.9	103.1	106.1
103.3	100.0	99.9	101.0	101.2	101.2	101.0	102.4	101.5	101.7	100.9
99.4	99.6	100.7	98.1	99.2	98.9	98.6	99.3	102.6	100.5	100.2
97.5	98.0	98.1	98.0	98.4	99.1	98.4	97.3	97.7	97.7	98.2

4-6 续表 4

指 标 Item	合肥市 Hefei	芜湖市 Wuhu	蚌埠市 Bengbu	淮南市 Huainan	马鞍山市 Maanshan	淮北市 Huaibei
(1)通信工具 Communication Facility	96.6	96.9	97.3	97.0	96.8	96.6
(2)通信服务 Communication Services	97.1	97.8	98.4	98.9	99.5	97.8
七、娱乐教育文化用品及服务 Recreation, Education, Culture Articles and Services	**104.1**	**101.3**	**101.5**	**99.5**	**101.8**	**102.1**
1.文娱用耐用消费品及服务 Durable Consumer Goods for Recreational Use	98.6	100.3	98.3	98.9	97.2	98.6
2.教育 Education	106.2	102.0	101.1	100.1	104.5	104.8
(1)教材及参考书 Teaching Materials and Reference Books	100.4	99.5	99.7	99.8	99.9	100.0
(2)教育服务 Education Services	107.7	102.6	101.4	100.2	105.4	105.9
3.文化娱乐类 Cultural and Recreational Articles	102.0	99.1	102.2	101.9	101.8	101.9
(1)文化娱乐用品 Cultural Articles	99.5	99.1	99.6	100.4	102.4	98.9
(2)书报杂志 Newspapers and Magazines	105.9	100.9	109.5	106.2	103.5	108.0
(3)文娱费 Expenditure on Culture and Recreation	102.1	97.9	100.1	99.8	100.3	101.1
4.旅游 Tourism	100.0	102.2	104.5	97.2	94.9	97.4
八、居住 Residence	**100.1**	**98.9**	**100.2**	**100.4**	**98.2**	**99.4**
1.建房及装修材料 Building and Decoration Materials	100.8	100.3	99.9	99.5	97.3	99.0
2.住房租金 Tenancy	104.7	98.3	106.0	102.8	101.0	100.0
3.自有住房 Housing	100.5	99.8	100.0	100.5	97.8	100.2
4.水、电、燃料 Water, Electricity and Fuels	97.7	97.0	98.5	100.1	99.9	98.5

Continued 4

铜陵市 Tongling	安庆市 Anqing	桐　城 Tongcheng	黄山市 Huangshan	歙　县 Shexian	滁州市 Chuzhou	阜阳市 Fuyang	亳州市 Bozhou	宿州市 Suzhou	六安市 Lu'an	宣城市 Xuancheng
97.8	96.9	97.3	97.5	97.0	97.4	96.7	97.0	97.1	97.0	96.9
97.4	98.2	98.4	98.1	98.8	99.4	98.7	97.3	97.8	97.9	98.7
101.2	**99.8**	**101.7**	**101.6**	**100.6**	**101.6**	**101.6**	**100.3**	**99.4**	**100.5**	**101.2**
98.1	100.4	97.7	98.2	99.3	99.8	99.6	99.7	96.5	99.7	98.2
103.5	100.5	103.4	103.5	101.3	101.4	103.3	100.7	101.6	100.7	102.7
99.6	99.8	99.7	100.5	99.6	101.1	99.7	99.7	100.6	100.5	99.6
104.4	100.7	104.6	104.0	101.7	101.4	104.0	101.0	102.0	100.7	103.4
100.3	101.1	101.3	100.4	100.8	101.3	101.6	101.1	100.5	101.2	100.4
101.0	101.3	101.3	99.9	101.2	98.8	99.0	99.2	99.3	100.6	100.2
102.3	101.8	100.1	101.0	100.2	106.2	105.9	104.8	99.9	102.1	99.8
98.9	100.1	102.1	100.7	100.8	100.7	102.0	101.1	103.1	101.3	101.2
97.3	95.5	98.5	98.8	98.8	104.0	97.4	98.3	94.3	99.9	97.7
99.7	**99.4**	**98.2**	**98.9**	**100.3**	**99.5**	**102.0**	**99.3**	**99.0**	**98.8**	**98.7**
98.6	97.5	99.3	100.1	100.5	98.9	101.1	97.2	96.1	93.9	98.2
99.2	104.7	99.2	100.0	99.7	98.6	102.1	107.0	102.2	104.0	100.2
100.0	100.8	99.6	100.0	100.5	100.6	104.9	100.1	101.1	100.5	101.5
99.7	96.2	93.6	96.9	99.1	98.7	98.1	97.3	97.1	99.0	94.1

4-7 商品零售价格分类指数(2015)
Retail Price Indices by Category(2015)

上年=100　　(preceding year=100)

指　标	Item	全省	城市	农村
商品零售价格总指数	**Retail General Price Index**	**99.7**	**99.6**	**99.9**
一、食品	Food	102.5	102.2	103.4
1.粮食	Grain	102.4	102.6	101.9
2.淀粉及制品	Starches and Tubers	104.1	105.3	100.1
3.干豆类及豆制品	Beans and Bean Products	101.2	101.6	99.8
4.油脂	Oil or Fat	97.3	96.9	98.6
5.肉禽及其制品	Meal,Poultry and Their Products	104.7	104.0	106.7
(1)食用畜肉及副产品	Edible Livestock Meat and Subsidiary Products	106.3	105.3	108.9
(2)禽	Poultry	101.2	101.1	101.4
(3)加工肉禽	Processed Meat and Poultry	101.6	101.7	101.5
6.蛋	Eggs	89.8	89.2	91.8
7.水产品	Aquatic Products	100.0	100.0	99.9
(1)鱼	Fish	99.0	98.8	99.6
(2)其他水产品	Other Aquatic Products	102.0	102.2	100.7
8.菜	Vegetables	110.7	110.2	111.8
9.调味品	Flavoring	103.1	102.6	104.1
10.糖	Sugar	101.4	101.6	101.0
11.干鲜瓜果	Dried and Fresh Melons and Fruits	96.2	97.0	94.3
12.糕点饼干面包	Cake,Cookie,Bread	101.3	100.9	102.6
13.液体乳及乳制品	Milk and Its Products	98.5	98.1	99.6
14.在外用膳食品	Dining Out	102.7	102.5	103.6
15.其他食品	Other Food	101.2	101.6	100.0
二、饮料、烟酒	Tobacco,Liquor and Articles	101.6	102.2	100.0
1.茶及饮料	Tea and Drinks	102.9	103.2	102.2
(1)茶叶	Tea	104.9	105.4	103.9
(2)饮料	Beverages	101.2	101.5	100.2
2.烟草	Tobacco	104.4	104.5	104.3
3.酒	Liquor	98.6	99.8	95.2
三、服装、鞋帽	Garments,Shoes and Hats	101.4	101.8	100.3
1.服装	Garments	102.3	102.5	101.9
(1)男式服装	Men's Clothing	102.6	102.6	102.4
(2)女式服装	Women's Clothing	101.8	101.9	101.5
(3)儿童服装	Children's Clothing	103.5	104.0	101.8
2.鞋袜帽	Footwear,Socks and Hats	99.0	100.0	96.2
(1)鞋	Shoes	98.9	100.0	95.8

4-7 续表 Continued

指 标	Item	全省	城市	农村
(2)袜子	Socks	100.2	99.8	101.7
(3)帽子	Hats	100.2	100.1	100.5
3.其他	Others	100.1	100.4	99.4
四、纺织品	Textiles	99.9	99.5	100.8
1.衣着材料	Clothing Material	100.7	100.7	100.7
2.床上用品	Bed Articles	99.5	98.9	100.9
五、家用电器及音像器材	Electric Household Appliance and Sound Apparatus	98.8	98.5	99.6
1.家庭设备	Household Facilities	98.7	98.3	100.0
2.文娱用耐用消费品	Durable Consuming Goods for Entertainment	99.0	99.1	98.7
3.专业音像器材	Sound Apparatus	98.0	97.0	100.9
六、文化办公用品	Cultural and Office Goods	99.1	99.1	99.4
七、日用品	Articles for Daily Use	100.1	100.1	100.2
1.日用百货	Merchandises for Daily Use	99.9	100.1	99.5
2.日用杂品	Sundries for Daily Use	100.2	99.8	101.7
3.洗涤用品	Washing and Cleaning Goods	100.7	100.7	100.8
4.其他日用品	Other Daily-use Goods	99.5	99.5	99.4
八、体育娱乐用品	Sports and Entertainment Goods	100.8	100.7	101.5
1.体育用品	Sports Goods	101.3	101.1	101.8
2.娱乐用品	Recreational Goods	100.5	100.4	101.2
九、交通、通信用品	Traffic and Telecommunication Goods	97.5	97.5	97.5
1.交通运输机械	Traffic and Transport Machinery	97.6	97.6	97.4
2.通信器材	Telecommunication Apparatus	97.1	97.0	97.5
十、家具	Furniture	100.4	100.1	101.4
十一、化妆品	Cosmetics	100.4	100.4	100.5
十二、金银珠宝	Gold and Silver Jewels	91.2	91.0	92.0
十三、中西药品及医疗保健用品	Chinese and Western Medicines and Health Supplies	101.5	100.6	104.3
1.医疗器具及用品	Medical-care Apparatus and Goods	99.8	100.4	98.6
2.中药材及中成药	Chinese Herbs and Patent Medicine	102.4	101.9	104.2
3.西药	Western Medicine	100.7	99.7	103.7
4.保健器具及用品	Healthy Devices and Goods	102.5	100.1	109.2
十四、书报杂志及电子出版物	Books, Magazines and Electronic Publications	101.5	102.1	99.7
1.教材及参考书	Texts and Reference Books	100.0	100.1	99.5
2.书报杂志	Newspapers and Magazines	103.5	104.5	100.1
3.电子音像制品	Electronic Audio and Video Products	101.3	101.8	99.5
十五、燃料	Fuels	86.6	87.0	85.7
1.煤炭及制品	Coal and Its Products	95.4	93.2	99.0
2.石油及制品	Oil and Its Products	84.7	85.9	81.2
十六、建筑材料及五金电料	Building Apparatus and Hardwares	97.5	97.7	97.0
1.建筑装潢材料	Building Decoration Materials	96.8	96.9	96.4
2.五金电料	Hardwares and Electrical Apparatus	100.1	100.2	99.9

4-8 各市商品零售价格总指数(1984—2015)

上年=100

年 份 Year	合肥市 Hefei	芜湖市 Wuhu	蚌埠市 Bengbu	淮南市 Huainan	马鞍山市 Maanshan	淮北市 Huaibei	铜陵市 Tongling	安庆市 Anqing
1984	100.6	101.4	100.3	101.3		101.1		101.3
1985	111.4	108.4	108.8	112.5		108.1		109.5
1986	105.9	106.5	106.2	106.4		105.0		107.2
1987	110.3	108.9	111.0	108.1		109.2		109.2
1988	122.1	121.2	120.8	121.9		125.5		118.9
1989	115.0	115.9	114.8	114.6	115.3	116.2		116.6
1990	101.7	103.6	100.6	102.0	100.6	101.2		102.6
1991	109.5	107.7	108.1	108.8	108.6	107.3	108.1	107.1
1992	108.8	108.5	106.5	108.1	108.6	107.2	106.6	108.7
1993	115.0	118.9	112.3	107.4	118.3	109.5	124.0	114.3
1994	120.5	126.0	119.9	121.3	123.9	117.8	124.0	127.9
1995	113.8	115.5	111.7	112.0	111.4	112.8	112.7	113.7
1996	107.1	106.9	106.7	107.0	106.6	106.5	106.7	107.0
1997	100.9	100.0	100.1	101.1	100.7	99.2	101.0	98.8
1998	98.2	98.9	99.1	97.8	98.3	98.6	98.1	98.3
1999	96.5	96.2	95.8	97.0	97.6	96.8	97.2	96.6
2000	97.2	98.1	98.7	98.3	99.0	98.8	97.9	98.3
2001	97.7	98.9	98.5	99.3	99.9	99.3	98.7	98.3
2002	99.3	98.9	98.8	99.2	100.3	99.6	99.9	99.5
2003	101.4	100.3	100.9	101.1	101.7	103.1	99.4	99.4
2004	100.8	102.3	103.4	102.3	103.0	102.6	102.9	102.5
2005	99.7	99.2	99.8	99.8	100.2	101.4	99.9	100.7
2006	100.6	100.6	101.9	99.8	101.8	101.1	100.2	101.4
2007	104.6	104.1	104.6	104.9	104.9	104.4	103.3	104.2
2008	106.3	106.2	106.4	105.6	106.6	106.3	105.6	106.8
2009	99.8	98.1	98.7	98.1	98.7	99.0	98.5	98.8
2010	102.1	102.7	102.7	101.8	103.1	103.4	102.4	103.2
2011	105.1	105.0	105.4	104.9	103.9	104.9	105.5	105.1
2012	101.9	102.2	102.1	102.2	101.9	102.0	102.2	101.8
2013	101.2	101.3	101.5	101.4	101.2	101.1	101.1	101.5
2014	100.3	100.6	100.9	100.0	100.4	99.9	99.9	100.4
2015	99.5	100.1	99.4	99.5	99.7	99.3	99.9	99.9

Overall Retail Price Index in Major Cities(1984—2015)

(preceding year = 100)

桐城市 Tongcheng	黄山市 Huangshan	歙县 Shexian	滁州市 Chuzhou	阜阳市 Fuyang	亳州市 Bozhou	宿州市 Suzhou	六安市 Lu' an	宣城市 Xuancheng
98.3		100.5	101.3	102.3	98.7	104.8	102.7	100.5
106.2		108.3	103.2	105.2	105.0	103.4	109.2	106.6
104.1		107.4	104.7	104.0	108.2	107.6	105.1	105.7
111.0		113.2	109.4	110.1	111.2	111.5	110.7	112.2
118.1		122.5	117.5	123.8	123.3	116.7	123.1	123.7
115.9		114.7	118.5	115.5	115.7	116.8	116.9	115.6
98.2		101.4	100.5	102.2	97.8	103.7	103.0	102.1
106.6		101.5	106.8	107.5	109.9	104.4	104.1	102.6
109.8		107.3	107.2	110.0	109.6	106.1	107.4	104.4
109.5		115.6	118.8	109.6	110.4	112.1	112.2	115.7
116.4		122.9	122.2	117.9	125.3	122.5	127.8	124.3
113.2		111.4	114.5	111.0	108.1	112.6	112.6	112.1
107.4	106.8	107.8	107.3	107.7	106.7	107.7	107.1	106.9
98.8	98.1	98.4	99.4	99.2	97.9	98.5	98.9	99.8
97.9	99.9	98.2	98.7	97.7	99.4	96.8	98.3	98.7
96.2	96.8	96.1	96.8	95.5	97.3	95.1	96.6	98.4
98.6	99.7	97.0	97.3	97.7	96.3	96.5	0.0	98.5
99.6	99.4	98.9	99.1	98	100.1			101.9
98.9	98.4	98.3	99	98.3	98.3			102
101.4	102.5	100.6	100.2	103.1	100.6	102.0		102.2
104.2	103.8	104.6	101.4	102.4	101.8	102.4		103.5
102.3	99.9	101.3	100.7	100.6	99.4	99.9		101.8
101.4	100.4	100.7	101.0	101.3	101.3	101.0		100.7
105.2	103.9	104.7	104.2	103.9	105.5	104.9		104.2
106.3	105.6	106.3	105.2	105.5	105.0	106.1		106.3
97.8	98.9	98.9	99.6	97.9	98.4	99.0		100.0
103.9	104.2	104.5	102.7	103.1	103.9	102.6		103.9
106.4	105.4	107.0	104.6	105.4	104.4	105.1	104.8	105.6
102.5	101.8	102.8	101.9	102.5	102.1	101.6	101.0	101.9
101.4	101.8	101.7	101.3	101.0	101.1	101.3	101.1	101.3
100.5	100.9	101.1	100.4	100.7	99.8	100.3	100.8	100.2
99.4	99.3	100.3	98.9	99.6	100.0	99.2	99.4	100.0

4-9 各市商品零售价格分类指数(2015)

上年=100

指 标 Item	合肥市 Hefei	芜湖市 Wuhu	蚌埠市 Bengbu	淮南市 Huainan	马鞍山市 Maanshan	淮北市 Huaibei
商品零售价格总指数 **Retail General Price Index**	**99.5**	**100.1**	**99.4**	**99.5**	**99.7**	**99.3**
一、食品 Food	102.4	102.2	101.7	102.3	101.8	101.0
1.粮食 Grain	104.0	103.9	102.0	99.6	102.0	101.7
2.淀粉及制品 Starches and Tubers	108.0	105.2	102.2	104.1	102.9	103.6
3.干豆类及豆制品 Beans and Bean Products	100.3	103.8	100.8	101.5	108.1	101.8
4.油脂 Oil or Fat	95.4	98.8	96.3	98.4	95.6	95.2
5.肉禽及其制品 Meal,Poultry and Their Products	104.1	103.6	104.5	105.1	104.7	102.4
(1)食用畜肉及副产品 Edible Livestock Meat and Subsidiary Products	106.4	104.8	105.2	106.4	106.4	104.7
(2)禽 Poultry	98.6	101.3	104.0	103.3	101.2	96.1
(3)加工肉禽 Processed Meat and Poultry	100.5	100.9	101.3	101.8	103.5	101.8
6.蛋 Eggs	92.2	88.7	88.3	86.7	88.8	84.9
7.水产品 Aquatic Products	99.0	96.8	100.3	101.0	99.3	102.5
(1)鱼 Fish	96.7	96.3	100.2	101.8	96.1	102.4
(2)其他水产品 Other Aquatic Products	102.1	98.0	100.4	99.6	103.6	102.6
8.菜 Vegetables	110.6	109.1	111.7	115.1	107.5	108.5
9.调味品 Flavoring	102.4	106.2	103.4	103.8	102.4	103.8
10.糖 Sugar	102.2	102.7	96.6	101.3	104.1	104.4
11.干鲜瓜果 Dried and Fresh Melons and Fruits	99.0	100.1	98.7	93.5	100.6	91.3

Retail Price Indices by Category in Major Cities(2015)

(preceding year=100)

铜陵市 Tongling	安庆市 Anqing	桐城 Tongcheng	黄山市 Huangshan	歙县 Shexian	滁州市 Chuzhou	阜阳市 Fuyang	亳州市 Bozhou	宿州市 Suzhou	六安市 Lu'an	宣城市 Xuancheng
99.9	**99.9**	**99.4**	**99.3**	**100.3**	**98.9**	**99.6**	**100.0**	**99.2**	**99.4**	**100.0**
101.7	102.7	102.7	101.7	103.4	101.4	102.2	103.0	102.3	102.1	103.7
102.3	102.7	100.6	101.6	101.1	101.9	102.6	102.4	101.4	102.3	102.9
99.2	103.6	99.6	98.4	101.0	108.6	103.6	107.5	102.3	102.1	100.0
100.5	100.7	100.6	101.3	97.9	102.3	100.6	101.6	105.0	100.8	100.6
100.2	99.0	103.6	98.7	103.8	97.0	99.7	94.6	93.9	95.2	92.3
106.3	105.3	104.6	107.5	108.9	101.7	101.5	104.5	105.0	105.0	106.9
109.4	106.3	106.2	109.7	111.8	102.9	103.9	104.7	102.3	106.6	109.0
101.4	103.4	99.9	105.0	101.6	99.2	94.2	105.2	112.3	100.2	102.2
100.0	103.7	102.1	99.6	102.6	100.1	100.6	100.7	105.5	104.8	100.6
92.2	94.4	94.6	87.8	91.7	86.9	86.0	86.9	85.9	89.6	89.7
102.9	100.9	101.1	99.8	102.2	101.4	99.3	101.8	103.0	101.4	98.1
102.5	99.4	101.0	99.0	102.5	102.5	96.8	101.4	98.1	102.7	97.5
103.7	104.1	101.7	101.1	101.2	99.6	104.4	103.1	110.5	99.5	100.0
108.4	111.0	112.4	100.6	110.7	108.7	110.0	109.7	110.8	108.2	112.1
103.9	101.2	102.8	100.8	101.1	103.7	101.5	102.8	101.1	97.6	106.4
101.3	101.5	101.5	100.3	101.5	104.9	100.6	104.1	99.8	98.6	100.3
96.8	89.6	98.0	100.7	92.7	93.1	93.6	111.7	87.5	96.9	92.8

4-9 续表 1

指 标 Item	合肥市 Hefei	芜湖市 Wuhu	蚌埠市 Bengbu	淮南市 Huainan	马鞍山市 Maanshan	淮北市 Huaibei
12.糕点饼干面包 Cake,Cookie,Bread	99.6	99.7	102.6	99.7	104.9	102.3
13.液体乳及乳制品 Milk and Its Products	94.2	100.1	97.9	98.0	94.8	96.2
14.在外用膳食品 Dining Out	103.7	103.5	100.4	101.2	103.0	101.9
15.其他食品 Other Food	99.8	98.5	101.2	105.3	94.6	102.2
二、饮料、烟酒 Tobacco,Liquor and Articles	101.2	104.5	101.0	102.7	107.2	102.5
1.茶及饮料 Tea and Drinks	103.1	101.8	101.9	101.7	107.3	102.6
(1)茶叶 Tea	105.9	101.3	103.7	106.4	109.3	105.0
(2)饮料 Beverages	100.3	102.2	101.0	99.0	105.1	101.1
2.烟草 Tobacco	103.9	106.9	103.8	104.7	104.7	104.8
3.酒 Liquor	98.1	103.3	98.2	101.2	109.4	100.1
三、服装、鞋帽 Garments,Shoes and Hats	101.2	101.0	101.4	100.2	100.4	101.3
1.服装 Garments	101.9	101.2	102.1	101.1	101.2	102.5
(1)男式服装 Men's Clothing	101.9	100.8	104.1	101.1	101.7	101.5
(2)女式服装 Women's Clothing	101.2	100.7	100.1	101.4	99.7	103.8
(3)儿童服装 Children's Clothing	104.4	104.6	103.3	100.5	106.4	100.6
2.鞋袜帽 Footwear,Socks and Hats	99.4	100.5	99.7	98.0	97.2	98.2
(1)鞋 Shoes	99.5	100.4	100.0	97.7	97.2	98.1
(2)袜子 Socks	98.0	99.7	96.7	100.1	94.5	100.0
(3)帽子 Hats	100.6	104.7	98.0	101.6	104.2	98.3

Continued 1

铜陵市 Tongling	安庆市 Anqing	桐城 Tongcheng	黄山市 Huangshan	歙县 Shexian	滁州市 Chuzhou	阜阳市 Fuyang	亳州市 Bozhou	宿州市 Suzhou	六安市 Lu' an	宣城市 Xuancheng
104.5	101.5	105.1	95.7	102.7	98.4	100.1	101.0	102.8	103.3	100.8
97.7	99.2	100.1	101.0	100.6	100.0	104.4	101.2	100.1	98.2	98.8
97.8	101.2	100.1	100.9	101.0	102.4	103.6	102.1	102.6	102.0	107.0
97.9	103.1	101.7	100.0	100.1	100.9	104.8	104.6	102.1	106.4	99.0
102.3	102.8	100.8	100.3	99.8	101.8	100.3	102.8	103.1	102.4	99.7
104.9	106.3	103.2	101.9	104.1	105.8	101.3	103.2	102.5	100.4	100.7
104.8	108.1	104.4	106.7	107.6	110.4	99.3	105.2	108.4	99.6	100.9
105.0	104.0	100.7	98.9	98.7	101.9	102.6	101.5	98.2	100.9	100.6
103.8	103.9	106.9	103.2	104.0	104.6	103.9	105.1	105.0	105.6	103.1
100.1	100.3	94.3	96.8	94.3	97.9	96.6	100.8	101.5	100.1	96.2
103.4	103.3	99.8	100.7	100.0	101.3	103.3	102.7	102.0	101.2	100.6
103.5	104.5	103.0	101.7	100.8	103.3	102.9	104.2	102.2	102.6	101.7
103.1	104.8	104.2	101.6	100.5	103.7	102.8	104.4	102.2	102.2	102.2
102.9	104.0	102.1	101.1	100.8	103.1	102.5	103.8	101.7	102.6	101.5
107.5	105.2	102.6	104.1	101.6	103.1	104.4	104.9	103.8	103.6	101.4
103.5	100.4	91.6	97.5	98.2	95.6	104.2	99.7	102.6	97.9	97.8
103.6	100.1	91.0	97.2	98.1	95.2	104.2	99.8	102.8	97.9	97.3
102.6	104.0	100.8	101.3	99.3	100.6	104.9	99.8	100.7	96.9	103.3
102.1	105.7	97.4	101.5	100.1	95.1	99.4	97.9	95.3	100.4	102.1

4-9 续表2

指 标 Item	合肥市 Hefei	芜湖市 Wuhu	蚌埠市 Bengbu	淮南市 Huainan	马鞍山市 Maanshan	淮北市 Huaibei
3.其他 Others	104.9	99.2	99.7	97.3	102.6	96.1
四、纺织品 Textiles	101.0	103.0	90.1	99.2	99.8	98.1
1.衣着材料 Clothing Material	100.3	100.0	99.9	100.2	98.1	100.3
2.床上用品 Bed Articles	101.2	104.5	85.6	98.8	100.8	96.4
五、家用电器及音像器材 Electric Household Appliance and Sound Apparatus	97.6	100.1	97.9	98.9	97.5	98.5
1.家庭设备 Household Facilities	97.5	99.1	97.2	98.5	97.7	98.1
2.文娱用耐用消费品 Durable Consuming Goods for Entertainment	97.5	102.4	99.0	99.4	97.0	99.4
3.专业音像器材 Sound Apparatus	98.4	99.2	98.4	98.9	99.9	96.1
六、文化办公用品 Cultural and Office Goods	98.7	99.5	100.3	98.9	99.6	98.7
七、日用品 Articles for Daily Use	99.7	99.4	98.8	100.8	101.0	100.3
1.日用百货 Merchandises for Daily Use	99.5	100.3	99.4	99.8	102.7	100.8
2.日用杂品 Sundries for Daily Use	98.5	97.5	101.0	101.8	98.6	99.5
3.洗涤用品 Washing and Cleaning Goods	100.7	100.8	98.6	100.6	99.7	101.5
4.其他日用品 Other Daily-use Goods	99.9	98.4	96.0	101.7	101.3	98.5
八、体育娱乐用品 Sports and Entertainment Goods	100.5	99.6	100.0	100.5	103.6	98.8
1.体育用品 Sports Goods	101.4	99.6	100.7	101.9	103.4	100.1
2.娱乐用品 Recreational Goods	99.9	99.7	99.4	99.7	103.7	98.0
九、交通、通信用品 Traffic and Telecommunication Goods	97.6	97.2	97.6	97.9	97.6	97.4
1.交通运输机械 Traffic and Transport Machinery	97.9	97.2	97.7	98.2	97.7	97.7

Continued 2

铜陵市 Tongling	安庆市 Anqing	桐　城 Tongcheng	黄山市 Huangshan	歙　县 Shexian	滁州市 Chuzhou	阜阳市 Fuyang	亳州市 Bozhou	宿州市 Suzhou	六安市 Lu'an	宣城市 Xuancheng
100.0	102.4	99.0	100.0	100.3	100.0	104.5	99.6	97.9	99.6	98.8
101.4	98.9	99.2	93.9	99.3	100.8	98.7	100.0	101.4	100.3	102.6
102.4	99.9	100.3	110.7	100.4	104.8	100.1	102.4	103.4	100.6	101.2
101.0	98.1	98.1	89.2	98.5	99.3	97.7	99.1	100.1	100.0	103.5
100.7	99.9	98.2	98.6	100.0	99.6	97.8	100.1	95.3	99.2	100.0
101.9	100.2	99.0	98.4	99.9	99.0	97.3	100.6	95.5	98.5	100.5
98.6	99.9	97.2	98.8	100.4	101.6	98.3	99.2	95.7	101.1	98.8
102.3	95.4	94.5	98.7	99.0	92.8	97.4	99.7	89.4	94.8	102.8
100.3	98.6	99.0	99.1	99.4	99.3	98.5	99.2	98.3	99.3	99.6
100.1	101.3	100.2	100.3	99.6	97.5	101.2	101.3	99.1	101.0	100.4
99.5	102.6	98.8	99.9	98.4	97.4	101.6	99.5	97.7	100.5	100.3
101.3	102.9	102.1	100.9	100.7	95.5	100.1	101.0	102.0	101.6	101.9
99.7	99.0	100.4	101.5	100.5	98.0	102.6	104.6	100.2	103.8	101.2
100.6	100.8	100.6	99.2	99.8	98.6	99.9	100.2	97.6	97.6	98.5
100.3	102.0	101.6	100.3	103.1	100.1	100.5	101.1	101.3	100.2	100.7
100.3	101.7	101.2	100.9	101.8	100.8	100.9	100.9	102.7	100.1	102.2
100.3	102.3	101.9	100.0	104.1	99.7	100.2	101.3	100.2	100.2	99.8
97.7	97.9	97.9	97.9	97.4	96.8	97.7	96.7	96.8	96.0	97.2
97.3	98.2	97.7	98.1	97.5	96.5	98.0	96.5	96.7	95.3	97.3

4-9 续表 3

指 标 Item	合肥市 Hefei	芜湖市 Wuhu	蚌埠市 Bengbu	淮南市 Huainan	马鞍山市 Maanshan	淮北市 Huaibei
2.通信器材 Telecommunication Apparatus	96.7	97.3	97.4	97.1	97.0	96.7
十、家具 Furniture	99.9	101.5	100.5	98.5	98.9	99.5
十一、化妆品 Cosmetics	100.9	99.7	100.9	100.8	101.4	99.5
十二、金银珠宝 Gold and Silver Jewels	90.3	91.9	91.9	90.6	94.9	92.2
十三、中西药品及医疗保健用品 Chinese and Western Medicines and Health Supplies	99.0	104.7	103.6	98.9	101.2	100.9
1.医疗器具及用品 Medical-care Apparatus and Goods	99.7	100.0	104.0	100.8	97.0	100.0
2.中药材及中成药 Chinese Herbs and Patent Medicine	103.6	101.7	112.2	100.6	101.2	103.2
3.西药 Western Medicine	95.4	107.5	98.2	97.0	101.3	99.2
4.保健器具及用品 Healthy Devices and Goods	100.4	102.6	102.7	99.9	102.4	101.1
十四、书报杂志及电子出版物 Books, Magazines and Electronic Publications	102.7	100.2	104.1	102.2	101.5	103.8
1.教材及参考书 Texts and Reference Books	100.4	99.3	99.7	99.8	99.9	100.0
2.书报杂志 Newspapers and Magazines	105.9	100.8	109.5	106.2	103.5	108.0
3.电子音像制品 Electronic Audio and Video Products	104.4	100.7	99.9	99.9	100.5	103.0
十五、燃料 Fuels	88.4	87.6	87.7	87.3	88.0	88.0
1.煤炭及制品 Coal and Its Products	100.1	99.9	100.0	88.6	85.0	79.6
2.石油及制品 Oil and Its Products	87.2	86.3	85.7	86.9	88.4	89.9
十六、建筑材料及五金电料 Building Apparatus and Hardwares	99.7	98.9	97.4	97.9	96.6	98.1
1.建筑装潢材料 Building Decoration Materials	99.5	97.7	96.8	96.7	95.2	96.7
2.五金电料 Hardwares and Electrical Apparatus	100.5	102.5	99.2	99.8	100.2	101.1

Continued 3

铜陵市 Tongling	安庆市 Anqing	桐 城 Tongcheng	黄山市 Huangshan	歙 县 Shexian	滁州市 Chuzhou	阜阳市 Fuyang	亳州市 Bozhou	宿州市 Suzhou	六安市 Lu'an	宣城市 Xuancheng
98.6	97.0	98.3	97.5	97.2	97.6	96.6	97.2	97.0	97.2	97.0
100.7	100.8	100.1	98.6	99.8	98.5	100.5	101.5	98.8	100.9	102.9
100.1	100.0	100.6	99.8	100.2	99.9	100.9	99.7	100.6	98.1	100.5
90.9	91.1	93.5	97.1	88.8	92.1	89.9	89.7	92.2	91.1	92.8
99.8	102.7	101.5	101.6	105.4	96.7	99.5	101.3	99.9	100.2	105.3
103.6	100.0	100.0	101.2	99.9	100.7	95.9	102.3	100.4	103.6	96.9
98.7	104.2	102.6	107.4	102.0	97.6	97.9	98.5	95.0	103.5	106.5
98.2	104.1	100.6	97.8	104.1	96.1	100.4	105.1	103.4	98.1	105.0
107.8	93.6	101.7	98.9	119.2	95.3	100.7	100.7	101.3	97.9	106.6
100.8	101.3	99.9	100.8	99.9	103.1	102.0	101.6	100.2	102.5	99.5
99.6	99.8	99.6	100.5	99.5	101.1	99.7	99.7	101.7	100.5	99.5
102.2	101.8	100.1	101.0	100.4	106.2	105.9	104.8	99.9	102.1	99.8
99.4	103.8	100.4	101.0	99.7	101.1	97.9	99.0	97.8	112.9	98.5
89.9	84.2	84.0	86.2	89.7	86.1	86.9	83.8	85.2	89.3	84.6
99.6	97.8	99.6	100.0	102.3	97.1	87.9	84.0	90.6	100.7	96.1
86.9	81.8	77.6	84.8	83.8	84.3	86.7	83.8	83.4	85.4	81.9
97.2	97.0	97.3	98.7	98.3	97.4	99.0	96.3	95.0	93.6	96.2
96.0	96.1	96.4	98.3	97.9	96.6	98.7	94.9	93.4	92.8	95.7
99.8	99.7	99.9	99.7	99.7	98.9	100.3	99.9	101.3	97.4	99.9

4-10 农业生产资料价格分类指数
Price Indices by Category of Agricultural Means of Production

上年=100 (preceding year=100)

指 标	Item	2011	2012	2013	2014	2015
农业生产资料价格指数	**Price Index of Agricultural Means of Production**	**114.3**	**105.3**	**100.9**	**99.6**	**101.6**
一、农用手工工具	Agricultural Craft Tool	107.9	107.3	102.5	104.9	102.3
二、饲料	Forage	111.1	108.9	105.1	102.4	97.4
三、产品畜	Animals for Products	157.3	104.8	102.7	101.7	117.2
四、半机械化农具	Semi-mechanized Farm Tools	104.5	100.8	100.0	100.3	99.2
五、机械化农具	Mechanized Farm Machinery	106.4	103.1	100.5	102.5	99.9
六、化学肥料	Chemical Fertilizer	114.5	103.5	95.7	92.2	100.6
氮肥	Nitrogenous Fertilizer	116.8	101.1	93.8	89.6	103.0
磷肥	Phosphatic Fertilizer	111.8	105.3	103.6	98.5	99.6
钾肥	Potassic Fertilizer	105.6	99.9	96.2	97.0	97.5
复合肥料	Complex Fertilizer	114.6	106.0	95.1	91.9	99.2
七、农药及农药器械	Pesticide & Its Appliances	101.5	101.1	101.4	102.5	100.5
1.化学农药	Chemical Pesticide	101.4	101.0	101.4	102.6	100.6
2.农药器械	Pesticide Appliances	103.2	102.3	102.1	102.0	100.0
八、农用机油	Oil for Farm Machinery	114.5	103.7	99.5	98.9	91.0
九、其他农业生产资料	Other Agricultural Means of Production	109.8	107.5	102.5	102.7	101.1
1.农用种子	Agricultural Seeds	112.6	111.0	103.7	103.2	102.2
2.其他	Others	105.5	101.8	100.3	101.9	98.9
十、农业生产服务	Agricultural Production Service	111.7	109.0	104.4	104.7	104.5

4-11 各调查市县农业生产资料分类指数(2015)
Price Indices by Category of Agricultural Means of Production by Cities Surveyed(2015)

上年=100 (preceding year=100)

指标	Item	桐城市 Tongcheng	歙县 Shexian	宣城市 Xuancheng
农业生产资料价格指数	**Price Index of Agricultural Means of Production**	**101.1**	**102.4**	**101.4**
一、农用手工工具	Agricultural Craft Tool	103.7	100.7	102.3
二、饲料	Forage	98.3	95.8	97.5
三、产品畜	Animals for Products	113.3	128.0	113.3
四、半机械化农具	Semi-mechanized Farm Tools	101.1	96.6	100.0
五、机械化农具	Mechanized Farm Machinery	99.5	99.8	100.1
六、化学肥料	Chemical Fertilizer	100.5	101.5	99.9
氮肥	Nitrogenous Fertilizer	100.3	104.0	104.6
磷肥	Phosphatic Fertilizer	100.0	101.8	97.3
钾肥	Potassic Fertilizer	98.3	96.8	97.6
复合肥料	Complex Fertilizer	101.0	99.7	97.7
七、农药及农药器械	Pesticide & Its Appliances	100.5	101.3	99.9
1.化学农药	Chemical Pesticide	100.6	101.4	99.9
2.农药器械	Pesticide Appliances	100.0	100.0	100.0
八、农用机油	Oil for Farm Machinery	89.3	89.4	93.0
九、其他农业生产资料	Other Agricultural Means of Production	102.0	100.7	101.2
1.农用种子	Agricultural Seeds	102.6	102.4	101.8
2.其他	Others	100.8	96.4	99.4
十、农业生产服务	Agricultural Production Service	103.9	103.7	105.2

4-12 分月农业生产资料价格指数(2015)

上年同月=100

指　　标	Item	1月 January	2月 February
农业生产资料价格指数	**Price Index of Agricultural Means of Production**	**99.6**	**100.4**
一、农用手工工具	Agricultural Craft Tool	105.0	103.7
二、饲料	Forage	99.8	100.4
三、产品畜	Animals for Products	102.7	106.9
四、半机械化农具	Semi-mechanized Farm Tools	100.6	100.6
五、机械化农具	Mechanized Farm Machinery	101.1	101.2
六、化学肥料	Chemical Fertilizer	96.2	97.3
氮肥	Nitrogenous Fertilizer	94.2	96.2
磷肥	Phosphatic Fertilizer	99.8	99.8
钾肥	Potassic Fertilizer	97.6	97.9
复合肥料	Complex Fertilizer	96.8	97.3
七、农药及农药器械	Pesticide & Its Appliances	102.6	102.6
1.化学农药	Chemical Pesticide	102.8	102.8
2.农药器械	Pesticide Appliances	100.0	100.0
八、农用机油	Oil for Farm Machinery	90.1	89.7
九、其他农业生产资料	Other Agricultural Means of Production	101.5	101.0
1.农用种子	Agricultural Seeds	101.1	100.8
2.其他	Others	102.1	101.4
十、农业生产服务	Agricultural Production Service	103.2	103.2

Price Indices of Agricultural Means of Production by Month(2015)

(the same month last year=100)

3月 March	4月 April	5月 May	6月 June	7月 July	8月 August	9月 September	10月 October	11月 November	12月 December
100.6	**100.9**	**101.5**	**101.8**	**103.1**	**102.6**	**103.1**	**102.1**	**101.9**	**101.9**
103.5	102.4	101.6	101.3	101.3	101.3	101.3	101.3	102.4	102.4
100.4	100.2	98.2	97.3	97.3	96.8	96.2	95.3	93.7	92.7
104.9	104.8	113.4	113.7	126.6	119.6	129.4	124.7	126.7	132.1
100.3	99.9	99.4	99.4	99.6	98.7	97.8	97.8	98.3	98.6
100.6	100.3	99.8	99.4	99.4	99.6	99.2	98.9	99.5	99.6
98.9	100.4	101.2	103.2	102.9	103.4	102.5	101.1	100.8	100.1
100.0	103.4	104.7	109.7	108.6	110.1	107.1	102.2	101.3	99.7
99.3	98.7	98.7	98.7	98.7	98.7	99.8	101.2	101.2	100.5
97.2	97.2	97.2	97.4	97.5	97.4	97.5	97.5	97.9	98.1
98.1	98.6	99.5	99.5	99.9	99.7	99.8	100.5	100.7	100.6
102.6	102.0	100.3	100.0	99.9	99.8	99.7	99.0	99.0	99.0
102.8	102.1	100.3	100.1	99.9	99.7	99.7	99.0	99.0	99.0
100.0	100.0	100.0	100.0	100.0	100.0	100.0	100.0	100.0	100.0
91.3	91.3	93.2	92.9	91.6	88.5	88.7	90.7	91.8	92.1
100.2	100.9	101.4	101.2	101.4	101.1	100.4	101.1	101.3	101.2
100.8	102.0	102.7	102.7	102.7	102.4	101.6	102.8	103.3	103.3
99.0	98.9	98.9	98.5	98.8	98.6	98.2	97.9	97.7	97.5
103.2	103.1	103.4	104.1	105.1	106.2	105.5	105.5	105.5	105.5

4-13 工业生产者出厂价格分类指数(1993—2015)
Producer Price Indices for Industrial Products by Category(1993—2015)

上年=100 (preceding year=100)

年份 Year	工业生产者出厂价格指数 Producer Price Indices for Industrial Products	轻工业 Light Industry	以农产品为原料 Agricultural products as raw materials	以非农产品为原料 Non-agricultural Products as Raw Materials	重工业 Heavy Industry	采掘 Mining & Quarrying Industry	原料 Raw Materials Industry	加工 Processing Industry	生产资料 Means of Production	生活资料 Consumer Goods
1993	125.3	109.1	109.3	108.3	143.6	135.1	161.7	121.5	140.0	109.0
1994	120.9	125.3	129.0	113.2	116.3	117.3	112.6	120.1	116.9	125.7
1995	117.2	124.0	126.4	115.7	110.1	116.0	104.4	115.0	113.2	121.9
1996	101.5	99.9	100.3	99.0	103.5	113.8	103.1	101.9	102.7	100.5
1997	99.3	99.1	99.4	98.7	99.4	99.3	100.2	98.5	98.9	100.1
1998	96.4	96.4	96.7	96.1	96.1	92.1	96.0	97.0	95.7	97.1
1999	95.9	94.4	94.1	96.4	97.3	94.2	97.9	97.2	96.9	94.5
2000	98.9	95.7	95.4	97.6	102.1	101.0	106.1	97.7	102.1	93.7
2001	98.6	96.9	96.9	97.1	100.2	105.2	99.0	100.2	99.8	96.3
2002	99.8	97.5	97.1	98.7	101.6	115.4	99.2	100.0	100.1	99.3
2003	103.5	101.7	102.7	100.7	104.9	102.4	107.2	103.8	105.3	98.9
2004	108.2	104.6	106.5	102.7	110.9	116.7	115.6	106.5	110.9	101.4
2005	103.3	99.0	99.6	98.5	106.3	112.2	111.3	101.3	105.0	98.7
2006	103.1	99.8	99.7	99.8	105.1	98.0	115.2	99.9	104.6	98.4
2007	103.6	103.4	103.8	103.0	103.8	104.2	102.9	104.3	103.7	103.3
2008	108.4	105.4	107.1	103.8	110.1	119.0	104.9	111.7	109.3	105.4
2009	92.8	97.0	97.9	96.2	90.5	95.4	90.3	89.5	91.4	97.8
2010	109.0	104.8	106.4	103.2	111.4	111.0	116.6	108.1	110.9	103.0
2011	108.3	107.7	109.9	103.6	108.5	104.8	110.9	107.7	109.2	105.6
2012	98.3	101.4	101.3	101.5	97.1	96.9	99.3	96.1	97.0	101.7
2013	98.2	101.5	102.2	100.1	96.9	92.9	96.9	97.4	96.9	101.5
2014	97.4	100.4	100.8	99.8	96.3	90.1	95.9	97.2	96.2	100.7
2015	93.9	99.6	99.5	100.0	91.8	81.1	91.2	93.3	91.7	100.2

4-14 分月工业生产者出厂价格指数(2015)
Producer Price Indices for Industrial Products by Month(2015)

上年同月=100 (the same month last year=100)

类 别	Item	全 年 Total	1月 January	2月 February	3月 March	4月 April	5月 May	6月 June
工业生产者出厂价格指数	Producer Price Indices for Industrial Products	**93.9**	**94.6**	**94.3**	**94.9**	**94.8**	**94.6**	**94.3**
轻工业	Light Industry	99.6	99.7	99.8	99.7	99.9	99.9	99.8
以农产品为原料	Using Farm Produces as Raw Materials	99.5	99.6	99.6	99.6	99.8	99.7	99.7
以非农产品为原料	Using Non-farm Produces as Raw Materials	100.0	99.9	100.1	100.1	100.0	100.3	99.9
重工业	Heavy Industry	91.8	92.7	92.3	93.1	92.9	92.6	92.3
采掘	Mining and Quarrying	81.1	81.6	82.0	82.5	82.1	80.0	79.7
原料	Raw Material	91.2	91.2	90.9	92.7	93.4	93.0	91.7
加工	Processing	93.3	94.7	94.2	94.5	93.8	93.8	93.9
生产资料	Means of Production	91.7	92.6	92.2	92.9	92.7	92.4	92.1
采掘	Mining and Quarrying	81.1	81.6	82.0	82.5	82.1	80.0	79.7
原料	Raw Material	91.0	91.0	90.8	92.6	93.3	92.9	91.6
加工	Processing	93.1	94.6	94.1	94.2	93.6	93.6	93.7
生活资料	Life Material	100.2	100.1	100.2	100.3	100.5	100.4	100.3
食品	Food	99.9	100.1	100.0	100.0	100.6	100.3	100.2
衣着	Clothing	101.4	101.3	101.2	102.0	101.7	101.3	101.5
一般日用品	Articles for Daily Use	100.0	100.3	100.5	100.4	100.2	100.7	100.5
耐用消费品	Durable Consumers' Goods	100.3	99.9	100.2	100.2	100.3	100.3	100.1

4-14 续表 Continued

类 别	Item	7月 July	8月 August	9月 September	10月 October	11月 November	12月 December
工业生产者出厂价格指数	Producer Price Indices for Industrial Products	**93.8**	**93.4**	**93.6**	**93.3**	**92.9**	**92.8**
轻工业	Light Industry	99.7	99.7	99.6	99.3	99.3	99.3
以农产品为原料	Using Farm Produces as Raw Materials	99.6	99.4	99.4	99.1	99.0	99.1
以非农产品为原料	Using Non-farm Produces as Raw Materials	99.9	100.1	100.0	99.7	99.8	99.7
重工业	Heavy Industry	91.5	91.0	91.3	91.1	90.5	90.3
采掘	Mining and Quarrying	81.4	79.6	81.9	82.0	80.6	79.3
原料	Raw Material	90.5	89.7	90.1	90.7	89.9	90.1
加工	Processing	93.2	92.9	92.9	92.2	92.0	91.7
生产资料	Means of Production	91.4	90.9	91.2	90.9	90.3	90.1
采掘	Mining and Quarrying	81.4	79.6	81.9	82.0	80.6	79.3
原料	Raw Material	90.2	89.5	89.9	90.5	89.7	90.0
加工	Processing	93.0	92.7	92.8	92.0	91.7	91.4
生活资料	Life Material	100.2	100.2	100.1	99.8	99.9	99.9
食品	Food	100.0	99.7	99.7	99.4	99.4	99.6
衣着	Clothing	101.4	101.3	101.1	101.0	101.2	101.5
一般日用品	Articles for Daily Use	100.2	100.2	99.5	99.4	99.5	99.0
耐用消费品	Durable Consumers' Goods	100.2	100.6	100.7	100.5	100.5	100.6

4-15 分行业工业生产者出厂价格指数(2015)

上年同月=100

类 别	Item	全 年 Total	1月 January
总指数	**General Index**	**93.9**	**94.6**
煤炭开采和洗选业	Coal Mining and Selecting Industry	84.3	83.9
烟煤和无烟煤开采洗选	The Bituminous Coal and Anthracite Coals Mining and Dressing	84.3	83.9
黑色金属矿采选业	Black Metal Mineral Mining and Selecting Industry	72.8	71.3
铁矿采选	The Iron Mineral Mining and Selecting	72.6	71.0
锰矿、铬矿采选	Other Black Metal Mineral Mining and Selecting	92.5	107.3
有色金属矿采选业	Colored Metal Mineral Mining and Selecting	89.6	90.3
常用有色金属矿采选	The Regular Colored Metal Mineral Mining and Selecting	88.4	88.4
贵金属矿采选	The Precious Metal Mineral Mining and Selecting	96.4	101.5
非金属矿采选业	Non-metal Mineral Mining and Selecting	97.3	100.3
土砂石开采	Gravel Mining and Selecting	98.7	101.0
化学矿开采	Chemical Mineral Mining and Selecting	89.8	92.2
采盐	Salt Mining	91.5	88.0
石棉及其他非金属矿采选	Asbestos and Other Non-metal Mineral Mining and Selecting	92.9	105.2
农副食品加工业	Farm and Side-line Food Processed Industry	99.4	99.9
谷物磨制	Corn Whetted	100.7	101.6
饲料加工	Forage Processed	95.7	99.8
植物油加工	Planting-oil Processed	95.1	92.7
屠宰及肉类加工	Slaughtered Meat and Meat Processes	100.5	100.6
水产品加工	Fishery Product Processed	96.6	96.1
蔬菜、水果和坚果加工	Vegetable,Fruit and Nut Processed	100.0	97.9
其他农副食品加工	Other Farm and Side-line Food Processed	100.0	99.6
食品制造业	Food Manufacture Industry	100.7	101.9
焙烤食品制造	Baked Food Manufacturing	102.3	104.5
糖果、巧克力及蜜饯制造	Candy,Chocolate and Preserves Manufacturing	103.3	102.9
方便食品制造	Convenient Food Manufacturing	102.4	101.8
乳制品制造	Dairy Products Manufacturing	102.7	103.7
罐头食品制造	Canning	103.1	104.9
调味品、发酵制品制造	Condiment,Ferment Product Manufacturing	95.2	99.6
其他食品制造	Other Food Manufacturing	102.1	98.2
酒、饮料和精制茶制造业	Beverage Manufacture Industry	99.3	98.4
酒的制造	Wine Manufacturing	99.6	98.9
饮料制造	Beverage Manufacturing	97.5	96.9
精制茶加工	Refined-tea Process	99.5	97.0
烟草制品业	Tobacco Product Industry	100.3	100.3

Producer Price Indices for Industrial Products by Industry (2015)

(the same month last year = 100)

2月 February	3月 March	4月 April	5月 May	6月 June	7月 July	8月 August	9月 September	10月 October	11月 November	12月 December
94.3	**94.9**	**94.8**	**94.6**	**94.3**	**93.8**	**93.4**	**93.6**	**93.3**	**92.9**	**92.8**
85.8	86.1	87.3	83.5	81.7	84.7	83.4	84.4	85.0	83.1	82.2
85.8	86.1	87.3	83.5	81.7	84.7	83.4	84.4	85.0	83.1	82.2
69.5	69.4	65.9	69.0	74.7	75.2	74.5	76.9	78.7	77.8	75.1
69.2	69.1	65.7	68.9	74.6	75.1	74.4	76.8	78.5	77.6	74.9
102.6	104.5	97.5	84.4	84.4	83.9	83.9	83.9	95.6	95.6	95.6
87.6	92.0	92.7	93.4	92.1	88.2	85.8	88.3	89.7	88.0	87.5
85.3	91.6	92.1	93.0	91.4	87.5	84.5	86.8	88.1	86.1	85.9
100.3	94.3	96.3	95.5	95.9	91.9	92.4	96.3	98.3	98.0	96.1
98.7	99.0	96.9	97.4	97.3	97.6	96.6	96.1	96.1	96.2	94.8
99.3	100.5	98.3	99.2	98.7	98.9	97.8	97.5	97.7	98.2	96.7
91.3	86.9	83.2	81.7	90.9	95.6	95.6	89.8	90.5	91.1	91.9
84.8	87.6	86.4	87.7	92.9	94.8	96.7	95.7	95.7	95.7	95.7
105.3	99.9	98.2	96.5	92.3	90.1	88.4	88.2	86.5	84.1	81.8
100.2	99.9	100.3	100.1	99.8	99.5	99.2	99.2	98.7	98.1	98.3
101.5	101.5	101.7	101.3	101.2	100.6	100.7	100.2	99.6	99.0	99.0
99.5	98.4	98.6	98.7	97.6	96.4	95.9	93.8	92.1	89.0	88.8
93.6	93.4	93.0	93.4	94.4	94.8	94.7	97.2	97.4	98.0	99.4
101.9	100.7	102.6	101.3	100.0	101.2	99.8	99.8	99.4	99.4	100.1
96.4	97.5	96.8	101.1	98.0	96.1	95.9	95.9	96.2	95.9	93.8
98.0	99.0	99.1	99.7	100.0	99.6	99.1	101.4	101.9	102.1	102.0
99.8	100.1	100.4	100.9	99.5	101.1	99.0	100.0	100.1	100.2	99.8
101.0	101.2	102.3	102.0	101.9	100.6	100.0	99.8	98.8	99.2	99.4
104.2	104.2	103.6	103.7	102.2	101.8	101.2	100.5	100.6	100.6	100.4
103.7	103.3	105.1	105.4	104.4	104.5	103.0	101.6	101.8	102.0	101.9
102.1	102.4	103.1	103.2	102.6	102.6	102.3	102.3	102.3	102.2	101.9
101.3	101.6	101.8	102.1	103.0	103.3	103.3	103.4	103.5	103.5	102.2
103.9	104.0	104.9	104.7	104.6	102.9	102.5	102.2	100.6	100.9	101.2
98.5	97.9	101.0	98.2	98.0	93.5	91.8	91.7	89.7	91.4	92.9
97.5	100.1	100.9	103.5	104.9	105.3	105.6	104.6	101.4	101.8	102.6
97.8	98.2	99.7	99.2	99.5	100.0	100.3	99.8	99.1	100.1	99.8
98.1	98.1	100.6	99.7	100.1	100.4	100.7	99.9	99.1	100.2	99.9
97.0	97.0	97.1	96.9	96.7	98.1	97.1	97.1	97.9	99.2	99.3
97.5	99.9	98.2	98.5	99.3	99.8	101.3	101.9	100.2	100.4	99.9
100.3	100.3	100.3	100.3	100.3	100.3	100.3	100.3	100.2	100.0	100.0

4-15 续表 1

类 别	Item	全 年 Total	1月 January
烟叶复烤	Tobacco Leaves Redrying	120.3	127.0
卷烟制造	Cigarette Manufacturing	100.0	100.0
其他烟草制品制造	Other Tobacco Products Manufacturing	101.9	101.9
纺织业	Textile Industry	97.6	97.7
棉纺织及印染精加工	Cotton Textile and Printing and Dyeing Refined Processing	95.4	93.8
毛纺织及染整精加工	Wool Textile and Printing and Dyeing Refined Processing	100.0	100.9
麻纺织及染整精加工	Hemp Textile and Printing and Dyeing Refined Processing	101.4	104.9
丝绢纺织及印染精加工	Silk-textile and Refined Process	97.2	98.3
针织或钩针编织物及其制品制造	Knitted Fabric and Its Products Manufacturing	101.1	102.8
家用纺织制成品制造	Textile Products Manufacturing	101.9	102.9
非家用纺织制成品制造	Knitwear, Knitted Products	96.1	98.5
纺织服装、服饰业	Textile Clothing Industry	101.4	100.4
机织服装制造	Woven Clothing Manufacturing	101.5	100.4
服饰制造	Textile Clothing Manufacturing	101.0	101.9
皮革、毛皮、羽毛及其制品和制鞋业	Leather, Furriery, Feather and Its Products Industry	98.4	97.7
皮革鞣制加工	Leather Processing	102.4	103.2
皮革制品制造	Leather Product Processing	100.8	101.9
毛皮鞣制及制品加工	Leather Processing and Its Products Manufacturing	101.6	100.5
羽毛(绒)加工及制品制造	Feather Processing and Its Products Manufacturing	96.7	95.2
制鞋业	Shoe Industry	101.9	103.4
木材加工和木、竹、藤、棕、草制品业	Bamboo, Ratten, Palm and Straw Products	100.2	100.2
木材加工	Wood-Material Processing	100.5	99.4
人造板制造	Artificial Plank Manufacturing	98.5	98.0
木制品制造	Timber Product Manufacturing	101.1	101.5
竹、藤、棕、草等制品制造	Bamboo, Ratten, Palm and Straw Product Manufacturing	105.0	106.9
家具制造业	Furniture Manufacture Industry	102.6	102.4
木质家具制造	Timber Furniture Manufacture	103.9	103.6
竹、藤家具制造	Bamboo Furniture Manufacture	98.9	95.2
金属家具制造	Metal Furniture Manufacturing	100.0	100.0
其他家具制造	Other Furniture Manufacturing	101.2	101.5
造纸和纸制品业	Paper Making and Paper Products Industry	98.9	99.3
纸浆制造	Paper Pulp Manufacturing	97.5	99.4
造纸	Paper Making	99.4	100.5
纸制品制造	Paper Products Manufacturing	98.3	97.5
印刷和记录媒介复制业	Printing and Reproduction of Recording Media	99.0	101.9

Continued 1

2月 February	3月 March	4月 April	5月 May	6月 June	7月 July	8月 August	9月 September	10月 October	11月 November	12月 December
127.0	127.0	127.0	127.0	127.0	127.0	127.0	127.0	112.7	100.0	100.0
100.0	100.0	100.0	100.0	100.0	100.0	100.0	100.0	100.0	100.0	100.0
101.9	101.9	101.9	101.9	101.9	101.9	101.9	101.9	101.9	101.9	101.9
98.0	97.6	96.5	96.8	97.4	97.8	97.8	98.1	97.6	97.8	98.1
94.1	93.9	92.5	93.7	94.6	95.9	96.4	97.2	96.9	97.8	98.2
100.5	99.9	99.1	99.3	100.3	99.9	99.6	100.4	100.2	99.9	99.9
104.8	104.8	104.3	102.9	102.1	101.7	100.6	99.0	98.5	97.2	96.8
99.3	97.9	96.5	96.5	96.3	96.2	98.1	98.2	97.3	95.6	96.7
103.3	102.6	101.6	100.3	101.5	101.2	100.4	100.2	99.8	99.7	100.5
103.3	103.1	102.1	102.1	102.1	101.3	101.4	101.4	101.3	101.0	100.8
97.9	97.6	97.6	97.5	97.8	96.9	95.1	94.8	93.4	93.2	93.2
100.1	101.7	101.6	101.7	101.6	101.6	101.8	101.5	101.6	101.8	102.0
100.0	101.7	101.6	101.6	101.6	101.6	101.8	101.6	101.6	101.9	102.0
102.1	102.1	102.4	102.5	100.9	98.9	99.2	100.0	100.8	100.4	100.6
98.2	97.8	98.4	99.1	99.1	98.7	98.2	98.1	98.4	98.7	98.5
102.5	102.0	101.9	103.0	103.5	104.2	102.3	101.7	101.4	101.8	101.6
101.8	101.0	100.5	100.5	100.2	100.6	100.6	100.7	100.5	100.7	100.1
101.0	103.4	103.2	102.3	101.8	101.6	101.6	101.4	100.9	100.6	100.6
95.8	95.5	96.5	97.6	97.9	97.5	96.7	96.7	97.1	97.4	97.2
103.7	103.5	103.4	102.7	102.0	100.5	100.6	100.4	100.7	101.3	101.2
100.2	100.3	100.3	100.2	100.3	100.2	100.8	100.4	99.9	100.0	99.6
99.6	99.3	100.7	100.4	100.7	100.9	101.0	101.0	100.7	101.1	101.1
98.1	98.3	97.9	98.0	98.5	98.6	99.6	99.2	98.9	98.8	98.4
101.0	100.8	100.9	101.2	101.4	101.6	101.5	100.8	100.9	101.2	101.1
107.1	107.3	107.7	107.2	105.4	104.0	104.4	104.1	102.4	102.5	101.8
102.2	102.5	102.8	103.0	103.1	102.5	102.3	102.5	102.6	102.5	102.2
103.5	104.0	104.2	104.5	104.8	103.8	103.6	103.9	104.0	103.7	103.4
96.1	94.3	98.3	98.3	100.9	100.8	100.4	100.8	101.0	100.6	100.6
100.0	100.0	100.0	100.0	100.0	100.0	100.0	100.0	100.0	100.0	100.0
100.8	101.1	101.6	101.6	101.4	101.0	100.8	101.0	101.1	101.2	101.0
98.7	98.3	98.2	98.5	98.4	98.5	98.8	98.9	100.0	99.9	99.7
96.4	96.5	96.4	96.7	97.3	97.6	97.0	97.0	98.0	98.6	98.9
99.3	98.8	98.7	98.8	99.0	99.0	99.6	99.7	99.9	99.6	99.4
97.7	97.4	97.5	97.9	97.5	97.8	97.6	97.6	100.1	100.6	100.2
102.9	102.1	100.2	101.7	100.9	98.8	98.3	94.6	95.9	96.5	94.5

4-15 续表2

类 别	Item	全 年 Total	1月 January
印刷	Printing	99.0	101.9
装订及印刷相关服务	Binding and Other Painting Service Activity	100.2	98.5
文教、工美、体育和娱乐用品制造业	Culture, Education and Athletics Manufacture Industry	101.1	100.0
文教办公用品制造	Culture Articles Manufacturing	101.1	102.6
工艺美术品制造	Arts and Crafts Manufacturing	103.2	100.9
体育用品制造	Atheletic Articles Manufacturing	100.7	101.7
玩具制造	Toy Manufacturing	97.5	97.2
游艺器材及娱乐用品制造	Athletics Manufacture Industry	100.0	100.0
石油加工、炼焦和核燃料加工业	Petroleum Process, Coking and Nuclear Fuel Processing Industry	77.5	75.2
精炼石油产品制造	Refined Coking Petroleum Manufacturing	75.3	73.5
炼焦	Coking	90.5	84.3
化学原料和化学制品制造业	Chemical Material and Chemical Product Manufacturing	96.3	92.9
基础化学原料制造	Basic Chemical Material Manufacturing	88.3	83.3
肥料制造	Fertilizer Manufacture	102.1	91.3
农药制造	Insectcide Manufacture	96.8	99.2
涂料、油墨、颜料及类似产品制造	Coating, Printing Ink, Pigment and the Similar Products Manufacture	97.8	100.8
合成材料制造	Compounded Material Manufacture	91.5	96.7
专用化学产品制造	Specialized Chemical Product Manufacture	92.1	96.7
炸药、火工及焰火产品制造	Explosive and Fireworks Product Manufacture	98.4	94.8
日用化学产品制造	Daily Chemical Product Manufacture	98.9	99.0
医药制造业	Medical Manufacture Industry	99.4	100.3
化学药品原料药制造	Original Medicine of Chemical Medicine Manufacture	101.0	100.9
化学药品制剂制造	Chemical Medicine Agent Manufacture	97.7	97.5
中药饮片加工	TCM Decoction Pieces Processing	98.8	102.2
中成药生产	Medium Paternt Manufacture	101.1	101.5
兽用药品制造	Medicine in Herbs Manufacture	100.0	100.0
生物药品制造	Biology, Bio-chemical Product Manufacture	100.5	100.8
卫生材料及医药用品制造	Medical Products Manufacture	99.1	98.1
化学纤维制造业	Chemaical Fiber Manufacture Industry	96.9	98.1
纤维素纤维原料及纤维制造	Cellulose Fiber Material and Fiber Manufacture	98.7	97.4
合成纤维制造	Synthetic Fiber Manufacture	96.7	98.2
橡胶和塑料制品业	Rubber and Plastic Products Industry	97.4	95.0
橡胶制品业	Rubber Product Industry	96.5	88.2
塑料制品业	Plastic Product Industry	97.6	97.6
非金属矿物制品业	Non-metal Mineral Product Industry	91.6	90.8

Continued 2

2月 February	3月 March	4月 April	5月 May	6月 June	7月 July	8月 August	9月 September	10月 October	11月 November	12月 December
102.9	102.1	100.2	101.7	100.9	98.8	98.3	94.6	95.9	96.4	94.5
98.4	99.4	98.8	99.8	100.1	100.9	101.2	100.2	102.0	101.4	101.6
100.2	99.7	100.3	101.6	101.6	101.6	102.1	101.8	101.7	101.6	101.7
101.6	100.9	101.1	101.0	101.3	101.6	101.1	100.8	100.5	100.2	100.2
101.6	101.1	102.3	105.1	105.3	104.6	104.8	104.1	103.5	102.9	102.9
101.8	101.7	101.6	101.0	100.8	100.5	100.1	99.4	100.1	100.0	100.1
96.7	96.0	96.0	95.6	95.5	96.8	98.1	98.8	99.2	100.0	100.4
100.0	100.0	100.0	100.0	100.0	100.0	100.0	100.0	100.0	100.0	100.0
73.0	77.4	77.8	80.6	80.4	76.8	75.0	74.6	77.8	80.2	81.9
70.7	75.5	75.5	78.9	78.6	74.5	72.1	72.0	75.1	78.4	80.4
85.4	88.5	92.1	92.0	92.8	92.9	94.2	91.3	94.0	90.6	89.8
93.4	94.5	95.0	96.1	98.2	99.2	98.5	97.5	96.2	97.0	96.9
85.3	88.8	89.7	89.7	89.3	89.6	87.7	87.6	88.4	89.4	91.7
93.1	94.7	96.0	99.3	107.3	110.3	111.4	108.4	104.5	106.8	104.9
97.7	97.1	96.5	96.6	96.4	99.4	96.2	96.9	96.2	94.7	95.0
100.6	99.8	99.7	99.6	99.0	98.0	96.7	95.9	95.2	93.9	94.0
95.7	94.9	93.5	94.7	93.0	91.2	89.0	87.6	87.3	86.8	87.7
93.0	93.8	93.9	92.5	92.4	91.2	91.2	90.9	90.2	90.3	89.4
96.7	94.4	97.0	97.7	95.4	101.8	100.0	98.4	100.6	103.7	100.8
99.0	99.3	99.2	99.2	98.8	98.8	98.5	98.5	98.6	98.8	98.9
100.4	100.2	99.8	99.5	99.6	99.4	98.8	98.4	98.8	98.8	98.9
101.4	101.5	101.9	101.0	101.2	101.0	101.2	100.8	100.6	100.9	100.3
97.9	97.5	97.2	96.9	96.8	96.9	98.6	98.3	98.3	98.2	98.0
101.7	101.4	99.8	99.8	100.1	99.2	95.6	95.1	96.6	96.6	97.6
101.3	101.2	101.4	101.2	101.3	101.5	101.5	100.8	100.6	100.6	100.5
100.0	100.0	100.0	100.0	100.0	100.0	100.0	100.0	100.0	100.0	100.0
100.8	100.8	100.8	100.8	100.8	100.8	100.0	100.0	100.0	100.0	100.0
98.1	99.0	99.2	99.2	99.0	99.0	99.1	99.1	99.8	99.7	99.7
98.6	99.6	98.6	98.5	96.5	96.3	95.0	95.5	95.9	96.1	93.7
97.4	101.8	101.8	101.8	101.8	102.0	96.1	96.1	96.1	96.1	97.3
98.7	99.4	98.3	98.1	95.9	95.7	94.9	95.4	95.9	96.1	93.4
95.3	95.4	96.8	97.7	98.6	98.8	98.4	98.5	98.4	97.9	98.3
88.6	89.6	94.3	97.3	99.7	100.9	100.1	101.4	101.6	99.4	100.2
98.0	97.6	97.6	97.7	98.2	97.9	97.7	97.4	97.2	97.3	97.6
92.5	93.1	92.5	91.8	90.9	92.0	91.7	92.0	90.7	90.8	90.3

4-15 续表 3

类 别	Item	全 年 Total	1月 January
水泥、石灰和石膏制造	Cement, Lime and Gypsum Manufacture	83.4	82.9
石膏、水泥制品及类似制品制造	Cement and Gypsum Product Manufacture	99.8	101.2
砖瓦、石材等建筑材料制造	Brick, Stone Material and Other Buildings	99.7	98.5
玻璃制造	Glass Manufacture	90.9	84.6
玻璃制品制造	Glass Product Manufacture	99.1	97.1
玻璃纤维和玻璃纤维增强塑料制品制造	Fiberglass and Reinforced Plastic Products Manufacture	98.1	100.5
陶瓷制品制造	Ceramics Product Manufacture	102.2	105.1
耐火材料制品制造	Refractory Product Manufacture	97.5	96.6
石墨及其他非金属矿物制品制造	Graphite and Other Non-metal Mineralses Product Manufacture	97.3	98.1
黑色金属冶炼和压延加工业	Black Metal Coking and Pressing Process Industry	80.9	87.8
炼铁	Iron Making	84.3	88.6
炼钢	Steel Making	86.8	91.5
黑色金属铸造	Black Metal	96.4	98.9
钢压延加工	Pressed Steel Processing	79.4	86.7
铁合金冶炼	Iron-alloy Smeltering	95.6	101.5
有色金属冶炼和压延加工业	Coloured Metal Coking and Pressing Process Industry	86.2	87.9
常用有色金属冶炼	General Non-ferrous Metal Coking	85.0	85.8
贵金属冶炼	Precious Metal Smelting	86.8	91.4
稀有稀土金属冶炼	Rare Earth Metal Smelting	79.3	100.6
有色金属合金制造	Non-ferrous Metal Alloy Manufacture	91.8	93.6
有色金属压延加工	Coloured Metal Pressing Process Industry	88.1	91.2
金属制品业	Metal Product Industry	94.8	95.7
结构性金属制品制造	Structural Metal Product	94.6	95.2
金属工具制造	Metal Tools Manufacture	95.4	96.7
集装箱及金属包装容器制造	Container and Metal Packing Container Manufacture	95.9	97.5
金属丝绳及其制品制造	Metal Silk Rope and Its Product Manufacture	89.2	93.3
建筑、安全用金属制品制造	Building, Metal Production Safety Producing Manufacture	95.8	98.4
金属表面处理及热处理加工	Metal Finishing and Heat Treatment	97.6	98.4
搪瓷制品制造	Enamelled Ware Manufacture	87.9	86.0
金属制日用品制造	Stainless Steel and Similar Daily Metal Product Manufacture	101.2	100.0
其他金属制品制造	Other Metal Product Manufacture	95.8	96.6
通用设备制造业	General Equipment Manufacture	98.6	99.4
锅炉及原动设备制造	Boiler and Original Motor	104.5	106.0
金属加工机械制造	Metal Process and Machinery Manufacture	96.8	99.7
物料搬运设备制造	Hoisting Transportation Equipment Manufacture	98.5	98.3

Continued 3

2月 February	3月 March	4月 April	5月 May	6月 June	7月 July	8月 August	9月 September	10月 October	11月 November	12月 December
85.6	86.8	85.4	84.4	82.5	84.3	82.9	83.4	80.5	81.0	80.4
101.8	101.0	100.3	99.1	99.0	98.8	99.3	99.7	99.9	99.2	97.9
98.1	98.4	100.6	100.8	99.8	99.4	101.0	100.1	100.4	99.6	99.5
87.6	85.7	88.8	90.7	92.0	93.4	92.5	90.3	92.7	96.3	98.2
97.5	97.9	98.0	98.3	98.6	99.8	99.7	99.9	100.3	101.0	100.6
101.0	100.9	100.7	99.9	99.8	98.6	97.6	96.3	94.7	94.0	92.8
105.1	105.1	105.1	104.0	101.8	101.4	101.4	101.0	100.6	98.9	97.7
96.4	96.1	96.2	95.7	95.5	96.5	97.8	99.0	100.0	100.6	100.3
98.5	97.9	97.3	95.8	96.1	96.5	96.6	97.1	97.2	97.1	99.2
85.7	84.8	81.6	81.3	81.4	78.9	78.7	79.0	77.4	76.6	76.0
90.4	85.8	85.7	82.0	82.8	82.2	83.8	83.8	84.1	80.3	82.0
90.7	89.4	87.7	87.6	86.2	83.2	83.4	86.9	85.3	85.0	84.4
97.1	96.5	96.3	96.9	97.2	95.8	95.8	95.8	95.7	95.2	95.1
84.5	83.7	80.2	79.9	79.9	77.3	77.0	77.3	75.5	74.7	74.0
100.9	100.8	99.7	96.6	96.4	96.9	95.5	95.0	89.0	87.7	87.6
85.6	91.1	93.1	93.3	88.6	84.5	81.6	83.8	83.7	80.7	80.2
83.7	90.0	92.7	93.2	87.5	83.0	79.7	83.2	83.1	79.2	78.8
85.9	83.6	86.7	85.7	85.2	79.8	81.2	87.1	89.6	94.3	94.4
90.2	91.4	84.7	84.5	79.9	79.9	70.8	71.6	71.6	69.3	57.8
93.1	96.9	96.9	96.9	95.0	91.3	89.3	88.2	89.1	86.6	85.2
88.6	93.1	93.8	93.5	90.5	87.0	84.8	84.9	84.8	83.0	82.5
96.0	95.4	95.2	94.7	95.1	94.9	94.4	94.3	93.9	93.9	93.7
96.1	95.3	95.1	94.2	95.5	94.8	94.3	94.0	93.4	93.7	93.4
96.0	94.9	94.8	94.1	93.6	93.5	94.2	96.7	96.4	96.9	97.7
96.7	95.8	95.1	95.5	96.2	96.3	95.9	95.9	95.3	95.3	95.6
92.4	91.3	90.4	90.2	88.3	87.1	86.7	86.9	87.8	87.2	88.3
97.8	97.5	97.1	96.8	96.9	95.3	94.9	94.6	93.5	93.6	93.7
98.6	98.9	99.0	98.5	97.9	97.7	97.0	96.8	96.8	96.1	95.1
85.4	85.3	84.0	83.7	82.7	95.3	94.2	93.3	90.5	88.4	89.1
100.0	101.9	101.9	101.9	101.9	101.9	101.9	101.9	99.8	101.3	100.1
96.5	96.5	96.3	96.7	96.0	96.3	94.6	95.3	96.1	94.4	94.1
99.4	99.6	99.1	99.1	99.1	98.8	98.3	98.1	97.8	97.6	97.4
106.3	105.8	105.3	104.7	105.0	104.3	104.4	104.0	103.2	102.8	102.3
99.3	100.1	98.5	98.5	98.1	96.7	96.1	95.5	94.4	92.4	92.3
98.4	98.2	98.2	98.1	98.4	98.4	98.3	98.2	98.8	99.1	99.3

4-15 续表4

类 别	Item	全 年 Total	1月 January
泵、阀门、压缩机及类似机械制造	Pump, Valve, Compressor and Its Similar Mechanical Manufacture	99.4	98.7
轴承、齿轮和传动部件制造	Bearing, Gear Wheel and Drive Parts Manufacture	98.1	98.3
烘炉、风机、衡器、包装等设备制造	Wind-fanning Machine, Scaling and Packing Equipment	99.3	98.7
文化、办公用机械制造	Office Equipments Manufacture	100.0	100.0
通用零部件制造	General Machine Components Manufacture	95.8	97.2
专用设备制造业	Special Equipment Manufacture	99.9	100.7
采矿、冶金、建筑专用设备制造	Ore Mountain, Metallurgy, Building Special Equipment Manufacture	100.1	100.5
化工、木材、非金属加工专用设备制造	Chemical Engineering, Timber, Non-Metal Processed Special Equipments Manufacture	99.9	101.9
食品、饮料、烟草及饲料生产专用设备制造	The Food, Beverage, Tobacco and Fodder Production Special Equipments Manufacture	101.3	103.3
印刷、制药、日化及日用品生产专用设备制造	Printing, Pharmacy, and Commoditys Manufacture	96.3	95.0
纺织、服装和皮革加工专用设备制造	Textile, Clothing and Leather Processing Equipments Manufacture	100.0	100.0
电子和电工机械专用设备制造	Electronics and Electrical Machinery Manufacture	100.1	100.5
农、林、牧、渔专用机械制造	Agriculture, Forestry, Animal Husbandry and Fishery Specific Machinery Manufacture	100.0	100.2
医疗仪器设备及器械制造	Medical Instruments Manufacture	98.0	100.4
环保、社会公共服务及其他专用设备制造	Environment Protection, Public Social Secure and Other Specific Equipment Manufacture	99.6	100.5
汽车制造业	Vehicle Manufacture Industry	100.1	100.2
汽车整车制造	Completely Builded Vehicle Manufacture	100.8	100.3
改装汽车制造	Refit Vehicle Manufacture	98.9	102.3
汽车车身、挂车制造	Vehicle Body and Trailer Manufacture	96.7	100.5
汽车零部件及配件制造	Auto Parts Manufacture	99.5	99.3
铁路、船舶、航空航天和其他运输设备制造业	Rail, Ships, Aeronautical and Other Transportation Equipments Manufacture	98.2	99.6
铁路运输设备制造	Rail Transportation Equipment Manufacture	97.7	96.9
船舶及相关装置制造	Ships and Related Equipment Manufacture	97.9	99.8
摩托车制造	Motorcycle Manufacture	100.0	100.0
自行车制造	Bicycle Manufacture	100.5	100.5
非公路休闲车及零配件制造	Leisure Car and Related Parts Manufacture	98.0	100.0
电气机械和器材制造业	Electricity Machine and Its Equipment Manufacture	97.8	98.4
电机制造	Electric Engineering Manufacture	101.6	102.2
输配电及控制设备制造	Electricity Mixed and Control Equipments Manufacture	101.6	103.9

Continued 4

2月 February	3月 March	4月 April	5月 May	6月 June	7月 July	8月 August	9月 September	10月 October	11月 November	12月 December
98.8	99.3	99.9	99.8	99.9	99.0	99.3	99.4	99.4	99.6	99.2
97.7	98.6	96.9	97.7	97.7	98.2	98.2	98.1	98.0	99.0	98.6
99.1	99.4	99.1	99.5	99.4	99.5	99.4	99.4	99.4	99.4	99.3
100.0	100.0	100.0	100.0	100.0	100.0	100.0	100.0	100.0	100.0	100.0
97.2	97.0	96.7	96.8	96.8	97.2	95.0	94.2	93.8	93.7	93.3
100.5	99.9	99.5	99.8	99.8	99.7	99.7	99.6	99.8	100.2	100.0
100.3	99.5	99.6	99.9	100.1	100.2	100.2	99.8	100.2	100.4	100.2
101.8	101.0	98.7	99.7	100.2	98.1	98.4	99.2	98.5	101.2	100.1
103.3	103.3	103.3	103.3	100.0	100.0	100.0	100.0	100.0	100.0	98.9
100.2	96.0	96.0	96.2	96.1	96.0	96.0	96.1	95.9	96.1	95.9
100.0	100.0	100.0	100.0	100.0	100.0	100.0	100.0	100.0	100.0	100.0
100.3	100.1	100.0	99.7	99.8	100.5	99.9	99.8	100.6	100.0	99.9
100.1	100.0	100.1	100.0	100.0	100.0	100.0	100.0	100.0	100.0	99.9
98.5	100.1	96.9	97.1	95.5	96.6	97.5	97.3	98.1	98.6	99.8
100.4	100.4	99.7	99.3	99.5	99.1	99.4	99.2	99.0	99.1	99.2
100.0	100.0	100.0	99.8	100.1	100.0	100.3	100.4	100.3	100.5	100.0
100.4	100.5	100.7	100.6	100.7	100.9	101.0	101.1	101.2	101.3	101.2
101.1	100.1	99.6	98.1	101.2	99.2	97.2	97.4	97.3	97.1	96.3
100.0	96.8	97.5	96.0	95.8	95.8	95.6	95.2	96.0	96.2	95.7
99.1	99.1	99.1	99.1	99.1	98.8	100.2	100.3	100.0	100.4	99.3
99.8	98.5	97.9	97.5	97.5	97.8	97.9	97.7	97.8	97.9	98.4
96.5	96.0	96.3	96.3	96.3	96.8	98.9	99.6	99.7	99.8	99.8
100.1	98.4	97.7	97.2	97.1	97.6	97.5	97.2	97.3	97.5	97.9
99.5	99.7	99.1	99.6	99.6	99.4	99.1	99.9	100.9	101.4	101.3
100.5	100.4	100.4	100.9	100.7	100.9	100.7	100.0	100.0	99.8	101.4
100.0	100.0	100.0	100.0	100.0	97.1	97.1	97.1	97.1	94.1	94.1
98.0	98.7	98.8	98.7	98.0	97.5	97.4	97.3	97.4	96.8	97.0
101.8	101.7	101.4	101.8	102.5	102.6	102.5	102.1	100.3	100.3	99.8
103.7	102.6	102.3	102.8	102.6	101.3	100.5	100.1	100.0	99.9	99.7

4-15 续表 5

类 别	Item	全 年 Total	1月 January
电线、电缆、光缆及电工器材制造	Wire, Cable, Fiber Optic Cable and the Electric Device Manufacture	92.6	94.4
电池制造	Battery Manufacture	97.9	101.2
家用电力器具制造	Electrical Appliance Manufacture	100.5	99.6
非电力家用器具制造	Household Appliance Manufacture	101.0	99.8
照明器具制造	Luminaires Manufacture	99.5	99.1
其他电气机械及器材制造	Other Electric Machines and Device Manufacture	96.1	94.9
计算机、通信和其他电子设备制造业	Tele-communication Equipment, Computer and Other Electronic Equipment Manufacture Industry	100.8	101.5
计算机制造	Computer Manufacture	123.1	133.3
通信设备制造	Tele-communication Equipment Manufacture	100.7	99.4
广播电视设备制造	Broadcasting and Television Equipment Manufacture	100.0	100.0
雷达及配套设备制造	Radar and Its Equipment Manufacture	100.0	100.0
视听设备制造	Audio-visual Equipment Manufacture	100.8	100.8
电子器件制造	Electronic Appliances	92.5	97.2
电子元件制造	Electronic Components	100.4	100.0
其他电子设备制造	Other Electronic Equipment	100.0	100.0
仪器仪表制造业	Instruments and Apparatuses Manufacture	97.9	99.1
通用仪器仪表制造	General Instruments Manufacture	91.5	96.0
专用仪器仪表制造	Special Instruments Manufacture	101.4	100.8
光学仪器及眼镜制造	Optical Instrument and Glasses	100.0	100.0
其他制造业	Other Manufacture	101.0	101.4
日用杂品制造	Daily Groceries Manufacture	102.5	102.3
煤制品制造	Coal products Manufacture	100.1	100.9
废弃资源综合利用业	Waste Resource Comprehensive Utilization	74.6	73.2
金属废料和碎屑加工处理	Metal Scrap Processing	70.3	68.2
非金属废料和碎屑加工处理	Non-metal Scrap Processing	91.6	93.6
金属制品、机械和设备修理业	Metal Products Repair Business	98.7	98.6
金属制品修理	Metal Products, Machinery and Equipments Repair	98.2	96.9
专用设备修理	Special Equipment Repair	98.6	99.5
电气设备修理	Electric Equipment Repair	100.1	99.8
电力、热力生产和供应业	Electronic, Thermodynamic Product and Supply Industry	98.5	99.5
电力生产	Electric Power Production	97.8	99.3
电力供应	Electric Power Supply	98.8	99.6
热力生产和供应	Fuel Production and Supply Industry	105.5	106.0
燃气生产和供应业	Fuel Production and Supply Industry	103.5	105.4
水的生产和供应业	Water Production and Supply Industry	102.4	103.5
自来水生产和供应	Tapping-water Production and Supply	102.4	103.1
污水处理及其再生利用	Sewage Treatment and Recycled Use	102.7	106.7

Continued 5

2月 February	3月 March	4月 April	5月 May	6月 June	7月 July	8月 August	9月 September	10月 October	11月 November	12月 December
93.1	95.2	95.5	94.9	93.3	92.0	90.8	90.6	91.2	89.5	89.9
98.3	97.3	96.9	97.7	98.4	97.0	96.9	98.4	97.0	97.6	97.8
100.1	100.2	100.3	100.3	99.9	100.3	101.0	101.0	100.9	100.9	101.1
100.0	100.7	101.8	102.0	102.0	101.4	101.9	100.7	100.2	100.5	100.9
99.5	99.1	99.4	99.0	99.8	99.3	99.7	99.7	100.1	99.4	99.5
95.1	88.2	95.9	96.3	95.0	94.2	98.6	96.9	98.6	99.4	100.6
101.3	101.2	101.2	101.0	101.0	101.2	101.6	101.8	99.3	98.9	99.3
133.3	133.3	133.3	133.3	133.3	133.3	133.3	133.3	100.0	100.0	100.0
98.5	99.7	99.8	99.8	99.7	99.6	101.1	103.4	104.3	101.4	101.4
100.0	100.0	100.0	100.0	100.0	100.0	100.0	100.0	100.0	100.0	100.0
100.0	100.0	100.0	100.0	100.0	100.0	100.0	100.0	100.0	100.0	100.0
100.8	100.8	100.7	100.5	100.3	100.3	101.8	102.6	100.1	100.0	100.8
96.7	93.7	93.6	92.4	93.0	91.5	90.6	89.9	90.2	89.3	91.3
99.7	100.3	100.2	100.2	100.2	101.3	101.3	101.2	100.4	100.2	100.1
100.0	100.0	100.0	100.0	100.0	100.0	100.0	100.0	100.0	100.0	100.0
97.9	98.2	98.5	97.9	97.4	97.7	97.2	97.5	97.7	97.4	97.7
93.9	92.4	92.0	90.7	89.8	89.7	90.0	90.8	91.4	90.3	91.3
100.2	101.5	102.3	101.9	101.7	102.2	101.2	101.2	101.2	101.3	101.1
100.0	100.0	100.0	100.0	100.0	100.0	100.0	100.0	100.0	100.0	100.0
101.6	100.3	101.9	102.2	102.0	101.9	100.8	100.7	99.8	100.1	99.8
102.6	102.1	105.0	105.7	105.2	104.8	101.9	101.8	99.5	100.4	99.6
100.9	99.1	100.0	100.0	100.0	100.0	100.0	100.0	100.0	100.0	100.0
73.3	74.9	76.1	75.0	79.5	69.8	76.8	77.2	72.6	74.1	73.3
68.7	70.7	72.4	70.8	76.4	64.1	72.9	73.6	67.7	69.8	68.4
92.4	91.7	91.2	91.4	91.3	93.0	91.4	90.3	91.3	89.8	91.6
99.1	96.7	97.2	97.5	99.7	98.8	98.6	98.7	98.7	100.8	100.5
97.0	96.9	97.3	98.7	100.6	98.8	98.5	99.1	98.9	98.6	97.7
100.5	95.3	96.0	95.5	98.9	98.1	97.7	97.9	98.0	102.8	103.1
100.0	100.0	100.0	100.0	100.1	100.3	101.2	100.0	100.1	100.0	99.7
99.6	99.6	99.3	98.5	98.3	98.0	97.9	97.6	97.9	97.7	98.3
99.3	99.5	98.8	97.8	97.5	97.3	97.0	96.8	96.8	96.7	97.1
99.6	99.6	99.6	98.7	98.6	98.3	98.2	97.9	98.3	98.3	99.1
106.0	107.6	107.2	107.2	106.8	106.8	106.8	106.8	106.8	99.3	99.3
105.7	104.8	104.2	104.0	104.2	105.1	105.2	104.4	104.3	100.7	94.0
103.8	103.6	103.6	103.9	103.4	101.3	101.2	101.2	101.3	101.2	101.3
103.4	103.2	103.2	103.5	103.8	101.5	101.3	101.3	101.5	101.4	101.5
106.7	106.7	106.7	106.7	100.0	100.0	100.0	100.0	100.0	100.0	100.0

4-16 工业生产者购进价格指数

上年=100

年 份 Year	总指数 General Index	燃料、动力类 Fuel and Power	黑色金属材料类 Ferrous Metals	钢材 Rolle Steel	有色金属材料和电线类 Nonferrous Metals and Wires
1993	128.7	129.6	169.4	167.3	127.3
1994	122.3	119.9	101.9	99.6	109.6
1995	117.9	107.4	94.4	94.1	129.3
1996	110.0	114.2	99.7	100.3	93.8
1997	101.7	106.5	95.4	94.6	100.7
1998	96.0	100.5	95.4	94.4	86.0
1999	94.5	96.9	94.8	94.5	89.0
2000	102.6	103.2	102.9	102.3	110.5
2001	100.2	101.6	98.7	97.3	95.8
2002	98.2	101.7	99.1	98.8	96.3
2003	106.7	105.9	108.9	111.7	104.8
2004	115.0	113.9	122.2	118.7	128.4
2005	107.2	115.0	108.4	106.7	116.4
2006	103.9	105.7	99.2	99.5	135.1
2007	105.1	102.4	105.8	105.7	106.2
2008	112.4	116.7	119.4	118.8	97.5
2009	95.3	98.5	86.9	88.2	84.3
2010	111.8	110.9	113.5	105.3	124.9
2011	103.4	108.0	102.0	103.0	101.4
2012	98.2	100.1	94.0	94.7	95.4
2013	96.9	91.6	96.9	95.4	93.8
2014	97.2	93.3	95.9	96.1	95.6
2015	93.5	89.4	88.2	90.3	90.6

Purchasing Price Indices for Industrial Producers

(preceding year=100)

化工原料类 Raw Chemical Materials	木材及纸浆类 Timber and Paper Pulp	建筑材料及非金属矿类 Building Material and Non-metal Ore	其他工业原材料及半成品类 Other Materials and Semi-finished Category	农副产品类 Agricultural Products	纺织原料类 Textile Materials
120.3	122.2	145.6	112.7	103.1	112.5
121.1	132.4	106.3	113.5	139.5	150.1
127.7	121.1	115.2	107.1	146.0	117.5
95.6	107.0	99.9	104.3	128.1	93.4
97.7	104.9	99.7	95.3	100.7	96.1
91.3	95.3	99.9	88.8	92.9	93.7
94.8	93.4	98.7	92.5	91.9	93.8
109.0	100.2	95.2	100.8	94.3	104.0
98.5	99.1	95.8	99.5	100.1	100.3
97.1	97.8	99.5	97.5	94.2	95.8
105.2	100.5	100.6	103.3	111.0	110.7
112.7	103.9	107.1	112.6	116.5	107.5
107.2	103.2	106.2	104.5	98.1	95.4
102.1	102.1	100.7	102.6	102.8	102.6
104.4	104.3	103.3	106.4	110.6	100.1
107.8	110.5	110.3	110.7	114.9	102.2
90.5	99.3	100.2	94.2	96.1	97.0
111.3	103.9	106.9	105.9	110.1	108.5
100.8	112.2	98.5	100.5	108.0	99.5
97.1	104.4	98.3	98.1	103.1	96.2
97.9	99.6	95.7	98.7	103.4	100.3
98.3	100.4	99.8	98.4	100.8	99.1
94.0	99.7	98.7	97.4	96.7	96.9

4-17 分月工业生产者购进价格指数(2015)

上年同月=100

类　别	Item	累计 Total	1月 January	2月 February
总指数	**General Index**	**93.5**	**94.5**	**93.8**
燃料、动力类	Fules and Power	89.4	91.8	90.4
黑色金属材料类	Material of Black Metal	88.2	90.3	90.0
#钢材	#Rolled Steel	90.3	92.9	93.1
其他	Others	83.8	85.1	84.0
有色金属材料及电线类	Material of Non-ferrous Metal Material and ElectricWire	90.6	91.0	88.6
化工原料类	Chemical Material	94.0	94.3	94.0
木材及纸浆类	Wood and Paper Pulp	99.7	100.2	100.0
建筑材料及非金属类	Building Material and Non-metal Ore	98.7	100.1	100.1
其他工业原材料及半成品类	Other Industrial Raw Material and Semi-finished Category	97.4	97.4	97.3
农副产品类	Agricultural and Side-line Produces	96.7	98.3	98.4
纺织原料类	Raw Textile Material	96.9	96.4	96.0

4-18 分月工业生产者购进价格环比指数(2015)

上月=100

类　别	Item	1月 January	2月 February
总指数	**General Index**	**99.2**	**98.9**
燃料、动力类	Fules and Power	99.9	98.1
黑色金属材料类	Material of Black Metal	98.6	99.0
#钢材	#Rolled Steel	98.4	99.5
其他	Other	99.2	98.1
有色金属材料及电线类	Material of Non-ferrous Metal Material and Electric Wire	97.8	96.5
化工原料类	Chemical Material	98.3	99.4
木材及纸浆类	Wood and Paper Pulp	99.9	99.9
建筑材料及非金属类	Building Material and Non-metal Ore	100.0	99.6
其他工业原材料及半成品类	Other Industrial Raw Material and Semi-finished Category	99.8	99.5
农副产品类	Agricultural and Side-line Produces	99.6	100.0
纺织原料类	Raw Textile Material	99.4	99.8

Purchasing Price Indices for Industrial Producers by Month (2015)

(the same month last year = 100)

3月 March	4月 April	5月 May	6月 June	7月 July	8月 August	9月 September	10月 October	11月 November	12月 December
94.0	**94.3**	**94.3**	**93.7**	**93.4**	**92.9**	**93.0**	**92.8**	**92.2**	**92.4**
90.4	90.1	89.5	89.4	89.3	89.6	89.3	88.2	87.9	87.3
88.7	88.0	87.5	87.5	87.4	86.9	88.3	88.2	87.6	87.3
92.6	92.1	91.4	90.7	89.9	89.1	88.5	88.4	87.6	87.0
81.2	80.2	80.0	81.2	82.2	82.4	87.7	87.8	87.5	87.9
92.2	94.4	94.7	93.2	90.4	88.2	88.8	89.7	87.3	88.4
94.5	94.8	95.1	95.0	94.5	93.4	93.1	93.1	92.7	93.8
99.8	99.9	99.9	99.5	99.9	99.6	99.5	99.6	99.5	99.5
100.0	100.5	99.4	99.0	99.5	99.9	98.5	97.0	95.8	94.2
97.1	97.5	97.6	96.8	97.7	97.4	97.7	97.4	97.5	97.5
97.8	98.4	98.8	97.5	96.4	95.7	94.9	94.8	94.1	94.9
95.2	95.4	95.1	96.0	96.3	98.0	98.0	98.6	98.5	99.1

Purchasing Price Indices for Industrial Producers Comparing with Last Month (2015)

(last month = 100)

3月 March	4月 April	5月 May	6月 June	7月 July	8月 August	9月 September	10月 October	11月 November	12月 December
99.2	**99.9**	**100.0**	**99.5**	**99.3**	**99.4**	**99.4**	**99.3**	**98.9**	**99.3**
98.7	98.5	98.4	99.6	99.3	99.6	98.4	98.5	98.8	98.8
98.3	98.9	99.1	99.3	98.9	99.0	99.1	99.1	98.6	98.7
99.1	99.2	99.0	99.1	98.7	98.6	98.8	99.1	98.5	98.4
96.6	98.4	99.3	99.7	99.2	99.8	100.0	99.0	98.8	99.2
99.6	102.1	102.1	98.4	98.0	98.2	99.8	99.6	96.8	99.1
99.9	99.9	100.3	99.9	99.6	99.1	99.4	99.4	99.2	99.2
99.7	100.2	100.2	99.8	100.3	99.7	99.9	100.1	99.9	99.8
100.0	100.0	99.6	99.3	99.7	99.6	99.2	99.0	99.1	98.9
99.2	100.1	100.5	100.1	99.7	99.7	99.9	99.6	99.7	99.7
99.8	100.3	100.4	98.6	99.0	99.6	99.2	98.9	99.2	100.3
99.3	99.8	99.9	100.0	100.1	101.4	99.9	99.9	99.5	100.3

4-19 合肥市住宅销售价格指数(2015)

指　标	Item		1月 January
定基价格指数 the Year 2010=100	新建住宅价格指数	Price Indices of New Houses	110.7
	新建商品住宅	Commercialized Buildings	111.5
	一、90m² 及以下	90m² and Below	114.6
	二、90~144m²	90~144m²	111.2
	三、144m² 以上	above 144m²	105.1
	二手住宅价格指数	Second-hand Housing	103.9
	一、90m² 及以下	90m² and Below	107.6
	二、90~144m²	90~144m²	103.1
	三、144m² 以上	above 144m²	101.2
同比价格指数 the same month last year=100	新建住宅价格指数	Price Indices of New Houses	97.6
	新建商品住宅	Commercialized Buildings	97.4
	一、90m² 及以下	90m² and Below	98.2
	二、90~144m²	90~144m²	97.6
	三、144m² 以上	above 144m²	94.2
	二手住宅价格指数	Second-hand Housing	97.4
	一、90m² 及以下	90m² and Below	98.9
	二、90~144m²	90~144m²	96.8
	三、144m² 以上	above 144m²	97.2
环比价格指数 last month=100	新建住宅价格指数	Price Indices of New Houses	99.8
	新建商品住宅	Commercialized Buildings	99.8
	一、90m² 及以下	90m² and Below	99.8
	二、90~144m²	90~144m²	99.9
	三、144m² 以上	above 144m²	99.3
	二手住宅价格指数	Second-hand Housing	99.3
	一、90m² 及以下	90m² and Below	99.5
	二、90~144m²	90~144m²	9.2
	三、144m² 以上	above 144m²	99.3

Price Indices for Real Estate of Hefei(2015)

2月 February	3月 March	4月 April	5月 May	6月 June	7月 July	8月 August	9月 September	10月 October	11月 November	12月 December
110.4	110.1	110.1	110.3	110.4	110.8	110.8	110.8	111.2	111.8	112.3
93.8	110.9	110.9	111.0	111.2	111.6	111.6	111.6	112.0	112.7	113.3
114.4	114.1	114.0	114.2	114.3	114.8	114.6	114.6	115.1	115.9	116.6
110.9	110.6	110.6	110.6	110.7	111.2	111.2	111.2	111.5	112.1	112.7
104.1	104.1	104.8	105.2	105.8	105.9	105.7	106.0	106.9	107.7	108.1
101.8	103.6	104.9	105.0	105.7	105.8	106.1	106.9	107.3	107.7	108.4
107.1	107.4	108.4	108.8	109.3	109.2	109.6	110.0	110.4	110.9	111.7
102.5	102.6	104.0	103.9	104.6	104.8	105.1	105.9	106.1	106.5	107.3
101.1	101.0	102.7	103.0	103.8	104.0	104.9	105.9	107.3	107.6	107.7
96.9	96.5	96.3	96.5	97.0	98.0	98.6	99.7	100.2	100.7	101.3
93.2	96.2	96.0	96.2	96.7	97.8	98.5	99.6	100.2	100.7	101.4
97.4	96.9	96.7	96.9	97.2	98.2	98.5	99.6	100.3	101.0	101.5
96.8	96.4	96.2	96.3	96.7	97.9	98.7	99.7	100.1	100.6	101.2
92.9	92.8	93.4	93.7	95.2	96.4	97.0	99.0	100.1	100.9	102.0
93.5	96.0	96.5	96.6	97.7	98.7	99.0	100.5	102.0	102.7	103.6
97.8	97.3	97.6	98.0	98.6	99.2	99.3	100.4	102.0	102.6	103.3
96.0	95.5	96.1	96.1	97.3	98.5	98.7	100.3	101.5	102.2	103.3
96.6	95.5	96.6	96.5	97.7	98.7	99.9	102.0	104.5	105.3	105.7
99.7	99.8	100.0	100.1	100.1	100.4	100.0	100.0	100.4	100.5	100.5
99.7	99.7	100.0	100.1	100.1	100.4	99.9	100.0	100.4	100.6	100.5
99.8	99.7	99.9	100.2	100.1	100.4	99.9	99.9	100.4	100.7	100.6
99.7	99.7	100.0	100.1	100.1	100.5	100.0	100.0	100.3	100.5	100.6
99.0	100.0	100.7	100.4	100.6	100.1	99.8	100.2	100.8	100.8	100.4
99.4	100.1	101.3	100.1	100.6	100.1	100.4	100.7	100.4	100.4	100.6
99.5	100.3	100.9	100.4	100.5	99.9	100.3	100.4	100.4	100.4	100.7
99.5	100.1	101.3	100.0	100.6	100.1	100.3	100.8	100.2	100.4	100.7
99.8	100.0	101.6	100.3	100.9	100.2	100.8	101.0	101.3	100.3	100.1

4-20 蚌埠市住宅销售价格指数(2015)

指　标	Item		1月 January
定基价格指数 the Year 2010=100	新建住宅价格指数	Price Indices of New Houses	101.8
	新建商品住宅	Commercialized Buildings	101.8
	一、$90m^2$ 及以下	$90m^2$ and Below	105.0
	二、$90\sim144m^2$	$90\sim144m^2$	100.7
	三、$144m^2$ 以上	above $144m^2$	102.0
	二手住宅价格指数	Second-hand Housing	102.4
	一、$90m^2$ 及以下	$90m^2$ and Below	102.9
	二、$90\sim144m^2$	$90\sim144m^2$	101.8
	三、$144m^2$ 以上	above $144m^2$	101.3
同比价格指数 the same month last year=100	新建住宅价格指数	Price Indices of New Houses	93.6
	新建商品住宅	Commercialized Buildings	93.4
	一、$90m^2$ 及以下	$90m^2$ and Below	93.1
	二、$90\sim144m^2$	$90\sim144m^2$	93.7
	三、$144m^2$ 以上	above $144m^2$	92.4
	二手住宅价格指数	Second-hand Housing	94.7
	一、$90m^2$ 及以下	$90m^2$ and Below	94.9
	二、$90\sim144m^2$	$90\sim144m^2$	94.4
	三、$144m^2$ 以上	above $144m^2$	94.2
环比价格指数 last month=100	新建住宅价格指数	Price Indices of New Houses	99.5
	新建商品住宅	Commercialized Buildings	99.5
	一、$90m^2$ 及以下	$90m^2$ and Below	99.3
	二、$90\sim144m^2$	$90\sim144m^2$	99.7
	三、$144m^2$ 以上	above $144m^2$	99.0
	二手住宅价格指数	Second-hand Housing	99.6
	一、$90m^2$ 及以下	$90m^2$ and Below	99.5
	二、$90\sim144m^2$	$90\sim144m^2$	99.7
	三、$144m^2$ 以上	above $144m^2$	99.8

Price Indices for Real Estate of Bengbu(2015)

2月 February	3月 March	4月 April	5月 May	6月 June	7月 July	8月 August	9月 September	10月 October	11月 November	12月 December
101.0	100.2	99.9	99.7	99.4	98.9	98.6	98.2	98.5	98.3	98.0
101.1	100.2	99.9	99.7	99.4	98.8	98.5	98.2	98.5	98.3	98.0
104.2	103.5	103.3	103.1	102.7	102.4	106.3	101.6	101.7	101.7	101.3
99.9	99.0	98.7	98.4	98.1	97.4	102.3	96.9	97.3	97.0	96.8
101.5	101.3	100.8	100.7	100.5	100.0	102.3	99.2	99.2	98.9	98.4
96.4	101.3	100.9	100.7	100.5	100.4	100.3	100.1	99.9	99.8	99.2
102.3	101.8	101.3	101.0	100.8	100.7	100.6	100.3	100.1	100.0	99.4
101.1	100.7	100.4	100.3	100.2	100.0	99.9	99.8	99.6	99.5	99.0
100.6	100.3	100.0	99.3	99.9	99.8	99.4	99.3	99.2	99.3	98.6
92.7	91.8	91.5	91.6	91.8	91.8	92.3	93.8	95.3	95.8	95.9
92.5	91.6	91.3	91.4	91.6	91.6	92.2	93.6	95.2	95.7	95.8
92.2	91.4	91.2	91.5	91.4	91.6	97.5	93.2	94.5	95.5	95.7
92.8	91.8	91.4	91.5	91.7	91.6	95.6	93.7	95.4	95.7	95.8
101.5	91.1	90.9	90.9	91.5	92.3	95.8	94.2	95.4	96.0	95.5
95.2	92.5	91.8	91.5	91.7	92.3	93.4	94.2	95.5	96.3	96.5
93.6	92.3	91.5	91.0	91.1	91.7	93.1	93.8	95.0	95.8	96.2
93.3	92.7	92.2	92.1	92.5	93.0	93.8	94.8	96.2	97.0	97.0
93.4	92.9	92.6	92.4	92.6	93.2	94.0	94.9	96.2	97.1	97.1
99.3	99.2	99.7	99.8	99.7	99.4	99.7	99.6	100.3	99.8	99.7
99.2	99.2	99.7	99.8	99.7	99.4	99.7	99.6	100.3	99.8	99.7
99.2	99.3	99.8	99.8	99.6	99.7	99.7	99.5	100.2	100.0	99.6
99.2	99.0	99.7	99.7	99.8	99.3	99.6	99.7	100.5	99.7	99.8
99.5	99.8	99.5	99.8	99.8	99.5	99.9	99.5	100.0	99.7	99.4
99.9	99.5	99.6	99.8	99.8	99.9	99.9	99.8	99.8	99.9	99.5
99.4	99.5	99.5	99.7	99.8	99.9	99.9	99.7	99.8	99.9	99.5
99.4	99.6	99.7	99.9	99.9	99.8	99.9	99.9	99.8	99.9	99.5
99.3	99.7	99.7	99.9	100.0	100.0	99.6	99.8	99.9	100.1	99.3

4-21 安庆市住宅销售价格指数(2015)

指　标	Item		1月 January
定基价格指数 the Year 2010=100	新建住宅价格指数	Price Indices of New Houses	101.8
	新建商品住宅	Commercialized Buildings	103.0
	一、90m^2 及以下	90m^2 and Below	106.1
	二、90~144m^2	90~144m^2	102.7
	三、144m^2 以上	above 144m^2	102.8
	二手住宅价格指数	Second-hand Housing	96.4
	一、90m^2 及以下	90m^2 and Below	96.4
	二、90~144m^2	90~144m^2	96.7
	三、144m^2 以上	above 144m^2	95.7
同比价格指数 the same month last year=100	新建住宅价格指数	Price Indices of New Houses	93.9
	新建商品住宅	Commercialized Buildings	93.5
	一、90m^2 及以下	90m^2 and Below	94.0
	二、90~144m^2	90~144m^2	93.7
	三、144m^2 以上	above 144m^2	93.1
	二手住宅价格指数	Second-hand Housing	95.3
	一、90m^2 及以下	90m^2 and Below	95.4
	二、90~144m^2	90~144m^2	95.4
	三、144m^2 以上	above 144m^2	94.0
环比价格指数 last month=100	新建住宅价格指数	Price Indices of New Houses	99.8
	新建商品住宅	Commercialized Buildings	99.8
	一、90m^2 及以下	90m^2 and Below	99.9
	二、90~144m^2	90~144m^2	99.8
	三、144m^2 以上	above 144m^2	99.8
	二手住宅价格指数	Second-hand Housing	99.7
	一、90m^2 及以下	90m^2 and Below	99.7
	二、90~144m^2	90~144m^2	99.9
	三、144m^2 以上	above 144m^2	99.1

Price Indices for Real Estate of Anqing(2015)

2月 February	3月 March	4月 April	5月 May	6月 June	7月 July	8月 August	9月 September	10月 October	11月 November	12月 December
102.6	102.6	102.5	102.5	102.4	102.9	102.6	102.5	102.4	102.3	102.2
102.6	102.6	102.5	102.5	102.4	102.9	102.6	102.5	102.4	102.3	102.2
105.8	105.9	105.4	105.6	105.9	106.4	106.3	106.1	105.9	106.0	105.9
102.4	102.4	102.4	102.3	102.2	102.7	102.3	102.1	102.0	101.8	101.6
102.1	102.1	101.9	102.0	101.8	102.4	102.3	102.3	102.4	102.3	102.5
103.5	96.1	95.9	95.1	94.8	94.9	94.9	94.9	94.9	95.1	94.9
96.4	96.1	95.9	95.1	94.7	94.8	94.9	94.9	94.8	95.0	94.8
96.6	96.6	96.5	96.4	95.9	96.1	96.0	96.0	96.1	96.2	96.1
95.6	95.5	95.4	95.3	95.2	95.0	95.1	95.3	95.4	95.3	95.1
93.6	93.6	93.7	93.9	94.1	95.3	96.0	97.2	97.9	98.7	99.0
93.3	93.3	93.3	93.6	93.8	95.0	95.8	97.1	97.7	98.6	99.0
94.0	94.2	94.1	94.3	94.8	96.2	97.5	98.4	98.9	99.6	99.8
93.5	93.4	93.5	93.7	93.7	94.9	95.6	97.1	97.6	98.5	98.7
92.6	92.6	92.7	93.1	93.7	94.9	95.8	96.7	97.7	98.7	99.5
96.6	95.1	95.0	94.4	94.4	94.9	96.0	96.8	97.6	98.2	98.1
95.3	95.1	95.0	94.3	94.3	94.9	96.0	96.7	97.5	98.2	98.0
95.3	95.3	95.3	95.3	95.3	96.2	96.9	97.8	98.7	99.4	99.3
94.0	93.9	93.9	94.0	94.0	94.3	95.4	96.7	97.8	98.3	98.4
99.6	100.0	99.9	100.0	99.9	100.5	99.7	99.9	99.9	99.9	99.9
99.6	100.0	99.9	100.0	99.9	100.5	99.7	99.9	99.9	99.9	99.9
99.7	100.1	99.5	100.2	100.2	100.5	99.9	99.8	99.8	100.1	99.9
99.7	100.0	100.0	99.9	99.9	100.5	99.6	99.8	99.8	99.9	99.8
99.3	100.0	99.8	100.1	99.9	100.6	99.9	100.1	100.1	99.8	100.2
99.5	99.8	99.8	99.1	99.6	100.1	100.1	100.0	99.9	100.2	99.8
99.9	99.8	99.8	99.1	99.6	100.1	100.1	100.0	99.9	100.2	99.8
99.9	100.0	99.9	99.9	99.5	100.2	99.9	100.1	100.1	100.1	99.9
99.8	99.9	99.9	99.9	99.9	99.8	100.1	100.2	100.1	99.9	99.8

4-22 固定资产投资价格指数(2015)
Price Indices of Investment in Fixed Assets(2015)

上年同期=100 (same period of preceding year=100)

项目名称	Item	一季度指数 First Quarter	二季度指数 Second Quarter	三季度指数 Third Quarter	四季度指数 Fourth Quarter	全年指数 Annual Year
固定资产投资	**General Index**	**97.9**	**97.6**	**96.1**	**95.9**	**96.9**
建筑安装、装饰工程	Construction and Installation	96.8	96.5	94.3	94.2	95.5
设备、工器具购置	Purchase of Equipment, Tools & Instruments	99.7	99.4	99.4	98.8	99.3
其他费用	Others	101.2	101.1	100.5	100.3	100.8

4-23 历年固定资产投资价格指数
Price Indices of Investment in Fixed Assets

上年=100 (preceding year=100)

年份 Year	固定资产投资 Investment in Fixed Assets	建筑安装工程 Construction and Installation	设备工器具购置 Purchase of Equipment, Tools and Instruments	其他费用 Others
1991	114.8	114.7	114.4	117.4
1992	119.8	118.9	113.0	153.2
1993	123.0	124.4	119.6	122.2
1994	120.1	119.2	120.7	124.3
1995	106.5	102.4	107.7	131.1
1996	103.4	104.3	101.8	102.1
1997	101.3	101.1	101.6	101.4
1998	100.0	100.3	99.3	99.7
1999	99.3	100.8	96.1	100.1
2000	101.6	102.8	100.1	98.2
2001	99.5	99.6	98.8	100.5
2002	101.1	102.1	98.7	100.4
2003	103.5	105.8	98.3	101.1
2004	106.1	108.1	100.1	105.6
2005	101.0	101.0	100.3	102.3
2006	101.9	100.9	101.3	105.9
2007	105.4	107.4	100.4	103.7
2008	109.4	113.7	101.2	103.8
2009	96.0	94.4	97.1	101.1
2010	105.4	107.5	101.2	101.5
2011	108.1	111.0	101.9	104.0
2012	101.0	101.3	99.2	102.3
2013	100.2	100.3	99.0	101.2
2014	100.3	100.4	99.6	101.0
2015	96.9	95.5	99.3	100.8

4-24 农产品生产者价格指数
Producers' Price Indices for Farm Products

上年=100　　(preceding year=100)

指　标	Item	2011	2012	2013	2014	2015
总指数	**General Index**	**112.8**	**103.0**	**103.7**	**100.2**	**99.8**
农业产品	**Crop Products**	**106.1**	**103.0**	**103.8**	**100.7**	**97.8**
谷物	Cereals	110.3	103.1	103.4	103.3	98.3
稻谷	Rice	114.9	102.3	100.3	104.7	99.3
小麦	Wheat	105.0	105.4	109.2	104.1	97.9
玉米	Corn	110.7	104.2	100.5	100.9	92.5
薯类	Tubers	116.5	93.5	100.8	101.1	101.2
油料	Oil-bearing Crops	113.9	99.9	101.3	99.9	96.5
豆类	Beans	102.4	103.0	105.0	101.4	95.6
棉花(籽棉)	Cotton	73.7	94.3	103.7	95.5	87.1
蔬菜	Vegetables	101.9	103.9	105.4	95.6	100.0
茶叶	Tea	116.2	107.7	100.3	99.7	96.0
绿茶	Green Tea	116.1	107.2	100.6	99.6	95.8
林业产品	**Forestry Products**	**110.7**	**106.8**	**104.0**	**102.3**	**95.3**
苗木类	Seedlings	117.9	117.9	108.4	103.2	92.4
木材采伐产品	Felling and Transport of Wood	107.6	103.1	102.8	102.6	97.4
原木	Log	109.9	103.2	103.1	102.6	97.4
竹材采伐产品	Felling and Transport of Bamboo	104.5	104.8	99.4	100.3	93.0
饲养动物及其产品	**Animal Husbandry Products**	**126.7**	**97.4**	**102.1**	**97.9**	**105.1**
活牲畜	Live Domestic Animals	134.7	96.7	102.2	92.6	108.5
猪	Hogs	138.1	93.5	99.7	91.0	112.4
活牛	Cattle and Buffaloes	109.0	115.9	122.2	103.2	98.3
活羊	Sheep and Goats	123.2	110.1	109.8	101.4	80.9
活家禽	Live Poultry	108.9	99.4	101.2	106.3	101.4
活鸡	Chicken	108.5	98.8	101.2	106.4	101.6
活鸭	Duck	116.4	99.5	99.9	106.5	100.0
畜禽产品	Livestock and Poultry Products	112.8	96.7	103.1	111.3	94.2
禽蛋	Poultry Eggs	114.2	94.9	102.3	113.4	94.2
渔业产品	**Fishery Products**	**112.5**	**110.8**	**107.6**	**102.9**	**99.6**
淡水养殖产品	Freshwater Aquatic Products	112.5	110.8	107.6	102.9	99.6
养殖淡水鱼	Freshwater Fish	113.5	111.9	108.0	103.9	100.5
淡水养殖虾	Freshwater Shrimps	113.4	110.7	106.7	111.8	103.5
淡水养殖蟹	Freshwater Crab	102.8	104.9	107.7	85.5	90.2
其他淡水养殖产品	Other Freshwater Aquatic Products	110.6	107.7	101.4	102.0	94.8

4-25 分季农产品生产者价格指数(2015)
Quarterly Producers' Price Indices for Farm Products(2015)

上年=100 (preceding year=100)

指　标	Item	全年 Annual Year	1季度 1st Quarter	2季度 2nd Quarter	3季度 3rd Quarter	4季度 4th Quarter
总指数	**General Index**	**99.76**	**101.22**	**100.23**	**99.64**	**97.32**
农业产品	**Crop products**	**97.84**	**101.72**	**99.32**	**96.66**	**94.61**
谷物	Cereals	98.25	102.74	100.32	97.43	92.85
稻谷	Rice	99.27	103.70	101.88	98.75	94.96
小麦	Wheat	97.93	102.59	99.88	96.27	93.42
玉米	Corn	92.52	98.13	98.61	91.36	81.16
大麦	Barley	0.00	0.00	0.00	0.00	0.00
薯类	Tubers	101.20	98.10	100.88	102.18	110.91
油料	Oil-bearing Crops	96.45	106.40	97.72	89.05	99.28
花生	Peanuts	102.73	107.69	103.88	98.91	100.75
油菜籽	Rapeseeds	94.80	101.05	97.32	87.76	92.91
芝麻	Sesames	96.79	101.99	106.11	87.96	90.63
油茶籽	Camellia Seeds	116.46	123.57	0.00	125.00	106.29
豆类	Beans	95.64	101.90	95.11	98.33	87.10
大豆	Soybean	95.64	101.90	95.11	98.33	87.10
黄大豆	Soybean	95.64	101.90	95.11	98.33	87.10
棉花	Cotton	87.09	72.93	92.18	93.97	94.17
籽棉	Un-ginned Cotton	87.09	72.93	92.18	93.97	94.17
未加工烟草	Unmanufactured Tobacco	99.89	0.00	0.00	101.54	95.29
蔬菜及食用菌	Vegetables and Edible Fungus	99.93	106.93	100.34	101.68	98.32
蔬菜	Vegetables	99.96	107.01	100.38	102.01	98.39
食用菌	Edible Fungus	98.89	104.15	99.07	92.95	94.64
水果及坚果	Fruits and Nuts	106.06	100.00	95.78	93.23	117.03
水果(园林水果)	Fruits	108.19	0.00	95.77	94.14	118.03
食用坚果	Edible Nuts	99.03	100.00	100.00	90.54	113.40
茶及饮料原料	Tea and Beverage Materials	95.96	94.20	98.07	96.03	96.34
茶叶	Tea	95.96	94.20	98.07	96.03	96.34

4-25 续表 Continued

指 标	Item	全年 Annual Year	1季度 1st Quarter	2季度 2nd Quarter	3季度 3rd Quarter	4季度 4th Quarter
红茶	Black Tea	99.28	100.00	99.45	100.00	97.22
绿茶	Green Tea	95.84	94.20	98.02	95.81	96.28
中草药材	Chinese Herbal Medicinal Materials	93.97	93.42	95.31	103.45	91.93
林业产品	**Forestry Products**	**95.26**	**97.79**	**96.49**	**97.29**	**92.47**
育种及苗木	Seedlings	92.40	97.77	96.06	94.64	87.31
木材采伐产品	Felling and Transport of Wood	97.42	100.10	98.61	98.68	93.52
原木	Log	97.42	100.10	98.61	98.68	93.52
竹材采伐产品	Felling and Transport of Bamboo	93.01	90.91	93.83	92.80	89.94
饲养动物及其产品	**Animal Husbandry Products**	**105.05**	**100.84**	**103.74**	**110.82**	**104.96**
活牲畜	Live Domestic Animals	108.47	97.64	109.08	116.99	112.44
猪	Hogs	112.38	98.15	111.83	120.98	117.82
其他活猪	Other Live Pigs	112.38	98.15	111.83	120.98	117.82
牛	Cattle	98.32	99.52	100.60	95.71	97.48
黄牛	Cattle and Buffaloes	98.32	99.52	100.60	95.71	97.48
羊	Sheep and Goats	80.90	86.31	79.37	74.70	83.38
山羊	Goats	80.90	86.31	79.37	74.70	83.38
活家禽	Live Poultry	101.43	110.66	99.45	100.03	97.23
活鸡	Chicken	101.61	110.85	99.49	99.92	97.66
活鸭	Duck	100.00	108.26	86.90	105.04	94.07
畜禽产品	Livestock and Poultry Products	94.18	107.29	90.09	93.76	89.37
禽蛋	Poultry Eggs	94.19	107.29	88.53	93.97	88.35
鸡蛋	Hen Eggs	94.21	107.50	88.13	92.88	88.75
鸭蛋	Duck Eggs	94.04	103.06	91.62	96.56	84.60
渔业产品	**Fishery Products**	**99.62**	**102.93**	**99.47**	**98.27**	**100.02**
淡水养殖产品	Freshwater Aquatic Products	99.62	102.93	99.47	98.27	100.02
养殖淡水鱼	Freshwater Fish	100.47	103.19	99.86	98.07	98.96
淡水养殖虾	Freshwater Shrimps	103.53	109.37	100.56	101.63	101.30
淡水养殖蟹	Freshwater Crab	90.15	75.29	0.00	93.04	104.78
其他淡水养殖产品	Other Freshwater Aquatic Products	94.79	93.56	95.12	94.81	96.54

4-26 分月农村集贸市场农副产品价格(2015)

单位:元/公斤

指 标	Item	省平均价 Average Price	1月 January	2月 February
一、粮食	Grain			
籼稻	Nonglutinous Rice	2.64	2.67	2.67
粳稻	Round-grained Rice	2.84	2.86	2.87
小麦	Wheat	2.26	2.37	2.37
玉米	Corn	2.24	2.31	2.31
大豆	Soybean	5.27	5.47	5.43
籼米	Long-grained Nonglutinous Rice	4.38	4.39	4.39
粳米	Polished Round-grained Rice	5.06	5.08	5.08
二、经济作物类	Economic Crops			
棉花(籽棉)	Cotton	6.73	7.26	6.76
花生仁	Peanut	12.11	12.15	12.55
油菜籽	Rapeseed	5.27	5.69	5.71
三、畜产品	Livestock Products			
活猪	Live Hogs	15.59	14.24	13.58
仔猪	Piglet	27.20	22.10	22.10
猪肉	Pork	24.75	23.24	22.72
活牛	Live Cattle	25.47	25.70	25.52
牛肉	Beef	60.17	61.75	62.50
活羊	Live Sheep	26.03	28.50	29.13
羊肉	Mutton	55.53	61.00	61.38
活鸡	Live Chicken	14.54	14.62	15.58
鸡蛋	Eggs	9.51	10.99	10.81
四、水产品	Aquatic Products			
草鱼	Grass Carp	14.25	14.60	14.88
鲤鱼	Carp	10.82	10.98	11.46
鲢鱼	Silver Carp	8.15	8.00	8.33
带鱼	Hairtail	20.64	20.33	21.33
五、蔬菜	Vegetables			
大白菜	Chinses Cabbage	2.56	1.71	2.60
黄瓜	Cucumber	5.02	6.73	8.07
西红柿	Tomato	5.40	5.74	7.36
菜椒	Sweet Pepper	5.44	6.81	8.23
四季豆	Kidney Bean	7.63	9.67	10.24
六、水果	Fruits			
红富士苹果	Redfuji Apple	8.73	8.98	9.52
香蕉	Banana	5.33	6.14	6.87
橙子	Orange	8.20	7.73	8.70

Monthly Prices of Agricultural Products of Rural Market Fairs(2015)

(yuan/kg)

3月 March	4月 April	5月 May	6月 June	7月 July	8月 August	9月 September	10月 October	11月 November	12月 December
2.65	2.65	2.65	2.68	2.67	2.67	2.65	2.60	2.58	2.59
2.87	2.86	2.84	2.84	2.83	2.83	2.83	2.81	2.80	2.79
2.38	2.38	2.35	2.23	2.22	2.18	2.11	2.11	2.16	2.20
2.32	2.31	2.34	2.36	2.37	2.27	2.10	1.98	2.11	2.09
5.37	5.32	5.32	5.36	5.38	5.37	5.17	4.93	5.06	5.08
4.39	4.40	4.39	4.40	4.40	4.40	4.40	4.37	4.33	4.34
5.07	5.08	5.08	5.06	5.01	5.04	5.04	5.04	5.05	5.03
6.84	6.86	6.96	6.40	6.40	6.30	6.38	7.04	6.78	6.72
12.30	12.39	12.39	12.13	12.23	12.17	11.97	11.77	11.67	11.65
5.68	5.58	5.38	5.11	4.87	4.79	5.11	5.14	5.11	5.11
13.14	13.76	14.52	14.93	17.30	18.30	17.68	16.70	16.46	16.46
23.31	25.60	26.16	26.60	29.17	32.32	31.30	29.30	29.30	29.18
22.10	22.26	23.00	23.82	26.10	27.80	27.56	26.50	26.10	25.84
25.80	25.40	25.28	25.35	25.10	25.25	25.50	25.50	25.40	25.80
61.75	60.43	59.00	58.80	58.80	58.80	59.20	59.20	60.75	61.00
28.17	27.25	26.76	25.00	24.67	24.33	24.33	24.00	24.83	25.33
61.43	59.80	56.50	55.33	52.67	52.67	54.67	51.75	47.88	51.29
14.90	14.30	14.00	14.00	14.22	15.22	15.04	14.46	14.04	14.14
9.96	9.04	8.88	8.33	8.69	10.34	9.86	8.95	9.04	9.22
14.20	14.33	14.44	14.60	14.11	14.22	14.42	14.00	13.52	13.62
10.80	10.90	10.98	10.96	10.96	10.75	10.58	10.46	10.54	10.48
7.99	8.07	8.18	8.28	8.18	8.25	8.25	8.10	8.02	8.10
20.67	19.80	20.67	20.33	20.67	20.67	20.83	20.83	20.83	20.67
2.67	3.34	2.90	2.81	3.16	3.34	2.78	2.06	1.74	1.63
5.76	4.52	3.65	2.75	3.76	4.47	3.78	3.76	6.31	6.63
5.61	5.32	4.45	3.36	4.07	5.23	5.52	5.62	6.18	6.34
6.86	7.30	5.52	3.68	4.30	4.28	4.60	4.18	4.62	4.91
9.44	9.10	7.40	5.08	6.14	6.88	6.48	5.57	7.13	8.45
9.43	9.20	9.10	9.08	8.82	8.83	8.18	7.80	7.80	7.96
6.30	5.92	5.88	5.47	5.06	4.92	4.80	4.26	4.17	4.16
8.50	9.60	9.00	8.00	8.00	8.00	7.67	7.33	8.00	7.84

4-27 全国及分省(区、市)居民消费价格指数
Consumer Price Indices by Provinces and Regions

上年=100 (preceding year=100)

地 区	Region	2011	2012	2013	2014	2015
全国平均	**National Average**	**105.4**	**102.6**	**102.6**	**102.0**	**101.4**
北 京	Beijing	105.6	103.3	103.3	101.6	101.8
天 津	Tianjin	104.9	102.7	103.1	101.9	101.7
河 北	Hebei	105.7	102.6	103.0	101.7	100.9
山 西	Shanxi	105.2	102.5	103.1	101.7	100.6
内蒙古	Inner Mongolia	105.6	103.1	103.2	101.6	101.1
辽 宁	Liaoning	105.2	102.8	102.4	101.7	101.4
吉 林	Jilin	105.2	102.5	102.9	102.0	101.7
黑龙江	Heilongjiang	105.8	103.2	102.2	101.5	101.1
上 海	Shanghai	105.2	102.8	102.3	102.7	102.4
江 苏	Jiangsu	105.3	102.6	102.3	102.2	101.7
浙 江	Zhejiang	105.4	102.2	102.3	102.1	101.4
安 徽	**Anhui**	**105.6**	**102.3**	**102.4**	**101.6**	**101.3**
福 建	Fujian	105.3	102.4	102.5	102.0	101.7
江 西	Jiangxi	105.2	102.7	102.5	102.3	101.5
山 东	Shandong	105.0	102.1	102.2	101.9	101.2
河 南	Henan	105.6	102.5	102.9	101.9	101.3
湖 北	Hubei	105.8	102.9	102.8	102.0	101.5
湖 南	Hunan	105.5	102.0	102.5	101.9	101.4
广 东	Guangdong	105.3	102.8	102.5	102.3	101.5
广 西	Guangxi	105.9	103.2	102.2	102.1	101.5
海 南	Hainan	106.1	103.2	102.8	102.4	101.0
重 庆	Chongqing	105.3	102.6	102.7	101.8	101.3
四 川	Sichuan	105.3	102.5	102.8	101.6	101.5
贵 州	Guizhou	105.1	102.7	102.5	102.4	101.8
云 南	Yunnan	104.9	102.7	103.1	102.4	101.9
西 藏	Tibet	105.0	103.5	103.6	102.9	102.0
陕 西	Shanxi	105.7	102.8	103.0	101.6	101.0
甘 肃	Gansu	105.9	102.7	103.2	102.1	101.6
青 海	Qinghai	106.1	103.1	103.9	102.8	102.6
宁 夏	Ningxia	106.3	102.0	103.4	101.9	101.1
新 疆	Xinjiang	105.9	103.8	103.9	102.1	100.6

4-28 全国及分省(区、市)商品零售价格指数
Retail Price Indices by Provinces and Regions

上年=100 (preceding year=100)

地 区	Region	2011	2012	2013	2014	2015
全国平均	**National Average**	**104.9**	**102.0**	**101.4**	**101.0**	**100.1**
北 京	Beijing	103.2	100.6	99.8	99.1	98.5
天 津	Tianjin	104.7	103.0	101.7	100.9	100.3
河 北	Hebei	105.0	102.2	102.2	101.0	100.2
山 西	Shanxi	104.9	101.8	101.8	100.6	99.3
内蒙古	Inner Mongolia	104.9	102.5	102.6	100.7	100.5
辽 宁	Liaoning	105.0	102.2	101.6	101.0	100.5
吉 林	Jilin	104.9	101.7	101.6	101.2	99.8
黑龙江	Heilongjiang	104.5	102.2	101.1	100.8	100.1
上 海	Shanghai	104.1	101.2	100.2	100.9	101.1
江 苏	Jiangsu	104.6	102.1	101.4	101.6	100.6
浙 江	Zhejiang	105.5	101.9	101.0	100.9	99.9
安 徽	**Anhui**	**105.3**	**102.1**	**101.3**	**100.4**	**99.7**
福 建	Fujian	104.8	101.8	101.1	101.1	99.9
江 西	Jiangxi	104.8	102.1	101.5	101.2	100.5
山 东	Shandong	104.7	101.6	101.4	101.0	100.2
河 南	Henan	105.7	102.3	101.9	101.0	99.8
湖 北	Hubei	105.6	102.6	101.8	100.9	100.5
湖 南	Hunan	105.5	101.7	101.7	101.2	99.9
广 东	Guangdong	105.1	102.2	101.0	101.4	99.6
广 西	Guangxi	106.0	102.3	101.2	101.4	100.1
海 南	Hainan	105.4	102.7	101.5	101.2	99.8
重 庆	Chongqing	104.7	101.6	101.8	100.9	100.2
四 川	Sichuan	104.6	101.6	101.7	100.6	100.2
贵 州	Guizhou	105.5	102.0	101.5	101.2	100.1
云 南	Yunnan	105.1	102.4	102.6	101.6	100.8
西 藏	Tibet	103.7	102.9	103.0	102.2	101.4
陕 西	Shanxi	104.8	102.3	101.8	100.7	99.8
甘 肃	Gansu	105.4	102.6	102.6	101.7	101.0
青 海	Qinghai	105.4	102.1	102.7	101.5	101.0
宁 夏	Ningxia	105.3	101.0	102.4	100.9	100.1
新 疆	Xinjiang	105.1	103.3	103.3	101.7	99.6

4-29 36个大中城市居民消费价格指数
Consumer Price Indices of 36 Large-and-medium Size Cities

上年=100 (preceding year=100)

地 区	Region	2011	2012	2013	2014	2015
全国平均	**National Average**	**105.3**	**102.8**	**102.7**	**102.1**	**101.7**
北 京	Beijing	105.6	103.3	103.3	101.6	101.8
天 津	Tianjin	104.9	102.7	103.1	101.9	101.7
石家庄	Shijiazhuang	105.7	102.8	102.9	102.0	101.0
太 原	Taiyuan	105.4	102.1	103.1	102.2	100.4
呼和浩特	Hohhot	105.5	103.1	103.8	101.2	101.8
沈 阳	Shenyang	105.4	103.0	102.5	102.2	101.2
大 连	Dalian	105.4	103.4	102.5	102.0	101.6
长 春	Changchun	105.5	102.3	103.0	102.2	101.3
哈尔滨	Harbin	105.6	103.2	102.1	102.0	101.4
上 海	Shanghai	105.2	102.8	102.3	102.7	102.4
南 京	Nanjing	105.4	102.7	102.7	102.6	102.0
杭 州	Hangzhou	104.8	102.5	102.5	102.0	101.8
宁 波	Ningbo	105.3	101.7	102.2	101.9	101.8
合 肥	**Hefei**	**105.7**	**102.2**	**102.7**	**102.0**	**101.6**
福 州	Fuzhou	104.9	102.0	102.6	101.7	101.4
厦 门	Xiamen	105.2	102.1	102.3	102.2	101.7
南 昌	Nanchang	105.0	102.9	102.3	102.5	101.6
济 南	Jinan	105.4	102.4	102.8	102.2	101.9
青 岛	Qingdao	105.0	102.7	102.5	102.6	101.2
郑 州	Zhengzhou	104.9	102.7	102.8	102.0	101.1
武 汉	Wuhan	105.2	102.8	102.4	101.9	101.4
长 沙	Changsha	105.5	102.3	102.8	102.7	101.1
广 州	Guangzhou	105.5	103.0	102.6	102.3	101.7
深 圳	Shenzhen	105.4	102.8	102.7	102.0	102.2
南 宁	Nanning	105.7	102.9	102.1	101.6	101.9
海 口	Haikou	105.4	103.3	102.9	102.2	101.2
重 庆	Chongqing	105.3	102.6	102.7	101.8	101.3
成 都	Chengdu	105.4	103.0	103.1	101.3	101.1
贵 阳	Guiyang	105.5	102.6	103.2	102.7	102.3
昆 明	Kunming	104.9	103.1	103.9	103.1	102.4
拉 萨	Lasa	105.0	103.2	103.4	103.0	102.2
西 安	Xi'an	105.6	102.8	102.7	101.4	100.7
兰 州	Lanzhou	105.4	102.4	103.5	102.2	101.3
西 宁	Xining	105.7	102.7	103.8	102.8	102.5
银 川	Yinchuan	105.5	102.6	103.5	102.1	101.6
乌鲁木齐	Urumqi	104.5	103.4	103.5	102.8	100.7

4-30 36个大中城市商品零售价格指数
Retail Price Indices of 36 Large-and-medium Size Cities

上年=100 (preceding year=100)

地　区	Region	2011	2012	2013	2014	2015
全国平均	**National Average**	**104.5**	**101.8**	**101.0**	**100.8**	**99.8**
北　京	Beijing	103.2	100.6	99.8	99.1	98.5
天　津	Tianjin	104.7	103.0	101.7	100.9	100.3
石家庄	Shijiazhuang	104.9	101.9	102.1	101.2	100.2
太　原	Taiyuan	104.8	101.2	101.3	100.7	98.6
呼和浩特	Hohhot	104.7	101.5	101.9	98.6	99.5
沈　阳	Shenyang	105.2	102.4	101.6	101.3	100.0
大　连	Dalian	104.4	102.5	101.0	101.0	99.5
长　春	Changchun	104.8	101.8	101.3	101.2	99.1
哈尔滨	Harbin	104.4	102.5	101.2	101.5	100.2
上　海	Shanghai	104.1	101.2	100.2	100.9	101.1
南　京	Nanjing	104.2	101.4	101.2	102.0	100.6
杭　州	Hangzhou	104.4	101.9	101.5	100.8	100.2
宁　波	Ningbo	105.7	101.8	101.0	100.3	100.4
合　肥	**Hefei**	**105.1**	**101.9**	**101.2**	**100.3**	**99.5**
福　州	Fuzhou	104.0	101.1	101.0	100.6	99.4
厦　门	Xiamen	104.7	101.6	100.4	100.7	100.0
南　昌	Nanchang	105.2	102.4	101.3	101.1	100.5
济　南	Jinan	104.6	101.8	101.3	101.2	100.3
青　岛	Qingdao	104.5	101.7	101.4	102.3	100.0
郑　州	Zhengzhou	104.9	102.4	101.4	101.1	99.0
武　汉	Wuhan	104.7	102.3	100.9	100.5	100.0
长　沙	Changsha	105.4	101.5	101.2	101.7	99.6
广　州	Guangzhou	105.1	101.9	100.5	101.5	99.1
深　圳	Shenzhen	105.3	102.4	100.7	101.0	99.7
南　宁	Nanning	104.9	101.7	100.8	100.7	100.4
海　口	Haikou	105.0	102.8	101.6	101.2	100.2
重　庆	Chongqing	104.7	101.6	101.8	100.9	100.2
成　都	Chengdu	104.3	101.4	101.7	100.4	99.5
贵　阳	Guiyang	105.0	102.0	101.9	101.2	99.7
昆　明	Kunming	104.9	102.0	102.5	101.8	100.7
拉　萨	Lasa	103.9	102.9	103.5	102.3	101.5
西　安	Xi'an	104.4	102.3	101.7	100.7	99.7
兰　州	Lanzhou	105.4	102.4	102.7	101.8	100.6
西　宁	Xining	106.0	102.3	102.5	101.2	100.2
银　川	Yinchuan	104.2	100.6	102.3	100.8	100.2
乌鲁木齐	Urumqi	104.1	102.9	103.5	102.4	99.4

4-31 全国及分省(区、市)工业生产者出厂价格指数
Producer Price Indices for Industrial Products by Provinces and Regions

上年同月=100 (the same month last year=100)

地 区	Region	2011	2012	2013	2014	2015
全 国	**National**	**106.0**	**98.3**	**98.1**	**98.1**	**94.8**
北 京	Beijing	102.3	98.4	97.4	99.1	96.9
天 津	Tianjin	103.8	97.0	97.0	96.3	90.3
河 北	Hebei	107.7	94.7	96.6	95.2	89.1
山 西	Shanxi	107.5	94.5	90.7	91.4	87.7
内蒙古	Inner Mongolia	107.8	100.2	97.0	97.3	94.0
辽 宁	Liaoning	106.5	99.9	99.0	98.2	93.9
吉 林	Jilin	105.4	99.1	98.7	99.1	95.3
黑龙江	Heilongjiang	112.0	100.0	98.0	97.1	86.0
上 海	Shanghai	102.9	98.4	98.2	98.9	96.1
江 苏	Jiangsu	106.2	97.1	98.0	98.3	95.3
浙 江	Zhejiang	105.0	97.3	98.2	98.8	96.4
安 徽	**Anhui**	**108.3**	**98.3**	**98.2**	**97.4**	**93.9**
福 建	Fujian	103.9	98.7	98.4	98.6	97.0
江 西	Jiangxi	111.3	96.5	98.5	97.8	93.7
山 东	Shandong	106.0	98.4	98.4	98.4	95.2
河 南	Henan	107.2	99.4	98.5	98.1	95.4
湖 北	Hubei	106.6	100.3	99.2	98.4	96.7
湖 南	Hunan	108.5	99.1	98.5	98.4	96.3
广 东	Guangdong	103.7	99.5	98.8	98.9	96.8
广 西	Guangxi	108.5	97.8	98.2	98.4	97.0
海 南	Hainan	108.8	100.8	99.5	97.6	89.8
重 庆	Chongqing	103.8	99.9	98.0	98.3	97.2
四 川	Sichuan	107.3	98.6	98.7	98.7	96.4
贵 州	Guizhou	105.4	101.0	97.4	98.3	96.1
云 南	Yunnan	104.7	97.9	97.5	97.8	94.9
西 藏	Tibet	104.3	99.7	99.8	99.0	93.2
陕 西	Shanxi	107.2	100.7	97.3	97.1	90.8
甘 肃	Gansu	111.0	96.8	96.9	96.7	87.0
青 海	Qinghai	107.4	96.9	97.0	96.1	93.1
宁 夏	Ningxia	109.5	97.4	96.0	96.3	93.7
新 疆	Xinjiang	114.8	96.9	96.5	96.2	82.4

4-32 全国及分省(区、市)工业生产者购进价格指数
Indices of Purchasing Prices by Provinces and Regions

上年同月=100 (the same month last year=100)

地 区	Region	2011	2012	2013	2014	2015
全 国	**National**	**109.1**	**98.2**	**98.0**	**97.8**	**93.9**
北 京	Beijing	108.4	98.7	97.8	98.8	93.7
天 津	Tianjin	109.7	97.1	97.4	97.1	92.4
河 北	Hebei	110.9	96.2	97.6	95.6	90.3
山 西	Shanxi	108.1	98.1	95.5	96.2	93.1
内蒙古	Inner Mongolia	106.1	102.0	99.3	98.4	95.9
辽 宁	Liaoning	108.3	99.0	98.5	98.0	93.5
吉 林	Jilin	106.1	99.3	99.4	99.2	96.6
黑龙江	Heilongjiang	111.1	98.8	98.7	97.6	88.2
上 海	Shanghai	107.5	94.7	96.5	95.9	90.6
江 苏	Jiangsu	108.9	95.8	97.1	97.0	92.1
浙 江	Zhejiang	108.3	96.7	97.7	98.2	94.5
安 徽	**Anhui**	**110.8**	**98.2**	**96.9**	**97.2**	**93.5**
福 建	Fujian	108.0	97.7	98.4	98.3	96.1
江 西	Jiangxi	112.4	98.3	98.4	98.4	93.6
山 东	Shandong	109.2	99.2	98.4	98.2	95.0
河 南	Henan	110.1	99.2	99.3	98.4	95.4
湖 北	Hubei	111.5	98.9	98.2	97.8	92.8
湖 南	Hunan	110.8	100.1	98.4	97.9	94.5
广 东	Guangdong	107.3	99.5	98.2	98.8	95.3
广 西	Guangxi	110.0	99.2	98.9	98.2	95.7
海 南	Hainan	115.3	99.6	97.0	99.0	88.5
重 庆	Chongqing	105.7	99.5	97.6	98.1	97.1
四 川	Sichuan	112.6	100.0	99.2	98.7	96.7
贵 州	Guizhou	115.0	102.3	96.4	98.6	97.5
云 南	Yunnan	108.0	99.3	98.8	99.0	96.9
西 藏	Tibet					
陕 西	Shanxi	109.6	100.0	99.3	98.5	95.2
甘 肃	Gansu	115.1	98.7	97.8	97.6	87.0
青 海	Qinghai	107.0	98.6	98.8	97.6	97.7
宁 夏	Ningxia	112.8	99.5	97.0	97.0	92.1
新 疆	Xinjiang	117.8	97.9	97.8	97.5	84.3

4-33 全国及分省(区、市)固定资产投资价格分类指数(2015)
Price Indices of Investment in Fixed Assets by Provinces and Regions(2015)

地　区	Region	固定资产投资 Investment in Fixed Assets	建筑工程 Construction and Installation	设备、工器具购置 Purchase of Equipment, Tools and Instruments	其他费用 Others
全　国	**National**	**98.2**	**97.3**	**99.3**	**100.7**
北　京	Beijing	97.6	94.4	99.5	100.5
天　津	Tianjin	99.9	99.6	99.3	101.2
河　北	Hebei	98.0	97.1	99.3	100.4
山　西	Shanxi	98.2	97.7	99.3	99.3
内　蒙	Inner Mongolia	98.0	97.3	99.3	100.6
辽　宁	Liaoning	97.9	97.0	99.3	101.1
吉　林	Jilin	97.6	96.3	99.3	100.1
黑龙江	Heilongjiang	99.0	98.7	99.2	101.9
上　海	Shanghai	97.0	94.9	99.8	100.6
江　苏	Jiangsu	96.2	93.4	99.5	101.8
浙　江	Zhejiang	97.4	95.4	99.2	100.9
安　徽	**Anhui**	**96.9**	**95.5**	**99.3**	**100.8**
福　建	Fujian	98.3	97.6	99.5	100.1
江　西	Jiangxi	96.8	95.4	99.2	101.1
山　东	Shandong	97.7	96.6	99.2	100.9
河　南	Henan	97.6	96.5	99.0	100.5
湖　北	Hubei	99.4	99.1	99.5	101.2
湖　南	Hunan	100.4	100.3	99.9	101.7
广　东	Guangdong	99.0	98.4	99.4	101.1
广　西	Guangxi	98.8	98.0	99.8	100.4
海　南	Hainan	99.4	99.2	99.3	100.3
四　川	Sichuan	97.9	96.4	99.7	100.2
贵　州	Guizhou	98.4	98.1	99.5	99.4
云　南	Yunnan	99.1	98.7	98.8	101.0
重　庆	Chongqing	98.2	97.5	99.4	100.8
陕　西	Shanxi	98.8	98.4	99.1	100.7
甘　肃	Gansu	97.7	97.5	97.9	99.6
青　海	Qinghai	98.2	97.7	99.5	100.9
宁　夏	Ningxia	97.5	96.9	99.1	100.1
新　疆	Xinjiang	98.3	97.6	99.1	102.6

4-34 全国及分省(区、市)固定资产投资价格指数(2011—2015)
Price Indices of Investment in Fixed Assets by Provinces and Regions(2011—2015)

地 区	Region	2011	2012	2013	2014	2015
全 国	**National**	**106.6**	**101.1**	**100.3**	**100.5**	**98.2**
北 京	Beijing	105.7	101.3	99.9	100.0	97.6
天 津	Tianjin	105.7	100.0	99.5	100.5	99.9
河 北	Hebei	105.5	100.3	99.9	100.2	98.0
山 西	Shanxi	105.5	101.2	100.5	99.6	98.2
内 蒙	Inner Mongolia	106.3	101.6	99.6	99.8	98.0
辽 宁	Liaoning	106.6	101.0	100.0	99.7	97.9
吉 林	Jilin	105.6	100.4	100.0	100.2	97.6
黑龙江	Heilongjiang	107.5	100.8	100.1	100.0	99.0
上 海	Shanghai	106.5	99.4	100.2	100.5	97.0
江 苏	Jiangsu	106.8	98.6	100.5	101.1	96.2
浙 江	Zhejiang	107.5	99.2	100.0	100.6	97.4
安 徽	**Anhui**	**108.1**	**101.0**	**100.2**	**100.3**	**96.9**
福 建	Fujian	106.2	100.3	100.1	100.4	98.3
江 西	Jiangxi	108.4	101.0	100.4	100.1	96.8
山 东	Shandong	106.8	100.8	100.4	100.3	97.7
河 南	Henan	107.4	101.0	99.9	100.0	97.6
湖 北	Hubei	107.3	101.8	100.5	101.0	99.4
湖 南	Hunan	107.2	101.7	101.3	101.5	100.4
广 东	Guangdong	105.5	101.5	101.4	101.5	99.0
广 西	Guangxi	106.2	100.6	100.1	101.6	98.8
海 南	Hainan	106.4	102.0	99.3	100.6	99.4
四 川	Sichuan	105.2	101.0	100.4	100.5	97.9
贵 州	Guizhou	105.4	101.5	100.9	101.1	98.4
云 南	Yunnan	104.6	101.4	101.1	101.0	99.1
重 庆	Chongqing	105.9	101.8	100.5	100.3	98.2
陕 西	Shanxi	105.9	102.6	102.0	101.1	98.8
甘 肃	Gansu	104.7	102.1	100.4	100.1	97.7
青 海	Qinghai	106.5	102.2	101.5	100.9	98.2
宁 夏	Ningxia	107.5	101.5	99.8	100.8	97.5
新 疆	Xinjiang	107.1	100.6	100.5	100.3	98.3

主要统计指标解读

居民消费价格指数　反映一定时期内居民所消费商品及服务项目的价格水平变动趋势和变动程度。居民消费价格水平的变动率在一定程度上反映了通货膨胀（或紧缩）的程度。编制居民消费价格指数的目的，是了解全国各地价格变动的基本情况，分析研究价格变动对社会经济和居民生活的影响，满足各级政府制定政策和计划、进行宏观调控的需要，以及为国民经济核算提供参考依据。

城市居民消费价格指数　是反映一定时期内城市居民家庭所购买的生活消费品价格和服务项目价格变动趋势和程度的相对数。该指数可以观察和分析消费品的零售价格和服务项目价格变动对城镇职工货币工资的影响，作为研究职工生活和确定工资政策的依据。

农村居民消费价格指数　是反映一定时期内农村居民家庭所购买的生活消费品价格和服务项目价格变动趋势和程度的相对数。该指数可以观察农村消费品的零售价格和服务项目价格变动对农村居民生活消费支出的影响，直接反映农民生活水平的实际变化情况，为分析和研究农村居民生活问题提供依据。

商品零售价格指数　是反映一定时期内城乡商品零售价格变动趋势和程度的相对数。商品零售价格的变动直接影响到城乡居民的生活支出和国家的财政收入，影响居民购买力和市场供需的平衡，影响到消费与积累的比例关系。因此，该指数可以从一个侧面对上述经济活动进行观察和分析。

农业生产资料价格指数　是工业、商业及其他单位和个人向农民出售农业生产资料（包括主要生产性服务）的价格的变动趋势和变动程度。其目的在于掌握农业生产资料的平均价格水平，为国家制定经济政策提供依据；同时，为研究城乡市场流通状况和国民经济核算提供参考依据。

农产品生产者价格指数　是反映一定时期内，农产品生产者出售农产品价格水平变动趋势及幅度的相对数。该指数可以客观反映全国农产品生产者价格水平和结构变动情况，满足农业与国民经济核算需要。其中某代表品生产者价格指数是通过对全部有出售该产品行为的调查单位的个体指数进行几何平均求得的，类价格指数是通过对其所属的类（或代表品）的价格指数进行加权平均求得的。季度累计价格指数的计算方法与分季指数的计算方法相同。

工业生产者出厂价格指数（PPI）　是反映一定时期内全部工业产品出厂价格总水平的变动趋势和程度的相对数，包括工业企业售给本企业以外所有单位的各种产品和直接售给居民用于生活消费的产品。该指数可以观察出厂价格变动对工业总产值及增加值的影响。

工业生产者购进价格指数　是反映工业企业作为生产投入，而从物资交易市场和能源、原材料生产企业购买原材料、燃料和动力产品时，所支付的价格水平变动趋势和程度的统计指标,是扣除工业企业物质消耗成本中的价格变动影响的重要依据。

固定资产投资价格指数 是反映一定时期内固定资产投资品及项目的价格变动趋势和程度的相对数。固定资产投资额是由建筑安装工程投资完成额、设备工器具购置投资完成额和其他费用投资完成额三部分组成的。编制固定资产投资价格指数应首先分别编制上述三部分投资的价格指数,然后采用加权算术平均法求出固定资产投资价格总指数。

该指数可以准确地反映固定资产投资中涉及的各类投资品和取费项目价格变动趋势和变动幅度,消除按现价计算的固定资产投资指标中的价格变动因素,真实地反映固定资产投资的规模、速度、结构和效益,为国家科学地制定、检查固定资产投资计划并提高宏观调控水平,为完善国民经济核算体系提供科学的、可靠的依据。

房地产价格指数 是反映一定时期内房地产价格变动趋势和程度的相对数,包括房屋销售价格指数、房屋租赁价格指数、土地交易价格指数和物业管理价格指数。这四套指数的计算方法相似,均采用由下到上逐级汇总的方法。

专项调查

SPECIAL SURVEY

简要说明

农民工调查简介:农民工是指户籍仍在农村,在本地从事非农产业或外出从业6个月及以上的农村劳动力,包括举家外出的农村劳动力。根据国家统计局《农民工监测调查方案》,由安徽调查总队组织实施了农民工监测调查。

本版责任编辑:王　方　江红沁　阚天宇

5-1 农民工监测情况(2015)
Monitor Situation of Migrant Workers(2015)

(全省抽样调查数)

指标名称	Item	单位	Unit	总 计
住户成员基本情况	**Basic Conditions of Household Member**	—		
一、调查人口基本情况	Basic Conditions	—		
(一)期内住户成员数	Household Members During the Period	人	person	13261
(二)期末住户成员数	Household Members End of the Period	人	person	13261
(三)期内住户常住成员数	Permanent Household Members During the Period	人	person	11035
(四)期内增加的住户成员数	Increased Household Members During the Period	人	person	43
(五)期内减少的住户成员数	Reduced Household Members During the Period	人	person	115
二、住户成员情况	Basic Conditions of Household Members	—		
(一)住户成员与户主关系	Relationship with the Householder			
1.户主	Householder	人	person	3579
2.配偶	Spouse	人	person	3220
3.子女	Children	人	person	3885
4.父母	Parents	人	person	463
5.岳父母或公婆	Parents-in-law	人	person	17
6.祖父母	Grandparents	人	person	4
7.媳婿	Daughter-in-law or Son-in-law	人	person	789
8.孙子女	Grandchildren	人	person	1274
9.兄弟姐妹	Sibling	人	person	15
10.其他	Others	人	person	15
(二)性别	Gender			
1.男性	Male	人	person	6936
2.女性	Female	人	person	6325
(三)年龄	Age			
1.5 岁及以下	Aged 5 and Below	人	person	807
2.6~15 岁	Aged 6~15	人	person	1589
3.16~19 岁	Aged 16~19	人	person	557
4.20~24 岁	Aged 20~24	人	person	1047
5.25~29 岁	Aged 25~29	人	person	1159
6.30~34 岁	Aged 30~34	人	person	688
7.35~40 岁	Aged 35~40	人	person	1001
8.41~50 岁	Aged 41~50	人	person	2535
9.51~60 岁	Aged 51~60	人	person	1736
10.61~65 岁	Aged 61~65	人	person	876
11.66 岁及以上	Aged 66 and Over	人	person	1266
(四)民族	Nationality			
1.汉族	Han Nationality	人	person	13177
2.壮族	Zhuang Nationality	人	person	2

5-1 续表 1 Continued 1

指标名称	Item	单位	Unit	总 计
3.回族	Hui Nationality	人	person	66
4.苗族	Miao Nationality	人	person	1
5.维吾尔族	Uigur Nationality	人	person	1
6.蒙古族	Mongolian Nationality	人	person	0
7.藏族	Tibetan Nationality	人	person	1
8.其他民族	Other Nationality	人	person	13
(五)户口登记地	Registered Permanent Residence			
1.本村(居委会)	Village	人	person	12585
2.村外乡(镇、街道)内	Other Village of this Town	人	person	374
3.乡外县(区)内	Other Town of this County	人	person	144
4.县外市内	Other County of this City	人	person	70
5.市外省内	Other City of this Province	人	person	46
6.省外	Other Provinces	人	person	28
7.其他(如户口待定)	Others	人	person	14
(六)户口性质	Household Registration			
1.农业	Rural	人	person	12552
2.非农业	Non-rural	人	person	686
3.其他	Other	人	person	23
(七)健康状况	Health Condition			
1.健康	Healthy	人	person	12048
2.基本健康	Basically Healthy	人	person	768
3.不健康,但生活能自理	Unhealthy but Could Look after Oneself	人	person	387
4.生活不能自理	Unable to Look after Oneself	人	person	58
(八)参加医疗保险情况	Conditions of Medical Insurance			
1.新型农村合作医疗	New Rural Cooperative Medical	人	person	12158
2.城镇职工基本医疗保险	Basic Medical Insurance for Urban Employees	人	person	315
3.(城镇)居民基本医疗保险	Basic Medical Insurance for(Urban) Residents	人	person	730
4.公费医疗	Free Medical Care	人	person	25
5.商业医疗保险	Commercial Medical Insurance	人	person	19
6.其他医疗保险	Other Medical Insurance	人	person	43
7.没有参加任何医疗保险	Not Participating Medical Insurance	人	person	118
(九)是否在校学生(6周岁及以上填写)	School Student or Not(Aged 6 and Over)			
1.由本户供养的在校学生	Supported by This Household	人	person	2171
2.不由本户供养的在校学生	Not Supported by This Household	人	person	11
3.非在校学生	Non School Student	人	person	10270
(十)6周岁及以上住户成员受教育程度	Education of Household Members Aged 6 and Over			
1.未上过学	Without School	人	person	1143

5-1 续表2 Continued 2

指标名称	Item	单位	Unit	总 计
2.小学	Primary School	人	person	3853
3.初中	Junior Secondary School	人	person	5601
4.高中	Senior Secondary School	人	person	1136
5.大学专科	Junior College	人	person	458
6.大学本科	Undergraduate	人	person	240
7.研究生	Postgraduate	人	person	21
(十一)15周岁及以上住户成员婚姻状况	Marital Condition of Household Members Aged 15 and Over			
1.未婚	Single	人	person	1895
2.有配偶	Married	人	person	8533
3.离婚	Divorced	人	person	115
4.丧偶	Widowed	人	person	444
5.其他	Others	人	person	14
(十二)过去三个月在本住宅居住的时间(月)	Time Living in This House in the Past 3 Months			
1.一个半月(<1.5)	One and a Half Months	人	person	1751
2.一个半月及以上(≥1.5)	Longer than One and a Half Months	人	person	10049
3.从未在本住宅居住(=0)	Never Living in This House	人	person	1461
农村劳动力全年从业情况	**Employment**	—		
(一)本年度主要从业地区	Working Area	人	person	
1.乡内	Town	人	person	5741
2.乡外县内	Other Town of this County	人	person	558
3.县外省内	Other County of this Province	人	person	526
4.省外国内	Other Provinces	人	person	1976
5.国外及港澳台地区	Abroad, Hongkong, Macao or Taiwan	人	person	7
(二)本年度从事主要行业	Industries Engaged			
1.第一产业	Primary Industry	人	person	3351
(1)农、林、牧、渔业	Agriculture, Forestry, Animal Husbandry and Fishery	人	person	3351
2.第二产业	Secondary Industry	人	person	2949
(2)采矿业	Mining	人	person	86
(3)制造业	Manufacturing	人	person	1389
(4)电力、热力、燃气及水的生产和供应业	Production and Supply of Electricity, Gas and Water	人	person	75
(5)建筑业	Construction	人	person	1399
3.第三产业	Tertiary Industry	人	person	2508
(6)批发和零售业	Wholesale and Retail Trades	人	person	705
(7)交通运输、仓储和邮政业	Transport, Storage and Post	人	person	342
(8)住宿和餐饮业	Hotels and Catering Services	人	person	391

5-1 续表 3 Continued 3

指标名称	Item	单位	Unit	总 计
(9)信息传输、软件和信息技术服务业	Information Transmission, Computer Services and Software	人	person	86
(10)金融业	Financial Intermediation	人	person	25
(11)房地产业	Real Estate	人	person	18
(12)租赁和商务服务业	Leasing and Business Services	人	person	55
(13)科学研究和技术服务	Scientific Research, Technical Services, and Geological Prospecting	人	person	17
(14)水利、环境和公共设施管理业	Management of Water Conservancy, Environment and Public Facilities	人	person	17
(15)居民服务、修理和其他服务业	Serices to Households and Other Services	人	person	558
(16)教育	Education	人	person	89
(17)卫生、社会工作	Health, Social Securities and Social Welfare	人	person	73
(18)文化、体育和娱乐业	Culture, Sports and Entertainment	人	person	35
(19)公共管理、社会保障和社会组织	Public Management, Social Insurance and Social Organizations	人	person	97
(20)国际组织	International Organizations	人	person	0
(三)本年度从事主要职业	Profession Engaged			
1.国家机关、党群组织、企业、事业单位负责人	Responsible Person of Government Organs, Public Organizations, Enterprises and Institutions	人	person	62
2.专业技术人员	Professional and Technical Personnel	人	person	712
3.办事人员和有关人员	Clerk and Related Workers	人	person	323
4.商业、服务业人员	Business, Service	人	person	1219
5.农、林、牧、渔、水利业生产人员	Agriculture, Forestry, Animal Husbandry, Fishery and Water Conservancy	人	person	3303
6.生产、运输设备操作人员及有关人员	Operators of Production and Transport Equipment	人	person	1736
7.军人	Solider	人	person	8
8.不便分类的其他从业人员	Others	人	person	1445
(四)本年度本地务农	Engaged in Agriculture at Home			
1.从事过本地务农的人数	Number of People Engaged in Agriculture Locally	人	person	4727
2.从事本地务农的时间(合计)	Total Time that Engaged in Agriculture Locally	月	month	22297.1
(五)本年度本地非农自营	Nonfarm Self-employed Locally			
1.从事过本地非农自营的人数	Number of People Nonfarm Self-employed Locally	人	person	784
2.从事本地非农自营的时间(合计)	Total Time that Nonfarm Self-employed Locally	月	month	6660
3.从事本地非农自营的收入(合计)	Total Income of Nonfarm Self-employed Locally	元	yuan	21978040
(六)本年度本地非农务工	Non-agricultural Working Locally			

5-1 续表4 Continued 4

指标名称	Item	单位	Unit	总 计
1.从事过本地非农务工的人数	Number of People Non-agricultural Working Locally	人	person	1956
2.从事本地非农务工的时间(合计)	Total Time that Non-agricultural Working Locally	月	month	15142.1
3.从事本地非农务工的收入(合计)	Total Income of Non-agricultural Working Locally	元	yuan	41315543
(七)本年度外出务工	Working Outside			
1.从事过外出务工的人数	Number of People Working Outside	人	person	2847
2.外出务工的时间(合计)	Total Time that Working Outside	月	month	26101.3
3.外出务工的收入(合计)	Total Income of Working Outside	元	yuan	93708792
4.寄带回金额(合计)	Total Amount Sent Back	元	yuan	46309277
5.生活消费总支出(合计)	Total Consumption Expenditure	元	yuan	26446581
#确定收入的人数	#Number of People Whose Income are Definitized	人	person	2847
(八)本年度外出自营	Self-employed Outside			
1.从事过外出自营的人数	Number of People Self-employed Outside	人	person	356
2.外出自营的时间(合计)	Time Self-employed Outside	月	month	3376.8
3.外出自营的收入(合计)	Income of Self-employed Outside	元	yuan	16065501
4.寄带回金额(合计)	Sent Back	元	yuan	7140700
5.生活消费总支出(合计)	Consumption Expenditure	元	yuan	4346808
#确定收入的人数	#Number of People Whose Income are Definitized	人	person	685
(九)外出从业情况	Working Outside			
1.上年外出人数	Number of People Working Outside Last Year	人	person	
其中:本年未继续外出人数	Of Which:Not Working Outside This Year	人	person	107
2.本年新增外出人数	Initially Working Outside This Year	人	person	430
3.连续两年外出人数	Working Outside for Two Consecutive Years	人	person	2773
4.外出时间不足1个月人数	Working Outside for Less than One Month	人	person	5621
(十)上年外出而本年未继续外出的原因	Causes Not Continuing Workinging Outside This Year			
1.找不到工作	Cannot Find a Job	人	person	15
2.在外生活条件差	Poor Living Condition Outside	人	person	6
3.收入没有在家稳定	Unstable Income	人	person	6
4.受歧视	Discrimination	人	person	1
5.疾病或伤残	Illness or Disability	人	person	5
6.家中农业生产缺乏劳动力	Short of Agricultural Labor Force at Home	人	person	29
7.回家结婚、生育	Going Home to Marry and Bear	人	person	8
8.其他原因	Others	人	person	36
(十一)曾经外出情况	Once Workinging Outside			3971
1.有外出从业经历的人数	Number of People Once Working Outside	人	person	3971
2.距离初次外出时间(合计)	Time Since Initially Working Outside	月	month	117402958
(十二)当前就业状况	Employment			

5-1 续表 5 Continued 5

指标名称	Item	单位	Unit	总 计
1.本地务农	Engaged in Agriculture Locally	人	person	3337
2.本地非农自营	Nonfarm Self-employed Locally	人	person	668
3.本地非农务工	Non-agricultural Working Locally	人	person	1478
4.外出从业	Working Outside	人	person	2983
5.其他从业	Other Employment	人	person	101
6.未从业	Non-employed	人	person	241
(十三)技能培训情况	Skills Training			
1.接受过农业技术培训人数	Number of People Got Agro-technical Trainings	人	person	1126
2.接受过非农技术培训人数	Number of People Got Nonagro-technical Trainings	人	person	1981
外出从业人员情况	**Conditions of Woking Outside**	—		
(一)外出地区	Working Area	人	person	
1.本省	In the Province	人	person	1145
(1)乡外县内	Other Town of this County	人	person	581
(2)县外省内	Other County of this Province	人	person	564
2.省外	Outside the Province	人	person	2058
(1)东部地区	The East Area	人	person	1909
北京	Beijing	人	person	58
天津	Tianjin	人	person	36
河北	Hebei	人	person	9
辽宁	Liaoning	人	person	4
上海	Shanghai	人	person	380
江苏	Jiangsu	人	person	552
浙江	Zhejiang	人	person	668
福建	Fujian	人	person	27
山东	Shandong	人	person	56
广东	Guangdong	人	person	113
海南	Hainan	人	person	6
(2)中部地区	The Central Area	人	person	74
山西	Shanxi	人	person	7
吉林	Jilin	人	person	1
黑龙江	Heilongjiang	人	person	3
安徽	Anhui	人	person	1145
江西	Jiangxi	人	person	15
河南	Henan	人	person	25
湖北	Hubei	人	person	17
湖南	Hunan	人	person	6
(3)西部地区	The Western Area	人	person	68
内蒙古	Inner Mongolia	人	person	9
广西	Guangxi	人	person	11

5-1 续表6 Continued 6

指标名称	Item	单位	Unit	总 计
重庆	Chongqing	人	person	1
四川	Sichuan	人	person	5
贵州	Guizhou	人	person	1
云南	Yunnan	人	person	4
西藏	Tibet	人	person	3
陕西	Shanxi	人	person	10
甘肃	Gansu	人	person	8
青海	Qinghai	人	person	0
宁夏	Ningxia	人	person	3
新疆	Xinjiang	人	person	13
(4)其他地区	Other Area	人	person	7
港澳台	Hongkong,Macao or Taiwan	人	person	0
国外	Abroad	人	person	7
(二)外出地区类型	Type of Migrant Areas			
1.直辖市	Municipality	人	person	416
2.省会城市	City of Provincial Capital	人	person	575
3.地级市	Prefectural-Level City	人	person	1204
4.县市城区	County-Level City	人	person	762
5.建制镇	Designated Town	人	person	163
6.村委会	Village	人	person	48
7.其他地区	Other Area	人	person	35
(三)外出方式	The Way Woking Outside			
1.政府(单位)组织	Organized by Government or Unit	人	person	28
2.中介组织介绍	Introduced by Intermediary Organization	人	person	61
3.亲朋好友介绍	Introduced by Kith and Kin	人	person	1680
4.自发	Spontaneously	人	person	1252
5.其他	Others	人	person	182
(四)本年度从事主要行业	Industries Engaged			
1.第一产业	Primary Industry	人	person	48
(1)农、林、牧、渔业	Agriculture,Forestry,Animal Husbandry and Fishery	人	person	48
2.第二产业	Secondary Industry	人	person	1772
(2)采矿业	Mining	人	person	30
(3)制造业	Manufacturing	人	person	901
(4)电力、热力、燃气及水的生产和供应业	Production and Supply of Electricity,Gas and Water	人	person	46
(5)建筑业	Construction	人	person	795
3.第三产业	Tertiary Industry	人	person	1383
(6)批发和零售业	Wholesale and Retail Trades	人	person	321

5-1 续表 7 Continued 7

指标名称	Item	单位	Unit	总 计
(7)交通运输、仓储和邮政业	Transport,Storage and Post	人	person	199
(8)住宿和餐饮业	Hotels and Catering Services	人	person	241
(9)信息传输、软件和信息技术服务业	Information Transmission,Computer Services and Software	人	person	79
(10)金融业	Financial Intermediation	人	person	24
(11)房地产业	Real Estate	人	person	13
(12)租赁和商务服务业	Leasing and Business Services	人	person	44
(13)科学研究和技术服务	Scientific Research, Technical Services, and Geological Prospecting	人	person	15
(14)水利、环境和公共设施管理业	Management of Water Conservancy,Environment and Public Facilities	人	person	12
(15)居民服务、修理和其他服务业	Serices to Households and Other Services	人	person	351
(16)教育	Education	人	person	16
(17)卫生、社会工作	Health,Social Securities and Social Welfare	人	person	32
(18)文化、体育和娱乐业	Culture,Sports and Entertainment	人	person	21
(19)公共管理、社会保障和社会组织	Public Management and Social Organizations	人	person	15
(20)国际组织	International Organizations	人	person	0
(五)本年度从事主要职业	Profession Engaged			
1.国家机关、党群组织、企业、事业单位负责人	Responsible Persons of Government Organs,Public Organizations,Enterprises and Institutions	人	person	5
2.专业技术人员	Professional and Technical Personnel	人	person	467
3.办事人员和有关人员	Clerk and Related Workers	人	person	135
4.商业、服务业人员	Business, Service	人	person	635
5.农、林、牧、渔、水利业生产人员	Agriculture,Forestry,Animal Husbandry,Fishery and Water Conservancy	人	person	51
6.生产、运输设备操作人员及有关人员	Operators of Production and Transport Equipment	人	person	1039
7.军人	Solider	人	person	5
8.不便分类的其他从业人员	Others	人	person	866
(六)外出从业住所类型	Type of Accommodation			
1.单位宿舍	Dormitory of the Unit	人	person	660
2.工地工棚	Site Hut	人	person	345
3.生产经营场所	Production or Business Premises	人	person	126
4.与人合租住房	Flat-share Housing	人	person	473
5.独立租赁住房	Rental Housing Oneself	人	person	980
6.务工地自购房	Purchasing House in the Migrant Areas	人	person	41
7.乡外从业但回家居住(老家)	Living at Home While Woking Outside the Town	人	person	475

5-1 续表 8 Continued 8

指标名称	Item	单位	Unit	总 计
8.其他	Others	人	person	103
(七)外出从业时间	Working Time Outside			
1.从事当前工作的时间(合计)	Engaged in the Job	月	month	177461
其中:1 年以下	Of Which:Less than One Year	人	person	524
1~2 年	1~2 Years	人	person	637
2~5 年	2~5 Years	人	person	1009
5 年及以上	5 Years and Over	人	person	1033
2.每月平均工作的天数(合计)	Average Days in One Month	天	day	81068
其中:15 天以下	Of Which:Less than 15 Days	人	person	54
15~22 天	15~22 Days	人	person	447
22~26 天	22~26 Days	人	person	1570
26 天以上	More than 26 Days	人	person	1132
3.每天平均工作的小时数(合计)	Average Hours in a Day	小时	hour	28745
其中:6 小时以下	Of Which:Less than 6 Hours	人	person	25
6~8 小时	6~8 Hours	人	person	68
8~10 小时	8~10 Hours	人	person	1904
其中:8 小时	Of Which:8 Hours	人	person	1455
10~12 小时	10~12 Hours	人	person	1029
12 小时及以上	More than 12 Hours	人	person	177
(八)外出月收支情况	Income and Expenditure			
1.每月平均收入(合计)	Monthly Income	元	yuan	11519126
其中:800 元以下	Of Which:Less Than 600 Yuan	人	person	6
800~1000 元	600~800 yuan	人	person	3
1000~1500 元	1000~1500 yuan	人	person	47
1500~2000 元	1500~2000 yuan	人	person	156
2000~3000 元	2000~3000 yuan	人	person	739
3000~5000 元	3000~5000 yuan	人	person	1768
5000 元及以上	5000 yuan and Over	人	person	484
#明确收入水平的人数	#People that Knowing Their Income	人	person	3203
#不清楚收入水平的人数	#People that not Knowing Their Income	人	person	0
2.每月平均居住支出(合计)	Average Housing Expenditure per Month	元	yuan	1323464
其中:200 元以下	Of Which:Less Than 200 Yuan	人	person	706
200~500 元	200~500 yuan	人	person	459
500~1000 元	500~1000 yuan	人	person	722
1000 元及以上	1000 yuan and Over	人	person	480
#不清楚	#Unknown	人	person	0
(九)社会保障与福利情况	Welfare and Social Security			
1.外出从业的劳动关系	Employment Relations			
①无固定期限劳动合同工	Labor Contracts without a Fixed Period	人	person	354

5-1 续表 9 Continued 9

指标名称	Item	单位	Unit	总 计
②一年及以上劳动合同工	Labor Contracts of One-year and Over	人	person	504
③一年以下劳动合同工	Labor Contracts Less than One-year	人	person	71
④没有劳动合同	Without Labor Contracts	人	person	1847
⑤自营	Self-employed	人	person	402
⑥其他	Others	人	person	25
2.单位或雇主提供伙食情况	Meals Supplied by Employer or Unit			
①每天提供三顿	Three Meals Everyday	人	person	466
②每天提供两顿	Two Meals Everyday	人	person	290
③每天提供一顿	One Meal Everyday	人	person	589
④不提供,但补贴部分伙食费	No Meal,but Having Food Allowance	人	person	170
⑤不提供,也没有补贴	Neither Meal nor Food Allowance	人	person	1261
3.单位或雇主提供住宿情况	Accommodation Supplied by Employer or Unit			
①提供住宿	Accommodation Supplied	人	person	1056
②不提供住宿,但住房有补贴	No Accommodation,but Having Allowance	人	person	228
③不提供住宿,也没有住房补贴	Neither Accommodation nor Allowance	人	person	1492
4.单位或雇主拖欠工资情况	Arrears of Wages			
①被拖欠工资人数	Number of Employees Unpaid	人	person	26
②被拖欠工资的金额(合计)	Amount of Wages Unpaid	元	yuan	371800
5.五险一金缴纳情况	Effecting Insurance and Funds for Workers or Not			
①缴纳养老保险	Employer or Unit Effecting Endowment Insurance for Workers	人	person	318
②缴纳工伤保险	Employer or Unit Effecting Work-Related Injury Insurances for Workers	人	person	680
③缴纳医疗保险	Employer or Unit Effecting Medical Insurances for Workers	人	person	368
④缴纳失业保险	Employer or Unit Effecting Unemployment Insurances for Workers	人	person	212
⑤缴纳生育保险	Employer or Unit Effecting Maternity Insurances for Workers	人	person	168
⑥缴纳住房公积金	Employer or Unit Paying Housing Funds	人	person	151
(十)返乡情况	Returning Home			
1.返乡人数	Number of Migrant Workers Returning Home	人	person	278
其中:外出时间超过1个月的	Of Which:Working Outside for more than one Month	人	person	265
2.返乡原因	Reasons of Returning Home	人	person	0
①回家过年	for the Spring Festival	人	person	6
②企业裁员	Enterprises Layoffs	人	person	6
③收入低	Low Income	人	person	9
④家庭原因	Family Reasons	人	person	51

5-1 续表 10 Continued 10

指标名称	Item	单位	Unit	总 计
⑤找不到工作	Unable to Find a Job	人	person	12
⑥家中农业生产缺乏劳动力	Short of Agricultural Labor Force at Home	人	person	24
⑦想回本地就业	Returning Home to Find a Job	人	person	44
⑧只是临时回家	Returning Home Temporarily	人	person	64
⑨其他原因	Other Reasons	人	person	62
(十一)今后的就业打算	Employment Plan			
1.本地务农	Engaged in Agriculture Locally	人	person	44
2.本地非农自营	Nonfarm Self-employed Locally	人	person	450
3.本地非农务工	Non-agricultural Working Locally	人	person	324
4.回返乡在务工地找工作	Apply for a Job Back to the Same Place befor Returning Home	人	person	93
5.去另一个地方找工作	Apply for a Job Elsewhere	人	person	33
6.不确定	Uncertain	人	person	72
7.其他	Others	人	person	24
(十二)务工期间更换工作人数	People Changing Jobs			
1.更换工作的次数	Frequency of Changing Jobs	人	person	518
2.更换过工作的人数	Number of People Having Changed Jobs	人	person	0
其中:换过 1 次工作	Of Which:Once	人	person	0
换过 2 次工作	Twice	人	person	0
换过超 3 次以上工作	More than Three Times	人	person	0
本地非农务工人员情况	**Conditions of Non-agricultural Working Locally**	—		
(一)本年度非农务工主要行业	Industries Engaged			
1.第一产业	Primary Industry	人	person	0
(1)农、林、牧、渔业	Agriculture,Forestry,Animal Husbandry and Fishery	人	person	0
2.第二产业	Secondary Industry	人	person	913
(2)采矿业	Mining	人	person	50
(3)制造业	Manufacturing	人	person	378
(4)电力、热力、燃气及水的生产和供应业	Production and Supply of Electricity,Gas and Water	人	person	23
(5)建筑业	Construction	人	person	462
3.第三产业	Tertiary Industry	人	person	421
(6)批发和零售业	Wholesale and Retail Trades	人	person	56
(7)交通运输、仓储和邮政业	Transport,Storage and Post	人	person	52
(8)住宿和餐饮业	Hotels and Catering Services	人	person	67
(9)信息传输、软件和信息技术服务业	Information Transmission,Computer Services and Software	人	person	6
(10)金融业	Financial Intermediation	人	person	1
(11)房地产业	Real Estate	人	person	5
(12)租赁和商务服务业	Leasing and Business Services	人	person	11

5-1 续表 11 Continued 11

指标名称	Item	单位	Unit	总 计
(13)科学研究和技术服务	Scientific Research, Technical Services, and Geological Prospecting	人	person	1
(14)水利、环境和公共设施管理业	Management of Water Conservancy, Environment and Public Facilities	人	person	6
(15)居民服务、修理和其他服务业	Serices to Households and Other Services	人	person	111
(16)教育	Education	人	person	32
(17)卫生、社会工作	Health, Social Securities and Social Welfare	人	person	21
(18)文化、体育和娱乐业	Culture, Sports and Entertainment	人	person	3
(19)公共管理、社会保障和社会组织	Public Management, Social Insurance and Social Organizations	人	person	49
(20)国际组织	International Organizations	人	person	0
(二)本年度从事主要职业	Profession Engaged			
1.国家机关、党群组织、企业、事业单位负责人	Responsible Persons of Government Organs, Public Organizations, Enterprises and Institutions	人	person	9
2.专业技术人员	Professional and Technical Personnel	人	person	158
3.办事人员和有关人员	Clerk and Related Workers	人	person	133
4.商业、服务业人员	Business, Service	人	person	157
5.农、林、牧、渔、水利业生产人员	Agriculture, Forestry, Animal Husbandry, Fishery and Water Conservancy	人	person	14
6.生产、运输设备操作人员及有关人员	Operators of Production and Transport Equipment	人	person	512
7.军人	Soliders	人	person	1
8.不便分类的其他从业人员	Others	人	person	350
(三)外出从业时间	Working Time Outside			
1.从事当前工作的时间	Engaged in the Job			
其中:1 年以下	Of Which: Less than One Year	人	person	86
1~2 年	1~2 Years	人	person	229
2~5 年	2~5 Years	人	person	426
5 年及以上	5 Years and Over	人	person	593
2.每月平均工作的天数	Average Days per Month			
其中:15 天以下	Of Which: Less than 15 Days	人	person	43
15~22 天	15~22 Days	人	person	292
22~26 天	22~26 Days	人	person	591
26 天以上	More than 26 Days	人	person	408
3.每天平均工作的小时数	Average Hours in a Day			
其中:6 小时以下	Of Which: Less than 6 Hours	人	person	32
6~8 小时	6~8 Hours	人	person	56
8~10 小时	8~10 Hours	人	person	800

5-1 续表 12 Continued 12

指标名称	Item	单位	Unit	总 计
其中:8 小时	Of Which:8 Hours	人	person	648
10~12 小时	10~12 Hours	人	person	407
12 小时及以上	More than 12 Hours	人	person	39
(四)外出月收支情况	Income and Expenditure			
1.每月平均收入	Monthly Income			
其中:500 元以下	Of Which:Less Than 500 Yuan	人	person	7
500~1000 元	500~1000 yuan	人	person	51
1000~1500 元	1000~1500 yuan	人	person	107
1500~2000 元	1500~2000 yuan	人	person	228
2000~3000 元	2000~3000 yuan	人	person	446
3000 元及以上	3000 yuan and Over	人	person	495
#明确收入水平的人数	#People that Knowing Their Income	人	person	1334
#不清楚收入水平的人数	#People that not Knowing Their Income	人	person	0
(五)社会保障与福利情况	Welfare and Social Security	人	person	
1.外出从业的劳动关系	Employment Relations			
①无固定期限劳动合同工	Labor Contracts without a Fixed Period	人	person	152
②一年及以上劳动合同工	Labor Contracts of One-year and Over	人	person	154
③一年以下劳动合同工	Labor Contracts Less than One-year	人	person	18
④没有劳动合同	Without Labor Contracts	人	person	919
⑤其他	Others	人	person	91
2.单位或雇主提供伙食情况	Meals Supplied by Employer or Unit			
①每天提供三顿	Three Meals Everyday	人	person	55
②每天提供两顿	Two Meals Everyday	人	person	62
③每天提供一顿	One Meal Everyday	人	person	396
④不提供,但补贴部分伙食费	No Meal,but Having Food Allowance	人	person	35
⑤不提供,也没有补贴	Neither Meal nor Food Allowance	人	person	786
3.单位或雇主提供住宿情况	Accommodation Supplied by Employer or Unit			
①提供住宿	Accommodation Supplied	人	person	59
②不提供住宿,但住房有补贴	No Accommodation,but Having Allowance	人	person	38
③不提供住宿,也没有住房补贴	Neither Accommodation nor Allowance	人	person	1237
4.单位或雇主拖欠工资情况	Arrears of Wages			
①被拖欠工资人数	Number of Employees Unpaid	人	person	13
②被拖欠工资的金额(合计)	Amount of Wages Unpaid	人	person	102200
5.五险一金缴纳情况	Effecting Insurance and Funds for Workers or Not			
①缴纳养老保险	Employer or Unit Effecting Endowment Insurance for Workers	人	person	168
②缴纳工伤保险	Employer or Unit Effecting Work-Related Injury Insurances for Workers	人	person	239

5-1 续表13 Continued 13

指标名称	Item	单位	Unit	总计
③缴纳医疗保险	Employer or Unit Effecting Medical Insurances for Workers	人	person	151
④缴纳失业保险	Employer or Unit Effecting Unemployment Insurances for Workers	人	person	108
⑤缴纳生育保险	Employer or Unit Effecting Maternity Insurances for Workers	人	person	74
⑥缴纳住房公积金	Employer or Unit Paying Housing Funds	人	person	55
本地非农自营人员情况	**Conditions of Nonfarm Self-employed Locally**	—		
(一)本年度非农自营主要行业	Industries Engaged			
1.第一产业	Primary Industry	人	person	0
(1)农、林、牧、渔业	Agriculture, Forestry, Animal Husbandry and Fishery	人	person	0
2.第二产业	Secondary Industry	人	person	92
(2)采矿业	Mining	人	person	1
(3)制造业	Manufacturing	人	person	60
(4)电力、热力、燃气及水的生产和供应业	Production and Supply of Electricity, Gas and Water	人	person	4
(5)建筑业	Construction	人	person	27
3.第三产业	Tertiary Industry	人	person	499
(6)批发和零售业	Wholesale and Retail Trades	人	person	275
(7)交通运输、仓储和邮政业	Transport, Storage and Post	人	person	68
(8)住宿和餐饮业	Hotels and Catering Services	人	person	60
(9)信息传输、软件和信息技术服务业	Information Transmission, Computer Services and Software	人	person	0
(10)金融业	Financial Intermediation	人	person	0
(11)房地产业	Real Estate	人	person	2
(12)租赁和商务服务业	Leasing and Business Services	人	person	2
(13)科学研究和技术服务	Scientific Research, Technical Services, and Geological Prospecting	人	person	0
(14)水利、环境和公共设施管理业	Management of Water Conservancy, Environment and Public Facilities	人	person	0
(15)居民服务、修理和其他服务业	Serices to Households and Other Services	人	person	76
(16)教育	Education	人	person	0
(17)卫生、社会工作	Health, Social Securities and Social Welfare	人	person	7
(18)文化、体育和娱乐业	Culture, Sports and Entertainment	人	person	9
(19)公共管理、社会保障和社会组织	Public Management, Social Insurance and Social Organizations	人	person	0
(20)国际组织	International Organizations	人	person	0

5-1 续表 14 Continued 14

指标名称	Item	单位	Unit	总 计
(二)从事当前自营工作的时间(合计)	Total Time	月	month	64862
其中:1 年以下	Of Which:Less than One Year	人	person	17
1~2 年	1~2 Years	人	person	45
2~5 年	2~5 Years	人	person	115
5 年及以上	More than 5 Years	人	person	414
(三)非农自营活动性质	Nature of Nonfarm Self-employed Activity			
1.注册企业	Registered Enterprise	人	person	18
2.个体经营	Individual Operation	人	person	445
3.小摊小贩	Vendor	人	person	128
(四)雇工人数	Number of Employees			232
1.没有雇工	None	人	person	
2.3 人以下	Less than 3 Employees	人	person	50
3.4~9 人	4~9 Employees	人	person	11
4.10~19 人	10~19 Employees	人	person	3
5.20~49 人	20~49 Employees	人	person	2
6.50 人及以上	More than 50 Employees	人	person	0
(五)初始资金来源	Initial Source of Funds			
1.全部自筹	Self-raised	人	person	424
2.与其他人合伙	Forming a Partnership with Others	人	person	8
3.金融机构贷款	Loans by Financial Institutions	人	person	12
4.其他	Others	人	person	19
(六)初始投资是否得到政府支持	Whether Having the Support of Government			
1.是	Yes	人	person	23
2.否	No	人	person	440
(七)希望政府给予的支持	the Government's Support Wanted			
1.贷款	Loan	人	person	106
2.税收优惠	Tax Incentives	人	person	45
3.生产技术指导	Technical Direction	人	person	23
4.销售服务	Marketing Service	人	person	48
5.不需要	Unwanted	人	person	241
(八)是否曾经外出务工	Whether Having Worked Outside			
1.是	Yes	人	person	62
2.否	No	人	person	401
(九)原外出务工的主要行业	Industries Engaged While Working Outside			
1.第一产业	Primary Industry	人	person	0
(1)农、林、牧、渔业	Agriculture,Forestry,Animal Husbandry and Fishery	人	person	0
2.第二产业	Secondary Industry	人	person	40
(2)采矿业	Mining	人	person	0

5-1 续表 15 Continued 15

指标名称	Item	单位	Unit	总 计
(3)制造业	Manufacturing	人	person	21
(4)电力、热力、燃气及水的生产和供应业	Production and Supply of Electricity, Gas and Water	人	person	1
(5)建筑业	Construction	人	person	18
3.第三产业	Tertiary Industry	人	person	22
(6)批发和零售业	Wholesale and Retail Trades	人	person	5
(7)交通运输、仓储和邮政业	Transport, Storage and Post	人	person	1
(8)住宿和餐饮业	Hotels and Catering Services	人	person	8
(9)信息传输、软件和信息技术服务业	Information Transmission, Computer Services and Software	人	person	0
(10)金融业	Financial Intermediation	人	person	0
(11)房地产业	Real Estate	人	person	0
(12)租赁和商务服务业	Leasing and Business Services	人	person	1
(13)科学研究和技术服务	Scientific Research, Technical Services, and Geological Prospecting	人	person	1
(14)水利、环境和公共设施管理业	Management of Water Conservancy, Environment and Public Facilities	人	person	0
(15)居民服务、修理和其他服务业	Serices to Households and Other Services	人	person	6
(16)教育	Education	人	person	0
(17)卫生、社会工作	Health, Social Securities and Social Welfare	人	person	0
(18)文化、体育和娱乐业	Culture, Sports and Entertainment	人	person	0
(19)公共管理、社会保障和社会组织	Public Management and Social Organizations	人	person	0
(20)国际组织	International Organizations	人	person	0
举家外出情况	**Conditions of Migrant Families**	—		
调查村数目	Number of Villages Surveyed	个	unit	380
(一)调查小区户籍住户、人口与劳动力情况	Household, Population and Labors in the Area Surveyed	—		
1.调查小区总户数	Number of Households	户	household	43865
2.调查小区总人口	Number of Persons	人	person	164840
3.调查小区总劳动力	Number of Labors	人	person	100293
(二)调查小区举家在外情况	Migrant Families	—		
1.举家在外户数	Number of Migrant Families	户	household	6788
2.举家在外人口	Number of Persons in Migrant Families	人	person	24651

5-1 续表 16 Continued 16

指标名称	Item	单位	Unit	总 计
其中:劳动力	Of Which:Labors	人	person	15896
(三)调查小区新增举家外出情况	New Migrant Families	—		
1.举家外出户数	Number of Migrant Families	户	household	151
2.举家外出人口	Number of Persons in Migrant Families	人	person	494
其中:劳动力	Of Which:Labors	人	person	317
(四)调查小区住户举家返回情况	Returning Families	—		
1.举家返回户数	Number of Returning Families	人	person	139
2.举家返回人口	Number of Persons in Returning Families	人	person	473
其中:劳动力	Of Which:Labors	人	person	300

5-2 安徽省减贫人口情况表(2015)
Reduction of Poverty Population(2015)

地 区	Region	2015 年减贫人数(人) Poverty Reduction Population in 2015 (person)	减贫幅度(%) Poverty Reduction Rate(%)	2015 年底贫困人口数(人) Poverty Population at the end of 2015(person)	贫困发生率(%) Impoverishment Rate(%)
全省合计	**Total**	**922151**	**23.0**	**3087849**	**5.72**
合肥市	**Hefei**	**65576**	**37.2**	**110724**	**2.47**
长丰县	Changfeng	9136	21.6	33164	5.06
肥东县	Feidong	4443	21.6	16157	1.71
肥西县	Feixi	14709	98.7	191	0.03
庐江县	Lujiang	31188	42.6	42012	3.90
巢湖市	Chaohu	6100	24.1	19200	2.88
淮北市	**Huaibei**	**5633**	**18.4**	**24967**	**1.75**
濉溪县	Suixi	5633	18.4	24967	2.59
亳州市	**Bozhou**	**87044**	**21.2**	**323456**	**6.34**
谯城区	Qiaocheng District	9302	14.9	53298	4.26
蒙城县	Mengcheng	14900	20.6	57400	5.14
涡阳县	Guoyang	23554	23.7	75946	5.56
利辛县	Lixin	39288	22.3	136812	10.00
宿州市	**Suzhou**	**107297**	**21.0**	**404403**	**7.67**
埇桥区	Yongqiao District	20582	19.8	83218	6.94
灵璧县	Lingbi	17146	21.7	61854	5.44
泗 县	Sixian	14539	22.2	51061	6.54
砀山县	Dangshan	17734	20.8	67666	8.03
萧 县	Xiaoxian	37296	21.0	140604	12.04
蚌埠市	**Bengbu**	**25877**	**23.1**	**86023**	**2.96**
固镇县	Guzhen	7073	24.1	22327	3.84
怀远县	Huaiyuan	8640	18.2	38960	3.33
五河县	Wuhe	10164	29.1	24736	4.05
阜阳市	**Fuyang**	**184187**	**21.9**	**657713**	**7.32**
颍州区	Yingzhou District	7585	23.8	24315	5.51
颍泉区	Yingquan District	12106	21.2	44894	7.88
颍上县	Yingshang	29243	21.2	108457	7.08

5-2 续表 1 Continued 1

地　区	Region	2015 年减贫人数(人) Poverty Reduction Population in 2015 (person)	减贫幅度(%) Poverty Reduction Rate(%)	2015 年底贫困人口数(人) Poverty Population at the end of 2015(person)	贫困发生率(%) Impoverishment Rate(%)
界首市	Jieshou	11104	20.9	41996	6.13
临泉县	Linquan	40105	21.5	146095	7.04
阜南县	Funan	31696	19.1	134104	9.48
颍东区	Yingdong District	26199	30.3	60201	9.85
太和县	Taihe	26149	21.1	97651	6.23
淮南市	**Huainan**	**28445**	**18.6**	**124755**	**4.59**
凤台县	Fengtai	3105	19.7	12695	2.45
潘集区	PanjiDistrict	2864	17.0	13936	3.72
毛集实验区	Maoji Experimental District	756	23.6	2444	2.38
淮南其他区	Other District	1445	23.7	4655	1.14
寿　县	Shouxian	20275	18.2	91025	6.92
滁州市	**Chuzhou**	**36112**	**21.5**	**131788**	**3.69**
明光市	Mingguang	3728	23.0	12472	2.34
来安县	Laian	4438	28.3	11262	2.81
全椒县	Quanjiao	3134	20.6	12066	3.62
凤阳县	Fengyang	4547	16.1	23653	3.43
定远县	Dingyuan	20265	21.9	72335	8.99
六安市	**Luan**	**118400**	**20.2**	**467200**	**9.01**
金安区	Jinan District	14846	21.2	55054	7.73
裕安区	Yuan District	24725	22.4	85675	9.30
霍山县	Huoshan	6192	16.2	32108	9.78
霍邱县	Huoqiu	29649	18.9	126951	7.99
金寨县	Jinzhai	21836	20.6	84264	14.27
舒城县	Shucheng	18715	20.6	72285	8.17
叶集区	Yeji District	2437	18.3	10863	6.87
马鞍山市	**Maanshan**	**4593**	**18.7**	**19907**	**1.39**
含山县	Hanshan	1587	15.0	9013	2.54
和　县	Hexian	3006	21.6	10894	2.57
芜湖市	**Wuhu**	**36781**	**33.4**	**73319**	**3.02**
无为县	Wuwei	28077	29.9	65823	8.34

5-2 续表 2 Continued 2

地 区	Region	2015 年减贫人数(人) Poverty Reduction Population in 2015 (person)	减贫幅度(%) Poverty Reduction Rate(%)	2015 年底贫困人口数(人) Poverty Population at the end of 2015(person)	贫困发生率(%) Impoverishment Rate(%)
南陵县	Nanling	8704	53.7	7496	1.53
宣城市	**Xuancheng**	**26314**	**35.8**	**47186**	**2.00**
宣州区	Xuanzhou District	7242	27.9	18758	2.53
郎溪县	Langxi	9645	63.0	5655	2.08
泾 县	Jingxian	3107	15.9	16393	5.61
绩溪县	Jixi	4824	59.6	3276	2.32
旌德县	Jingde	1496	32.5	3104	2.53
铜陵市	**Tongling**	**15324**	**16.3**	**78676**	**6.78**
枞阳县	Zongyang	15324	16.3	78676	9.09
池州市	**Chizhou**	**16824**	**19.2**	**70776**	**5.21**
贵池区	Guichi District	5492	17.1	26608	5.06
青阳县	Qingyang	2015	20.0	8085	3.30
石台县	Shitai	4667	23.3	15333	16.43
东至县	Dongzhi	4650	18.3	20750	4.19
安庆市	**Anqing**	**145837**	**26.4**	**406863**	**9.19**
宜秀区	YixiuDistrict	1036	17.3	4964	3.10
怀宁县	Huaining	6584	24.7	20116	3.10
桐城市	Tongcheng	16513	32.4	34487	5.00
望江县	Wangjiang	22338	21.4	82062	14.05
潜山县	Qianshan	11088	15.1	62512	11.84
太湖县	Taihu	17440	17.3	83660	15.96
宿松县	Susong	33985	33.5	67415	9.00
岳西县	Yuexi	36853	41.6	51647	13.88
黄山市	**Huangshan**	**17907**	**23.0**	**60093**	**5.03**
歙 县	Shexian	9154	26.5	25446	5.84
黄山区	Huangshan District	1169	16.5	5931	4.49
徽州区	Huizhou District	860	21.5	3140	3.95
休宁县	Xiuning	3371	24.3	10529	4.30
黟 县	Yixian	1065	21.3	3935	5.11
祁门县	Qimen	2288	17.1	11112	7.34

主要统计指标解读

农民工 是指户籍仍在农村，在本地从事非农产业或外出从业6个月及以上的农村劳动力；还包括举家外出的农村劳动力。

本地农民工 指在户籍所在乡镇地域以内从业的农民工。

外出农民工 指在户籍所在乡镇地域外从业的农民工。

举家外出 指农村劳动力及家人离开原居住地，到户籍所在乡镇以外的区域居住。

退耕还林（草）面积 是指退耕还林（草）工程累计完成的退耕地造林还草、荒山荒地造林、封山育林的面积之和。

农村贫困人口 是指以2010年农村居民人均纯收入低于2300元为基数，综合考虑历年物价变动后确定的贫困线，农村居民人均纯收入低于贫困线的农村户籍人口及五保户、部分低保户构成贫困人口。

贫困发生率 是指贫困人口占区域内乡村人口的比例。

五保户 指《农村五保供养工作条例》中的五保供养对象，主要包括村民中符合下列条件的老年人、残疾人和未成年人：1.无法定扶养义务人，或者虽有法定扶养义务人，但是扶养义务人无扶养能力的；2.无劳动能力的；3.无生活来源的。国家对符合上述条件的人在以下五个方面给予生活照顾：保吃、保穿、保医、保住、保葬（孤儿为保教）。

低保户 指家庭人均月收入低于当地低保标准的居（村）民，低保户享受国家最低生活保障。

图书在版编目(CIP)数据

安徽调查年鉴.2016/ 国家统计局安徽调查总队编.—合肥:安徽人民出版社,2016.10

ISBN 978-7-212-09224-5

Ⅰ.①安… Ⅱ.①国… Ⅲ.①统计资料—安徽省—2016—年鉴 Ⅳ.①C832.54-54

中国版本图书馆CIP数据核字(2016)第222797号

安徽调查年鉴.2016

国家统计局安徽调查总队　编

出 版 人:朱寒冬　　责任编辑:胡小薇

装帧设计:宋文岚　　责任印制:董　亮

出版发行:时代出版传媒股份有限公司 http://www.press-mart.com

安徽人民出版社 http://www.ahpeople.com

合肥市政务文化新区翡翠路1118号出版传媒广场八楼

邮编:230071

营销部电话:0551-63533258　0551-63533292(传真)

制　　版:合肥市中旭制版有限责任公司

印　　制:安徽联众印刷有限公司

(如发现印装质量问题,影响阅读,请与印刷厂商联系调换)

开本:880×1230　1/16　印张:19　插页:88面　字数:1000千

版次:2016年10月第1版　2016年10月第1次印刷

标准书号:ISBN 978-7-212-09224-5　定价:320.00元